ABOUT THIS PUBLICATION

FOR SERVICE ASSISTANCE

Customer Service
1.704.898.0770

North Carolina General Statues is published by The Muliti-Media Group of Greater Charlotte in Charlotte, North Carolina. Copyright 2015 by the Multi-Media Group of Greater Charlotte. This book or parts thereof may not be reproduced in any form, stored in a retrieval system, or transmitted in any form by any means—electronic, mechanical, photocopy, recording or otherwise—without prior written permission of the publisher, except as provided by United States of America copyright law.

The records required by U.S. Code 2257(a) through (c) and the pertinent regulations 28 C.F.R. Cli. 1, Part 75 with respect to this publication and all materials associated with such records are maintained by The Multi-Media Group of Greater Charlotte, Publisher and available for review by Attorney General.

www.visionbooks.org

Copyright © 2015 by MMGGC
All rights reserved!

TID: 5072109
ISBN (10) digit: 1502990377
ISBN (13) digit: 978-1502990372

123-4-56789-01239-Paperback
123-4-56789-01239-Hardback

First Edition

090520140547

Printed in the United States of America

2015 EDITION

North Carolina Criminal Law And Procedure-Pamphlet # 65

Printed In conjunction with the Administration of the Courts

North Carolina Criminal Law and Procedure
Pamphlet Reference Guide

Chapters	Pamphlet
Chapter 1 Civil Procedure	1
Chapter 1 Civil Procedure (Continue)	2
Chapter 1A Rules of Civil Procedure	2
Chapter 1B Contribution.	2
Chapter 1C Enforcement of Judgments.	2
Chapter 1D Punitive Damages.	2
Chapter 1E Eastern Band of Cherokee Indians.	2
Chapter 1F North Carolina Uniform Interstate Depositions and Discovery Act.	2
Chapter 2 - Clerk of Superior Court [Repealed and Transferred.]	3
Chapter 3 - Commissioners of Affidavits and Deeds [Repealed.]	3
Chapter 4 - Common Law	3
Chapter 5 - Contempt [Repealed.]	3
Chapter 5A - Contempt	3
Chapter 6 - Liability for Court Costs	3
Chapter 7 - Courts [Repealed and Transferred.]	3
Chapter 7A – Judicial Department	3
Chapter 7A – Continuation (Judicial Department)	4
Chapter 7A – Continuation (Judicial Department)	5
Chapter 7B - Juvenile Code	5
Chapter 8 - Evidence	6
Chapter 8A - Interpreters for Deaf Persons [Recodified.]	6
Chapter 8B - Interpreters for Deaf Persons	6
Chapter 8C - Evidence Code	6
Chapter 9 - Jurors	6
Chapter 10 - Notaries [Repealed.]	6
Chapter 10A - Notaries [Recodified.]	6
Chapter 10B - Notaries	6
Chapter 11 - Oaths	6
Chapter 12 - Statutory Construction	6
Chapter 13 - Citizenship Restored	6
Chapter 14 - Criminal Law	7
Chapter 14 –Criminal Law (Continuation)	8
Chapter 15 - Criminal Procedure	9
Chapter 15A - Criminal Procedure Act (Continuation)	10
Chapter 15A - Criminal Procedure Act (Continuation)	11
Chapter 15B - Victims Compensation	11
Chapter 15C - Address Confidentiality Program	11
Chapter 16 - Gaming Contracts and Futures	11
Chapter 17 - Habeas Corpus	11

Chapter 17A - Law-Enforcement Officers [Recodified.]	11
Chapter 17B - North Carolina Criminal Justice Education and Training System [Recodified.]	11
Chapter 17C - North Carolina Criminal Justice Education and Training Standards Commission	11
Chapter 17D - North Carolina Justice Academy	11
Chapter 17E - North Carolina Sheriffs' Education and Training Standards Commission	11
Chapter 18 - Regulation of Intoxicating Liquors [Repealed.]	12
Chapter 18A - Regulation of Intoxicating Liquors [Repealed.]	12
Chapter 18B - Regulation of Alcoholic Beverages	12
Chapter 18C - North Carolina State Lottery	12
Chapter 19 - Offenses against Public Morals	12
Chapter 19A - Protection of Animals	12
Chapter 20 - Motor Vehicles	13
Chapter 20 - Motor Vehicles (Continuation)	14
Chapter 20 - Motor Vehicles (Continuation)	15
Chapter 20 - Motor Vehicles (Continuation)	16
Chapter 21 - Bills of Lading	17
Chapter 22 - Contracts Requiring Writing	17
Chapter 22A - Signatures	17
Chapter 22B - Contracts Against Public Policy	17
Chapter 22C - Payments to Subcontractors	17
Chapter 23 - Debtor and Creditor	17
Chapter 24 – Interest	17
Chapter 25 – Uniform Commercial Code	18
Chapter 25 – Uniform Commercial Code (Continuation)	19
Chapter 25A – Retail Installment Sales Act	20
Chapter 25B - Credit	20
Chapter 25C - Sales of Artwork	20
Chapter 26 - Suretyship	20
Chapter 27 - Warehouse Receipts [Repealed.]	20
Chapter 28 - Administration [Repealed.]	20
Chapter 28A - Administration of Decedents' Estates	20
Chapter 28B - Estates of Absentees in Military Service	20
Chapter 28C - Estates of Missing Persons	20
Chapter 29 - Intestate Succession	21
Chapter 30 - Surviving Spouses	21
Chapter 31 - Wills	21
Chapter 31A - Acts Barring Property Rights	21
Chapter 31B - Renunciation of Property and Renunciation of Fiduciary Powers Act	21
Chapter 31C - Uniform Disposition of Community Property Rights at Death Act	21
Chapter 32 - Fiduciaries	21
Chapter 32A - Powers of Attorney	21
Chapter 33 - Guardian and Ward [Repealed and Recodified.]	21

Chapter 33A - North Carolina Uniform Transfers to Minors Act	21
Chapter 33B - North Carolina Uniform Custodial Trust Act	21
Chapter 34 - Veterans' Guardianship Act	22
Chapter 35 - Sterilization Procedures	22
Chapter 35A - Incompetency and Guardianship	22
Chapter 36 - Trusts and Trustees [Repealed.]	22
Chapter 36A - Trusts and Trustees	22
Chapter 36B - Uniform Management of Institutional Funds Act [Repealed.]	22
Chapter 36C - North Carolina Uniform Trust Code	22
Chapter 36D - North Carolina Community Third Party Trusts, Pooled Trusts	23
Chapter 36E - Uniform Prudent Management of Institutional Funds Act	23
Chapter 37 - Allocation of Principal and Income [Repealed.]	23
Chapter 37A - Uniform Principal and Income Act	23
Chapter 38 - Boundaries	23
Chapter 38A - Landowner Liability	23
Chapter 39 - Conveyances	23
Chapter 39A - Transfer Fee Covenants Prohibited	23
Chapter 40 - Eminent Domain [Repealed.]	23
Chapter 40A - Eminent Domain	23
Chapter 41 - Estates	23
Chapter 41A - State Fair Housing Act	23
Chapter 42 - Landlord and Tenant	23
Chapter 42A - Vacation Rental Act	23
Chapter 43 - Land Registration	23
Chapter 44 - Liens	24
Chapter 44A - Statutory Liens and Charges	24
Chapter 45 - Mortgages and Deeds of Trust	24
Chapter 45A - Good Funds Settlement Act	24
Chapter 46 - Partition	24
Chapter 47 - Probate and Registration	25
Chapter 47A - Unit Ownership	25
Chapter 47B - Real Property Marketable Title Act	25
Chapter 47C - North Carolina Condominium Act	25
Chapter 47D - Notice of Settlement Act [Expired.]	25
Chapter 47E - Residential Property Disclosure Act	25
Chapter 47F - North Carolina Planned Community Act	25
Chapter 47G - Option to Purchase Contracts	25
Chapter 47H - Contracts for Deed	25
Chapter 48 - Adoptions +	26
Chapter 48A - Minors	26
Chapter 49 - Bastardy	26
Chapter 49A - Rights of Children	26
Chapter 50 - Divorce and Alimony	26
Chapter 50A - Uniform Child-Custody Jurisdiction and	

Enforcement Act	26
Chapter 50B - Domestic Violence	26
Chapter 50C - Civil No-Contact Orders	26
Chapter 51 - Marriage	26
Chapter 52 - Powers and Liabilities of Married Persons	27
Chapter 52A - Uniform Reciprocal Enforcement of Support Act [Repealed.]	27
Chapter 52B - Uniform Premarital Agreement Act	27
Chapter 52C - Uniform Interstate Family Support Act	27
Chapter 53 - Banks	27
Chapter 53A - Business Development Corporations and North Carolina Capital Resource Corporations	28
Chapter 53B - Financial Privacy Act	28
Chapter 54 - Cooperative Organizations	28
Chapter 54A - Capital Stock Savings and Loan Associations [Repealed.]	28
Chapter 54B - Savings and Loan Associations	29
Chapter 54C - Savings Banks	29
Chapter 55 - North Carolina Business Corporation Act	30
Chapter 55A - North Carolina Nonprofit Corporation Act	31
Chapter 55B - Professional Corporation Act	31
Chapter 55C - Foreign Trade Zones	31
Chapter 55D - Filings, Names, and Registered Agents for Corporations, Nonprofit Corporations, and Partnerships	31
Chapter 56 - Electric, Telegraph and Power Companies [Repealed.]	31
Chapter 57 - Hospital, Medical and Dental Service Corporations [Recodified.]	31
Chapter 57A - Health Maintenance Organization Act [Recodified.]	31
Chapter 57B - Health Maintenance Organization Act [Recodified.]	31
Chapter 57C - North Carolina Limited Liability Company Act.	31
Chapter 58 - Insurance.	32
Chapter 58 - Insurance (Continuation)	33
Chapter 58 - Insurance (Continuation)	34
Chapter 58 - Insurance (Continuation)	35
Chapter 58 - Insurance (Continuation)	36
Chapter 58 - Insurance (Continuation)	37
Chapter 58 - Insurance (Continuation)	38
Chapter 58A - North Carolina Health Insurance Trust Commission [Recodified.]	38
Chapter 59 - Partnership.	39
Chapter 59B - Uniform Unincorporated Nonprofit Association Act.	39
Chapter 60 - Railroads and Other Carriers [Repealed and Transferred.]	39
Chapter 61 - Religious Societies	39
Chapter 62 - Public Utilities	39

Chapter 62 - Public Utilities (Continuation)	40
Chapter 62A - Public Safety Telephone Service And Wireless Telephone Service	40
Chapter 63 - Aeronautics	40
Chapter 63A - North Carolina Global TransPark Authority	40
Chapter 64 - Aliens	40
Chapter 65 – Cemeteries	40
Chapter 66 - Commerce and Business	41
Chapter 67 - Dogs	41
Chapter 68 - Fences and Stock Law	41
Chapter 69 - Fire Protection	41
Chapter 70 - Indian Antiquities, Archaeological Resources and Unmarked Human Skeletal Remains Protection	42
Chapter 71 - Indians [Repealed.]	42
Chapter 71A - Indians	42
Chapter 72 - Inns, Hotels and Restaurants	42
Chapter 73 - Mills	42
Chapter 74 - Mines and Quarries	42
Chapter 74A - Company Police [Repealed.]	42
Chapter 74B - Private Protective Services Act [Repealed.]	42
Chapter 74C - Private Protective Services	42
Chapter 74D - Alarm Systems	42
Chapter 74E - Company Police Act	42
Chapter 74F - Locksmith Licensing Act	42
Chapter 74G - Campus Police Act	42
Chapter 75 - Monopolies, Trusts and Consumer Protection	42
Chapter 75A - Boating and Water Safety	43
Chapter 75B - Discrimination in Business	43
Chapter 75C - Motion Picture Fair Competition Act	43
Chapter 75D - Racketeer Influenced and Corrupt Organizations	43
Chapter 75E - Unlawful Activities in Connection With Certain Corporate Transactions	43
Chapter 76 - Navigation	43
Chapter 76A - Navigation and Pilotage Commissions	43
Chapter 77 - Rivers, Creeks, and Coastal Waters	43
Chapter 78 - Securities Law [Repealed.]	43
Chapter 78A - North Carolina Securities Act	43
Chapter 78B - Tender Offer Disclosure Act [Repealed.]	43
Chapter 78C - Investment Advisers	43
Chapter 78D - Commodities Act	43
Chapter 79 - Strays [Repealed.]	43
Chapter 80 - Trademarks, Brands, etc.	44
Chapter 81 - Weights and Measures [Recodified.]	44
Chapter 81A - Weights and Measures Act of 1975.	44
Chapter 82 - Wrecks [Repealed.]	44
Chapter 83 - Architects [Recodified.]	44

Chapter 83A - Architects	44
Chapter 84 - Attorneys-at-Law	44
Chapter 84A - Foreign Legal Consultants	44
Chapter 85 - Auctions and Auctioneers [Repealed.]	44
Chapter 85A - Bail Bondsmen and Runners [Recodified.]	44
Chapter 85B - Auctions and Auctioneers	44
Chapter 85C - Bail Bondsmen and Runners [Recodified.]	44
Chapter 86 - Barbers [Recodified.]	44
Chapter 86A - Barbers	44
Chapter 87 - Contractors	44
Chapter 88 - Cosmetic Art [Repealed.]	44
Chapter 88A - Electrolysis Practice Act	44
Chapter 88B - Cosmetic Art	45
Chapter 89 - Engineering and Land Surveying [Recodified.]	45
Chapter 89A - Landscape Architects	45
Chapter 89B - Foresters	45
Chapter 89C - Engineering and Land Surveying	45
Chapter 89D - Landscape Contractors	45
Chapter 89E - Geologists Licensing Act	45
Chapter 89F - North Carolina Soil Scientist Licensing Act	45
Chapter 89G - Irrigation Contractors	45
Chapter 90 - Medicine and Allied Occupations	45
Chapter 90 - Medicine and Allied Occupations (Continuation)	46
Chapter 90 - Medicine and Allied Occupations (Continuation)	47
Chapter 90 - Medicine and Allied Occupations (Continuation)	48
Chapter 90A - Sanitarians and Water and Wastewater Treatment Facility Operators	48
Chapter 90B - Social Worker Certification and Licensure Act	48
Chapter 90C - North Carolina Recreational Therapy Licensure Act	48
Chapter 90D - Interpreters and Transliterators	48
Chapter 91 - Pawnbrokers [Repealed.]	48
Chapter 91A - Pawnbrokers Modernization Act of 1989	48
Chapter 92 - Photographers [Deleted.]	48
Chapter 93 - Certified Public Accountants	48
Chapter 93A - Real Estate License Law	49
Chapter 93B - Occupational Licensing Boards	49
Chapter 93C - Watchmakers [Repealed.]	49
Chapter 93D - North Carolina State Hearing Aid Dealers and Fitters Board.	49
Chapter 93E - North Carolina Appraisers Act	49
Chapter 94 - Apprenticeship	49
Chapter 95 - Department of Labor and Labor Regulations	49
Chapter 95 - Department of Labor and Labor Regulations (Continuation)	50
Chapter 96 - Employment Security	50
Chapter 97 - Workers' Compensation Act	50
Chapter 97 - Workers' Compensation Act (Continuation)	51

Chapter 98 - Burnt and Lost Records	51
Chapter 99 - Libel and Slander	51
Chapter 99A - Civil Remedies for Criminal Actions	51
Chapter 99B - Products Liability	51
Chapter 99C - Actions Relating to Winter Sports Safety and Accidents	51
Chapter 99D - Civil Rights	51
Chapter 99E - Special Liability Provisions	51
Chapter 100 - Monuments, Memorials and Parks	51
Chapter 101 - Names of Persons	51
Chapter 102 - Official Survey Base	51
Chapter 103 - Sundays, Holidays and Special Days	51
Chapter 104 - United States Lands	51
Chapter 104A - Degrees of Kinship	51
Chapter 104B - Hurricanes or Other Acts of Nature	51
Chapter 104C - Atomic Energy, Radioactivity and Ionizing Radiation [Repealed and Recodified.]	51
Chapter 104D - Southern States Energy Compact	51
Chapter 104E - North Carolina Radiation Protection Act	51
Chapter 104F - Southeast Interstate Low-Level Radioactive Waste Management Compact [Repealed]	51
Chapter 104G - North Carolina Low-Level Radioactive Waste Management Authority Act of 1987 [Repealed]	51
Chapter 105 - Taxation	51
Chapter 105 - Taxation (Continuation)	52
Chapter 105 - Taxation (Continuation)	53
Chapter 105 - Taxation (Continuation)	54
Chapter 105A - Setoff Debt Collection Act	55
Chapter 105B - Defaulted Student Loan Recovery Act	55
Chapter 106 - Agriculture	55
Chapter 106 - Agriculture (Continue)	56
Chapter 106 - Agriculture (Continue)	57
Chapter 107 - Agricultural Development Districts [Repealed.]	57
Chapter 108 - Social Services [Repealed and Recodified.]	57
Chapter 108A - Social Services	57
Chapter 108B - Community Action Programs	58
Chapter 108C Medicaid and Health Choice Provider Requirements.	58
Chapter 108D Medicaid Managed Care for Behavioral Health Services.	58
Chapter 109 - Bonds [Recodified.]	58
Chapter 110 - Child Welfare	58
Chapter 111 - Aid to the Blind	58
Chapter 112 - Confederate Homes and Pensions [Repealed.]	58
Chapter 113 - Conservation and Development	58
Chapter 113 - Conservation and Development (Continuation)	59

Chapter 113A - Pollution Control and Environment	59
Chapter 113A - Pollution Control and Environment (Continuation)	60
Chapter 113B - North Carolina Energy Policy Act of 1975	60
Chapter 114 - Department of Justice	60
Chapter 115 - Elementary and Secondary Education [Repealed.]	60
Chapter 115A - Community Colleges, Technical Institutes, and Industrial Education Centers [Repealed.]	60
Chapter 115B - Tuition and Fee Waivers	60
Chapter 115C - Elementary and Secondary Education	60
Chapter 115C - Elementary and Secondary Education (Continuation)	61
Chapter 115C - Elementary and Secondary Education (Continuation)	62
Chapter 115C - Elementary and Secondary Education (Continuation)	63
Chapter 115D - Community Colleges	63
Chapter 115E - Private Educational Facilities Finance Act [Recodified]	63
Chapter 116 - Higher Education	63
Chapter 116 - Higher Education (Continuation)	64
Chapter 116A - Escheats and Abandoned Property [Repealed.]	64
Chapter 116B - Escheats and Abandoned Property	64
Chapter 116C - Continuum of Education Programs	64
Chapter 116D - Higher Education Bonds	64
Chapter 116E -Education Longitudinal Data System	64
Chapter 117 - Electrification	64
Chapter 118 - Firemen's and Rescue Squad Workers' Relief and Pension Funds [Recodified.]	64
Chapter 118A - Firemen's Death Benefit Act [Repealed.]	64
Chapter 118B - Members of a Rescue Squad Death Benefit Act [Repealed.]	64
Chapter 119 - Gasoline and Oil Inspection and Regulation	64
Chapter 120 - General Assembly	65
Chapter 120 - General Assembly (Continuation)	66
Chapter 120 - General Assembly (Continuation)	67
Chapter 120C - Lobbying	67
Chapter 121 - Archives and History	67
Chapter 122 - Hospitals for the Mentally Disordered [Repealed.]	67
Chapter 122A - North Carolina Housing Finance Agency	67
Chapter 122B - North Carolina Agricultural Facilities Finance Act [Repealed.]	67
Chapter 122C - Mental Health, Developmental Disabilities, and Substance Abuse Act of 1985	67
Chapter 122C - Mental Health, Developmental Disabilities, and Substance Abuse Act of 1985 (Continuation)	68

Chapter 122D - North Carolina Agricultural Finance Act	68
Chapter 122E - North Carolina Housing Trust and Oil Overcharge Act	68
Chapter 123 - Impeachment	69
Chapter 123A - Industrial Development [Repealed.]	69
Chapter 124 - Internal Improvements	69
Chapter 125 - Libraries	69
Chapter 126 - State Personnel System	69
Chapter 127 - Militia [Repealed.]	69
Chapter 127A - Militia	69
Chapter 127B - Military Affairs	69
Chapter 127C - Advisory Commission on Military Affairs	69
Chapter 128 - Offices and Public Officers	69
Chapter 128 - Offices and Public Officers (Continuation)	70
Chapter 129 - Public Buildings and Grounds	70
Chapter 130 - Public Health [Repealed.]	70
Chapter 130A - Public Health	70
Chapter 130A - Public Health (Continuation)	71
Chapter 130A - Public Health (Continuation)	72
Chapter 130B - Hazardous Waste Management Commission [Repealed.]	72
Chapter 131 - Public Hospitals [Repealed.]	72
Chapter 131A - Health Care Facilities Finance Act	72
Chapter 131B - Licensing of Ambulatory Surgical Facilities [Repealed.]	72
Chapter 131C - Charitable Solicitation Licensure Act [Repealed.]	72
Chapter 131D - Inspection and Licensing of Facilities	72
Chapter 131E - Health Care Facilities and Services	72
Chapter 131E - Health Care Facilities and Services (Continuation)	73
Chapter 131F - Solicitation of Contributions	73
Chapter 132 - Public Records	73
Chapter 133 - Public Works	74
Chapter 134 - Youth Development [Recodified.]	74
Chapter 134A - Youth Services [Repealed.]	74
Chapter 135 - Retirement System for Teachers and State Employees; Social Security; Health Insurance Program for Children	74
Chapter 135 - Retirement System for Teachers and State Employees; Social Security; Health Insurance Program for Children	75
Chapter 136 - Transportation	75
Chapter 136 - Transportation (Continuation)	76
Chapter 137 - Rural Rehabilitation [Repealed.]	76
Chapter 138 - Salaries, Fees and Allowances	76
Chapter 138A - State Government Ethics Act	76

Chapter 139 - Soil and Water Conservation Districts	76
Chapter 140 - State Art Museum; Symphony and Art Societies	76
Chapter 140A - State Awards System	76
Chapter 141 - State Boundaries	76
Chapter 142 - State Debt	76
Chapter 143 - State Departments, Institutions, and Commissions	77
Chapter 143 - State Departments, Institutions, and Commissions (Continuation)	78
Chapter 143 - State Departments, Institutions, and Commissions (Continuation)	79
Chapter 143 - State Departments, Institutions, and Commissions (Continuation)	80
Chapter 143A - State Government Reorganization	80
Chapter 143B - Executive Organization Act of 1973	80
Chapter 143B - Executive Organization Act of 1973 (Continuation)	81
Chapter 143B - Executive Organization Act of 1973 (Continuation)	82
Chapter 143C - State Budget Act	83
Chapter 143D - The State Governmental Accountability and Internal Control Act	83
Chapter 144 - State Flag, Official Governmental Flags, Motto, and Colors	83
Chapter 145 - State Symbols and Other Official Adoptions.	83
Chapter 146 - State Lands	83
Chapter 147 - State Officers	83
Chapter 148 - State Prison System	84
Chapter 149 - State Song and Toast	84
Chapter 150 - Uniform Revocation of Licenses [Repealed.]	84
Chapter 150A - Administrative Procedure Act [Recodified.]	84
Chapter 150B - Administrative Procedure Act	84
Chapter 151 - Constables [Repealed.]	84
Chapter 152 - Coroners	84
Chapter 152A - County Medical Examiner [Repealed.]	84
Chapter 152A - County Medical Examiner [Repealed.] (Continuation)	85
Chapter 153 - Counties and County Commissioners [Repealed.]	85
Chapter 153A - Counties	85
Chapter 153B - Mountain Resources Planning Act	85
Chapter 153C - Uwharrie Regional Resources Act	85
Chapter 154 - County Surveyor [Repealed.]	85
Chapter 155 - County Treasurer [Repealed.]	85
Chapter 156 - Drainage	85

Chapter 156 – Drainage (Continuation)	86
Chapter 157 - Housing Authorities and Projects	86
Chapter 157A - Historic Properties Commissions [Transferred.]	86
Chapter 158 - Local Development	86
Chapter 159 - Local Government Finance	86
Chapter 159 - Local Government Finance (Continuation)	87
Chapter 159A - Pollution Abatement and Industrial Facilities Financing Act [Unconstitutional.]	87
Chapter 159B - Joint Municipal Electric Power and Energy Act	87
Chapter 159C - Industrial and Pollution Control Facilities Financing Act	87
Chapter 159D - The North Carolina Capital Facilities Financing Act	87
Chapter 159E - Registered Public Obligations Act	87
Chapter 159F - North Carolina Energy Development Authority [Repealed.]	87
Chapter 159G - Water Infrastructure	87
Chapter 159H - [Reserved.]	87
Chapter 159I - Solid Waste Management Loan Program and Local Government Special Obligation Bonds	87
Chapter 160 - Municipal Corporations [Repealed And Transferred.]	87
Chapter 160A - Cities and Towns	88
Chapter 160A - Cities and Towns (Continuation)	89
Chapter 160B - Consolidated City-County Act	89
Chapter 160C - Baseball Park Districts [Repealed.]	90
Chapter 161 - Register of Deeds	90
Chapter 162 - Sheriff	90
Chapter 162A - Water and Sewer Systems	90
Chapter 162B Continuity of Local Government in Emergency.	90
Chapter 163 Elections and Election Laws.	90
Chapter 163 Elections and Election Laws. (Continuation)	91
Chapter 164 Concerning the General Statutes of North Carolina.	92
Chapter 165 Veterans.	92
Chapter 166 Civil Preparedness Agencies [Repealed.]	92
Chapter 166A North Carolina Emergency Management Act.	92
Chapter 167 State Civil Air Patrol [Repealed.]	92
Chapter 168 Persons with Disabilities.	92
Chapter 168A Persons With Disabilities Protection Act.	92

Chapter 120.

General Assembly.

Article 1.
Apportionment of Members; Compensation and Allowances.

§ 120-1. Senators.

(a)   For the purpose of nominating and electing members of the Senate in 2012 and every two years thereafter, senatorial districts are established and seats in the Senate are apportioned among those districts so that each district elects one senator, and the composition of each district is as follows:

District 1: Beaufort County, Camden County, Currituck County, Dare County, Gates County, Hyde County, Pasquotank County, Perquimans County.

District 2: Carteret County, Craven County, Pamlico County.

District 3: Bertie County, Chowan County, Edgecombe County, Hertford County, Martin County, Northampton County, Tyrrell County, Washington County.

District 4: Halifax County, Nash County: VTD: 0002, VTD: 0007, VTD: 0021, VTD: 0022, VTD: 0031, VTD: 0032, VTD: 0033, VTD: 0034, VTD: 0035, VTD: 0036, VTD: 0038, VTD: 0040; Vance County, Warren County, Wilson County: VTD: PRGA: Block(s) 1950007001065, 1950007001066, 1950007001067, 1950012001023, 1950012001025, 1950012001038, 1950012002002, 1950012002003, 1950012002007, 1950012002008, 1950012002009, 1950012002010, 1950012002011, 1950012002014, 1950012002016; VTD: PRTO: 1950012001024, 1950013001000, 1950013001001, 1950013001002, 1950013001003, 1950013001004, 1950013001005, 1950013001006, 1950013001007, 1950013001008, 1950013001009, 1950013001010, 1950013001011, 1950013001012, 1950013001013, 1950013001014, 1950013001015, 1950013001016, 1950013001017, 1950013001018, 1950013001019, 1950013001020, 1950013001021, 1950013001022, 1950013001023, 1950013001024, 1950013001025, 1950013001026, 1950013001027, 1950013001028, 1950013001029, 1950013001030, 1950013001031, 1950013001035, 1950013001036, 1950013001040, 1950013001041, 1950013001042, 1950013002000, 1950013002001, 1950013002002, 1950013002003, 1950013002004, 1950013002005, 1950013002006, 1950013002007, 1950013002008, 1950013002009, 1950013002010, 1950013002011, 1950013002012, 1950013002013, 1950013002014, 1950013002015, 1950013002016, 1950013002017,

1950013002018, 1950013002019, 1950013002020, 1950013002021,
1950013002022, 1950013002023, 1950013002024, 1950013002025,
1950013002026, 1950013002027, 1950013002028, 1950013002029,
1950013002039, 1950013002040, 1950013002041, 1950013002042,
1950013002043, 1950013002044, 1950013002045, 1950013002046,
1950013002047, 1950013002048, 1950013002049, 1950013002050,
1950013002051, 1950013002052, 1950013002053, 1950013002054,
1950013002055, 1950013002056, 1950013002057, 1950013002058,
1950013002059, 1950013002060, 1950013002061, 1950013002062,
1950013002063, 1950013002064, 1950013002065, 1950013002066,
1950013002067, 1950013002068, 1950013002069, 1950013002070,
1950013002074, 1950013002075, 1950013002078, 1950013002079,
1950013002080, 1950013002082, 1950013002083, 1950013002084,
1950013002087, 1950013002088, 1950013003000, 1950013003001,
1950013003002, 1950013003003, 1950013003004, 1950013003005,
1950013003006, 1950013003007, 1950013003008, 1950013003009,
1950013003010, 1950013003011, 1950013003012, 1950013003013,
1950013003014, 1950013003015, 1950013003016, 1950013003017,
1950013003018, 1950013003019, 1950013003020, 1950013004000,
1950013004001, 1950013004002, 1950013004003, 1950013004004,
1950013004005, 1950013004006, 1950013004007, 1950013004008,
1950013004009, 1950013004010, 1950013004011, 1950013004012,
1950013004013, 1950013004014, 1950013004015, 1950013004016,
1950013004017, 1950013004018, 1950013004019, 1950013004020,
1950013004021, 1950013004022, 1950013004023, 1950013004024,
1950013004025, 1950013004026, 1950013004027, 1950013004028,
1950013004029, 1950013004030, 1950013004031, 1950013004032,
1950013004033, 1950013004034, 1950013004035, 1950013004036,
1950013004037, 1950013004038, 1950013004039, 1950013004040,
1950013004041, 1950013004042, 1950013004043, 1950013004044,
1950013004045, 1950013004046, 1950013004047, 1950013004048,
1950013004049, 1950013004050, 1950013004051, 1950013004052,
1950013004053, 1950013004054, 1950013004055; VTD: PRWA, VTD: PRWB,
VTD: PRWC, VTD: PRWE, VTD: PRWH, VTD: PRWI, VTD: PRWN, VTD:
PRWQ, VTD: PRWR.

District 5: Greene County, Lenoir County: VTD: C: Block(s) 1070101001051,
1070101003009, 1070101003010, 1070101003011, 1070101003012,
1070101003013, 1070101003014, 1070101003015, 1070101003016,
1070101003017, 1070101003018, 1070101003019, 1070101003020,
1070101003021, 1070101003022, 1070101003023, 1070101003024,

1070101003025, 1070101003026, 1070101003027, 1070101003028, 1070101003029, 1070101003030, 1070101003031; VTD: I: 1070110021000, 1070110021001, 1070110021002, 1070110021003, 1070110021004, 1070110021005, 1070110021008, 1070110021009, 1070110021010, 1070110021011, 1070110021012, 1070110021014, 1070110021015, 1070110021016, 1070110021017, 1070110021018, 1070110021019, 1070110021020, 1070110021021, 1070110021022, 1070110021023, 1070110021024, 1070110021025, 1070110021026, 1070110021027, 1070110021028, 1070110021029, 1070110021030, 1070110021034, 1070110021035, 1070110021036, 1070110021043, 1070110021054, 1070110021055, 1070110021056, 1070110021057; VTD: K1, VTD: K2, VTD: K3: Block(s) 1070106002045, 1070106002046, 1070106002047, 1070106002049, 1070106002052, 1070106002053, 1070106002054, 1070106002055, 1070106002056, 1070106002057, 1070106002058, 1070106002059, 1070106002060, 1070106003030, 1070106003031, 1070107001003, 1070107001004, 1070107001005, 1070107001006, 1070107001007, 1070107001008, 1070107001009, 1070107001010, 1070107001011, 1070107001012, 1070107001013, 1070107001014, 1070107001015, 1070107001016, 1070107001017, 1070107001018, 1070107001019, 1070107001020, 1070107001021, 1070107001022, 1070107001023, 1070107001024, 1070107001025, 1070107001026, 1070107001028, 1070107001030, 1070107001031, 1070107001052, 1070107001053, 1070107001054, 1070107001055, 1070107002004, 1070107002005, 1070107002006, 1070107002012, 1070107002013, 1070107002014, 1070107002015, 1070107002016, 1070107002017, 1070107002019, 1070107002025, 1070107002026, 1070107002027, 1070107002028, 1070107002029, 1070107002030, 1070107002031, 1070107002032, 1070107002033, 1070107002034, 1070107002035, 1070107002036, 1070107002037, 1070107002038, 1070107002039, 1070107002040, 1070107002041, 1070107002042, 1070107002043, 1070107002044, 1070107002045, 1070107002046, 1070107002047, 1070107002048, 1070107002049, 1070107002050, 1070107002051, 1070107002052, 1070107002053, 1070107002058, 1070107002064, 1070107002065, 1070107002066, 1070107002068, 1070107003004, 1070107003005, 1070107003006, 1070107003007, 1070107003008, 1070107003009, 1070107003010, 1070107003011, 1070107003012, 1070107003013, 1070107003014, 1070107003015, 1070107003016, 1070107003017, 1070107003018, 1070107003019, 1070107003020, 1070107003021, 1070107003022, 1070107003023, 1070107003024, 1070107003025, 1070107003026, 1070107003028, 1070107003032; VTD: K4: 1070108001018, 1070108001019, 1070108001020, 1070108001021,

1070108001022, 1070108001023, 1070108001024, 1070108001025, 1070108001026, 1070108001027, 1070108001028, 1070108001029, 1070108001030, 1070108001031, 1070108001032; VTD: K5: 1070106002000, 1070106002001, 1070106002002, 1070106002003, 1070106002004, 1070106002005, 1070106002006, 1070106002007, 1070106002008, 1070106002009, 1070106002010, 1070106002011, 1070106002013, 1070106002014, 1070106002015, 1070106002016, 1070106002017, 1070106002018, 1070106002019, 1070106002020, 1070106002021, 1070106002022, 1070106002023, 1070106002024, 1070106002025, 1070106002026, 1070106002027, 1070106002028, 1070106002029, 1070106002030, 1070106002034, 1070106002035, 1070106002036, 1070106002040, 1070106002041, 1070106002042, 1070106002043, 1070106002044, 1070106003009, 1070106003010, 1070106003011, 1070106003012, 1070106003013, 1070106003014, 1070106003015, 1070106003016, 1070106003017, 1070106003018, 1070106003019, 1070106003020, 1070106003021, 1070106003022, 1070106003023, 1070106003024, 1070106003025, 1070106003026, 1070106003027, 1070106003028, 1070106003029; VTD: K6, VTD: K7, VTD: K8, VTD: K9, VTD: MH: Block(s) 1070110021006, 1070110021007, 1070111001000, 1070111001001, 1070111001002, 1070111001003, 1070111001004, 1070111001005, 1070111001006, 1070111001007, 1070111001008, 1070111001009, 1070111001010, 1070111001011, 1070111001012, 1070111001013, 1070111001014, 1070111001015, 1070111001016, 1070111001017, 1070111001018, 1070111001019, 1070111001020, 1070111001021, 1070111001022, 1070111001023, 1070111001024, 1070111001025, 1070111001026, 1070111001027, 1070111001028, 1070111001029, 1070111001030, 1070111001031, 1070111001032, 1070111001033, 1070111001034, 1070111001035, 1070111001036, 1070111001037, 1070111001038, 1070111001039, 1070111001040, 1070111001041, 1070111001042, 1070111001043, 1070111001044, 1070111001045, 1070111001046, 1070111001047, 1070111001048, 1070111001049, 1070111001050, 1070111001051, 1070111001052, 1070111001053, 1070111001054, 1070111001055, 1070111001056, 1070111001057, 1070111001058, 1070111001059, 1070111001060, 1070111001061, 1070111001062, 1070111001063, 1070111001064, 1070111001065, 1070111001066, 1070111001067, 1070111001068, 1070111002000, 1070111002001, 1070111002002, 1070111002003, 1070111002004, 1070111002005, 1070111002006, 1070111002007, 1070111002008, 1070111002009, 1070111002010, 1070111002020, 1070111002021, 1070111002022, 1070111002023, 1070111002024, 1070111002025, 1070111002031, 1070111002032, 1070111002033,

1070111002034, 1070111002035, 1070111002036, 1070111002037,
1070111002038, 1070111002039, 1070111002040, 1070111002043,
1070111002044, 1070111002048, 1070111003002, 1070111003003,
1070111003004, 1070111003005, 1070111003006, 1070111003007,
1070111003008, 1070111003009, 1070111003010, 1070111003011,
1070111003012, 1070111003013, 1070111003014, 1070111003015,
1070111003016, 1070111003017, 1070111003018, 1070111003019,
1070111003020, 1070111003021, 1070111003022, 1070111003023,
1070111003024, 1070111003025, 1070111003026, 1070111003027,
1070111003028, 1070111003029, 1070111003030, 1070111003031,
1070111003032, 1070111003033, 1070111003037, 1070111003038,
1070111003039, 1070111003040, 1070111003041, 1070111003042,
1070111003043, 1070111003045, 1070111003046, 1070111003065,
1070111004000, 1070111004001, 1070111004002, 1070111004003,
1070111004004, 1070111004005, 1070111004006, 1070111004007,
1070111004008, 1070111004009, 1070111004010, 1070111004011,
1070111004012, 1070111004013, 1070111004014, 1070111004015,
1070111004016, 1070111004017, 1070111004018, 1070111004019,
1070111004020, 1070111004021, 1070111004022, 1070111004023,
1070111004024, 1070111004025, 1070111004026, 1070111004029,
1070111004030, 1070111004046, 1070111004047, 1070111004048,
1070111004049, 1070111004050, 1070111004051, 1070111004052,
1070111004053, 1070111004054, 1070111004055, 1070111004056,
1070111004057, 1070111004058, 1070111004059, 1070111004060,
1070111004061, 1070111004062, 1070111004063, 1070111004064,
1070111004065, 1070111004066, 1070111004067, 1070111004068,
1070111004069, 1070111004070, 1070111004071, 1070111004072,
1070111004073, 1070111004074, 1070111004075; VTD: N: 1070113004000,
1070113004001, 1070113004002, 1070113004003, 1070113004004,
1070113004005, 1070113004006, 1070113004007, 1070113004008,
1070113004009, 1070113004014, 1070113004016, 1070113004017,
1070113004018, 1070113004019, 1070113004020, 1070113004021,
1070113004022, 1070113004023, 1070113004024, 1070113004025,
1070113004026, 1070113004027, 1070113004028, 1070113004029,
1070113004030, 1070113004037, 1070113004041, 1070114002008,
1070114002009, 1070114002010, 1070114002011, 1070114002012,
1070114002013, 1070114002014, 1070114002088; VTD: V: 1070108001002,
1070108001006, 1070108001007, 1070108001034, 1070109001000,
1070109001001, 1070109001002, 1070109001003, 1070109001004,
1070109001005, 1070109001006, 1070109001007, 1070109001008,
1070109001009, 1070109001010, 1070109001011, 1070109001012,

1070109001013, 1070109001014, 1070109001015, 1070109001016, 1070109001017, 1070109001018, 1070109001019, 1070109001020, 1070109002000, 1070109002001, 1070109002002, 1070109002003, 1070109002004, 1070109002005, 1070109002006, 1070109002007, 1070109002008, 1070109002009, 1070109002010, 1070109002011, 1070109002012, 1070109002013, 1070109002014, 1070109002015, 1070109002016, 1070109002017, 1070109002018, 1070109002019, 1070109002020, 1070109002021, 1070109002022, 1070109002023, 1070109002024, 1070109002025, 1070109002026, 1070109002027, 1070109002028, 1070109002029, 1070109002030, 1070109002031, 1070109002032, 1070109002033, 1070109002034, 1070109003015, 1070109003024, 1070109003025, 1070109003026, 1070109003027; Pitt County: VTD: 0101: Block(s) 1470016001000, 1470016001001, 1470016001002, 1470016001003, 1470016001004, 1470016001005, 1470016001006, 1470016001007, 1470016001008, 1470016001009, 1470016001010, 1470016001011, 1470016001012, 1470016001013, 1470016001018, 1470016001024, 1470016001027, 1470016002016, 1470016002017, 1470016002018, 1470016002019, 1470016002020, 1470016002021, 1470016002022, 1470016002023, 1470016002024, 1470016002025, 1470016002026, 1470016002027, 1470016002028, 1470016002029, 1470016002030, 1470016002031, 1470016002033, 1470016002034, 1470016003000, 1470016003001, 1470016003002, 1470016003017, 1470016003018, 1470016003022, 1470016003025, 1470016003026, 1470016003040, 1470016004005, 1470017001008, 1470017001009, 1470017001010, 1470017001012, 1470017001013, 1470017001014, 1470017001016, 1470017001018, 1470017001020, 1470017001057, 1470017001058, 1470017001059, 1470017001060, 1470017001062, 1470017001063, 1470017001064, 1470017001067, 1470017001073, 1470017002000, 1470017002001, 1470017002002, 1470017002003, 1470017002004, 1470017002005, 1470017002006, 1470017002007, 1470017002008, 1470017002009, 1470017002010, 1470017002011, 1470017002012, 1470017002013, 1470017002014, 1470017002015, 1470017002016, 1470017002017, 1470017002018, 1470017002019, 1470017002020, 1470017002021, 1470017002022, 1470018004000, 1470018004001, 1470018004002, 1470018004003, 1470018004004, 1470018004058, 1470018004059, 1470018004060; VTD: 0200A: 1470014011005, 1470014011006, 1470014011007, 1470014011008, 1470014011009, 1470014011010, 1470014011011, 1470014011012, 1470014011013, 1470014011014, 1470014011015, 1470014011016, 1470014011020, 1470014011021, 1470014011022, 1470014011023, 1470014011024, 1470014011025, 1470014011026, 1470014011027,

1470014011028, 1470014011029, 1470014011030, 1470014011031, 1470014011034, 1470014011035, 1470014011036, 1470014011037, 1470014011038, 1470014011040, 1470014011041, 1470014011042, 1470014011043, 1470014011055, 1470014011056, 1470014011057, 1470014011058, 1470014011059, 1470014011060, 1470014011061, 1470014011062, 1470014012000, 1470014012001, 1470014012002, 1470014012003, 1470014012004, 1470014012005, 1470014012006, 1470014012007, 1470014012008, 1470014012009, 1470014012010, 1470014012011, 1470014012012, 1470014012013, 1470014012014, 1470014012015, 1470014012016, 1470014012017, 1470014012018, 1470014012019, 1470014012020, 1470014012021, 1470014012022, 1470014012023, 1470014012024, 1470014012025, 1470014012026, 1470014012027, 1470014012028, 1470014012029, 1470014012030, 1470014012031, 1470014012032, 1470014012033, 1470014012034, 1470014012035, 1470014013027, 1470014013028, 1470014013029, 1470014013030, 1470014013031, 1470014013037, 1470014013038, 1470014013039, 1470014013044, 1470014013046, 1470014013047, 1470014013048, 1470014013049, 1470014013050, 1470016004013, 1470016004017, 1470016004018, 1470016004019, 1470016004020, 1470016004021, 1470016004022, 1470016004023, 1470016004024, 1470016004025, 1470016004026, 1470016004027, 1470016004028, 1470016004029, 1470016004030, 1470016004031, 1470016004032, 1470016004033, 1470016004037, 1470016004042, 1470016004043; VTD: 0200B: 1470014011004, 1470014011032, 1470014011033, 1470014011044, 1470014011045, 1470014011046, 1470014011047, 1470014011048, 1470014011049, 1470014011050, 1470014011051, 1470014011052, 1470014011053, 1470014011054, 1470014011063, 1470014011064, 1470014011065, 1470014013000, 1470014013001, 1470014013002, 1470014013003, 1470014013004, 1470014013005, 1470014013006, 1470014013007, 1470014013008, 1470014013009, 1470014013010, 1470014013011, 1470014013012, 1470014013013, 1470014013014, 1470014013015, 1470014013016, 1470014013017, 1470014013018, 1470014013019, 1470014013020, 1470014013021, 1470014013022, 1470014013023, 1470014013024, 1470014013025, 1470014013026, 1470014013032, 1470014013033, 1470014013034, 1470014013035, 1470014013036, 1470014013040, 1470014013041, 1470014013042, 1470014013043, 1470014013045, 1470014014000, 1470014014001, 1470014014002, 1470014014003, 1470014014004, 1470014014005, 1470014014006, 1470014014007, 1470014014008, 1470014014009, 1470014014010, 1470014014011, 1470014014012, 1470014014013, 1470014014014, 1470014014015, 1470014014016, 1470014014017,

1470014014018, 1470014014019, 1470014014020, 1470014014021, 1470014014022, 1470014014023, 1470014014024, 1470014021003, 1470014021005, 1470014021006, 1470014021007, 1470014021008, 1470014021009, 1470014021010, 1470014021011, 1470014021012, 1470014021013, 1470014021014, 1470014021015, 1470014021016, 1470014021017, 1470014021018, 1470014021019, 1470014021020, 1470014021022, 1470014021023, 1470014021024, 1470014021025, 1470014021026, 1470014021027, 1470014021028, 1470014021029, 1470014021030, 1470014021031, 1470014021032, 1470014021033, 1470014021057, 1470014022008, 1470014022009, 1470014022010, 1470014022011, 1470014022012, 1470014022013, 1470014022014, 1470014022015, 1470014022016, 1470014022017, 1470014022018, 1470014022019, 1470014022020, 1470014022021, 1470014022022, 1470014022023, 1470014022029, 1470014022030, 1470014022031, 1470014022032, 1470014022033, 1470014022034, 1470014022035, 1470014022036, 1470014022037, 1470014022038, 1470014022039, 1470014022040, 1470014022041, 1470014022042, 1470014022043, 1470014022044, 1470014022045; VTD: 0301, VTD: 0401, VTD: 0501, VTD: 0701, VTD: 0800A, VTD: 0800B: Block(s) 1470016001022, 1470016001023, 1470016001026, 1470017001068, 1470017001069, 1470017001070, 1470017001071, 1470017001072, 1470018001072, 1470018001073, 1470018001074, 1470018001075, 1470018001076, 1470018001077, 1470018001078, 1470018001079, 1470018001089, 1470018001090, 1470018002013, 1470018002014, 1470018002015, 1470018002017, 1470018002030, 1470018002031, 1470018002045, 1470018002046, 1470018003018, 1470018003027, 1470018003032, 1470018004005, 1470018004006, 1470018004007, 1470018004008, 1470018004009, 1470018004010, 1470018004011, 1470018004012, 1470018004013, 1470018004014, 1470018004015, 1470018004016, 1470018004017, 1470018004018, 1470018004019, 1470018004020, 1470018004021, 1470018004022, 1470018004023, 1470018004024, 1470018004025, 1470018004026, 1470018004027, 1470018004028, 1470018004029, 1470018004030, 1470018004031, 1470018004032, 1470018004033, 1470018004034, 1470018004035, 1470018004036, 1470018004037, 1470018004038, 1470018004039, 1470018004040, 1470018004041, 1470018004042, 1470018004043, 1470018004044, 1470018004045, 1470018004046, 1470018004047, 1470018004048, 1470018004049, 1470018004050, 1470018004051, 1470018004052, 1470018004053, 1470018004054, 1470018004055, 1470018004056, 1470018004057, 1470018004061, 1470018004062, 1470018004063, 1470018005000, 1470018005001, 1470018005002, 1470018005003, 1470018005004,

1470018005005, 1470018005006, 1470018005007, 1470018005008, 1470018005009, 1470018005010, 1470018005011, 1470018005012, 1470018005013, 1470018005014, 1470018005015, 1470018005016, 1470018005017, 1470018005018, 1470018005019, 1470018005020, 1470018005021, 1470018005022, 1470018005023, 1470018005024, 1470018005025, 1470018005026, 1470018005027, 1470018005028, 1470018005029; VTD: 0901, VTD: 1001: Block(s) 1470014014025, 1470014014026, 1470014014027, 1470014014028, 1470014014029, 1470014014030, 1470014014031, 1470014014032, 1470014014033, 1470014014034, 1470014014035, 1470014014036, 1470014014037, 1470014014038, 1470014014039, 1470014014040, 1470014014041, 1470014014042, 1470014014043, 1470014014044, 1470014014045, 1470014014046, 1470014014047, 1470014014048, 1470014014049, 1470014014050, 1470014021053, 1470014021055, 1470014021059, 1470015001000, 1470015001004, 1470015001007, 1470015001008, 1470015001009, 1470015001010, 1470015001011, 1470015001012, 1470015001013, 1470015001014, 1470015001015, 1470015001016, 1470015001017, 1470015001018, 1470015001019, 1470015001020, 1470015001021, 1470015001022, 1470015001023, 1470015001024, 1470015001025, 1470015001026, 1470015001027, 1470015001028, 1470015001029, 1470015001030, 1470015001031, 1470015001032, 1470015001033, 1470015001034, 1470015001035, 1470015001036, 1470015001037, 1470015001038, 1470015001039, 1470015001040, 1470015001041, 1470015001042, 1470015001043, 1470015001049, 1470015001050, 1470015001051, 1470015001052, 1470015001066, 1470015001067, 1470015001068, 1470015001069, 1470015001070, 1470015001071, 1470015001072, 1470015001073, 1470015001074, 1470015001075, 1470015001076, 1470015002029, 1470015002030, 1470015002031, 1470015002032, 1470015002033, 1470015002034, 1470015002035, 1470015002036, 1470015002037, 1470015002038, 1470015002039, 1470015002040, 1470016004034, 1470016004035, 1470016004036, 1470016004038, 1470016004039, 1470016004040, 1470016004041; VTD: 1101: 1470011001000, 1470011001001, 1470011001002, 1470011001009, 1470011001015, 1470011001016, 1470011001017, 1470011001018, 1470011001020, 1470011001021, 1470011001022, 1470011001061, 1470011001062; VTD: 1102A: 1470010011021, 1470010011022, 1470010011023, 1470010011024, 1470010011025, 1470010011029, 1470010011030, 1470010011031, 1470010011032; VTD: 1201: 1470008002000, 1470008002001, 1470008002011, 1470008002018, 1470008002019, 1470008002020, 1470008002021, 1470008002022, 1470008002023, 1470008002024,

1470008002025, 1470008002026, 1470008002027, 1470008002028, 1470008002029, 1470008002030, 1470008002031, 1470008002032, 1470008002033, 1470008002034, 1470008002035, 1470008002036, 1470008002037, 1470008002038, 1470008002039, 1470008002040, 1470008002041, 1470008002042, 1470008002050, 1470008002051, 1470008002052, 1470008002053, 1470008002054, 1470008002055, 1470008002056, 1470008002057, 1470008002060, 1470008002061, 1470008002062, 1470008002063, 1470008002065, 1470008002066, 1470008002067, 1470008002068, 1470008002134, 1470008002135, 1470008002136, 1470008002137, 1470008002139, 1470008002140, 1470008002141, 1470008002142, 1470008002143, 1470008002144, 1470008002145, 1470008002146, 1470008002147, 1470008002148, 1470009001018, 1470009001019, 1470009001020, 1470009001023, 1470009001024, 1470009001025, 1470009001026, 1470009001027, 1470009001028, 1470009001029, 1470009001030, 1470009001031, 1470009001032, 1470009001033, 1470009001038, 1470009001039, 1470009001040, 1470009001041, 1470009001042, 1470009001043, 1470009001044, 1470009001045, 1470009001046, 1470009001047, 1470009001048, 1470009001049, 1470009001050, 1470009001051, 1470009001052, 1470009001053, 1470009001054, 1470009001055, 1470009001056, 1470009001057, 1470009002000, 1470009002001, 1470009002002, 1470009002003, 1470009002004, 1470009002005, 1470009002006, 1470009002007, 1470009002008, 1470009002009, 1470009002016, 1470009002017, 1470009002018, 1470009002019, 1470009002020, 1470009002021, 1470009002023, 1470009002035, 1470009002036, 1470009002042, 1470009002044, 1470009002045, 1470009002046, 1470009002049, 1470009002051, 1470009002052, 1470009002053, 1470009002054, 1470009002055, 1470009002056, 1470009002057, 1470009002058, 1470009002073, 1470009002076, 1470009002077, 1470009002078, 1470009002079, 1470009002080, 1470009002081, 1470009002082, 1470009002083, 1470009002084, 1470009002085, 1470009002086, 1470009002087, 1470009002088, 1470009002089, 1470009002090, 1470009002091, 1470009002092, 1470009002093, 1470009002094, 1470009002095, 1470009002096, 1470009002097, 1470009002100, 1470009002101, 1470009002107, 1470009002108, 1470009003020, 1470009003021, 1470009003022, 1470009003024, 1470009003025, 1470009003040, 1470009003065, 1470009003068; VTD: 1403A: 1470006032029, 1470006032037, 1470013011000, 1470013011001, 1470013011002, 1470013011003, 1470013011004, 1470013011005, 1470013011006, 1470013011007, 1470013011008, 1470013011020, 1470013011021, 1470013011026,

1470013011029, 1470013011030, 1470013011031, 1470013011032, 1470013011036, 1470013011037, 1470013011038, 1470013011039, 1470013011040, 1470013011041, 1470013011042, 1470013011043, 1470013011045, 1470013011047, 1470013011049, 1470013011050, 1470013011059, 1470013011069, 1470013011070, 1470013011071, 1470013011072, 1470013011073, 1470013011081, 1470013012009, 1470013012010, 1470013012011, 1470013012012, 1470013012013, 1470013012014, 1470013012015, 1470013012016, 1470013012017, 1470013012018, 1470013012019, 1470013012020, 1470013012021, 1470013012022, 1470013012023, 1470013012024, 1470013012025, 1470013012026, 1470013012027, 1470013012028, 1470013012029, 1470013012030, 1470013012031, 1470013012032, 1470013012033, 1470013012034, 1470013012035, 1470013012036, 1470016004003; VTD: 1403B: 1470013022019, 1470013022020, 1470013022021, 1470013022023, 1470013022024, 1470013022025, 1470013022026, 1470013022027, 1470013022028, 1470013022029, 1470013022030, 1470013022031, 1470013022032, 1470013022033, 1470013022034, 1470013022035, 1470013022036, 1470013022037, 1470013022038, 1470013022039, 1470013022040, 1470013022041, 1470013022042, 1470013022043, 1470013022045, 1470013022046, 1470013022051, 1470013022052, 1470013022053, 1470013022054, 1470013022055, 1470013022056, 1470013022058, 1470013022059, 1470013022060, 1470013022061, 1470013022062, 1470013022063, 1470013022064, 1470013022065, 1470013022066; VTD: 1501, VTD: 1503, VTD: 1504, VTD: 1505A, VTD: 1505B, VTD: 1506: Block(s) 1470001003029, 1470001003030, 1470001003041, 1470001003042, 1470001003043, 1470001003044, 1470001003045, 1470001003058, 1470001003059, 1470001003060, 1470001003061, 1470001003062, 1470001003063, 1470001003064, 1470001003065, 1470001004000, 1470001004001, 1470001004002, 1470001004003, 1470001004004, 1470001004005, 1470001004006, 1470001004007, 1470001004008, 1470001004009, 1470001004010, 1470001004011, 1470001004012, 1470001004013, 1470001004014, 1470001004015, 1470001004016, 1470001004017, 1470001004018, 1470001004019, 1470001004020, 1470001004021, 1470001004022, 1470001004023, 1470001004024, 1470001004025, 1470001004026, 1470001004027, 1470001004028, 1470001004029, 1470004004013, 1470005011007, 1470005011008, 1470005011009, 1470005011010; VTD: 1507: 1470002011000, 1470002011001, 1470002011002, 1470002011003, 1470002011004, 1470002021010, 1470002021015, 1470002021016, 1470002021017, 1470002021018, 1470002021020, 1470002021021, 1470002021022, 1470002021023; VTD: 1508A: 1470001003000,

1470001003003, 1470001003007, 1470001003008, 1470001003009, 1470001003010, 1470001003011, 1470001003018, 1470001003019, 1470001003020, 1470001003021, 1470001003022, 1470001003037; VTD: 1509: 1470003021000, 1470003021001, 1470003021002, 1470003021003, 1470003021004, 1470003021005, 1470003021006, 1470003021007, 1470003021008, 1470003021009, 1470003021010, 1470003021011, 1470003021012, 1470003021013, 1470003021014, 1470003021015, 1470003022006, 1470003022012, 1470009002028, 1470009002029, 1470009002030, 1470009002043, 1470009002059, 1470009002060, 1470009002061, 1470009002062, 1470009002063, 1470009002064, 1470009002065, 1470009002066, 1470009002067, 1470009002068, 1470009002069, 1470009002070, 1470009002071, 1470009002072, 1470009002074, 1470009002075, 1470009002102, 1470009002103, 1470009002104, 1470009002105, 1470009002106; VTD: 1512A: 1470006031000, 1470006031001, 1470006031002, 1470006031003, 1470006031004, 1470006031005, 1470006031006, 1470006031007, 1470006031008, 1470006031009, 1470006031010, 1470006031011, 1470006031012, 1470006031013, 1470006031015, 1470006031016, 1470006031018, 1470006031019, 1470006031020, 1470006031021, 1470006031022, 1470006031023, 1470006031024, 1470006031025, 1470006031026, 1470006031027, 1470006031028, 1470006031029, 1470006031030, 1470006031031, 1470006031043, 1470006031044, 1470006031045, 1470006031046, 1470006031050, 1470006031051, 1470006031052, 1470006032000, 1470006032001, 1470006032002, 1470006032003, 1470006032004, 1470006032005, 1470006032006, 1470006032007, 1470006032008, 1470006032009, 1470006032010, 1470006032022, 1470006032023, 1470006032024, 1470006032025, 1470006032026, 1470006032027, 1470006032028, 1470006032030, 1470006032031, 1470006032032, 1470006032033, 1470006032035, 1470006032036, 1470016003008, 1470016003009, 1470016003010, 1470016003011, 1470016003012, 1470016003023, 1470016003024, 1470016003043, 1470016003044, 1470016003045, 1470016003046; VTD: 1512B: 1470006033000, 1470006033022, 1470006033025, 1470006033031, 1470006033032, 1470006033033, 1470006033037, 1470006033038, 1470006033039, 1470006034000, 1470006034001, 1470006034002, 1470006034003; Wayne County: VTD: 06: Block(s) 1910003032022, 1910003032023, 1910013011000, 1910013011001, 1910013011002, 1910013011003, 1910013011004, 1910013011005, 1910013011006, 1910013011007, 1910013011008, 1910013011009, 1910013011010, 1910013011011, 1910013011012, 1910013011013, 1910013011014, 1910013011015, 1910013011018, 1910013011019, 1910013011020,

1910013011021, 1910013011022, 1910013011023, 1910013011024, 1910013011025, 1910013011026, 1910013011031, 1910013011032, 1910013011033; VTD: 07: 1910003021010, 1910003021011, 1910003021012, 1910003021013, 1910003021029, 1910003021030, 1910003021031, 1910003022004, 1910003022005, 1910003022006, 1910003022007, 1910003022008, 1910003022009, 1910003022010, 1910003022011, 1910003022012, 1910003022013, 1910003022014, 1910003022015, 1910003022016, 1910003022017, 1910003022018, 1910003022019, 1910003022020, 1910003022022, 1910003022023, 1910003022024, 1910003022025, 1910003022026, 1910003022027, 1910003022035, 1910003031051, 1910003031052, 1910003031053, 1910003031054, 1910003031055, 1910003031056; VTD: 09: 1910011011019, 1910011011020, 1910011011021, 1910011011022, 1910011011023, 1910011011024, 1910011021018, 1910011021019, 1910011021020, 1910011021030, 1910011021031, 1910011021032, 1910011021033, 1910011021034, 1910011021035, 1910011021036, 1910011021037, 1910011021038, 1910011021039; VTD: 10: 1910012001082, 1910012001083, 1910012001084, 1910012001085, 1910012001086, 1910012001087, 1910012001088, 1910012001089, 1910012001091, 1910012001092, 1910012001093, 1910012001094, 1910012001095, 1910012001096, 1910012001097, 1910012001100, 1910012001101, 1910012001102, 1910012001103, 1910012001120, 1910012002004, 1910012002005, 1910012002006, 1910012002007, 1910012002008, 1910012002009, 1910012002010, 1910012002011, 1910012002012, 1910012002013, 1910012002014, 1910012002015, 1910012002016, 1910012002017, 1910012002018, 1910012002019, 1910012002020, 1910012002021, 1910012002022, 1910012002023, 1910012002024, 1910012002025, 1910012002027, 1910012002028, 1910012002029, 1910012002030, 1910012002031, 1910012002032, 1910012002033, 1910012002034, 1910012002035, 1910012002036, 1910012002037, 1910012002038, 1910012002039, 1910012002040, 1910012002041, 1910012002042, 1910012002043, 1910012002044, 1910012002045, 1910012002046, 1910012002047, 1910012002048, 1910012002049, 1910012002050, 1910012002051, 1910012002052, 1910012002053, 1910012002054, 1910012002055, 1910012002056, 1910012002057, 1910012002058, 1910012002059, 1910012002060, 1910012002061, 1910012002062, 1910012002063, 1910012002064, 1910018001000, 1910018001001, 1910018001002, 1910018001003, 1910018001004, 1910018001005, 1910018001006, 1910018001007, 1910018001008, 1910018001009, 1910018001010, 1910018001011, 1910018001012, 1910018001013, 1910018001014, 1910018001015, 1910018001016, 1910018001017, 1910018001018,

1910018001019, 1910018001020, 1910018001021, 1910018001022, 1910018001023, 1910018001024, 1910018001025, 1910018001026, 1910018001027, 1910018001028, 1910018001029, 1910018001030, 1910018001031, 1910018001032, 1910018001033, 1910018001034, 1910018001035, 1910018001036, 1910018001037, 1910018001038, 1910018001039, 1910018001040, 1910018001041, 1910018001042, 1910018001043, 1910018001044, 1910018001045, 1910018001046, 1910018001047, 1910018001048, 1910018001049, 1910018001050, 1910018001051, 1910018001052, 1910018001053, 1910018001054, 1910018001055, 1910018001056, 1910018001057, 1910018001058, 1910018001059, 1910018001060, 1910018001064, 1910018001065, 1910018001066, 1910018001067, 1910018001068, 1910018001069, 1910018001070, 1910018001071, 1910018001072, 1910018001073, 1910018001074, 1910018001075, 1910018001076, 1910018001079, 1910018001080, 1910018002004, 1910018002005, 1910018002007, 1910018002008, 1910018002009, 1910018002010, 1910018002011, 1910018002012, 1910018002013, 1910018002014, 1910018002015, 1910018002016, 1910018002017, 1910018002018, 1910018002023, 1910018002024, 1910018002025, 1910018002026, 1910018002027, 1910018002033, 1910018002034, 1910018002035; VTD: 11: 1910012001033, 1910012001034, 1910012001035, 1910012001036, 1910012001037, 1910012001038, 1910012001039, 1910012001040, 1910012001041, 1910012001042, 1910012001044, 1910012001046, 1910012001073, 1910012001074, 1910012001075, 1910012001076, 1910012001077, 1910012001078, 1910012001079, 1910012001080, 1910012001081, 1910012001090, 1910012001098, 1910012001099, 1910012001104, 1910012001105, 1910012001106, 1910012001107, 1910012001108, 1910012001109, 1910012001110, 1910012001111, 1910012001112, 1910012001113, 1910012001114, 1910012001115, 1910012001116, 1910012001117, 1910012001118, 1910012001119, 1910012001127, 1910018002000, 1910018002001, 1910018002002, 1910018002003, 1910018002006, 1910019001001, 1910019001002, 1910019001003, 1910019001004, 1910019001005, 1910019001006, 1910019001007, 1910019001008, 1910019001009, 1910019001010, 1910019001011, 1910019001012, 1910019001013, 1910019001014, 1910019001015, 1910019001016, 1910019001023, 1910019001024, 1910019001025, 1910019001026, 1910019001027, 1910019001029, 1910019001031, 1910019001032, 1910019001033, 1910019001035, 1910019001041, 1910019001042, 1910019001046; VTD: 12, VTD: 13, VTD: 14: Block(s) 1910004011013; VTD: 15: 1910003022028, 1910003022037, 1910003022038; VTD: 16: 1910009011008, 1910009013000, 1910009013001, 1910009013002,

1910009013003, 1910009013004, 1910009013005, 1910009013007, 1910009013008, 1910009013009, 1910009013010, 1910009013011, 1910009013012, 1910009013013, 1910009013014, 1910009013015, 1910009013016, 1910009013017, 1910009013018, 1910009013019, 1910009013020, 1910009013021, 1910009013022, 1910009013023, 1910009013024, 1910009013025, 1910009013037, 1910009013038, 1910009013039, 1910009013040, 1910009013041, 1910009013042, 1910009022003, 1910009022004, 1910009022005, 1910009022006, 1910009023000, 1910009023001, 1910009023002, 1910009023003, 1910009023004, 1910009023005, 1910009023006, 1910009023007, 1910009023008, 1910009023009, 1910009023010, 1910009023011, 1910009023012, 1910009023013, 1910009023014, 1910009023015, 1910009023016, 1910009023017; VTD: 17: 1910014005005, 1910014005006, 1910014005007, 1910014005008, 1910014005009, 1910014005010, 1910014005011, 1910014005012, 1910014005013, 1910015002011, 1910015002012, 1910015002013, 1910015002014, 1910015002017, 1910015002018, 1910015002020, 1910015002024, 1910015002025, 1910015002026, 1910015002027, 1910015002028, 1910015002030, 1910015002031, 1910015002032, 1910015002033, 1910015002034, 1910015002035, 1910015002036, 1910015002037, 1910020001000, 1910020001001, 1910020001002, 1910020001003, 1910020001004, 1910020001005, 1910020001006, 1910020001007, 1910020001008, 1910020001009, 1910020001010, 1910020001011, 1910020001012, 1910020001013, 1910020001014, 1910020001015, 1910020001016, 1910020001017, 1910020001018, 1910020001019, 1910020001020, 1910020001021, 1910020001022, 1910020001023, 1910020001024, 1910020001025, 1910020001026, 1910020001027, 1910020001028, 1910020001029, 1910020001030, 1910020001031, 1910020001032, 1910020001033, 1910020001034, 1910020001035, 1910020001036, 1910020001037, 1910020001038, 1910020001039, 1910020001040, 1910020001041, 1910020001042, 1910020001043, 1910020001044, 1910020001045, 1910020001046, 1910020001047, 1910020001048, 1910020001049, 1910020001050, 1910020001051, 1910020001052, 1910020001053, 1910020001054, 1910020001055, 1910020001056, 1910020001057, 1910020001058, 1910020001059, 1910020001060, 1910020001061, 1910020001062, 1910020001063, 1910020001064, 1910020001065, 1910020001066, 1910020001067, 1910020001068, 1910020001069, 1910020001070, 1910020001071, 1910020001072, 1910020001073, 1910020001074, 1910020001075, 1910020001076, 1910020001077, 1910020001078, 1910020001079, 1910020001080, 1910020001081, 1910020001082, 1910020001083, 1910020001084,

1910020001085, 1910020001086, 1910020001087, 1910020001088, 1910020001089, 1910020001090, 1910020001091, 1910020001092, 1910020001093, 1910020001094, 1910020001095, 1910020001096, 1910020001097, 1910020001098, 1910020001099, 1910020001100, 1910020001101, 1910020001102, 1910020001103, 1910020001104, 1910020001105, 1910020001106, 1910020001107, 1910020001108, 1910020001109, 1910020001110, 1910020001111, 1910020001112, 1910020001113, 1910020001114, 1910020001115, 1910020001116, 1910020001117, 1910020002003, 1910020002004, 1910020002005, 1910020002006, 1910020002007, 1910020002008, 1910020002012, 1910020002013, 1910020002014, 1910020002020, 1910020002021, 1910020002022, 1910020002023, 1910020002024, 1910020002025, 1910020002033, 1910020002034; VTD: 18, VTD: 19: Block(s) 1910014005000, 1910014005001, 1910014005002, 1910014005003, 1910014005004, 1910015001020, 1910015001022, 1910015001023, 1910015001024, 1910015001025, 1910015001026, 1910015001027, 1910015001028, 1910015001029, 1910015001030, 1910015001031, 1910015001032, 1910015001033, 1910015001034, 1910015001035, 1910015001036, 1910015001037, 1910015001038, 1910015001039, 1910015001040, 1910015001041, 1910015001042, 1910015001043, 1910015001044, 1910015002000, 1910015002001, 1910015002002, 1910015002003, 1910015002004, 1910015002005, 1910015002006, 1910015002007, 1910015002008, 1910015002009, 1910015002010, 1910015002015, 1910015002016, 1910015002019, 1910015002021, 1910015002022, 1910015002023, 1910015002029, 1910015002038, 1910015002039, 1910015002040; VTD: 20, VTD: 21: Block(s) 1910014001011, 1910014001012, 1910014001024, 1910014001025, 1910014001027, 1910014001033, 1910014001036, 1910014001037, 1910014001040, 1910014001041, 1910014001042, 1910014001043, 1910014001046, 1910014001047, 1910014003000, 1910014003001, 1910014003002, 1910014003003, 1910014003004, 1910014003005, 1910014003006, 1910014003007, 1910014003008, 1910014003009, 1910014003010, 1910014003011, 1910014003012, 1910014003013, 1910014003014, 1910014003021, 1910014003022, 1910014003024, 1910014003025, 1910014003026, 1910014003027, 1910019002003, 1910019002004, 1910019002010, 1910019002011, 1910019002012, 1910019002013, 1910019002015, 1910019002016, 1910019002017, 1910019002018, 1910019002019, 1910019002020, 1910019002021, 1910019002022, 1910019003059, 1910019003060, 1910019003061, 1910019003064; VTD: 22: 1910013021008, 1910013022018, 1910013022019, 1910013022020, 1910013022021, 1910013022022, 1910013022023, 1910013022024, 1910013022025,

1910013022030, 1910013022031, 1910013022032, 1910013022033, 1910013022034, 1910013022035, 1910013022041, 1910013022048, 1910019002000, 1910019002001, 1910019002002, 1910019002005, 1910019002006, 1910019002007, 1910019002008, 1910019002009, 1910019002023; VTD: 25: 1910008001014, 1910008001016, 1910008001017, 1910008001018, 1910008001019, 1910008001020, 1910008001021, 1910008001026, 1910008001027, 1910008001028, 1910008001029, 1910008001030, 1910008001031, 1910008001032, 1910008001033, 1910008001034, 1910008001035, 1910008001036, 1910008001037, 1910008001038, 1910008001039, 1910008001040, 1910008001041, 1910008001042, 1910008001071; VTD: 26: 1910006013006, 1910006013007, 1910006013008, 1910006013009, 1910006013010, 1910006013011, 1910006013012, 1910006013013, 1910006013014, 1910006021000, 1910006021001, 1910006021002, 1910006021003, 1910006021004, 1910006021005, 1910006021006, 1910006021007, 1910006021008, 1910006021009, 1910006021011, 1910006021012, 1910006021013, 1910006021015, 1910006021029, 1910006021030, 1910009021000, 1910009021001, 1910009021002, 1910009021003, 1910009021004, 1910009021034, 1910009021058, 1910009021059, 1910009021084, 1910009022007, 1910009022008, 1910009022009, 1910009022010, 1910009022022, 1910009022023, 1910009022024, 1910009022025, 1910009022028, 1910009022029, 1910009022030, 1910009022031, 1910009022032, 1910009022033, 1910009022034, 1910009022035, 1910009022036, 1910009022037, 1910009022038, 1910009022039, 1910009022041, 1910009022042, 1910009022043, 1910009022044, 1910009022045, 1910009022046, 1910009022047, 1910009022048, 1910009022049, 1910009022050, 1910009022051, 1910009022052, 1910009022056, 1910009023018, 1910009023020, 1910009023021, 1910009023022, 1910009023023, 1910009023024, 1910009023025, 1910009023026, 1910009023027, 1910009023028, 1910009023029, 1910009023030, 1910009023031, 1910009023032, 1910009023033, 1910009023044, 1910009023045, 1910009023046, 1910009023047; VTD: 27, VTD: 28: Block(s) 1910006011018, 1910006011019, 1910006011020, 1910006011021, 1910006011022, 1910006011023, 1910006011024, 1910006011025, 1910006011026, 1910006011027, 1910006011028, 1910006011029, 1910006011030, 1910006011031, 1910006011032, 1910006011033, 1910006021014, 1910006021026, 1910006021027, 1910006021028, 1910006021031, 1910006022032, 1910006022033, 1910006022034, 1910006022035, 1910007003001, 1910007003002, 1910007003003, 1910007003004; VTD: 29, VTD: 30: Block(s) 1910007001000, 1910007001001, 1910007001002, 1910007001003, 1910007001004,

1910007001005, 1910007001006, 1910007001007, 1910007001008,
1910007001009, 1910007001010, 1910007001011, 1910007001012,
1910007001013, 1910007001014, 1910007001015, 1910007001016,
1910007001017, 1910007001018, 1910007001019, 1910007001020,
1910007001021, 1910007001024, 1910007001025, 1910007001026,
1910007001027, 1910007001028, 1910007001029, 1910007001030,
1910007001031, 1910007001032, 1910007001033, 1910007001034,
1910007001035, 1910007001036, 1910007001041, 1910007002000,
1910007002001, 1910007002002, 1910007002003, 1910007002004,
1910007002005, 1910007002006, 1910007002007, 1910007002008,
1910007002009, 1910007002010, 1910007002011, 1910007002012,
1910007002013, 1910007002014, 1910007002015, 1910007002016,
1910007002017, 1910007002018, 1910007002019, 1910007002020,
1910007002021, 1910007002022, 1910007002023, 1910007002024,
1910007002025, 1910007002026, 1910007002027, 1910007002028,
1910007002029, 1910007002030, 1910007002031, 1910007002032,
1910007002033, 1910007002034, 1910007002035, 1910007002036,
1910007002037, 1910007002038, 1910007002039, 1910007002040,
1910007002041, 1910007002042, 1910007002043, 1910007002044,
1910007002045, 1910007002046, 1910007003013, 1910007003017,
1910007003018, 1910007003019, 1910007003026, 1910007003027,
1910007003030, 1910007003031, 1910007003032, 1910007003033,
1910007003034, 1910007003035, 1910007003039, 1910007003042,
1910007003043, 1910007003044, 1910007003045, 1910007003046,
1910007003047, 1910007003048, 1910007003049, 1910007003050,
1910007003051, 1910007003052, 1910008001025, 1910008001043,
1910008001044, 1910008001045, 1910008001046, 1910008001049,
1910008001050, 1910008001051, 1910008001052, 1910008001053,
1910008001054, 1910008001056, 1910008001057, 1910008001059,
1910008001060, 1910008001061, 1910008001062, 1910008001063,
1910008001064, 1910008001065, 1910008001066, 1910008001067,
1910008001070, 1910008002009, 1910008002010.

District 6: Jones County, Onslow County.

District 7: Lenoir County: VTD: C: Block(s) 1070101001000, 1070101001001,
1070101001002, 1070101001003, 1070101001004, 1070101001005,
1070101001006, 1070101001007, 1070101001008, 1070101001009,
1070101001010, 1070101001011, 1070101001012, 1070101001013,
1070101001014, 1070101001015, 1070101001016, 1070101001017,
1070101001018, 1070101001019, 1070101001020, 1070101001021,

1070101001022, 1070101001023, 1070101001024, 1070101001025,
1070101001026, 1070101001027, 1070101001028, 1070101001029,
1070101001030, 1070101001031, 1070101001032, 1070101001033,
1070101001034, 1070101001035, 1070101001036, 1070101001037,
1070101001038, 1070101001039, 1070101001040, 1070101001041,
1070101001042, 1070101001043, 1070101001044, 1070101001045,
1070101001046, 1070101001047, 1070101001048, 1070101001049,
1070101001050, 1070101001052, 1070101001053, 1070101001054,
1070101001055, 1070101001056, 1070101001057, 1070101001058,
1070101001059, 1070101001060, 1070101001061, 1070101001062,
1070101001063, 1070101001064, 1070101001065, 1070101001066,
1070101001067, 1070101001068, 1070101001069, 1070101001070,
1070101001071, 1070101002000, 1070101002001, 1070101002002,
1070101002003, 1070101002004, 1070101002005, 1070101002006,
1070101002007, 1070101002008, 1070101002009, 1070101002010,
1070101002011, 1070101002012, 1070101002013, 1070101002014,
1070101002015, 1070101002016, 1070101002017, 1070101002018,
1070101002019, 1070101002020, 1070101002021, 1070101002022,
1070101002023, 1070101002024, 1070101002025, 1070101002026,
1070101002027, 1070101002028, 1070101002029, 1070101002030,
1070101002031, 1070101002032, 1070101002033, 1070101002034,
1070101002035, 1070101002036, 1070101002037, 1070101002038,
1070101002039, 1070101002040, 1070101002041, 1070101002042,
1070101002043, 1070101002044, 1070101002045, 1070101002046,
1070101002047, 1070101002048, 1070101002049, 1070101003000,
1070101003001, 1070101003002, 1070101003003, 1070101003004,
1070101003005, 1070101003006, 1070101003007, 1070101003008; VTD: FC,
VTD: I: Block(s) 1070110021013, 1070110021033, 1070110021037,
1070110021038, 1070110021039, 1070110021040, 1070110021041,
1070110021042, 1070110021044, 1070110021045, 1070110021046,
1070110021047, 1070110021048, 1070110021049, 1070110021050,
1070110021051, 1070110021052, 1070110021053, 1070110022008,
1070110022009, 1070110022010, 1070110022011, 1070110022012,
1070110022014, 1070110022015, 1070110022016, 1070110022019,
1070110022020, 1070110022021, 1070111002013, 1070111002014,
1070111002015; VTD: K3: 1070106002037, 1070106002038, 1070106002048,
1070106002050, 1070106002051, 1070107001000, 1070107001001,
1070107001002, 1070107001027, 1070107001029, 1070107001032,
1070107001033, 1070107001034, 1070107001035, 1070107001036,
1070107001037, 1070107001038, 1070107001039, 1070107001040,
1070107001041, 1070107001047, 1070107001048, 1070107001049,

1070107001050, 1070107001051, 1070107001060, 1070107002018,
1070107002020, 1070107002021, 1070107002022, 1070107002023,
1070107002024; VTD: K4: 1070106001000, 1070106001001, 1070106001002,
1070106001003, 1070106001004, 1070106001005, 1070106001006,
1070106001007, 1070106001008, 1070106001009, 1070106001010,
1070106001011, 1070106001012, 1070106001013, 1070106001014,
1070106001015, 1070106001016, 1070106001017, 1070106001018,
1070106001019, 1070106001020, 1070106001021, 1070106001022,
1070106001023, 1070106001024, 1070106001025, 1070106001026,
1070106001027, 1070106001028, 1070106001029, 1070106001030,
1070106001031, 1070106001032, 1070106001033, 1070106001034,
1070106001035, 1070108001033, 1070108002026, 1070108002027,
1070108002028, 1070108002029, 1070108002030, 1070108002031,
1070108002032, 1070108002033, 1070108003008, 1070108003009,
1070108003010, 1070108003011, 1070108003012, 1070108003018,
1070108003019, 1070108003020, 1070108003021, 1070108003022,
1070108003023, 1070108003024, 1070108003034, 1070108003035,
1070108003036, 1070108003037, 1070108003038, 1070108003039,
1070108003048, 1070108003049; VTD: K5: 1070106002012, 1070106002031,
1070106002032, 1070106002033, 1070106002039; VTD: MH: 1070110012061,
1070110012063, 1070111002011, 1070111002012, 1070111002016,
1070111002017, 1070111002018, 1070111002019, 1070111002026,
1070111002027, 1070111002028, 1070111002029, 1070111002030,
1070111002041, 1070111002042, 1070111002045, 1070111002046,
1070111002047, 1070111003000, 1070111003001, 1070111003034,
1070111003035, 1070111003036, 1070111003044, 1070111003047,
1070111003048, 1070111003049, 1070111003050, 1070111003051,
1070111003052, 1070111003053, 1070111003054, 1070111003055,
1070111003056, 1070111003057, 1070111003058, 1070111003059,
1070111003060, 1070111003061, 1070111003062, 1070111003063,
1070111003064, 1070111004027, 1070111004028, 1070111004031,
1070111004032, 1070111004033, 1070111004034, 1070111004035,
1070111004036, 1070111004037, 1070111004038, 1070111004039,
1070111004040, 1070111004041, 1070111004042, 1070111004043,
1070111004044, 1070111004045, 1070111004076, 1070111004077,
1070111004078; VTD: N: 1070103001010, 1070103001011, 1070103001022,
1070103001023, 1070107001042, 1070107002054, 1070107002055,
1070107002056, 1070107002057, 1070112003002, 1070113001000,
1070113001001, 1070113001002, 1070113001003, 1070113001004,
1070113001005, 1070113001006, 1070113001007, 1070113001008,
1070113001009, 1070113001010, 1070113001011, 1070113001012,

1070113001013, 1070113001014, 1070113001015, 1070113001016,
1070113001017, 1070113001018, 1070113001019, 1070113001020,
1070113001021, 1070113001022, 1070113001023, 1070113001024,
1070113001025, 1070113001026, 1070113001027, 1070113001028,
1070113001029, 1070113001030, 1070113001031, 1070113001032,
1070113001033, 1070113001034, 1070113001035, 1070113001036,
1070113001037, 1070113001038, 1070113001039, 1070113001040,
1070113001041, 1070113001042, 1070113001043, 1070113001044,
1070113001045, 1070113001046, 1070113001047, 1070113001048,
1070113001049, 1070113001050, 1070113001051, 1070113001052,
1070113001053, 1070113001054, 1070113001055, 1070113001056,
1070113001057, 1070113002000, 1070113002001, 1070113002002,
1070113002003, 1070113002004, 1070113002005, 1070113002006,
1070113002007, 1070113002008, 1070113002009, 1070113002010,
1070113002011, 1070113002012, 1070113002013, 1070113002014,
1070113002015, 1070113002016, 1070113002017, 1070113002018,
1070113002019, 1070113002020, 1070113002021, 1070113002022,
1070113002023, 1070113002024, 1070113002025, 1070113002026,
1070113002027, 1070113002028, 1070113002029, 1070113002030,
1070113002031, 1070113002032, 1070113002033, 1070113002034,
1070113002035, 1070113002036, 1070113002037, 1070113002038,
1070113002039, 1070113002040, 1070113002041, 1070113002042,
1070113002043, 1070113002044, 1070113002045, 1070113002046,
1070113002047, 1070113002048, 1070113002049, 1070113002050,
1070113002051, 1070113002052, 1070113002053, 1070113002054,
1070113002055, 1070113002056, 1070113002057, 1070113002058,
1070113002059, 1070113002060, 1070113002061, 1070113002062,
1070113002063, 1070113002064, 1070113002065, 1070113002066,
1070113002067, 1070113002068, 1070113002069, 1070113002070,
1070113002071, 1070113002072, 1070113002073, 1070113002074,
1070113002075, 1070113002076, 1070113002077, 1070113002078,
1070113002079, 1070113002080, 1070113003000, 1070113003001,
1070113003002, 1070113003003, 1070113003004, 1070113003005,
1070113003006, 1070113003007, 1070113003008, 1070113003009,
1070113003010, 1070113003011, 1070113003012, 1070113003013,
1070113003014, 1070113003015, 1070113003016, 1070113003017,
1070113003018, 1070113003019, 1070113003020, 1070113003021,
1070113003022, 1070113003023, 1070113003024, 1070113003025,
1070113003026, 1070113003027, 1070113003028, 1070113003029,
1070113003030, 1070113003031, 1070113003032, 1070113003033,
1070113003034, 1070113003035, 1070113003036, 1070113003037,

1070113003038, 1070113003039, 1070113003040, 1070113003041, 1070113003042, 1070113003043, 1070113003044, 1070113003045, 1070113004010, 1070113004011, 1070113004012, 1070113004013, 1070113004015, 1070113004031, 1070113004032, 1070113004033, 1070113004034, 1070113004035, 1070113004036, 1070113004038, 1070113004042; VTD: PH1, VTD: PH2, VTD: SH, VTD: SW, VTD: T1, VTD: T2, VTD: V: Block(s) 1070109003000, 1070109003001, 1070109003002, 1070109003003, 1070109003004, 1070109003005, 1070109003006, 1070109003007, 1070109003008, 1070109003009, 1070109003010, 1070109003011, 1070109003012, 1070109003013, 1070109003014, 1070109003016, 1070109003017, 1070109003018, 1070109003019, 1070109003020, 1070109003021, 1070109003022, 1070109003023; VTD: W; Pitt County: VTD: 0101: Block(s) 1470016001014, 1470016001015, 1470016001016, 1470016001017, 1470016001019, 1470016001020, 1470016003003, 1470016003004, 1470016003005, 1470016003006, 1470016003007, 1470016003013, 1470016003014, 1470016003015, 1470016003016, 1470016003038, 1470016003039, 1470016003041; VTD: 0200A: 1470013011067, 1470013011068, 1470014011017, 1470014011018, 1470014011019, 1470014011039, 1470014011066, 1470016004009, 1470016004010, 1470016004011, 1470016004012, 1470016004014, 1470016004015, 1470016004016; VTD: 0200B: 1470012001048, 1470012001049, 1470012001050, 1470012002003, 1470012002004, 1470012002005, 1470014021000, 1470014021001, 1470014021002, 1470014021004, 1470014021021, 1470014021034, 1470014021035, 1470014021036, 1470014021037, 1470014021038, 1470014021039, 1470014021040, 1470014021058, 1470014022025, 1470014022027, 1470014022028; VTD: 0601, VTD: 0800B: Block(s) 1470016001021, 1470016001025; VTD: 1001: 1470012003027, 1470012003028, 1470012003029, 1470012003040, 1470012003045, 1470012003046, 1470012003047, 1470012003048, 1470012003049, 1470012003052, 1470012003054, 1470014021041, 1470014021042, 1470014021045, 1470014021046, 1470014021047, 1470014021048, 1470014021049, 1470014021050, 1470014021051, 1470014021052, 1470014021054, 1470014021056, 1470015001001, 1470015001002, 1470015001003, 1470015001005, 1470015001006, 1470015001044, 1470015001045, 1470015001046, 1470015001047, 1470015001048, 1470015001053, 1470015001054, 1470015001055, 1470015001056, 1470015001057, 1470015001058, 1470015001059, 1470015001060, 1470015001061, 1470015001062, 1470015001063, 1470015001064, 1470015001065, 1470015002000, 1470015002001, 1470015002002, 1470015002003, 1470015002004, 1470015002005, 1470015002006, 1470015002007,

1470015002008, 1470015002009, 1470015002010, 1470015002011, 1470015002012, 1470015002013, 1470015002014, 1470015002015, 1470015002016, 1470015002017, 1470015002018, 1470015002019, 1470015002020, 1470015002021, 1470015002022, 1470015002023, 1470015002024, 1470015002025, 1470015002026, 1470015002027, 1470015002028, 1470015002041, 1470015002042, 1470015002043, 1470015002044, 1470015002045, 1470015002046, 1470015002047, 1470015002048, 1470015002049, 1470015002050, 1470015002051, 1470015002052, 1470015002053, 1470015002054, 1470015002055, 1470015002056, 1470015002057, 1470015002058, 1470015002059, 1470015002060, 1470015002061, 1470015002062, 1470015002063, 1470015002064, 1470015002065; VTD: 1101: 1470010022020, 1470010022021, 1470010022029, 1470010022030, 1470010022031, 1470010022032, 1470010022033, 1470010022034, 1470011001003, 1470011001004, 1470011001005, 1470011001006, 1470011001007, 1470011001008, 1470011001010, 1470011001011, 1470011001012, 1470011001013, 1470011001014, 1470011001019, 1470011001023, 1470011001024, 1470011001025, 1470011001026, 1470011001027, 1470011001028, 1470011001029, 1470011001030, 1470011001031, 1470011001032, 1470011001033, 1470011001034, 1470011001035, 1470011001036, 1470011001037, 1470011001038, 1470011001039, 1470011001040, 1470011001041, 1470011001042, 1470011001043, 1470011001044, 1470011001045, 1470011001046, 1470011001047, 1470011001048, 1470011001049, 1470011001050, 1470011001051, 1470011001052, 1470011001055, 1470011001056, 1470011001057, 1470011001058, 1470011001059, 1470011001060, 1470011001063, 1470011001064, 1470011001065, 1470011001066, 1470011001067, 1470011001068, 1470011001069, 1470011001070, 1470011001071, 1470011001072, 1470011003000, 1470011003001, 1470011003002, 1470011003021, 1470011003022, 1470011003024, 1470011003025; VTD: 1102A: 1470010011020, 1470010011026, 1470010011027, 1470010011028, 1470010021005, 1470010021006, 1470010021007, 1470010021008, 1470010021009, 1470010021010, 1470010021011, 1470010021012, 1470010021014, 1470010021017, 1470010021018, 1470010021019, 1470010021020, 1470010021021, 1470010021022, 1470010021023, 1470010021024, 1470010021025, 1470010021026, 1470010021030, 1470010021031, 1470010021032, 1470010021033, 1470010021034, 1470010021035, 1470010021043, 1470010021044, 1470010021045, 1470010021046, 1470010021047, 1470010021059, 1470010021060, 1470010032000, 1470010032001, 1470010032002, 1470010032003, 1470010032004, 1470010032005, 1470010032006, 1470010032007,

1470010032008, 1470010032009, 1470010032010, 1470010032012, 1470010032013, 1470010032014, 1470010032022, 1470010032023, 1470010032025, 1470010032026; VTD: 1102B, VTD: 1201: Block(s) 1470008002138, 1470009001021, 1470009001022, 1470009001034, 1470009001035, 1470009001036, 1470009001037, 1470009002010, 1470009002011, 1470009002012, 1470009002013, 1470009002014, 1470009002015, 1470009002022, 1470009002024, 1470009002025, 1470009002026, 1470009002027, 1470009002031, 1470009002032, 1470009002033, 1470009002034, 1470009002037, 1470009002038, 1470009002039, 1470009002040, 1470009002041, 1470009002047, 1470009002048, 1470009002050, 1470009002098, 1470009002099, 1470009003005, 1470009003007, 1470009003008, 1470009003013, 1470009003014, 1470009003015, 1470009003016, 1470009003023, 1470009003026, 1470009003027, 1470009003028, 1470009003029, 1470009003030, 1470009003031, 1470009003032, 1470009003033, 1470009003034, 1470009003035, 1470009003036, 1470009003037, 1470009003038, 1470009003039, 1470009003041, 1470009003042, 1470009003043, 1470009003044, 1470009003045, 1470009003046, 1470009003047, 1470009003048, 1470009003049, 1470009003050, 1470009003051, 1470009003052, 1470009003053, 1470009003054, 1470009003055, 1470009003056, 1470009003057, 1470009003058, 1470009003059, 1470009003060, 1470009003061, 1470009003062, 1470009003063, 1470009003064, 1470009003069, 1470009003070, 1470009003071, 1470009003072; VTD: 1301, VTD: 1402A, VTD: 1402B, VTD: 1403A: Block(s) 1470012001047, 1470013011009, 1470013011010, 1470013011011, 1470013011012, 1470013011013, 1470013011014, 1470013011015, 1470013011016, 1470013011017, 1470013011018, 1470013011019, 1470013011022, 1470013011023, 1470013011024, 1470013011025, 1470013011027, 1470013011028, 1470013011033, 1470013011034, 1470013011035, 1470013011044, 1470013011046, 1470013011048, 1470013011051, 1470013011052, 1470013011053, 1470013011054, 1470013011055, 1470013011056, 1470013011057, 1470013011058, 1470013011060, 1470013011061, 1470013011062, 1470013011063, 1470013011064, 1470013011065, 1470013011066, 1470013011074, 1470013011075, 1470013011076, 1470013011077, 1470013011078, 1470013011079, 1470013011080, 1470013011082, 1470013012000, 1470013012001, 1470013012002, 1470013012003, 1470013012004, 1470013012005, 1470013012006, 1470013012007, 1470013012008, 1470013012037, 1470013021000, 1470013021001, 1470013021002, 1470013021003, 1470013021004, 1470013021005, 1470013021006, 1470013021007, 1470013021008, 1470013021009,

1470013021010, 1470013021011, 1470013021012, 1470013021013, 1470013021014, 1470013021015, 1470013021016, 1470013021017, 1470013021018, 1470013021019, 1470013021020, 1470013021021, 1470013021022, 1470013021023, 1470013021024, 1470013021025, 1470013021026, 1470013021027, 1470013021028, 1470013021029, 1470013021030, 1470013021031, 1470013021032, 1470013021033, 1470013021034, 1470013021035, 1470013021036, 1470013021037, 1470013021038, 1470013021039, 1470013021040, 1470013021041, 1470013021042, 1470013021043, 1470013021044, 1470013021045, 1470013021046, 1470013021047, 1470013021048, 1470013021049, 1470013021050, 1470013021051, 1470013021052, 1470013021053, 1470013021054, 1470013031044, 1470013031048, 1470013031049, 1470013031050, 1470013031051, 1470013031052, 1470013031055, 1470014011000, 1470014011001, 1470014011002, 1470014011003, 1470014011067, 1470014011068, 1470014022000, 1470014022001, 1470014022002, 1470014022003, 1470014022004, 1470014022005, 1470014022006, 1470014022007, 1470014022024, 1470014022026, 1470016003019, 1470016003020, 1470016003021, 1470016003027, 1470016003028, 1470016003029, 1470016003030, 1470016003031, 1470016003032, 1470016003033, 1470016003034, 1470016003035, 1470016003036, 1470016003037, 1470016003042, 1470016003047, 1470016003048, 1470016003049, 1470016003050, 1470016003051, 1470016003052, 1470016003053, 1470016003054, 1470016004000, 1470016004001, 1470016004002, 1470016004004, 1470016004006, 1470016004007, 1470016004008; VTD: 1403B: 1470013022000, 1470013022001, 1470013022002, 1470013022003, 1470013022004, 1470013022005, 1470013022006, 1470013022007, 1470013022008, 1470013022009, 1470013022010, 1470013022011, 1470013022012, 1470013022013, 1470013022014, 1470013022015, 1470013022016, 1470013022017, 1470013022018, 1470013022022, 1470013022044, 1470013022047, 1470013022048, 1470013022049, 1470013022050, 1470013022057, 1470013022067, 1470013022068, 1470013022069, 1470013031000, 1470013031001, 1470013031002, 1470013031003, 1470013031004, 1470013031005, 1470013031006, 1470013031007, 1470013031008, 1470013031009, 1470013031010, 1470013031011, 1470013031012, 1470013031013, 1470013031014, 1470013031015, 1470013031016, 1470013031017, 1470013031019, 1470013031020, 1470013031021, 1470013031022, 1470013031023, 1470013031024, 1470013031025, 1470013031026, 1470013031027, 1470013031028, 1470013031029, 1470013031030, 1470013031031, 1470013031032, 1470013031040, 1470013031041, 1470013031042, 1470013031045,

1470013031053, 1470013031054, 1470013031056, 1470013031057; VTD: 1506: 1470001003031, 1470001003032, 1470001003033, 1470001003039, 1470001003040, 1470001003046, 1470001003047, 1470001003048, 1470001003049, 1470001003050, 1470001003051, 1470001003053, 1470001003054, 1470001003055, 1470001003056, 1470001003057, 1470001003066, 1470001005005, 1470001005006, 1470001005007, 1470001005008, 1470001005009, 1470001005011, 1470001005012, 1470001005013, 1470001005014, 1470001005015, 1470001005016, 1470001005017, 1470001005018, 1470001005019, 1470001005020, 1470001005021, 1470001005022, 1470001005023, 1470004004006, 1470004004007, 1470004004008, 1470004004009, 1470004004010, 1470004004011, 1470004004012, 1470004004014, 1470004004015, 1470005011000, 1470005011001, 1470005011002, 1470005011003, 1470005011004, 1470005011005, 1470005011006, 1470005011026, 1470005011027, 1470005011028, 1470005011029, 1470005011030; VTD: 1507: 1470001003052, 1470001003067, 1470001003068, 1470002013014, 1470002013015, 1470002013016, 1470002013017, 1470002013018, 1470002013021, 1470002013022, 1470002013023, 1470002013024, 1470002013025, 1470002013026, 1470002013027, 1470002013028, 1470002013030, 1470002013031, 1470002021000, 1470002021001, 1470002021002, 1470002021003, 1470002021004, 1470002021005, 1470002021006, 1470002021007, 1470002021008, 1470002021009, 1470002021011, 1470002021012, 1470002021013, 1470002021014, 1470002021019, 1470002022000, 1470002022001, 1470002022002, 1470002022003, 1470002022004, 1470002022005, 1470002022006, 1470002022007, 1470002022008, 1470002022009, 1470002022010, 1470002022011, 1470002022012, 1470004001000, 1470004001001, 1470004001002, 1470004001003, 1470004001004, 1470004001005, 1470004001006, 1470004001007, 1470004001008, 1470004001009, 1470004001010, 1470004001011, 1470004001012, 1470004001013, 1470004001014, 1470004001015, 1470004001016, 1470004001017, 1470004001018; VTD: 1507B, VTD: 1508A: Block(s) 1470001001003, 1470001001004, 1470001001005, 1470001001006, 1470001001007, 1470001001008, 1470001001009, 1470001001010, 1470001001011, 1470001001012, 1470001001013, 1470001001014, 1470001001015, 1470001001016, 1470001001017, 1470001001018, 1470001001019, 1470001001020, 1470001001021, 1470001001022, 1470001001023, 1470001001024, 1470001001025, 1470001002000, 1470001002001, 1470001002002, 1470001002003, 1470001002004, 1470001002005, 1470001002006, 1470001002007, 1470001002008, 1470001002009, 1470001002010, 1470001002011, 1470001002012, 1470001002013,

1470001002014, 1470001002015, 1470001002016, 1470001002017,
1470001002018, 1470001002019, 1470001002020, 1470001002021,
1470001002022, 1470001002023, 1470001002024, 1470001002025,
1470001002026, 1470001002027, 1470001003004, 1470001003005,
1470001003006, 1470001003017, 1470001003023, 1470001003024,
1470001003025, 1470001003026, 1470001003034, 1470001003035,
1470001003036, 1470001003038, 1470002012002, 1470002012015,
1470002012016, 1470002012017, 1470002014006, 1470002014007,
1470002014008; VTD: 1508B, VTD: 1509: Block(s) 1470001005024,
1470002021024, 1470002021025, 1470002021026, 1470003021016,
1470003022000, 1470003022001, 1470003022002, 1470003022003,
1470003022004, 1470003022005, 1470003022007, 1470003022008,
1470003022009, 1470003022010, 1470003022011, 1470003022013,
1470003022014, 1470003022015, 1470003022016, 1470003022017,
1470003022018, 1470003022019, 1470003022020, 1470003022021,
1470003023000, 1470003023001, 1470003023002, 1470003023003,
1470003023004, 1470003023005, 1470003023006, 1470003023007,
1470003023008, 1470003023009, 1470003023010, 1470003023013,
1470003023014, 1470003023025, 1470003023026, 1470004003005,
1470004003010, 1470004003011, 1470004003012, 1470004003013,
1470004003014, 1470004003015, 1470004003016, 1470004003017,
1470004003018, 1470004003019, 1470004003020, 1470004003021,
1470004003022, 1470004003023, 1470004003024, 1470004003025,
1470004003026, 1470004003027, 1470004003028, 1470004003029,
1470004003030, 1470004003031, 1470004004003, 1470004004004,
1470004004005, 1470010011033, 1470010011034, 1470010011035,
1470010011036, 1470010011037, 1470010011038, 1470010011039,
1470010011040, 1470010011041, 1470010011042, 1470010011043,
1470010011044, 1470010011045, 1470010011046, 1470010011047,
1470010011048, 1470010011049, 1470010011050; VTD: 1510A, VTD: 1510B,
VTD: 1511A, VTD: 1511B, VTD: 1512A: Block(s) 1470006031014,
1470006031017, 1470006031032, 1470006031033, 1470006031034,
1470006031035, 1470006031036, 1470006031037, 1470006031038,
1470006031039, 1470006031040, 1470006031041, 1470006031042,
1470006031047, 1470006031048, 1470006031049, 1470006032011,
1470006032012, 1470006032013, 1470006032014, 1470006032015,
1470006032016, 1470006032017, 1470006032018, 1470006032019,
1470006032020, 1470006032021, 1470006032034; VTD: 1512B:
1470006033001, 1470006033002, 1470006033003, 1470006033004,
1470006033005, 1470006033006, 1470006033007, 1470006033008,
1470006033009, 1470006033010, 1470006033011, 1470006033012,

1470006033013, 1470006033014, 1470006033015, 1470006033016, 1470006033017, 1470006033018, 1470006033019, 1470006033020, 1470006033021, 1470006033023, 1470006033024, 1470006033026, 1470006033027, 1470006033028, 1470006033029, 1470006033030, 1470006033034, 1470006033035, 1470006033036, 1470006034004, 1470006034005, 1470006034006, 1470006034007, 1470006034008; Wayne County: VTD: 01, VTD: 02, VTD: 03, VTD: 04, VTD: 05, VTD: 06: Block(s) 1910003021000, 1910003021002, 1910003021003, 1910003032001, 1910003032004, 1910003032006, 1910003032007, 1910003032008, 1910003032009, 1910003032010, 1910003032011, 1910003032012, 1910003032016, 1910003032017, 1910003032018, 1910003032019, 1910003032020, 1910003032021, 1910003032024, 1910003032025, 1910003043012; VTD: 07: 1910003021001, 1910003021005, 1910003021006, 1910003021007, 1910003021008, 1910003022000, 1910003022001, 1910003022002, 1910003022003, 1910003031000, 1910003031001, 1910003031002, 1910003031003, 1910003031004, 1910003031005, 1910003031006, 1910003031007, 1910003031008, 1910003031009, 1910003031010, 1910003031011, 1910003031012, 1910003031013, 1910003031014, 1910003031015, 1910003031016, 1910003031017, 1910003031018, 1910003031019, 1910003031020, 1910003031021, 1910003031022, 1910003031023, 1910003031024, 1910003031025, 1910003031026, 1910003031027, 1910003031028, 1910003031029, 1910003031030, 1910003031031, 1910003031032, 1910003031033, 1910003031034, 1910003031035, 1910003031036, 1910003031037, 1910003031038, 1910003031039, 1910003031040, 1910003031041, 1910003031042, 1910003031043, 1910003031044, 1910003031045, 1910003031046, 1910003031047, 1910003031048, 1910003031049, 1910003031050, 1910003031057; VTD: 08, VTD: 09: Block(s) 1910011011000, 1910011011001, 1910011011002, 1910011011003, 1910011011004, 1910011011015, 1910011011016, 1910011011017, 1910011011018, 1910011011025, 1910011013003, 1910011013006, 1910011013007, 1910011013033, 1910011013034, 1910011013035, 1910011013036, 1910011013037, 1910011013038, 1910011013039, 1910011013040, 1910011013049, 1910011013052, 1910011021000, 1910011021001, 1910011021002, 1910011021003, 1910011021004, 1910011021005, 1910011021006, 1910011021007, 1910011021008, 1910011021009, 1910011021010, 1910011021011, 1910011021012, 1910011021013, 1910011021014, 1910011021015, 1910011021016, 1910011021017, 1910011021021, 1910011021022, 1910011021023, 1910011021024, 1910011021025, 1910011021026, 1910011021027, 1910011021028, 1910011021029, 1910011022000, 1910011022001, 1910011022002,

1910011022003, 1910011022004, 1910011022005, 1910011022006, 1910011022007, 1910011022008, 1910011022009, 1910011022010, 1910011022011, 1910011022012, 1910011022013, 1910011022014, 1910011022015, 1910011022016, 1910011022017, 1910011022018, 1910011022019, 1910011022020, 1910011022021, 1910011022022, 1910011022023, 1910011022024, 1910011022025, 1910011022026, 1910011022027, 1910011023000, 1910011023001, 1910011023002, 1910011023003, 1910011023004, 1910011023005, 1910011023006, 1910011023007, 1910011023008, 1910011023009, 1910011023010, 1910011023011, 1910011023012, 1910011023013, 1910011023014, 1910011023015, 1910011023016; VTD: 10: 1910012001007, 1910012001008, 1910012001009, 1910012001010, 1910012001011, 1910012001012, 1910012001013, 1910012001014, 1910012001015, 1910012001016, 1910012001017, 1910012001024, 1910012001025, 1910012001026, 1910012001027, 1910012001028, 1910012001029, 1910012001030, 1910012001031, 1910012001032, 1910012001121, 1910012001122, 1910012001123, 1910012001124, 1910012001128, 1910012002000, 1910012002001, 1910012002002, 1910012002003, 1910012002026; VTD: 11: 1910012001000, 1910012001001, 1910012001002, 1910012001003, 1910012001004, 1910012001005, 1910012001006, 1910012001018, 1910012001019, 1910012001020, 1910012001021, 1910012001022, 1910012001023, 1910012001043, 1910012001045, 1910012001047, 1910012001048, 1910012001049, 1910012001050, 1910012001051, 1910012001052, 1910012001053, 1910012001054, 1910012001055, 1910012001056, 1910012001057, 1910012001058, 1910012001059, 1910012001060, 1910012001061, 1910012001062, 1910012001063, 1910012001064, 1910012001065, 1910012001066, 1910012001067, 1910012001068, 1910012001069, 1910012001070, 1910012001071, 1910012001072, 1910012001125, 1910012001126; VTD: 14: 1910003022039, 1910003022040, 1910003022041, 1910003022042, 1910003022043, 1910003022044, 1910003022048, 1910003022049, 1910004011000, 1910004011001, 1910004011002, 1910004011003, 1910004011004, 1910004011005, 1910004011006, 1910004011007, 1910004011008, 1910004011009, 1910004011010, 1910004011011, 1910004011012, 1910004011014, 1910004012000, 1910004012001, 1910004012002, 1910004012003, 1910004012006, 1910004012009, 1910004012010, 1910004012011, 1910004012012, 1910004012013, 1910004012014, 1910004012015, 1910004012016, 1910004012017, 1910004012018, 1910004012019, 1910004012020, 1910004012021, 1910004012022, 1910004012023, 1910004012024, 1910004012025, 1910004012026, 1910004012027, 1910004012028, 1910004012030, 1910004012031,

1910004012032, 1910004012033, 1910004012034, 1910004012035, 1910004012036, 1910004012037, 1910004012038, 1910004012039, 1910004012040, 1910004012041, 1910004012046, 1910004012047, 1910004012048, 1910004012049, 1910004012050, 1910004012051, 1910004012056, 1910004012057, 1910004012062, 1910004012066, 1910004012067, 1910004012068, 1910004012079, 1910004013000, 1910004013001, 1910004013002, 1910004013003, 1910004013004, 1910004013005, 1910004013006, 1910004013007, 1910004013008, 1910004013009, 1910004013010, 1910004013011, 1910004013012, 1910004013013, 1910004013014, 1910004013015, 1910004013016, 1910004013017, 1910004013018, 1910004022000, 1910004022001, 1910004022002, 1910004022003, 1910004022004, 1910004022005, 1910004022006, 1910004022007, 1910004022008, 1910004022009, 1910004022010, 1910004022011, 1910004022012, 1910004022051; VTD: 15: 1910003022021, 1910003022029, 1910003022030, 1910003022031, 1910003022032, 1910003022033, 1910003022034, 1910003022036, 1910003022045, 1910003022046, 1910003022047, 1910004011015, 1910004011016, 1910004011017, 1910004011018, 1910004011019, 1910004011020, 1910004011021, 1910004011022, 1910004011023, 1910004011024, 1910004011025, 1910004012004, 1910004012005, 1910004012007, 1910004012008, 1910004012029, 1910004012042, 1910004012043, 1910004012044, 1910004012045, 1910004012052, 1910004012053, 1910004012054, 1910004012055, 1910004012058, 1910004012059, 1910004012060, 1910004012061, 1910004012063, 1910004012064, 1910004012065, 1910004012069, 1910004012070, 1910004012071, 1910004012072, 1910004012073, 1910004012074, 1910004012075, 1910004012076, 1910004012077, 1910004012078, 1910004012080, 1910004023000, 1910004023001, 1910004023002, 1910004023003, 1910004023004, 1910004023005, 1910004023006, 1910004023007, 1910004023008, 1910004023009, 1910004023010, 1910004023011, 1910004023012, 1910004023013, 1910004023014, 1910004023015, 1910004023017, 1910004023018, 1910004023019, 1910004023025, 1910006023003, 1910006023006, 1910006024000, 1910006024001, 1910006024002, 1910006024003, 1910006024004, 1910006024005, 1910006024006, 1910006024007, 1910006024008, 1910006024009, 1910006024010, 1910006024011, 1910006024012, 1910006024013, 1910006024014, 1910006024015, 1910006024016, 1910006024017, 1910006024018, 1910006024019, 1910006024020, 1910006024021, 1910006024022, 1910006024023, 1910006024024, 1910006024025, 1910006024026, 1910006024027, 1910006024028, 1910006024029, 1910006024030, 1910006024031, 1910006024032,

1910006024033, 1910006024034, 1910006024035, 1910006024036, 1910006024037, 1910006024038, 1910006024039, 1910006024040, 1910006024041, 1910006024042, 1910006024043, 1910006024044, 1910006024045, 1910006024046, 1910006024047, 1910006024048, 1910006024049, 1910006024050, 1910006025000, 1910006025001, 1910006025002, 1910006025003, 1910006025005, 1910006025006, 1910006025007, 1910006025008, 1910006025009, 1910006025010, 1910006025011, 1910006025015, 1910006025016, 1910006025017, 1910006025018, 1910006025019, 1910006025020, 1910006025021, 1910006025023, 1910006025031, 1910006025032, 1910006025033, 1910006025034, 1910006025035, 1910006025036, 1910006025037, 1910006025038, 1910006025039, 1910006025040, 1910006025041, 1910006025042, 1910006025043, 1910006025044, 1910006025045; VTD: 16: 1910009011000, 1910009011001, 1910009011002, 1910009011003, 1910009011004, 1910009011005, 1910009011006, 1910009011007, 1910009011009, 1910009011010, 1910009011011, 1910009011012, 1910009011013, 1910009011014, 1910009011015, 1910009011016, 1910009011017, 1910009011018, 1910009011019, 1910009011020, 1910009011021, 1910009011022, 1910009011049, 1910009011050, 1910009012000, 1910009012001, 1910009012002, 1910009012003, 1910009012004, 1910009012005, 1910009012006, 1910009012007, 1910009012008, 1910009012009, 1910009012010, 1910009012011, 1910009013006, 1910009013026, 1910009013027, 1910009013028, 1910009013029, 1910009013030, 1910009013031, 1910009013032, 1910009013033, 1910009013034, 1910009013035, 1910009013036, 1910009021006, 1910009021007, 1910009021008, 1910009021009, 1910009023034, 1910009023035, 1910009023036, 1910009023037, 1910009023038, 1910009023039, 1910009023040, 1910009023041, 1910009023042, 1910009023043; VTD: 17: 1910005001028, 1910005001042, 1910005001045, 1910005001046, 1910005001047, 1910005001049, 1910005001050, 1910005001051, 1910005001052, 1910005001053, 1910005001054, 1910005001055, 1910005001056, 1910005001057, 1910005001058, 1910005001059, 1910005001060, 1910005001061, 1910005001062, 1910005001063, 1910005001064, 1910005001065, 1910005001066, 1910005001067, 1910005001068, 1910005001069, 1910005001070, 1910005001071, 1910005001072, 1910005001075, 1910005001076, 1910005001077, 1910005001085, 1910005001087, 1910005001088, 1910005001089, 1910005001090, 1910005001091, 1910005001092, 1910005001093, 1910005001094, 1910005001095, 1910005001097, 1910005001098; VTD: 19: 1910005001011, 1910005001012, 1910005001013, 1910005001014, 1910005001015, 1910005001016,

1910005001017, 1910005001018, 1910005001019, 1910005001020,
1910005001021, 1910005001022, 1910005001023, 1910005001024,
1910005001025, 1910005001026, 1910005001027, 1910005001029,
1910005001030, 1910005001031, 1910005001033, 1910005001034,
1910005001035, 1910005001036, 1910005001037, 1910005001038,
1910005001039, 1910005001040, 1910005001041, 1910005001043,
1910005001044, 1910005001048, 1910005001073, 1910005001074,
1910005001078, 1910005001079, 1910005001080, 1910005002007,
1910005002026, 1910005002039, 1910005002040, 1910005002041; VTD: 21:
1910005001000, 1910005001001, 1910005001002, 1910005001003,
1910005001004, 1910005001005, 1910005001006, 1910005001007,
1910005001008, 1910005001009, 1910005001010, 1910005001032,
1910005001099, 1910013021033, 1910013021038, 1910014001000,
1910014001001, 1910014001002, 1910014001003, 1910014001004,
1910014001013, 1910014001014, 1910014001015, 1910014001016,
1910014001017, 1910014001018, 1910014001019, 1910014001020,
1910014001021, 1910014001022, 1910014001023, 1910014001028,
1910014001029, 1910014001030, 1910014001031, 1910014001032,
1910014001038, 1910014001039; VTD: 22: 1910013021007, 1910013021010,
1910013021011, 1910013021012, 1910013021013, 1910013021014,
1910013021015, 1910013021018, 1910013021019, 1910013021020,
1910013021021, 1910013021022, 1910013021023, 1910013021024,
1910013021025, 1910013021026, 1910013021027, 1910013021028,
1910013021029, 1910013021030, 1910013021031, 1910013021032,
1910013021034, 1910013021035, 1910013021036, 1910013021037,
1910013022026, 1910013022027, 1910013022028, 1910013022029,
1910013022039, 1910013022040, 1910013022042, 1910013022043,
1910013022044, 1910013022045, 1910013022046, 1910013022047; VTD: 23,
VTD: 24, VTD: 25: Block(s) 1910008001000, 1910008001001, 1910008001002,
1910008001003, 1910008001004, 1910008001005, 1910008001006,
1910008001007, 1910008001008, 1910008001009, 1910008001010,
1910008001011, 1910008001012, 1910008001013, 1910008001015,
1910008001022, 1910008001023, 1910008001024, 1910008001047,
1910008001048, 1910008001055, 1910008001072, 1910008001073,
1910008002000, 1910008002001, 1910008002002, 1910008002003,
1910008002004, 1910008002005, 1910008002006, 1910008002007,
1910008002008, 1910008002011, 1910008002012, 1910008002013,
1910008002014, 1910008002015, 1910008002016, 1910008002017,
1910008002018, 1910008002019, 1910008002020, 1910008002021,
1910008002022, 1910008002023, 1910008002024, 1910008002025,
1910008002026, 1910008002027, 1910008002028, 1910008002029,

1910008002030, 1910008002031, 1910008002032, 1910008002033, 1910008002034, 1910008002035, 1910008002036, 1910008002037, 1910008002038, 1910008002039, 1910008002040, 1910008002041, 1910008002042, 1910008002043, 1910008002044, 1910008002045, 1910008002046, 1910008002047, 1910008002048, 1910008002049, 1910008002050, 1910008002051, 1910008002052, 1910008002053, 1910008002054, 1910008002055, 1910008002056, 1910008002057, 1910008002058, 1910008002059, 1910008002060, 1910008002061, 1910008002062, 1910008002063, 1910008002064, 1910008002065, 1910008002066, 1910008002067, 1910008002068, 1910008002069, 1910008002070, 1910008002071, 1910008002072, 1910008002073, 1910008002074, 1910008002075, 1910008002076, 1910008002077, 1910008002078, 1910008002079, 1910008002080, 1910008002081, 1910009021010, 1910009021011, 1910009021012, 1910009021013, 1910009021015, 1910009021016, 1910009021017, 1910009021018, 1910009021019, 1910009021020, 1910009021021, 1910009021022, 1910009021023, 1910009021024, 1910009021025, 1910009021026, 1910009021036, 1910009021037, 1910009021038, 1910009021039, 1910009021040, 1910009021041, 1910009021044, 1910009021051, 1910009021052, 1910009021053, 1910009021054, 1910009021055, 1910009021066, 1910009021067, 1910009021068, 1910009021069, 1910009021070, 1910009021071, 1910009021072, 1910009021073, 1910009021074, 1910009021075, 1910009021076, 1910009021077, 1910009021078, 1910009021079, 1910009021080, 1910009021081, 1910009021082, 1910009021085, 1910009021086, 1910009021087, 1910009021088, 1910009021089, 1910009021090, 1910009021091, 1910009023048; VTD: 26: 1910009021005, 1910009021027, 1910009021028, 1910009021029, 1910009021030, 1910009021031, 1910009021032, 1910009021033, 1910009021035, 1910009021042, 1910009021043, 1910009021045, 1910009021046, 1910009021047, 1910009021048, 1910009021049, 1910009021050, 1910009021056, 1910009021057, 1910009021060, 1910009021061, 1910009021062, 1910009021063, 1910009021064, 1910009021065, 1910009021083, 1910009021092, 1910009021093, 1910009021094, 1910009021095, 1910009022040, 1910009022053, 1910009022054, 1910009023019; VTD: 28: 1910004023016, 1910004023020, 1910004023021, 1910004023022, 1910004023023, 1910004023024, 1910004023026, 1910004023027, 1910004023028, 1910004023029, 1910004023030, 1910006021010, 1910006021016, 1910006021017, 1910006021018, 1910006021019, 1910006021020, 1910006021021, 1910006021022, 1910006021023, 1910006021024, 1910006021025, 1910006021032, 1910006021033, 1910006021034,

1910006021035, 1910006021036, 1910006021037, 1910006021038,
1910006021039, 1910006021040, 1910006021041, 1910006021042,
1910006021043, 1910006021044, 1910006021045, 1910006022000,
1910006022001, 1910006022002, 1910006022005, 1910006022006,
1910006022007, 1910006022008, 1910006022009, 1910006022010,
1910006022011, 1910006022012, 1910006022013, 1910006022014,
1910006022015, 1910006022016, 1910006022017, 1910006022018,
1910006022019, 1910006022020, 1910006022021, 1910006022022,
1910006022023, 1910006022024, 1910006022025, 1910006022026,
1910006022027, 1910006022028, 1910006022029, 1910006022030,
1910006022031, 1910006022036, 1910006022037, 1910006023000,
1910006023001, 1910006023002, 1910006023004, 1910006023005,
1910006023007, 1910006023008, 1910006023009, 1910006023010,
1910006023011, 1910006023012, 1910006023013, 1910006023014,
1910006023015, 1910006023016, 1910006023017, 1910006023018,
1910006023019, 1910006023020, 1910006025004, 1910006025012,
1910006025013, 1910006025014, 1910006025022, 1910006025024,
1910006025025, 1910006025026, 1910006025027, 1910006025028,
1910006025029, 1910006025030, 1910007003000, 1910007003005,
1910007003006, 1910007003007, 1910007003008, 1910007003009,
1910007003010, 1910007003011, 1910007003012, 1910007003014,
1910007003015, 1910007003020, 1910007003021, 1910007003022,
1910007003023, 1910007003024, 1910007003025, 1910007003028,
1910007003029, 1910007003040, 1910007003041, 1910007003054,
1910007003055; VTD: 30: 1910007001022, 1910007001023, 1910007001037,
1910007001038, 1910007001039, 1910007001040, 1910007002047,
1910007003016, 1910007003036, 1910007003037, 1910007003038,
1910007003053, 1910008001058, 1910008001068, 1910008001069.

District 8: Bladen County, Brunswick County, New Hanover County: VTD: W03: Block(s) 1290109001000, 1290109001001, 1290109001002, 1290109001003, 1290109001017, 1290110001023, 1290110001027, 1290110001028, 1290110001029, 1290110001030, 1290110001031, 1290110001032, 1290110001033, 1290110001034, 1290110001035, 1290110001036, 1290110001037, 1290110001038, 1290110001039, 1290110002011, 1290110002012, 1290110002013, 1290110002015, 1290110002016, 1290110002017, 1290110002034, 1290110002035, 1290111001000, 1290111001001, 1290111001002, 1290111001003, 1290111001008, 1290111001009, 1290111001010, 1290111001011, 1290111001012, 1290111001013, 1290111001014, 1290111001015, 1290111001016, 1290111001017, 1290111001018, 1290111001019, 1290111001020,

1290111001021, 1290111001022, 1290111001023, 1290111001024, 1290111001025, 1290111001026, 1290111001027, 1290111001028, 1290111001029, 1290111001030, 1290111001031, 1290111001032, 1290111001033, 1290111001034, 1290111001035, 1290111001036, 1290111001037, 1290111001038, 1290111001039, 1290111001040, 1290111001041, 1290111001042, 1290111001043, 1290111001044, 1290111001045, 1290111001046, 1290111001047, 1290111001048, 1290111001049, 1290111001050, 1290111001051, 1290111001052, 1290111001053, 1290111001054, 1290111001055, 1290111001056, 1290111001057, 1290111001058, 1290111001059, 1290111001060, 1290111001061, 1290111001062, 1290112002012, 1290112002013, 1290112002014, 1290112002015, 1290112002016, 1290112002017, 1290112002018, 1290112002019, 1290112002028, 1290112002029, 1290112002030, 1290112002031, 1290113002008, 1290113002009, 1290113002010, 1290113002011, 1290113002012, 1290113002013, 1290113002014, 1290113002015, 1290113002016, 1290113002017, 1290113002018, 1290113002019, 1290113002020, 1290113002021, 1290113002022, 1290113002023, 1290113002024, 1290113002025, 1290113002026, 1290113002027, 1290113002028, 1290113002029, 1290113002030, 1290113002031, 1290113002032, 1290113002033, 1290113002035; VTD: W29: 1290102001066, 1290102002000, 1290102002001, 1290102002002, 1290102002003, 1290102002004, 1290102002005, 1290102002006, 1290102002007, 1290102002015, 1290102002016, 1290102002017, 1290102002018, 1290102002019, 1290102002020, 1290102002021, 1290102002022, 1290102002023, 1290102002024, 1290102002025, 1290102002026, 1290102002027, 1290102002028, 1290102002029, 1290102002030, 1290102002031, 1290102002042, 1290102002043, 1290102002044, 1290102002045, 1290102002047, 1290102002048, 1290102002049, 1290102002050, 1290102002051, 1290102002052, 1290102002053, 1290102002054, 1290102002055, 1290102002056, 1290102002057, 1290102002058, 1290102002059, 1290102002060, 1290102002061, 1290102002062, 1290102002063, 1290102002064, 1290110001022, 1290110001026, 1290111002000, 1290111002001, 1290111002002, 1290111002003, 1290111002004, 1290111002005, 1290111002006, 1290111002007, 1290111002008, 1290111002009, 1290111002010, 1290111002011, 1290111002012, 1290111002013, 1290111002014, 1290111002015, 1290111002016, 1290111002017, 1290111002018, 1290111002019, 1290111002020, 1290111002021, 1290111002022, 1290111002023, 1290111002024, 1290111002025, 1290111002026, 1290111002027, 1290111002028, 1290111002029, 1290111002030, 1290111002031,

1290111002032, 1290111002033, 1290111002034, 1290111002035,
1290111002036, 1290111002037, 1290111002038, 1290111002039,
1290111002040, 1290111002041, 1290111002042, 1290111002043,
1290111002044, 1290111002045, 1290111002046, 1290111002047,
1290111002048, 1290111002049, 1290111002050, 1290111002051,
1290111002052, 1290111002053, 1290111002054, 1290111002055,
1290111002056, 1290111002057, 1290111002058, 1290111002059,
1290111002060, 1290111002061, 1290111002062, 1290111002063,
1290111002064, 1290111002065, 1290111002066, 1290111002067,
1290112003000, 1290112003001, 1290112003002, 1290112003003,
1290112003006, 1290112003007, 1290112003008, 1290112003009,
1290112003010, 1290112003011, 1290112003012, 1290112003013,
1290112003014, 1290112003018, 1290112003019, 1290112003020,
1290112003021, 1290112003022, 1290112003023, 1290112003024,
1290112003025, 1290112003026, 1290112003027, 1290112003028,
1290112003029, 1290112003030, 1290112003031, 1290112003032,
1290112003033, 1290112003034, 1290112003035, 1290112003036,
1290112003037, 1290112003038, 1290112003039, 1290112003040,
1290112003041; Pender County.

District 9: New Hanover County: VTD: CF01, VTD: CF02, VTD: CF03, VTD: FP01, VTD: FP02, VTD: FP03, VTD: FP04, VTD: FP05, VTD: H01, VTD: H02, VTD: H03, VTD: H04, VTD: H05, VTD: H06, VTD: H07, VTD: H08, VTD: H09, VTD: M02, VTD: M03, VTD: M04, VTD: M05, VTD: W03: Block(s) 1290111001004, 1290111001005, 1290111001006, 1290111001007, 1290112002008, 1290112002009, 1290112002010, 1290112002011, 1290112002020, 1290112002021, 1290112002022, 1290112002023, 1290112002024, 1290112002025, 1290112002026, 1290112002027, 1290113001062, 1290113001063, 1290113001064, 1290113001068, 1290113002000, 1290113002001, 1290113002002, 1290113002003, 1290113002004, 1290113002005, 1290113002006, 1290113002007, 1290113002034; VTD: W08, VTD: W12, VTD: W13, VTD: W15, VTD: W16, VTD: W17, VTD: W18, VTD: W21, VTD: W24, VTD: W25, VTD: W26, VTD: W27, VTD: W28, VTD: W29: Block(s) 1290101001002, 1290101001003, 1290101001004, 1290101001005, 1290101001006, 1290101001008, 1290101001009, 1290101001010, 1290101001011, 1290101001012, 1290101001013, 1290101001014, 1290101001015, 1290101001029, 1290101001030, 1290101001031, 1290101001032, 1290101001037, 1290101001038, 1290101001039, 1290101002035, 1290101002036, 1290101002037, 1290101002038, 1290101002039, 1290101002047, 1290101003000, 1290101003001, 1290101003002, 1290101003003,

1290101003004, 1290101003005, 1290101003006, 1290101003007, 1290101003008, 1290101003009, 1290101003010, 1290101003011, 1290101003012, 1290101003013, 1290101003014, 1290101003015, 1290101003016, 1290101003017, 1290101003018, 1290101003019, 1290101003020, 1290101003021, 1290101003022, 1290101003023, 1290101003024, 1290101003025, 1290101003026, 1290101003027, 1290101003028, 1290101003029, 1290101003030, 1290101003031, 1290101003032, 1290102001006, 1290102001007, 1290102001008, 1290102001009, 1290102001010, 1290102001011, 1290102001012, 1290102001013, 1290102001014, 1290102001015, 1290102001033, 1290102001034, 1290102001035, 1290102001038, 1290102001039, 1290102001065; VTD: W30, VTD: W31, VTD: WB.

District 10: Duplin County, Johnston County: VTD: PR01: Block(s) 1010412023064, 1010412023065, 1010412023069, 1010412023074, 1010413003005, 1010413003006, 1010413003008, 1010413003009, 1010413003011, 1010414001005, 1010414001006, 1010414001007, 1010414001008, 1010414001009, 1010414001010, 1010414001015, 1010414001016, 1010414001017, 1010414001020, 1010414001021, 1010414001022, 1010414001023, 1010414001024, 1010414001025, 1010414001026, 1010414001027, 1010414001028, 1010414001034, 1010414001042, 1010414001043, 1010414001051, 1010414001052, 1010414001053, 1010414001054, 1010414001055, 1010414001056, 1010414001057, 1010414001058, 1010414001070, 1010414001071, 1010414001072, 1010414002006, 1010414002007, 1010414002008, 1010414002009, 1010414002010, 1010414002011, 1010414002012, 1010414002013, 1010414002014, 1010414002016, 1010414002017, 1010414002018, 1010414002019, 1010414002020, 1010414002021, 1010414002022, 1010414002023, 1010414002024, 1010414002025, 1010414002026, 1010414002027, 1010414002028, 1010414002029, 1010414002030, 1010414002031, 1010414002032, 1010414002033, 1010414002034, 1010414002035, 1010414002036, 1010414002037, 1010414002038, 1010414002039, 1010414002040, 1010414002041, 1010414002042, 1010414002043, 1010414002044, 1010414002045, 1010414002046, 1010414002047, 1010414002048, 1010414002049, 1010414002050, 1010414002056, 1010414002057, 1010414002058, 1010414002059, 1010414002060, 1010415011043; VTD: PR02: 1010413003010, 1010413003027, 1010413003054, 1010413003055, 1010413004007, 1010413004008, 1010413004009, 1010413004010, 1010413004011, 1010413004030, 1010413004052, 1010414003032, 1010414003033, 1010414003034, 1010414003035, 1010414003036,

1010414003037, 1010414003038, 1010414003039, 1010414003040, 1010414003041, 1010414003042, 1010414003043, 1010414003044, 1010414003045, 1010414003046, 1010414003047, 1010414003048, 1010414003049, 1010414003050, 1010414003051, 1010414003052, 1010414003053, 1010414003054, 1010414003055, 1010414003061, 1010414003062; VTD: PR03: 1010414001011, 1010414001018, 1010414001029, 1010414001030, 1010415011036, 1010415011037, 1010415011038, 1010415011039, 1010415011042; VTD: PR04, VTD: PR05: Block(s) 1010401001022, 1010401001023, 1010401001024, 1010401001025, 1010401001026, 1010401001027, 1010401001028, 1010401001029, 1010401001030, 1010401001031, 1010401001032, 1010401001033, 1010401001037, 1010401001038, 1010401001039, 1010401001041, 1010401001042, 1010401001043, 1010401001044, 1010401001045, 1010401001046, 1010401001056, 1010401001057, 1010401001058; VTD: PR06: 1010401001034, 1010401001035, 1010401001036, 1010401001040, 1010401001047, 1010401001048, 1010401001049, 1010401001050, 1010401001051, 1010401001052, 1010401001053, 1010401001054, 1010401001055, 1010401001061, 1010401001062, 1010401001063, 1010401001064, 1010401001065, 1010401001066, 1010401001067, 1010401001068, 1010401001069, 1010401001070, 1010401001071, 1010401001081, 1010401001082, 1010401002000, 1010401002001, 1010401002002, 1010401002003, 1010401002004, 1010401002005, 1010401002006, 1010401002007, 1010401002008, 1010401002009, 1010401002010, 1010401002011, 1010401002012, 1010401002013, 1010401002014, 1010401002015, 1010401002016, 1010401002017, 1010401002018, 1010401002019, 1010401002020, 1010401002021, 1010401002022, 1010401002023, 1010401002024, 1010401002025, 1010401002026, 1010401002027, 1010401002028, 1010401002029, 1010401002030, 1010401002031, 1010401002032, 1010401002033, 1010401002034, 1010401002035, 1010401002036, 1010401002037, 1010401002038, 1010401002039, 1010401002040, 1010401002041, 1010401002042, 1010401002043, 1010401002044, 1010401002045, 1010401002046, 1010401002047, 1010401002048, 1010401002049, 1010401002050, 1010401002051, 1010401002052, 1010401002053, 1010401002054, 1010401002055, 1010401002056, 1010401002070, 1010401002071, 1010401002072, 1010401002073, 1010401002074, 1010401002075, 1010401002077, 1010401002078, 1010401003000, 1010401003001, 1010401003002, 1010401003003, 1010401003004, 1010401003005, 1010401003006, 1010401003007, 1010401003008, 1010401003009, 1010401003010, 1010401003011, 1010401003012, 1010401003013, 1010401003014, 1010401003015, 1010401003016,

1010401003017, 1010401003018, 1010401003023, 1010401003038; VTD:
PR07, VTD: PR08, VTD: PR09: Block(s) 1010409022000, 1010409022001,
1010409022002, 1010409022003, 1010409022004, 1010409022005,
1010409022006, 1010409022019, 1010409022020, 1010409022046,
1010409023002, 1010409023008, 1010409023009, 1010409023010,
1010409023012, 1010409023013, 1010409023014, 1010409023019,
1010409023020; VTD: PR11A: 1010411011011, 1010411011012,
1010411012000, 1010411012001, 1010411012002, 1010411012003,
1010411012006, 1010411013008, 1010411013009, 1010411013010,
1010411013011, 1010411013012, 1010411013013, 1010411013014,
1010411013015; VTD: PR11B: 1010411023015, 1010411023016,
1010411023017; VTD: PR12: 1010409022035, 1010409022047,
1010411012004, 1010411012005, 1010411021000, 1010411021001,
1010411021002, 1010411021003, 1010411021004, 1010411021006,
1010411021007, 1010411021008, 1010411021009, 1010411021063,
1010411021064, 1010411022010, 1010411022011, 1010411022012,
1010411022013, 1010411022014, 1010411022015, 1010411022016,
1010411022017, 1010411022018, 1010411022019, 1010411022020,
1010411022021, 1010411022022, 1010411022023, 1010411022024,
1010411022025, 1010411031000, 1010411031001, 1010411031002,
1010411031003, 1010411031004, 1010411031012, 1010411031013,
1010411031014, 1010411031015, 1010411033000, 1010411033001,
1010411033002, 1010411033003, 1010411033004, 1010411033005,
1010411033006, 1010411033007, 1010411033008, 1010411033009,
1010411033010, 1010411033011, 1010411033012, 1010411033013,
1010411033014, 1010411033015, 1010411033016, 1010411033017,
1010411033018, 1010411033019, 1010411033020, 1010411033021,
1010411033022, 1010411033023, 1010411033024, 1010411033025,
1010411033026, 1010411033027, 1010411033028, 1010411033029,
1010411033030, 1010411033031, 1010411033032; VTD: PR13:
1010412012003, 1010412012004, 1010412012005, 1010412012006,
1010412012008, 1010415012000, 1010415012001, 1010415012002,
1010415012003, 1010415012004, 1010415012005, 1010415012006,
1010415012007, 1010415012009, 1010415012010, 1010415012011,
1010415012012, 1010415012013, 1010415012014, 1010415012015,
1010415012016, 1010415012017, 1010415012018, 1010415012019,
1010415012020, 1010415012021, 1010415012022, 1010415012023,
1010415012024, 1010415012025, 1010415012026, 1010415012027,
1010415012028, 1010415012029, 1010415012030, 1010415012031,
1010415012032, 1010415012033, 1010415012034, 1010415012035,
1010415012036, 1010415012037, 1010415012038, 1010415012039,

1010415012040, 1010415012041, 1010415012042, 1010415012043, 1010415012044, 1010415012045, 1010415012046, 1010415012047, 1010415012048, 1010415031016, 1010415031017, 1010415031018, 1010415031026, 1010415031027; VTD: PR14: 1010412011044, 1010412011045, 1010412011046, 1010412011136, 1010412011137, 1010412023019, 1010412023020, 1010412023083, 1010412023084, 1010412023085, 1010412023086, 1010412023087, 1010412023088, 1010412023092, 1010412023093, 1010414001000, 1010414001001, 1010414001002, 1010414001003, 1010414001004, 1010414001012, 1010414001013, 1010414001014, 1010414002000, 1010414002001, 1010414002002, 1010414002003, 1010414002004, 1010414002005, 1010415011000, 1010415011001, 1010415011002, 1010415011003, 1010415011004, 1010415011005, 1010415011006, 1010415011007, 1010415011008, 1010415011009, 1010415011010, 1010415011011, 1010415011012, 1010415011013, 1010415011014, 1010415011016, 1010415011017, 1010415011018, 1010415011019, 1010415011020, 1010415011021, 1010415011022, 1010415011023, 1010415011024, 1010415011025, 1010415011026, 1010415011027, 1010415011028, 1010415011029, 1010415011030, 1010415011031, 1010415011032, 1010415011033, 1010415011034, 1010415011035, 1010415011040, 1010415011041, 1010415011044; VTD: PR15, VTD: PR16, VTD: PR17, VTD: PR18, VTD: PR19: Block(s) 1010401003025, 1010401003026, 1010401003027, 1010401003028, 1010401003029, 1010401003030, 1010401003031, 1010401003032, 1010401003033, 1010401003034, 1010401003041, 1010401004036, 1010401004037, 1010401004039, 1010401004040, 1010401004041, 1010401004042, 1010401004043, 1010401004044, 1010401004045, 1010401004046, 1010401004071, 1010401004072, 1010401004073, 1010404003014, 1010405001014, 1010405001015; VTD: PR22: 1010403011034, 1010403011035, 1010404001000, 1010404001001, 1010404001002, 1010404001003, 1010404001004, 1010404001005, 1010404001006, 1010404001007, 1010404001008, 1010404001009, 1010404001010, 1010404001011, 1010404001012, 1010404001013, 1010404001014, 1010404001015, 1010404001016, 1010404001017, 1010404001018, 1010404001019, 1010404001020, 1010404001021, 1010404001022, 1010404001023, 1010404001024, 1010404001025, 1010404001026, 1010404001027, 1010404001028, 1010404001029, 1010404001030, 1010404001031, 1010404001032, 1010404001033, 1010404001034, 1010404001035, 1010404001036, 1010404001037, 1010404001038, 1010404001039, 1010404001040, 1010404001041, 1010404001042, 1010404001043, 1010404001044, 1010404001045, 1010404001046, 1010404001047,

1010404001048, 1010404001049, 1010404001050, 1010404001051, 1010404001052, 1010404001053, 1010404001054, 1010404001055, 1010404001056, 1010404001057, 1010404001058, 1010404001059, 1010404001060, 1010404001061, 1010404001062, 1010404001063, 1010404001064, 1010404002000, 1010404002001, 1010404002002, 1010404002003, 1010404002004, 1010404002005, 1010404002006, 1010404002007, 1010404002008, 1010404002009, 1010404002010, 1010404002011, 1010404002012, 1010404002013, 1010404002014, 1010404002015, 1010404002016, 1010404002017, 1010404002018, 1010404002019, 1010404002020, 1010404002021, 1010404002022, 1010404002023, 1010404002024, 1010404002025, 1010404002026, 1010404002027, 1010404002028, 1010404002029, 1010404002030, 1010404002031, 1010404002032, 1010404002033, 1010404002034, 1010404002035, 1010404002036, 1010404002037, 1010404002038, 1010404002039, 1010404002040, 1010404002041, 1010404002042, 1010404002043, 1010404002044, 1010404003000, 1010404003001, 1010404003002, 1010404003003, 1010404003004, 1010404003005, 1010404003006, 1010404003007, 1010404003008, 1010404003009, 1010404003010, 1010404003011, 1010404003012, 1010404003013, 1010404003015, 1010404003016, 1010404003017, 1010404003018, 1010404003019, 1010404003020, 1010404003021, 1010404003022, 1010404003023, 1010404003024, 1010404003025, 1010404003026, 1010404003027, 1010404003028, 1010404003029, 1010404003030, 1010404003031, 1010404003032, 1010404003033, 1010404003034, 1010404003035, 1010404003036, 1010404003037, 1010404003038, 1010404003039, 1010404003040, 1010404003041, 1010404003042, 1010404003043, 1010404003044, 1010404003045, 1010404003046, 1010404003047, 1010404003048, 1010404003049, 1010404003050, 1010404003051, 1010404003052, 1010404003053, 1010407002000, 1010407002048, 1010407002049, 1010407002050, 1010407002051; VTD: PR23: 1010415012008, 1010415013000, 1010415013001, 1010415013002, 1010415013003, 1010415013004, 1010415013005, 1010415013006, 1010415013007, 1010415013008, 1010415013009, 1010415013010, 1010415013011, 1010415013012, 1010415013013, 1010415013014, 1010415013015, 1010415013016, 1010415013018, 1010415021000, 1010415021001, 1010415021002, 1010415021005, 1010415021006, 1010415021008, 1010415021015; VTD: PR24: 1010403011026, 1010403011027, 1010403011028, 1010403011029, 1010407002001, 1010407002002, 1010407002003, 1010407002004, 1010407002009, 1010407002010, 1010407002011, 1010407002033, 1010407002034, 1010407002052; VTD: PR26: 1010406001000, 1010406001001,

1010406001028, 1010406002001, 1010406002002, 1010406002003, 1010406002004, 1010406002005, 1010406002006, 1010406002007, 1010406002008, 1010406002009, 1010406002010, 1010406002011, 1010406002012, 1010406002013, 1010406002014, 1010406002015, 1010406002016, 1010406002017, 1010406002018, 1010406002019, 1010406002020, 1010406002021, 1010406002022, 1010406002023, 1010406002025, 1010406002026, 1010406002027, 1010406002028, 1010406002029, 1010406002030, 1010406002031, 1010406002032, 1010406002037, 1010406002038, 1010406002039, 1010406003004, 1010406003005, 1010406003006, 1010406003007, 1010406003008, 1010406003009, 1010406003013, 1010406003014, 1010406003015, 1010406003016, 1010406003017, 1010406003018, 1010406003019, 1010406003020, 1010406003021, 1010406003022, 1010406003032, 1010406003033, 1010406003034, 1010406003035, 1010407002040, 1010407002043, 1010407002044, 1010407002045, 1010407002046, 1010407002047, 1010407002055, 1010412022000, 1010412022001, 1010412022002, 1010412022003, 1010412022004, 1010412022030, 1010412022058, 1010412022059, 1010412022060, 1010412022065; VTD: PR27: 1010409021000, 1010409021001, 1010409021002, 1010409022007, 1010409022008, 1010409022010, 1010409022011, 1010409022017, 1010409022018, 1010409022021, 1010409022022, 1010409022023, 1010409022024, 1010409022025, 1010409022026, 1010409022027, 1010409022030, 1010409022031, 1010409022045, 1010409023017, 1010409023018, 1010411011017, 1010411011018, 1010411011019, 1010411011023, 1010411011024; VTD: PR28: 1010408002032, 1010408002034, 1010409021008, 1010409021009, 1010409022036, 1010409022037, 1010409022038, 1010409022039, 1010409022040, 1010409022041, 1010409022042, 1010409022043, 1010409022044, 1010409022048, 1010412011000, 1010412011001, 1010412011002, 1010412011003, 1010412011004, 1010412011005, 1010412011006, 1010412011007, 1010412011008, 1010412011009, 1010412011010, 1010412011011, 1010412011012, 1010412011013, 1010412011014, 1010412011015, 1010412011016, 1010412011017, 1010412011018, 1010412011019, 1010412011020, 1010412011021, 1010412011022, 1010412011023, 1010412012000, 1010412012001, 1010412012002, 1010412012007, 1010412012009, 1010412012010, 1010412012011, 1010412012012, 1010412012013, 1010412012014, 1010412012015, 1010412012016, 1010412012017, 1010412012018, 1010412012019, 1010412012020, 1010412012021, 1010412012022, 1010412012023; VTD: PR30: 1010409022009, 1010409022012, 1010409022013, 1010409022014, 1010409022015, 1010409022016, 1010409022028, 1010409022029,

1010409022032, 1010409022033, 1010409022034; VTD: PR31A, VTD: PR31B: Block(s) 1010411021005, 1010411021010, 1010411021011, 1010411021012, 1010411021013, 1010411021014, 1010411021015, 1010411021016, 1010411021017, 1010411021020, 1010411021030, 1010411021031, 1010411021032, 1010411021033, 1010411021034, 1010411021035, 1010411021036, 1010411021037, 1010411021062, 1010411032000, 1010411032001, 1010411032002, 1010411032003, 1010411032004, 1010411032005, 1010411032006, 1010411032007, 1010411032008, 1010411032009, 1010411032010, 1010411032013, 1010411032014, 1010411032015, 1010411032016, 1010411032019, 1010411032020, 1010411032021, 1010411032022, 1010411032023, 1010411032024, 1010411032025, 1010411032026, 1010411032027, 1010411032031, 1010411032032, 1010411032033; VTD: PR33: 1010415013017, 1010415031000, 1010415031001, 1010415031014, 1010415031015, 1010415031022, 1010415031023; VTD: PR34: 1010409023005, 1010409023006, 1010409023007, 1010409023015, 1010409023016, 1010411011001, 1010411011002, 1010411011003, 1010411011004, 1010411011005, 1010411011006, 1010411011007, 1010411011008, 1010411011009, 1010411011010, 1010411011013, 1010411011014, 1010411011015, 1010411011016, 1010411011020, 1010411011021, 1010411011022, 1010411011025, 1010411014006, 1010411014007, 1010411014008, 1010411014009, 1010411014010, 1010411014011; Sampson County.

District 11: Johnston County: VTD: PR05: Block(s) 1010401001000, 1010401001001, 1010401001002, 1010401001003, 1010401001004, 1010401001005, 1010401001006, 1010401001007, 1010401001008, 1010401001009, 1010401001010, 1010401001011, 1010401001012, 1010401001013, 1010401001014, 1010401001015, 1010401001016, 1010401001017, 1010401001018, 1010401001019, 1010401001020, 1010401001021, 1010401001059, 1010401001060, 1010401001072, 1010401001073, 1010401001074, 1010401001075, 1010401001076, 1010401001077, 1010401001078, 1010401001079, 1010401001080, 1010401001083, 1010401001084, 1010401005002, 1010401005003, 1010401005004, 1010401005005, 1010401005008, 1010401005009, 1010401005010, 1010401005012, 1010401005013, 1010401005015, 1010401005016, 1010401005017, 1010401005018, 1010401005019, 1010401005020, 1010401005021, 1010401005022, 1010401005023, 1010401005027, 1010401005028, 1010401005029, 1010401005030, 1010401005031, 1010401005032, 1010401005033, 1010401005034, 1010401005041, 1010401005042, 1010402011027, 1010402011028; VTD:

PR06: 1010401001085, 1010401001086, 1010401001087, 1010401002057, 1010401002058, 1010401002059, 1010401002060, 1010401002061, 1010401002062, 1010401002063, 1010401002064, 1010401002065, 1010401002066, 1010401002067, 1010401002068, 1010401002069, 1010401002076; VTD: PR09: 1010409012029, 1010409012030, 1010409012031, 1010409013007, 1010409013008, 1010409013009, 1010409013010, 1010409013011, 1010409013012, 1010409013013, 1010409013014, 1010409013015, 1010409013022, 1010409013023, 1010409013024, 1010409013025, 1010409013026, 1010409013033, 1010409013034, 1010409013035, 1010409013036, 1010409013037, 1010409013038, 1010409013059, 1010409013060, 1010409014000, 1010409014001, 1010409014002, 1010409014003, 1010409014004, 1010409014005, 1010409014006, 1010409014007, 1010409014008, 1010409014009, 1010409014010, 1010409014011, 1010409014012, 1010409014013, 1010409014014, 1010409014015, 1010409014016, 1010409014017, 1010409014018, 1010409014019, 1010409014020, 1010409014021, 1010409014022, 1010409014023, 1010409014024, 1010409014025, 1010409014026, 1010409014027, 1010409014028, 1010409014029, 1010409014030, 1010409014035, 1010409023000, 1010409023001, 1010409023003, 1010409023011, 1010410011011, 1010410011013, 1010410011014, 1010410011015, 1010410011016, 1010410011017, 1010410011018, 1010410011019, 1010410011020, 1010410011047, 1010410011048, 1010410011049, 1010410011050, 1010410011051, 1010410011052, 1010410011053, 1010410011054, 1010410011055, 1010410011056, 1010410011057, 1010410011059, 1010410011060, 1010410011061, 1010410011062, 1010410011063, 1010410011064, 1010410011067, 1010410011068, 1010410011093, 1010410011095; VTD: PR10, VTD: PR11A: Block(s) 1010410013012, 1010410013013, 1010410013016, 1010410013017, 1010410013018, 1010410013019, 1010410013020, 1010410013021, 1010410013022, 1010410013023, 1010410013024, 1010410013025, 1010411013000, 1010411013001, 1010411013002, 1010411013003, 1010411013004, 1010411013005, 1010411013006, 1010411013007, 1010411023031; VTD: PR11B: 1010410021000, 1010410021001, 1010410021002, 1010410021003, 1010410021004, 1010410021005, 1010410021006, 1010410021007, 1010410021008, 1010410021009, 1010410021010, 1010410021011, 1010410021012, 1010410021013, 1010410021014, 1010410021015, 1010410021016, 1010410021017, 1010410021018, 1010410021019, 1010410021020, 1010410021021, 1010410021022, 1010410021023, 1010410021024, 1010410021025, 1010410021026, 1010410021027, 1010410021028, 1010410021029, 1010410021030, 1010410021031,

1010410022012, 1010410022013, 1010410022014, 1010410022018, 1010410022019, 1010410022020, 1010410022033, 1010410022034, 1010410022074, 1010411023000, 1010411023001, 1010411023002, 1010411023003, 1010411023004, 1010411023005, 1010411023006, 1010411023007, 1010411023008, 1010411023009, 1010411023010, 1010411023011, 1010411023012, 1010411023013, 1010411023014, 1010411023018, 1010411023019, 1010411023020, 1010411023021, 1010411023022, 1010411023023, 1010411023024, 1010411023025, 1010411023026, 1010411023027, 1010411023028, 1010411023029, 1010411023030, 1010411023032, 1010411023033, 1010411023034, 1010411023035, 1010411023036, 1010411023037, 1010411023038; VTD: PR12: 1010411022000, 1010411022001, 1010411022002, 1010411022003, 1010411022004, 1010411022005, 1010411022006, 1010411022007, 1010411022008, 1010411022009; VTD: PR19: 1010401004000, 1010401004001, 1010401004002, 1010401004003, 1010401004004, 1010401004005, 1010401004006, 1010401004007, 1010401004008, 1010401004009, 1010401004010, 1010401004011, 1010401004012, 1010401004013, 1010401004014, 1010401004015, 1010401004016, 1010401004017, 1010401004018, 1010401004019, 1010401004020, 1010401004021, 1010401004022, 1010401004023, 1010401004024, 1010401004025, 1010401004026, 1010401004027, 1010401004028, 1010401004029, 1010401004030, 1010401004031, 1010401004032, 1010401004033, 1010401004034, 1010401004035, 1010401004038, 1010401004047, 1010401004048, 1010401004049, 1010401004050, 1010401004051, 1010401004052, 1010401004053, 1010401004054, 1010401004055, 1010401004056, 1010401004057, 1010401004058, 1010401004059, 1010401004060, 1010401004061, 1010401004062, 1010401004063, 1010401004064, 1010401004065, 1010401004066, 1010401004067, 1010401004068, 1010401004069, 1010401004070, 1010401005024, 1010401005025, 1010401005026, 1010401005035, 1010401005036, 1010401005037, 1010401005038, 1010401005039, 1010401005040, 1010402021031, 1010402021036, 1010402021037, 1010402021041, 1010402021042, 1010402021043, 1010403013002, 1010403013003, 1010403013004, 1010403013005, 1010403013006, 1010403013008, 1010403013009, 1010403013030; VTD: PR20, VTD: PR21, VTD: PR22: Block(s) 1010403011032, 1010403011033, 1010403012000, 1010403012003, 1010403012004, 1010403012005, 1010403012006, 1010403012007, 1010403012008, 1010403012009, 1010403012051, 1010403012052, 1010403012053, 1010403012055, 1010403012056, 1010403012057, 1010403012058, 1010403012059, 1010403013022, 1010403013027, 1010403013029, 1010403013031, 1010403013032,

1010403013033, 1010403013034, 1010403013059; VTD: PR24:
1010403011000, 1010403011001, 1010403011002, 1010403011003,
1010403011004, 1010403011005, 1010403011006, 1010403011007,
1010403011008, 1010403011009, 1010403011010, 1010403011011,
1010403011012, 1010403011013, 1010403011014, 1010403011015,
1010403011016, 1010403011017, 1010403011018, 1010403011019,
1010403011020, 1010403011021, 1010403011022, 1010403011023,
1010403011024, 1010403011025, 1010403011030, 1010403011031,
1010403011036, 1010403011037, 1010403012001, 1010403012002,
1010403012010, 1010403012011, 1010403012012, 1010403012013,
1010403012014, 1010403012015, 1010403012016, 1010403012017,
1010403012018, 1010403012019, 1010403012020, 1010403012021,
1010403012022, 1010403012023, 1010403012024, 1010403012025,
1010403012026, 1010403012027, 1010403012028, 1010403012029,
1010403012030, 1010403012031, 1010403012032, 1010403012033,
1010403012034, 1010403012035, 1010403012036, 1010403012037,
1010403012038, 1010403012039, 1010403012040, 1010403012041,
1010403012042, 1010403012043, 1010403012044, 1010403012045,
1010403012046, 1010403012047, 1010403012048, 1010403012049,
1010403012050, 1010403012054, 1010403013000, 1010403013001,
1010403013007, 1010403013010, 1010403013011, 1010403013012,
1010403013013, 1010403013014, 1010403013015, 1010403013016,
1010403013017, 1010403013018, 1010403013019, 1010403013020,
1010403013021, 1010403013023, 1010403013024, 1010403013025,
1010403013026, 1010403013028, 1010403013035, 1010403013036,
1010403013037, 1010403013038, 1010403013039, 1010403013040,
1010403013041, 1010403013042, 1010403013043, 1010403013044,
1010403013045, 1010403013046, 1010403013047, 1010403013048,
1010403013049, 1010403013050, 1010403013051, 1010403013052,
1010403013053, 1010403013054, 1010403013055, 1010403013056,
1010403013057, 1010403013058, 1010403013060, 1010403021000,
1010403021001, 1010403021002, 1010403021003, 1010403021004,
1010403021005, 1010403021006, 1010403021007, 1010403021008,
1010403021009, 1010403021010, 1010403021011, 1010403021012,
1010403021013, 1010403021014, 1010403021015, 1010403021016,
1010403021017, 1010403021018, 1010403021019, 1010403021020,
1010403021021, 1010403021022, 1010403021023, 1010403021024,
1010403021025, 1010403021026, 1010403021027, 1010403021028,
1010403021029, 1010403021030, 1010403021031, 1010403021032,
1010403021033, 1010403021034, 1010403021035, 1010403021036,
1010403021037, 1010403021038, 1010403021039, 1010403021040,

1010403021041, 1010403021042, 1010403021043, 1010403021044, 1010403021045, 1010403021046, 1010403021047, 1010403021048, 1010403021049, 1010403021050, 1010403021051, 1010403021052, 1010403021053, 1010403021054, 1010403022028, 1010403022029, 1010403022030, 1010407001000, 1010407001001, 1010407001002, 1010407001003, 1010407001004, 1010407001005, 1010407001010, 1010407001013, 1010407001014, 1010407001015, 1010407001022, 1010407001032, 1010407001033, 1010407002005, 1010407002006, 1010407002007, 1010407002008, 1010407002012, 1010407002013, 1010407002014, 1010407002015, 1010407002016, 1010407002017, 1010407002032, 1010407002053; VTD: PR25, VTD: PR26: Block(s) 1010406001002, 1010406001003, 1010406001004, 1010406001005, 1010406001006, 1010406001007, 1010406001008, 1010406001009, 1010406001010, 1010406001011, 1010406001012, 1010406001013, 1010406001014, 1010406001015, 1010406001016, 1010406001017, 1010406001018, 1010406001019, 1010406001020, 1010406001021, 1010406001022, 1010406001023, 1010406001024, 1010406001025, 1010406001026, 1010406001027, 1010406001029, 1010406001030, 1010406001031, 1010406001032, 1010406001033, 1010406001034, 1010406003000, 1010406003001, 1010406003002, 1010406003003, 1010406003010, 1010406003011, 1010406003012, 1010407002018, 1010407002019, 1010407002020, 1010407002021, 1010407002022, 1010407002023, 1010407002024, 1010407002025, 1010407002026, 1010407002027, 1010407002028, 1010407002029, 1010407002030, 1010407002031, 1010407002035, 1010407002036, 1010407002037, 1010407002038, 1010407002039, 1010407002041, 1010407002042, 1010407002054, 1010407003029, 1010407003030, 1010407003031, 1010407003032, 1010407003033, 1010407003034, 1010407003035, 1010407003036, 1010407003041, 1010407003042, 1010408001000, 1010408001001, 1010408001002, 1010408001003, 1010408001004, 1010408001008, 1010408001009, 1010408001010, 1010408001011, 1010408001012, 1010408001013, 1010408001014, 1010408001015, 1010408001016, 1010408001017, 1010408001018, 1010408001019, 1010408001020, 1010408001021, 1010408001022, 1010408001023, 1010408001024, 1010408001025, 1010408001026, 1010408001027, 1010408001030, 1010408001031, 1010408001032, 1010408001033, 1010408001034, 1010408001035, 1010408001036, 1010408001037, 1010408001038, 1010408001039, 1010408001041, 1010408001042, 1010408001043, 1010408001044, 1010408001046; VTD: PR27: 1010407001006, 1010407001007, 1010407001008, 1010407001009, 1010407001011, 1010407001012, 1010407001016, 1010407001017,

1010407001018, 1010407001019, 1010407001020, 1010407001021, 1010407001023, 1010407001024, 1010407001025, 1010407001026, 1010407001027, 1010407001028, 1010407001029, 1010407001030, 1010407001031, 1010407001034, 1010407001035, 1010407001036, 1010407001037, 1010407001038, 1010407001039, 1010407001040, 1010407003000, 1010407003001, 1010407003002, 1010407003003, 1010407003004, 1010407003005, 1010407003006, 1010407003007, 1010407003008, 1010407003009, 1010407003010, 1010407003011, 1010407003012, 1010407003013, 1010407003014, 1010407003015, 1010407003016, 1010407003017, 1010407003018, 1010407003019, 1010407003020, 1010407003021, 1010407003022, 1010407003023, 1010407003024, 1010407003025, 1010407003026, 1010407003027, 1010407003028, 1010407003037, 1010407003038, 1010407003039, 1010407003040, 1010409011000, 1010409011001, 1010409011002, 1010409011003, 1010409011004, 1010409011005, 1010409011006, 1010409011007, 1010409011008, 1010409011009, 1010409011010, 1010409011011, 1010409011012, 1010409011013, 1010409011014, 1010409011015, 1010409011016, 1010409011017, 1010409011018, 1010409011019, 1010409011020, 1010409011021, 1010409011022, 1010409011023, 1010409011024, 1010409011025, 1010409011026, 1010409011027, 1010409011028, 1010409011029, 1010409011030, 1010409011031, 1010409011032, 1010409011033, 1010409011034, 1010409011035, 1010409012046, 1010409012047, 1010409012048, 1010409012051, 1010409012052, 1010409012053, 1010409012054, 1010409012055, 1010409012056, 1010409012057, 1010409012067, 1010409012080, 1010409012081, 1010409012082, 1010409012083, 1010409012101, 1010409021003, 1010409021004, 1010409021005, 1010409021006; VTD: PR28: 1010408001005, 1010408001006, 1010408001007, 1010408001028, 1010408001029, 1010408001040, 1010408001045, 1010408002000, 1010408002001, 1010408002002, 1010408002003, 1010408002004, 1010408002005, 1010408002006, 1010408002007, 1010408002008, 1010408002009, 1010408002010, 1010408002011, 1010408002012, 1010408002013, 1010408002014, 1010408002015, 1010408002016, 1010408002017, 1010408002018, 1010408002019, 1010408002020, 1010408002021, 1010408002022, 1010408002023, 1010408002024, 1010408002025, 1010408002026, 1010408002027, 1010408002028, 1010408002029, 1010408002030, 1010408002031, 1010408002033, 1010408003000, 1010408003001, 1010408003002, 1010408003003, 1010408003004, 1010408003005, 1010408003006, 1010408003007, 1010408003008, 1010408003009, 1010408003010, 1010408003011, 1010408003012, 1010408003013,

1010408003014, 1010408003015, 1010408003016, 1010408003017, 1010408003018, 1010408003019, 1010408003020, 1010408003021, 1010408003022, 1010408003023, 1010408003024, 1010408003025, 1010408003026, 1010408003027, 1010408003028, 1010408003029, 1010408003030, 1010408003031, 1010408003032, 1010408003033, 1010408003034, 1010409021007; VTD: PR29A, VTD: PR29B, VTD: PR30: Block(s) 1010409012000, 1010409012001, 1010409012002, 1010409012003, 1010409012004, 1010409012005, 1010409012006, 1010409012007, 1010409012008, 1010409012009, 1010409012010, 1010409012011, 1010409012012, 1010409012013, 1010409012014, 1010409012015, 1010409012016, 1010409012017, 1010409012018, 1010409012019, 1010409012020, 1010409012021, 1010409012022, 1010409012023, 1010409012024, 1010409012025, 1010409012026, 1010409012027, 1010409012028, 1010409012032, 1010409012033, 1010409012034, 1010409012035, 1010409012036, 1010409012037, 1010409012038, 1010409012039, 1010409012040, 1010409012041, 1010409012042, 1010409012043, 1010409012044, 1010409012045, 1010409012049, 1010409012050, 1010409012058, 1010409012059, 1010409012060, 1010409012061, 1010409012062, 1010409012063, 1010409012064, 1010409012065, 1010409012066, 1010409012068, 1010409012069, 1010409012070, 1010409012071, 1010409012072, 1010409012073, 1010409012074, 1010409012075, 1010409012076, 1010409012077, 1010409012078, 1010409012079, 1010409012084, 1010409012085, 1010409012086, 1010409012087, 1010409012088, 1010409012089, 1010409012090, 1010409012091, 1010409012092, 1010409012093, 1010409012094, 1010409012095, 1010409012096, 1010409012097, 1010409012098, 1010409012099, 1010409012100, 1010409012102, 1010409013000, 1010409013001, 1010409013002, 1010409013003, 1010409013004, 1010409013005, 1010409013006, 1010409013016, 1010409013017, 1010409013018, 1010409013019, 1010409013020, 1010409013021, 1010409013027, 1010409013028, 1010409013029, 1010409013030, 1010409013031, 1010409013032, 1010409013039, 1010409013040, 1010409013041, 1010409013042, 1010409013043, 1010409013044, 1010409013045, 1010409013046, 1010409013047, 1010409013048, 1010409013049, 1010409013050, 1010409013051, 1010409013052, 1010409013053, 1010409013054, 1010409013055, 1010409013056, 1010409013057, 1010409013058, 1010409014031, 1010409014032, 1010409014033, 1010409014034, 1010409014036; VTD: PR32, VTD: PR34: Block(s) 1010409023004, 1010410011065, 1010410011066, 1010410012000, 1010410012001, 1010410012002, 1010410012003, 1010410012004, 1010410012005, 1010410012006,

1010410012007, 1010410012008, 1010410012009, 1010410012010,
1010410012011, 1010410012012, 1010410012013, 1010410012014,
1010410012015, 1010410012016, 1010410012017, 1010410012018,
1010410012019, 1010410012020, 1010410012021, 1010410012022,
1010410012023, 1010410012024, 1010410012025, 1010410012026,
1010410012027, 1010410013000, 1010410013001, 1010410013002,
1010410013003, 1010410013004, 1010410013005, 1010410013006,
1010410013007, 1010410013008, 1010410013009, 1010410013010,
1010410013011, 1010410013014, 1010410013015, 1010410013026,
1010410013027, 1010410013028, 1010410013029, 1010410013030,
1010410013031, 1010410013032, 1010410013033, 1010410013034,
1010410013035, 1010410013036, 1010410013037, 1010410013038,
1010410013039, 1010410013040, 1010410013041, 1010410013042,
1010410013043, 1010410013044, 1010411011000, 1010411014000,
1010411014001, 1010411014002, 1010411014003, 1010411014004,
1010411014005, 1010411014012; Nash County: VTD: 0001, VTD: 0003, VTD:
0004, VTD: 0005, VTD: 0006, VTD: 0008, VTD: 0011, VTD: 0012, VTD: 0015,
VTD: 0025, VTD: 0026, VTD: 0037, VTD: 0039, VTD: 0041; Wilson County:
VTD: PRBL, VTD: PRCR, VTD: PRGA: Block(s) 1950012001000,
1950012001001, 1950012001002, 1950012001003, 1950012001012,
1950012001013, 1950012001014, 1950012001015, 1950012001016,
1950012001017, 1950012001018, 1950012001019, 1950012001020,
1950012001021, 1950012001022, 1950012001026, 1950012001031,
1950012001032, 1950012001033, 1950012001034, 1950012001035,
1950012001036, 1950012002000, 1950012002001, 1950012002004,
1950012002005, 1950012002006, 1950012002012, 1950012002013,
1950012002015, 1950012003000, 1950012003001, 1950012003002,
1950012003003, 1950012003004, 1950012003005, 1950012003006,
1950012003007, 1950012003008, 1950012003009, 1950012003010,
1950012003011, 1950012003012, 1950012003013, 1950012003014,
1950012003015, 1950012003016, 1950012003017, 1950012003018,
1950012003019, 1950012003020, 1950012003021; VTD: PROL, VTD: PRSA,
VTD: PRSP, VTD: PRST, VTD: PRTA, VTD: PRTO: Block(s) 1950012001004,
1950012001005, 1950012001006, 1950012001007, 1950012001008,
1950012001009, 1950012001010, 1950012001011, 1950013001032,
1950013001033, 1950013001034, 1950013001037, 1950013001038,
1950013001039, 1950013001043, 1950013001044, 1950013001045,
1950013002030, 1950013002031, 1950013002032, 1950013002033,
1950013002034, 1950013002035, 1950013002036, 1950013002037,
1950013002038, 1950013002081; VTD: PRWD, VTD: PRWJ, VTD: PRWK,
VTD: PRWL, VTD: PRWM, VTD: PRWP.

District 12: Harnett County, Johnston County: VTD: PR01: Block(s)
1010414001038, 1010414001039, 1010414001040, 1010414001041,
1010414001044, 1010414001045, 1010414001046, 1010414001047,
1010414001048, 1010414001049, 1010414001050, 1010414001059,
1010414001060, 1010414001061, 1010414001062, 1010414001063,
1010414001065, 1010414001066, 1010414001067, 1010414006000,
1010414006001, 1010414006002, 1010414006003, 1010414006004,
1010414006005, 1010414006006, 1010414006007, 1010414006008,
1010414006009, 1010414006010, 1010414006011, 1010414006015,
1010414006016, 1010414006017, 1010414006018, 1010414006019,
1010414006025, 1010414006026, 1010414006027, 1010414006028,
1010414006029, 1010414006030, 1010414006031, 1010414006032,
1010414006033, 1010414006034, 1010414006035, 1010414006036,
1010414006037, 1010414006038, 1010414006039, 1010414006040,
1010414006041, 1010414006042, 1010414006043, 1010414006044,
1010414006045, 1010414006046, 1010414006047, 1010414006048,
1010414006049, 1010414006050; VTD: PR02: 1010414003000,
1010414003001, 1010414003002, 1010414003003, 1010414003004,
1010414003005, 1010414003006, 1010414003007, 1010414003008,
1010414003009, 1010414003010, 1010414003011, 1010414003012,
1010414003013, 1010414003014, 1010414003015, 1010414003016,
1010414003017, 1010414003018, 1010414003019, 1010414003020,
1010414003021, 1010414003022, 1010414003023, 1010414003024,
1010414003025, 1010414003026, 1010414003027, 1010414003028,
1010414003029, 1010414003030, 1010414003031, 1010414003056,
1010414003057, 1010414003058, 1010414003059, 1010414003060,
1010414003063, 1010414003064, 1010414003065, 1010414003066,
1010414003067, 1010414003068, 1010414003069; VTD: PR03:
1010414001019, 1010414001031, 1010414001032, 1010414001033,
1010414001035, 1010414001036, 1010414001037, 1010414001064,
1010414001068, 1010414001069, 1010414004000, 1010414004001,
1010414004002, 1010414004003, 1010414004004, 1010414004005,
1010414004006, 1010414004007, 1010414004008, 1010414004009,
1010414004010, 1010414004011, 1010414004012, 1010414004013,
1010414004014, 1010414004015, 1010414004016, 1010414004017,
1010414004018, 1010414004019, 1010414004020, 1010414004021,
1010414004022, 1010414004023, 1010414004024, 1010414004025,
1010414004026, 1010414004027, 1010414004028, 1010414004029,
1010414004030, 1010414004031, 1010414004032, 1010414004033,
1010414004034, 1010414004035, 1010414004036, 1010414004037,

1010414004038, 1010414004039, 1010414004040, 1010414004041,
1010414004042, 1010414004043, 1010414004044, 1010414004045,
1010414004046, 1010414004047, 1010414004048, 1010414004049,
1010414004050, 1010414004051, 1010414004052, 1010414004053,
1010414004054, 1010414004055, 1010414004056, 1010414004057,
1010414005000, 1010414005001, 1010414005002, 1010414005003,
1010414005004, 1010414005005, 1010414005006, 1010414005007,
1010414005008, 1010414005009, 1010414005010, 1010414005011,
1010414005014, 1010414005015, 1010414005016, 1010414005017,
1010414005018, 1010414005020, 1010414005021, 1010414005022,
1010414005023, 1010414005024, 1010414005025, 1010414005026,
1010414005027, 1010414005028, 1010414005029, 1010414005030,
1010414005031, 1010414005032, 1010414005033, 1010414005034,
1010414005035, 1010414005036, 1010414005037, 1010414005038,
1010414005039, 1010414005040, 1010414005041, 1010414005042,
1010414005043, 1010414005044, 1010414005045, 1010414005046,
1010414005047, 1010414005048, 1010414005049, 1010414005050,
1010414005051, 1010414005052, 1010414005053, 1010414005054,
1010414006012, 1010414006013, 1010414006014, 1010414006020,
1010414006021, 1010414006022, 1010414006023, 1010414006024,
1010415032019, 1010415032020, 1010415032021, 1010415032022,
1010415032023, 1010415032024; VTD: PR13: 1010415031019,
1010415031029, 1010415031030; VTD: PR14: 1010414005012,
1010414005013, 1010414005019, 1010415032000, 1010415032001,
1010415032002, 1010415032003, 1010415032004, 1010415032008,
1010415032009, 1010415032010, 1010415032011, 1010415032012,
1010415032013, 1010415032014, 1010415032016, 1010415032017,
1010415032018, 1010415032025, 1010415032026, 1010415032027,
1010415032028; VTD: PR23: 1010411021061, 1010415021003,
1010415021004, 1010415021007, 1010415021009, 1010415021010,
1010415021011, 1010415021012, 1010415021013, 1010415021014,
1010415021016, 1010415021017, 1010415022000, 1010415022001,
1010415022002, 1010415022003, 1010415022004, 1010415022005,
1010415022006, 1010415022007, 1010415022008, 1010415022009,
1010415022010, 1010415022011, 1010415022012, 1010415022013,
1010415022014, 1010415022015, 1010415022016, 1010415022017,
1010415022018, 1010415022019, 1010415022020, 1010415022021,
1010415022022, 1010415023000, 1010415023001, 1010415023002,
1010415023003, 1010415023004, 1010415023005, 1010415023006,
1010415023007, 1010415023008, 1010415023009, 1010415023010,
1010415023011, 1010415023012, 1010415023013, 1010415023014,

1010415023015, 1010415023016, 1010415023017, 1010415023018,
1010415023019, 1010415023020, 1010415023021, 1010415023022,
1010415023023, 1010415023024, 1010415023025, 1010415023026,
1010415023027, 1010415023028, 1010415023029, 1010415023030,
1010415023031, 1010415023032, 1010415023033, 1010415023034,
1010415023035, 1010415023036, 1010415023037, 1010415023038,
1010415023039, 1010415023040, 1010415023041, 1010415023042,
1010415023043; VTD: PR31B: 1010411021018, 1010411021019,
1010411021021, 1010411021022, 1010411021023, 1010411021024,
1010411021025, 1010411021026, 1010411021027, 1010411021028,
1010411021029, 1010411021038, 1010411021039, 1010411021040,
1010411021041, 1010411021042, 1010411021043, 1010411021044,
1010411021045, 1010411021046, 1010411021047, 1010411021048,
1010411021049, 1010411021050, 1010411021051, 1010411021052,
1010411021053, 1010411021054, 1010411021055, 1010411021056,
1010411021057, 1010411021058, 1010411021059, 1010411021060; VTD:
PR33: 1010415031002, 1010415031003, 1010415031004, 1010415031005,
1010415031006, 1010415031007, 1010415031008, 1010415031009,
1010415031010, 1010415031011, 1010415031012, 1010415031013,
1010415031020, 1010415031021, 1010415031024, 1010415031025,
1010415031028, 1010415031031, 1010415032005, 1010415032006,
1010415032007, 1010415032015, 1010415033000, 1010415033001,
1010415033002, 1010415033003, 1010415033004, 1010415033005,
1010415033006, 1010415033007, 1010415033008, 1010415033009,
1010415033010, 1010415033011, 1010415033012, 1010415033013,
1010415033014, 1010415033015, 1010415033016, 1010415033017,
1010415033018; Lee County.

District 13: Columbus County, Robeson County.

District 14: Wake County: VTD: 01-13: Block(s) 1830505002002,
1830505002012; VTD: 01-14: 1830501001039, 1830501001040,
1830501001041, 1830501001042, 1830501001046, 1830501001047,
1830501001048, 1830501001049, 1830501001053, 1830501001054,
1830501001055, 1830501001056, 1830501001065, 1830506003019,
1830506003020, 1830506003024, 1830506003025, 1830506003026,
1830506003027; VTD: 01-18: 1830527011020, 1830527011021,
1830527012009, 1830527012010, 1830527012012, 1830527012013,
1830527012014, 1830527012016, 1830527012017, 1830527012021,
1830527012025, 1830527012026, 1830527012027, 1830527012028,
1830527012029, 1830527012030, 1830527012031, 1830527012032,

1830527012033, 1830527012034, 1830527012035, 1830527012036, 1830527012037, 1830527012038, 1830527012039, 1830527013000, 1830527013005, 1830527013006, 1830527013007, 1830527013008; VTD: 01-19, VTD: 01-20, VTD: 01-21: Block(s) 1830521011007, 1830521011008, 1830521011009, 1830521011010, 1830528031020, 1830545002001, 1830545002002, 1830545002003, 1830545002004, 1830545002005, 1830545002015, 1830545002016, 1830545002017, 1830545002026, 1830545002027, 1830545002028, 1830545002029, 1830545002039, 1830545002040, 1830545002041, 1830545002042, 1830545002043, 1830545002044, 1830545002045, 1830545002046, 1830545002047, 1830545002048, 1830545002049, 1830545002050, 1830545002053, 1830545002054, 1830545002057, 1830545002058, 1830545002059, 1830545002060, 1830545002061, 1830545002062, 1830545002063, 1830545002064; VTD: 01-22, VTD: 01-23: Block(s) 1830511023004, 1830511023005, 1830511023006, 1830511023007, 1830511023011; VTD: 01-25, VTD: 01-26, VTD: 01-27: Block(s) 1830501001072, 1830501001073, 1830501001074, 1830501001075, 1830501001076, 1830501001077, 1830501001078, 1830501001079, 1830501001080, 1830501001081, 1830501001082, 1830501001083, 1830501001084, 1830501001085, 1830501001086, 1830501001087, 1830501001092, 1830501001110, 1830501001111, 1830501001112, 1830501001113, 1830501001114, 1830501001115, 1830510001021, 1830510002000, 1830510002001, 1830510002002, 1830510002003, 1830510002004, 1830510002005, 1830510002006, 1830510002007, 1830510002008, 1830510002009, 1830510002010, 1830510002011, 1830510002012, 1830510002013, 1830510002023, 1830510002024, 1830545001005, 1830545001006, 1830545001007, 1830545001008, 1830545001009, 1830545001012, 1830545001013, 1830545001014, 1830545001015, 1830545001022, 1830545001023, 1830545001024, 1830545001025, 1830545001026; VTD: 01-28: 1830505002000, 1830505002001, 1830519001000, 1830519001001, 1830519001002, 1830519001003, 1830519001004, 1830519001005, 1830519001006, 1830519001007, 1830519001008, 1830519001009, 1830519001010, 1830519001011, 1830519001012, 1830519001013, 1830519001014, 1830519001015, 1830519001016, 1830519001017, 1830519001018, 1830519001019, 1830519001020, 1830519001021, 1830519001022, 1830519001023, 1830519001024, 1830519001025, 1830519001026, 1830519001027, 1830519001028, 1830519001029, 1830519001030, 1830519001031, 1830519001032, 1830519001033, 1830519001034, 1830519001035, 1830519001036, 1830519001037, 1830519001038, 1830519001039, 1830519001040, 1830519001041, 1830519001042, 1830519001043, 1830519001044, 1830519001045,

1830519001046, 1830519001047, 1830519002000, 1830519002001, 1830519002002, 1830519002003, 1830519002004, 1830519002005, 1830519002006, 1830519002007, 1830519002008, 1830519002009, 1830519002010, 1830519002011, 1830519002012, 1830519002013, 1830519002014, 1830519002015, 1830519002016, 1830519002017, 1830519002018, 1830519002019, 1830519002020, 1830519002021, 1830519002022, 1830519003000, 1830519003001, 1830519003002, 1830519003003, 1830519003004, 1830519003005, 1830519003006, 1830519003007, 1830519003008, 1830519003009, 1830519003010, 1830519003011, 1830519003012, 1830519003014, 1830519003015, 1830519003016, 1830519003017, 1830527062013, 1830527062014, 1830527062015, 1830527062016, 1830527062017, 1830527062018, 1830527063025, 1830527063026, 1830527063027, 1830527063028, 1830527063031, 1830527063032, 1830527063033, 1830527063034, 1830541061038, 1830541061039; VTD: 01-34, VTD: 01-35, VTD: 01-38: Block(s) 1830527051002, 1830527051003, 1830527051004, 1830527051005, 1830527051020, 1830527051021, 1830527051022, 1830527051023, 1830527051024, 1830527051025, 1830527051026, 1830527051027, 1830527051032, 1830527052005, 1830527052006, 1830527052007, 1830527052008, 1830527052012, 1830527052017, 1830527052018; VTD: 01-40, VTD: 01-43: Block(s) 1830540011000, 1830540011001, 1830540011002, 1830540011003, 1830540013000, 1830540013001, 1830540013002, 1830540013003, 1830540013004, 1830540013005, 1830540013006, 1830540013007; VTD: 01-44, VTD: 01-46, VTD: 01-50, VTD: 09-01: Block(s) 1830543011005, 1830543011006, 1830543011007, 1830543011008, 1830543011010, 1830543011011, 1830543011012, 1830543011013, 1830543011014, 1830543011015, 1830543011016, 1830543011022; VTD: 10-02: 1830544031000, 1830544031001, 1830544031002, 1830544031003, 1830544031004, 1830544031005, 1830544031006, 1830544031007, 1830544031008, 1830544031009, 1830544031010, 1830544031015, 1830544042009, 1830544042010, 1830544042011, 1830544042012, 1830544042013, 1830544042014, 1830544042015, 1830544042016, 1830544042017, 1830544042018, 1830544042021, 1830544042022, 1830544042023, 1830544042024, 1830544042025, 1830544042026, 1830544043000, 1830544043001, 1830544043002, 1830544043003, 1830544043005, 1830544043006, 1830544043013, 1830544043014, 1830544043015, 1830544043016, 1830544043017, 1830544043018, 1830544043019, 1830544043020, 1830544043021, 1830544043022, 1830544043023, 1830544043024, 1830544043025, 1830544043026, 1830544043029, 1830544043031, 1830544043032, 1830544043033, 1830544043034, 1830544043035, 1830544043036, 1830544043075,

1830544043076, 1830544043077, 1830544043078, 1830544043079, 1830544043090; VTD: 10-03: 1830544022008, 1830544043004, 1830544043007, 1830544043008, 1830544043009, 1830544043010, 1830544043012, 1830544043030, 1830544043066, 1830544043071, 1830544043073, 1830544043074, 1830544043080, 1830544043081, 1830544043082, 1830544043087; VTD: 10-04: 1830541081000, 1830541081001, 1830541081002, 1830541081003, 1830541081004, 1830541081005, 1830541081006, 1830541081007, 1830541081008, 1830541081009, 1830541081010, 1830541081011, 1830541081012, 1830541081013, 1830541081014, 1830541081015, 1830541081016, 1830541081017, 1830541081018, 1830541081019, 1830541082000, 1830541082005, 1830541082006, 1830541082007, 1830541082008, 1830541082009, 1830541082010, 1830541082011, 1830541082012, 1830541082013, 1830541082014, 1830541082015, 1830541082016, 1830541082017, 1830541082018, 1830541082019, 1830541082020, 1830541082021, 1830541082022, 1830541082023, 1830541082024, 1830541082025, 1830541091001, 1830541091002, 1830541091003, 1830541091004, 1830541091005, 1830541091006, 1830541091007, 1830541091008, 1830541091009, 1830541091010, 1830541091011, 1830544022009, 1830544022010, 1830544023004, 1830544023005, 1830544023006, 1830544023007, 1830544023009, 1830544023010, 1830544023011, 1830544023012, 1830544023013, 1830544023014, 1830544023015, 1830544023016, 1830544023017, 1830544023018, 1830544023021, 1830544023022, 1830544023023, 1830544023025, 1830544023026, 1830544023027, 1830544023028, 1830544023029, 1830544023032, 1830544023035, 1830544023036, 1830544023041, 1830544023042, 1830544023043, 1830544023044, 1830544043011, 1830544043037, 1830544043072; VTD: 13-01, VTD: 13-05: Block(s) 1830540171000, 1830540171001, 1830540171002, 1830540171003, 1830540171004, 1830540171005, 1830540171019, 1830540171021, 1830540171022, 1830540171023, 1830540171024, 1830540171025, 1830540171026, 1830540171027, 1830540171028, 1830540171029, 1830540171030, 1830540171031, 1830540171032, 1830540171033, 1830540171034, 1830540171035, 1830540171036, 1830540171037, 1830540171038, 1830540171039, 1830540171040, 1830540171041, 1830540171042, 1830540171043, 1830540171044, 1830540171045, 1830540171046, 1830540171047, 1830540171048, 1830540171049, 1830540171050, 1830540171052, 1830540171053, 1830540171054, 1830540171056, 1830540171059, 1830540171060, 1830540171061, 1830540171062, 1830540181000, 1830540181001, 1830540181002, 1830540181003, 1830540181004, 1830540181005, 1830540181006,

1830540181008, 1830540181009, 1830540181010, 1830540181011, 1830540182000, 1830540182001, 1830540182002, 1830540182003, 1830540182004, 1830540182005, 1830540182006, 1830540182007, 1830540182008, 1830540182009, 1830540182010, 1830540182011, 1830540182012, 1830540182013, 1830540182014, 1830540182015, 1830540182016; VTD: 13-07, VTD: 13-08, VTD: 13-09, VTD: 16-01: Block(s) 1830528032014, 1830528032015, 1830528032020, 1830528032021, 1830528032052, 1830528072044, 1830528072048, 1830528072049, 1830528072050, 1830528072051, 1830528072052, 1830528072053, 1830528072084, 1830528072085, 1830528072086, 1830528072095, 1830528072096; VTD: 16-02, VTD: 16-03: Block(s) 1830528022001, 1830528022002, 1830528022003, 1830528022004, 1830528022005, 1830528022006, 1830528022007, 1830528022008, 1830528022009, 1830528022010, 1830528032029; VTD: 16-04: 1830528081023, 1830528081024, 1830528081028, 1830528081029, 1830528083000, 1830528083001, 1830528083007, 1830528083008, 1830528083009, 1830528083010; VTD: 16-05: 1830528021000, 1830528021001, 1830528021002, 1830528021003, 1830545002052, 1830545002069, 1830545002071; VTD: 16-06: 1830528015000, 1830528015001, 1830528015002, 1830528015003, 1830528081000, 1830528081001, 1830528081004, 1830528082003, 1830528082004, 1830528082005, 1830528082006, 1830528082007, 1830528082008, 1830528082009, 1830528082010, 1830528082011, 1830528082012, 1830528082013, 1830528082014, 1830528082015, 1830528082016, 1830528082030; VTD: 16-08: 1830528032008, 1830528032009, 1830528032010, 1830528032011, 1830528032016, 1830528032051, 1830528032053, 1830528032054, 1830528032057, 1830528032058, 1830528032059, 1830528032060, 1830528061000, 1830528061001, 1830528061002, 1830528061003, 1830528061004, 1830528061005, 1830528061006, 1830528061007, 1830528061008, 1830528061009, 1830528061010, 1830528061011, 1830528061012, 1830528061013, 1830528061014, 1830528061015, 1830528061016, 1830528061017, 1830528061018, 1830528061030, 1830528061031, 1830528061032, 1830528061033, 1830528064000, 1830528064001, 1830528064002, 1830528064003, 1830528064004, 1830528064005, 1830528064006, 1830528064007, 1830528064008, 1830528064009, 1830528064010, 1830528064011, 1830528064012, 1830528064013, 1830528064014, 1830528064015, 1830528064016, 1830528064017, 1830528064018, 1830528064019, 1830528064020, 1830528064021, 1830528064022, 1830528064023, 1830528064024, 1830528064025, 1830528064026, 1830528064027, 1830528064028, 1830528064029, 1830528064030, 1830528064031, 1830528064032,

1830528064033, 1830528064034, 1830528064035, 1830528064036, 1830528064037, 1830528064038, 1830528064045, 1830528064046, 1830528064047, 1830528064048, 1830528064049, 1830528064050, 1830528064051, 1830528064052, 1830528064053, 1830528064054, 1830528064055, 1830528064056, 1830528064057, 1830528064058, 1830528064059, 1830528064060, 1830528064061, 1830528071005, 1830528071006, 1830528071007, 1830528071008, 1830528072000, 1830528072001, 1830528072002, 1830528072003, 1830528072004, 1830528072005, 1830528072006, 1830528072007, 1830528072008, 1830528072009, 1830528072010, 1830528072011, 1830528072012, 1830528072013, 1830528072014, 1830528072015, 1830528072016, 1830528072017, 1830528072018, 1830528072019, 1830528072020, 1830528072021, 1830528072022, 1830528072023, 1830528072024, 1830528072025, 1830528072026, 1830528072027, 1830528072028, 1830528072029, 1830528072030, 1830528072031, 1830528072032, 1830528072033, 1830528072034, 1830528072035, 1830528072036, 1830528072037, 1830528072038, 1830528072039, 1830528072040, 1830528072041, 1830528072042, 1830528072043, 1830528072045, 1830528072046, 1830528072047, 1830528072054, 1830528072055, 1830528072056, 1830528072057, 1830528072058, 1830528072059, 1830528072060, 1830528072061, 1830528072062, 1830528072063, 1830528072064, 1830528072065, 1830528072066, 1830528072067, 1830528072068, 1830528072069, 1830528072070, 1830528072071, 1830528072072, 1830528072073, 1830528072074, 1830528072075, 1830528072076, 1830528072077, 1830528072078, 1830528072079, 1830528072080, 1830528072081, 1830528072082, 1830528072083, 1830528072097; VTD: 16-09: 1830528082001, 1830528082002, 1830528082017, 1830528082018, 1830528082022, 1830528082023, 1830528082024, 1830528082025, 1830528082026, 1830528082027, 1830528082028, 1830528082029, 1830528082034, 1830528082036, 1830528082037, 1830528082038, 1830528082039, 1830528082040; VTD: 17-01, VTD: 17-02: Block(s) 1830541082001, 1830541082002, 1830541082004, 1830541083000, 1830541083001, 1830541083002, 1830541083003, 1830541083004, 1830541083005, 1830541083006, 1830541083007, 1830541083008, 1830541083009, 1830541083010, 1830541083011, 1830541083012, 1830541083013, 1830541083014, 1830541083015, 1830541083016, 1830541083017, 1830541083018, 1830541083019, 1830541083020, 1830541083021, 1830541083025, 1830541083026, 1830541083027, 1830541083028, 1830541083029, 1830541083030, 1830541083031, 1830541083032, 1830541083033, 1830541083034, 1830541083035, 1830541083036, 1830541083037, 1830541083038,

1830541083039, 1830541083040, 1830541083041, 1830541083042, 1830541083043, 1830541083045, 1830541083046, 1830541083051, 1830541083052, 1830541121039, 1830541121040, 1830541121046, 1830541121047, 1830541121048, 1830541154000, 1830541154001, 1830541154002; VTD: 17-03: 1830541051000, 1830541051001, 1830541051002, 1830541051003, 1830541051004, 1830541051005, 1830541051006, 1830541051007, 1830541051008, 1830541051009, 1830541051010, 1830541051011, 1830541051012, 1830541051013, 1830541051014, 1830541051015, 1830541051016, 1830541051017, 1830541051018, 1830541051019, 1830541051020, 1830541051021, 1830541051022, 1830541051023, 1830541051024, 1830541051025, 1830541051026, 1830541051027, 1830541051028, 1830541051029, 1830541051030, 1830541051031, 1830541051032, 1830541051033, 1830541051034, 1830541051035, 1830541051036, 1830541051037, 1830541051039, 1830541051040, 1830541051041, 1830541051043, 1830541051046, 1830541052000, 1830541052001, 1830541052002, 1830541052003, 1830541052004, 1830541052005, 1830541052006, 1830541052007, 1830541052008, 1830541052009, 1830541052010, 1830541052011, 1830541052012, 1830541052013, 1830541052014, 1830541052016, 1830541052017, 1830541052018, 1830541052019, 1830541052020, 1830541052021, 1830541052022, 1830541052023, 1830541052024, 1830541052025, 1830541052026, 1830541052027, 1830541052028, 1830541052029, 1830541052030, 1830541052031, 1830541052032, 1830541052034, 1830541052035, 1830541052036, 1830541053002, 1830541053005, 1830541053006, 1830541053007, 1830541053008, 1830541053009, 1830541053010, 1830541053011, 1830541053012, 1830541053013, 1830541053014, 1830541053015, 1830541053016, 1830541053017, 1830541053018, 1830541053019, 1830541053020, 1830541053021, 1830541053022, 1830541053023, 1830541053024, 1830541053025, 1830541053026, 1830541053027; VTD: 17-04: 1830541111011, 1830541111014, 1830541121000, 1830541121001, 1830541121002, 1830541121003, 1830541121004, 1830541121005, 1830541121006, 1830541121007, 1830541121008, 1830541121009, 1830541121010, 1830541121011, 1830541121012, 1830541121013, 1830541121014, 1830541121015, 1830541121016, 1830541121017, 1830541121018, 1830541121019, 1830541121020, 1830541121021, 1830541121022, 1830541121023, 1830541121024, 1830541121025, 1830541121026, 1830541121027, 1830541121028, 1830541121029, 1830541121030, 1830541121031, 1830541121032, 1830541121033, 1830541121034, 1830541121035, 1830541121036, 1830541121037, 1830541121038, 1830541121041, 1830541121042, 1830541121043,

1830541121044, 1830541121045, 1830541131008, 1830541131009, 1830541131010, 1830541131011, 1830541131012, 1830541131013, 1830541131014, 1830541131015, 1830541131016, 1830541131017, 1830541131018, 1830541131019, 1830541131020, 1830541131021, 1830541132000, 1830541132001, 1830541132002, 1830541132003, 1830541132004, 1830541132005, 1830541132006, 1830541132007, 1830541132008, 1830541132009, 1830541132010, 1830541132011, 1830541132012, 1830541132013, 1830541132014, 1830541132015, 1830541132016, 1830541132017, 1830541132018, 1830541132019, 1830541132020, 1830541132021, 1830541132022, 1830541132023, 1830541132026, 1830541132028, 1830541132029, 1830541132030, 1830541132031, 1830541132032, 1830541132033, 1830541132036, 1830541132037, 1830541132038, 1830541132039, 1830541132040, 1830541132041, 1830541132042, 1830541132043, 1830541132044; VTD: 17-05, VTD: 17-07, VTD: 17-08: Block(s) 1830541132024, 1830541132025, 1830541132027, 1830541132034, 1830541132035, 1830541141000, 1830541141001, 1830541141002, 1830541141003, 1830541141004, 1830541141005, 1830541141006, 1830541141007, 1830541141008, 1830541141009, 1830541141010, 1830541141011, 1830541141012, 1830541141013, 1830541141014, 1830541141015, 1830541141016, 1830541141017, 1830541141018, 1830541141019, 1830541141020, 1830541141021, 1830541141022, 1830541141023, 1830541141024, 1830541141025, 1830541141026, 1830541141027, 1830541141028, 1830541141029, 1830541141030, 1830541141031, 1830541141032, 1830541141033, 1830541141034, 1830541141035, 1830541141036, 1830541141037, 1830541141038, 1830541141039, 1830541141040, 1830541141041, 1830541141042, 1830541141043, 1830541141044, 1830541141045, 1830541141046, 1830541141047, 1830541141048, 1830541141049, 1830541141050, 1830541141051, 1830541141052, 1830541141053, 1830541141054, 1830541141055, 1830541141056, 1830541142000, 1830541142001, 1830541142002, 1830541142003, 1830541142004, 1830541142005, 1830541142006, 1830541142007, 1830541142008, 1830541142009, 1830541142010, 1830541142015, 1830541142016, 1830541142017, 1830541142019, 1830541142020, 1830541142021, 1830541142022, 1830541142023, 1830541142024, 1830541142025, 1830541142026, 1830541142027, 1830541142028, 1830541142029, 1830541142030, 1830541142046, 1830541151000, 1830541151001, 1830541151002, 1830541151003, 1830541151004, 1830541151005, 1830541151006, 1830541151007, 1830541151008, 1830541151009, 1830541151010, 1830541151011, 1830541151012, 1830541151013, 1830541151014, 1830541152000, 1830541152001,

1830541152002, 1830541152003, 1830541152004, 1830541152005,
1830541152006, 1830541152007, 1830541152008, 1830541152009,
1830541152010, 1830541152011, 1830541152012, 1830541152013,
1830541152014, 1830541152015, 1830541152016, 1830541152017,
1830541152018, 1830541152019, 1830541152020, 1830541152021,
1830541152022, 1830541152023, 1830541152024, 1830541152025,
1830541152026, 1830541152027, 1830541152028, 1830541152029,
1830541152030, 1830541152031, 1830541152032, 1830541153000,
1830541153001, 1830541153002, 1830541153003, 1830541153004,
1830541153005, 1830541153006, 1830541153007, 1830541153008,
1830541153009, 1830541153010, 1830541153013, 1830541153014,
1830541153015, 1830541153016, 1830541153017, 1830541153018,
1830541153019, 1830541153020, 1830541153021, 1830541153022,
1830541153023; VTD: 17-09, VTD: 17-10, VTD: 17-11, VTD: 18-01: Block(s)
1830530082000, 1830530082001, 1830530082002, 1830530082003,
1830530082004; VTD: 18-04: 1830530091000, 1830530091001,
1830530091002, 1830530091003, 1830530091004, 1830530091005,
1830530091006, 1830530091007, 1830530091008, 1830530091009,
1830530091010, 1830530091011, 1830530091012, 1830530091013,
1830530091014, 1830530091015, 1830530091016, 1830530091017,
1830530091018, 1830530091019, 1830530091030; VTD: 19-04:
1830542091038, 1830542091039, 1830542091058, 1830542091059,
1830542091084, 1830542091085, 1830542091086; VTD: 19-17:
1830541101000, 1830541101001, 1830541101010, 1830541101011,
1830541101013, 1830541102009, 1830541102014, 1830541102015,
1830542091056, 1830542091060, 1830542091062, 1830542091063,
1830542091064, 1830542091065, 1830542091066, 1830542091067,
1830542091068, 1830542091069, 1830542091070, 1830542091071,
1830542091072, 1830542091073, 1830542091074, 1830542091075,
1830542091076, 1830542091077, 1830542091078, 1830542091079,
1830542091080, 1830542091081.

District 15: Wake County: VTD: 01-03, VTD: 01-04, VTD: 01-05, VTD: 01-10,
VTD: 01-11, VTD: 01-12, VTD: 01-15, VTD: 01-17, VTD: 01-18: Block(s)
1830527011000, 1830527011001, 1830527011002, 1830527011003,
1830527011004, 1830527011005, 1830527011006, 1830527011007,
1830527011008, 1830527011009, 1830527011010, 1830527011011,
1830527011012, 1830527011013, 1830527011014, 1830527011015,
1830527011016, 1830527011017, 1830527011018, 1830527011019,
1830527012002, 1830527012003, 1830527012004, 1830527012005,
1830527012006, 1830527012007, 1830527012008, 1830527012020,

1830527013001, 1830527013002, 1830527013003, 1830527013004,
1830527013009; VTD: 01-29, VTD: 01-30, VTD: 01-36, VTD: 01-37, VTD: 01-39, VTD: 01-42, VTD: 01-43: Block(s) 1830540012000, 1830540012001,
1830540012002, 1830540012003, 1830540012004, 1830540012007,
1830540012008, 1830540012009, 1830540012010, 1830540012011,
1830540012012, 1830540012013, 1830540012014, 1830540012015,
1830540012016; VTD: 01-45, VTD: 01-47, VTD: 01-51, VTD: 02-01, VTD: 02-02, VTD: 02-03, VTD: 02-04, VTD: 02-05, VTD: 02-06, VTD: 07-03, VTD: 07-04, VTD: 07-05, VTD: 07-06, VTD: 07-07, VTD: 07-09, VTD: 07-11, VTD: 07-13, VTD: 08-02, VTD: 08-03, VTD: 08-04, VTD: 08-05, VTD: 08-07, VTD: 08-08, VTD: 08-09, VTD: 08-10, VTD: 08-11, VTD: 13-02, VTD: 13-05: Block(s) 1830540171015, 1830540171016, 1830540171017, 1830540171018, 1830540171020, 1830540171051, 1830540171057, 1830540171058; VTD: 13-06, VTD: 13-10, VTD: 13-11, VTD: 14-01, VTD: 14-02, VTD: 19-03, VTD: 19-05, VTD: 19-06, VTD: 19-11, VTD: 19-12.

District 16: Wake County: VTD: 01-01, VTD: 01-02, VTD: 01-06, VTD: 01-07, VTD: 01-09, VTD: 01-13: Block(s) 1830505001000, 1830505001001,
1830505001004, 1830505001005, 1830505001010, 1830505001011,
1830505001012, 1830505002003, 1830505002004, 1830505002005,
1830505002006, 1830505002007, 1830505002008, 1830505002009,
1830505002010, 1830505002011, 1830505002013, 1830505002014,
1830505002015, 1830505002016, 1830505002017, 1830505002018,
1830505002019, 1830505002020, 1830505002021, 1830505002022,
1830505003000, 1830505003001, 1830505003002, 1830505003003,
1830505003004, 1830505003005, 1830505003006, 1830505003007,
1830505003008, 1830505003009, 1830505003010, 1830505003011,
1830505003012, 1830505003013, 1830505003014, 1830505003015,
1830505003016, 1830505003017, 1830505003018, 1830505003019,
1830505003020, 1830505003021, 1830505003022, 1830505003023,
1830518001000, 1830518001001, 1830518001002, 1830518001003,
1830518001004, 1830518001005, 1830518001006, 1830518001007,
1830518001038, 1830527052039, 1830527061039; VTD: 01-14:
1830501001000, 1830501001001, 1830501001002, 1830501001003,
1830501001004, 1830501001005, 1830501001006, 1830501001007,
1830501001008, 1830501001009, 1830501001015, 1830501001016,
1830501001017, 1830501001018, 1830501001019, 1830501001020,
1830501001021, 1830501001022, 1830501001023, 1830501001024,
1830501001025, 1830501001026, 1830501001043, 1830501001044,
1830501001045, 1830504001000, 1830504001001, 1830504001002,
1830504001003, 1830504001004, 1830504001005, 1830504001006,

1830504001007, 1830504001008, 1830504001009, 1830504001010, 1830504001011, 1830504001012, 1830504001013, 1830504001014, 1830504001015, 1830504001016, 1830504001017, 1830504001019, 1830504001020, 1830504001021, 1830504001022, 1830504001023, 1830504001024, 1830504001025, 1830504001026, 1830504001027, 1830504001028, 1830504001032, 1830504001033, 1830504001034, 1830504001035, 1830504001036, 1830504002000, 1830504002001, 1830504002002, 1830504002003, 1830504002004, 1830504002005, 1830504002006, 1830504002007, 1830504002008, 1830504002009, 1830504002010, 1830504002011, 1830504002012, 1830504002013, 1830504002014, 1830504002015, 1830505001002, 1830505001003, 1830505001006, 1830505001007, 1830505001008, 1830505001009, 1830505001013, 1830505001014, 1830505001015, 1830505001016, 1830505001017, 1830505001018, 1830505001019, 1830505001020, 1830505001021, 1830505001022, 1830505001023, 1830505001024, 1830505001025, 1830505001026, 1830505001027, 1830505001028, 1830505001029, 1830505001030, 1830505001031, 1830506003000, 1830506003001, 1830506003002, 1830506003003, 1830506003004, 1830506003005, 1830506003006, 1830506003007, 1830506003008, 1830506003009, 1830506003010; VTD: 01-16, VTD: 01-21: Block(s) 1830545002006, 1830545002007, 1830545002008, 1830545002009, 1830545002010, 1830545002011, 1830545002012, 1830545002013, 1830545002014, 1830545002018, 1830545002019, 1830545002020, 1830545002021, 1830545002022, 1830545002023, 1830545002024, 1830545002025, 1830545002030, 1830545002031, 1830545002032, 1830545002033, 1830545002034, 1830545002035, 1830545002036, 1830545002037, 1830545002038, 1830545002051, 1830545002080, 1830545002081, 1830545002082, 1830545002083, 1830545002084, 1830545002085, 1830545002086, 1830545002087, 1830545002088, 1830545002089, 1830545002093, 1830545003000, 1830545003001, 1830545003002, 1830545003003, 1830545003004, 1830545003005, 1830545003006, 1830545003007, 1830545003008, 1830545003009, 1830545003010, 1830545003011, 1830545003012, 1830545003013, 1830545003014, 1830545003015, 1830545003016, 1830545003017, 1830545003018, 1830545003019, 1830545003020, 1830545003021, 1830545003022, 1830545003023, 1830545003024, 1830545003025, 1830545003026, 1830545003027, 1830545003028, 1830545003029, 1830545003030, 1830545003031, 1830545003032, 1830545003033, 1830545004000, 1830545004001, 1830545004002, 1830545004003, 1830545004004, 1830545004005, 1830545004006, 1830545004007, 1830545004008, 1830545004009, 1830545004010, 1830545004011,

1830545004012, 1830545004013, 1830545004014, 1830545004015, 1830545004016, 1830545004017, 1830545004018, 1830545004019; VTD: 01-23: 1830510001002, 1830510001003, 1830510001004, 1830510001005, 1830510001006, 1830510001007, 1830510001008, 1830510001009, 1830510001010, 1830510001011, 1830510001012, 1830510001013, 1830510001014, 1830510001015, 1830510001016, 1830510001017, 1830510001018, 1830510001022, 1830511011000, 1830511011001, 1830511011002, 1830511011003, 1830511011004, 1830511011005, 1830511011006, 1830511011007, 1830511012006, 1830511021000, 1830511021001, 1830511021002, 1830511021003, 1830511021004, 1830511021005, 1830511021006, 1830511021007, 1830511021008, 1830511021009, 1830511021010, 1830511021011, 1830511021012, 1830511021013, 1830511021014, 1830511021015, 1830511021016, 1830511022000, 1830511022001, 1830511022002, 1830511022003, 1830511022004, 1830511022005, 1830511022006, 1830511022007, 1830511022008, 1830511022009, 1830511022010, 1830511022011, 1830511023000, 1830511023001, 1830511023002, 1830511023003, 1830511023008, 1830511023009, 1830511023010, 1830514004007, 1830514004008, 1830514004009, 1830514004010, 1830514004011, 1830514004012, 1830514004013, 1830514004014, 1830514004015, 1830523021000, 1830523021001, 1830523021002, 1830523021003, 1830523021004, 1830523021005, 1830523021006, 1830523021007, 1830523021008, 1830523021009, 1830523021010, 1830523021011, 1830523021012, 1830523021013, 1830523021014, 1830523021015, 1830523021016, 1830523021017, 1830523021018, 1830523021019, 1830523021020, 1830523021027, 1830523021028, 1830523021029, 1830523021030, 1830523021031, 1830523021032, 1830523021033, 1830523021034, 1830523021035, 1830523021036, 1830523021040, 1830523021041, 1830523021042, 1830524092000, 1830524092001, 1830524092002, 1830524092003, 1830524092004; VTD: 01-27: 1830510001000, 1830510001001, 1830510001019, 1830510001020, 1830510002014, 1830510002015, 1830510002016, 1830510002017, 1830510002018, 1830510002019, 1830510002020, 1830510002021, 1830510002022, 1830510002025, 1830510002026, 1830510002027, 1830510002028, 1830510002029, 1830510002030, 1830510002031, 1830523021037, 1830523021038, 1830523021039, 1830523021048, 1830523021049, 1830523021050, 1830523021051, 1830523021052, 1830523021053, 1830523021054, 1830545001010, 1830545001011, 1830545001016, 1830545001017, 1830545001018, 1830545001019, 1830545001020, 1830545001021, 1830545001027, 1830545001028, 1830545001029, 1830545001030, 1830545001031, 1830545001032,

1830545001033, 1830545001034, 1830545001035, 1830545001036, 1830545001037, 1830545001038, 1830545001039, 1830545001040, 1830545001041, 1830545001042, 1830545001043, 1830545001044, 1830545001045, 1830545001047, 1830545001048, 1830545001053; VTD: 01-28: 1830505003024, 1830527052026, 1830527052027, 1830527052028, 1830527052029, 1830527052030, 1830527052031, 1830527052032, 1830527052035, 1830527052036, 1830527052037, 1830527052038, 1830527061035, 1830527061036, 1830527061037, 1830527061038, 1830527061040; VTD: 01-31, VTD: 01-32, VTD: 01-33, VTD: 01-38: Block(s) 1830527051006, 1830527051007, 1830527051008, 1830527051009, 1830527051010, 1830527051011, 1830527051012, 1830527051013, 1830527051014, 1830527051015, 1830527051016, 1830527051017, 1830527051018, 1830527051019, 1830527051028, 1830527051029, 1830527051030, 1830527051031, 1830527052000, 1830527052001, 1830527052002, 1830527052003, 1830527052004, 1830527052009, 1830527052010, 1830527052011, 1830527052013, 1830527052014, 1830527052015, 1830527052016, 1830527052019, 1830527052020, 1830527052021, 1830527052022, 1830527052023, 1830527052024, 1830527052025, 1830527052033, 1830527052034; VTD: 01-41, VTD: 01-48, VTD: 01-49, VTD: 04-01, VTD: 04-02, VTD: 04-03, VTD: 04-04, VTD: 04-05, VTD: 04-08, VTD: 04-11, VTD: 04-13, VTD: 04-14, VTD: 04-16, VTD: 04-17, VTD: 04-18, VTD: 04-19, VTD: 04-20, VTD: 04-21, VTD: 05-01, VTD: 05-03, VTD: 05-04, VTD: 05-05, VTD: 07-01, VTD: 07-02, VTD: 07-10, VTD: 07-12, VTD: 08-06, VTD: 11-01, VTD: 11-02, VTD: 18-01: Block(s) 1830523012005, 1830523013002, 1830523013003, 1830523013004, 1830523013005, 1830523013006, 1830523013007, 1830523013008, 1830523013009, 1830523013010, 1830523013011, 1830523013012, 1830523013013, 1830523013014, 1830523013017, 1830523013018, 1830523013024, 1830523013025, 1830523013026, 1830523013027, 1830523013028, 1830523013029, 1830523013030, 1830523013031, 1830523013032, 1830523013033, 1830523021021, 1830523021022, 1830523021023, 1830523021025, 1830523021026, 1830523021043, 1830523021044, 1830523021045, 1830523021046, 1830523021047, 1830523022000, 1830523022001, 1830523022002, 1830523022003, 1830523022004, 1830523022005, 1830523022006, 1830523022007, 1830523022008, 1830523022009, 1830523022010, 1830523022011, 1830523022012, 1830523022013, 1830523022014, 1830523022015, 1830523022016, 1830523022017, 1830523023000, 1830523023001, 1830523023002, 1830523023003, 1830523023004, 1830523023005, 1830523023006, 1830523023007, 1830523023008, 1830523023009, 1830523023010, 1830523023011, 1830523023012, 1830523023013, 1830523023014,

1830523023015, 1830523023016, 1830523023017, 1830523023018, 1830523023019, 1830523023020, 1830523023021, 1830523023022, 1830523023023, 1830523023024, 1830523023025, 1830523023026, 1830523023027, 1830523023028, 1830523023029, 1830523023030, 1830523023031, 1830523023032, 1830523023033, 1830523023034, 1830523023035, 1830523023036, 1830523023037, 1830523023038; VTD: 18-06: 1830523011002, 1830523011003, 1830523011006, 1830523011007, 1830523011008, 1830523011009, 1830523011010, 1830523011011, 1830523011012, 1830523011013, 1830523011014, 1830523011015, 1830523011016, 1830523011017, 1830523011018, 1830523011019, 1830523011020, 1830523011021, 1830523011022, 1830523011023, 1830523011024, 1830523012003, 1830523012004, 1830523012006, 1830523013015, 1830523013016, 1830523013019, 1830523013020, 1830523013021, 1830523013022, 1830523013023, 1830524041023, 1830524041026, 1830530031077, 1830530031078, 1830530031079, 1830530031084, 1830530031085, 1830530081016, 1830530081019, 1830530081020, 1830530081021, 1830530081022, 1830530081023, 1830530081024, 1830530081025, 1830530081026, 1830530081027, 1830530081028, 1830530081029, 1830530081030, 1830530081031, 1830530081032, 1830530081033, 1830530081034, 1830530081035, 1830530081036, 1830530081037, 1830530081038, 1830530081039, 1830530081040, 1830530081041, 1830530081042, 1830530081043, 1830530081044, 1830530081045, 1830530081046, 1830530081047, 1830530081048, 1830530081049, 1830530081050, 1830530081051, 1830530081052, 1830530081053, 1830530081054, 1830530081055, 1830530081056, 1830530081057, 1830530081058, 1830530081059, 1830530081061, 1830530082005, 1830530082006, 1830530082007, 1830530082008.

District 17: Wake County: VTD: 03-00, VTD: 04-06, VTD: 04-07, VTD: 04-09, VTD: 04-10, VTD: 04-12, VTD: 04-15, VTD: 05-06, VTD: 06-01, VTD: 06-04, VTD: 06-05, VTD: 06-06, VTD: 06-07, VTD: 12-01: Block(s) 1830531091000, 1830531091002, 1830531091003, 1830531091004, 1830531091005, 1830531091006, 1830531091007, 1830531091008, 1830531091009, 1830531091010, 1830531091011, 1830531091012, 1830531091013, 1830531091014, 1830531091015, 1830531091016, 1830531091017, 1830531091018, 1830531091019, 1830531091020, 1830531091021, 1830531091031, 1830531091032, 1830531091033, 1830531091034, 1830531091035, 1830531091036, 1830531091037, 1830531091038, 1830531091039, 1830531091040, 1830531091041, 1830531091042, 1830531091043, 1830531091044, 1830531091045, 1830531091046,

1830531091047, 1830531091048, 1830531091049, 1830531091050, 1830531091051, 1830531091052, 1830531091053, 1830531091054, 1830531091055, 1830531091056, 1830531091057, 1830531091058, 1830531091059, 1830531091060, 1830531091088, 1830531091089, 1830531091090, 1830531091091, 1830531091093, 1830531091095, 1830531091096, 1830531091097, 1830531091098, 1830531091099, 1830531091100; VTD: 12-02, VTD: 12-05: Block(s) 1830531111000, 1830531111001, 1830531111002, 1830531111003, 1830531111004, 1830531111005, 1830531111006, 1830531111007, 1830531111008, 1830531111009, 1830531111010, 1830531111011, 1830531111012, 1830531111013, 1830531113019, 1830531113020, 1830531113021, 1830532011000, 1830532011001, 1830532011002, 1830532011003, 1830532011004, 1830532011005, 1830532011006, 1830532011007, 1830532011008, 1830532011009, 1830532011010, 1830532011011, 1830532011012, 1830532011013, 1830532011014, 1830532011015, 1830532011016, 1830532011017, 1830532011018, 1830532011019, 1830532011020, 1830532011021, 1830532011022, 1830532011023, 1830532011024, 1830532011025, 1830532011026, 1830532011027, 1830532011028, 1830532011029, 1830532011030, 1830532011031, 1830532011032, 1830532011033, 1830532011034, 1830532011035, 1830532011036, 1830532011037, 1830532011038, 1830532011039, 1830532011040, 1830532011041, 1830532011042, 1830532011043, 1830532011044, 1830532011045, 1830532011046, 1830532011047, 1830532011048, 1830532011049, 1830532011050, 1830532011051, 1830532011052, 1830532011053, 1830532011054, 1830532011055, 1830532011056, 1830532011057, 1830532011058, 1830532011059, 1830532011060, 1830532011061, 1830532011062, 1830532011063; VTD: 12-06: 1830531072000, 1830531072001, 1830531072002, 1830531072003, 1830531072004, 1830531072005, 1830531072006, 1830531072007, 1830531072008, 1830531072009, 1830531072010, 1830531072011, 1830531072012, 1830531072013, 1830531072014, 1830531072018, 1830531072019, 1830531072023, 1830531072024, 1830531072025, 1830531072026, 1830531072027, 1830531072028, 1830531072029, 1830531072030, 1830531072037, 1830531072038, 1830531072040, 1830531072041, 1830531072044, 1830531072046, 1830531082046, 1830531082047, 1830531082048, 1830531082049, 1830531082050, 1830531082051, 1830531082052, 1830531082053, 1830531082054, 1830531082055, 1830531082056, 1830531082057, 1830531082059, 1830531082060, 1830531082063, 1830531082064, 1830531082065, 1830531082066, 1830531082067, 1830531082068, 1830531082069, 1830531082070, 1830531082071, 1830531082072, 1830531082073,

1830531082078, 1830531082079, 1830531082080, 1830531082081; VTD: 12-08, VTD: 12-09, VTD: 18-02, VTD: 18-03, VTD: 18-04: Block(s) 1830530071000, 1830530071007, 1830530071008, 1830530071009, 1830530071010, 1830530072000, 1830530072001, 1830530072002, 1830530072003, 1830530072004, 1830530072005, 1830530072006, 1830530072007, 1830530072008, 1830530082013, 1830530082014, 1830530083000, 1830530083001, 1830530083002, 1830530083003, 1830530083004, 1830530083005, 1830530083006, 1830530083007, 1830530083008; VTD: 18-05, VTD: 18-06: Block(s) 1830530082009, 1830530082010, 1830530082011, 1830530082012, 1830530082015; VTD: 18-07: 1830530061015, 1830530061016, 1830530061017, 1830530061018, 1830530061019, 1830530061020, 1830530061021, 1830530061022, 1830530061023, 1830530061024, 1830530084000, 1830530084001, 1830530084002, 1830530084003, 1830530084004, 1830530084005, 1830530084006, 1830530084007, 1830530084008, 1830530084009, 1830530084010, 1830530084011, 1830530084012, 1830530084013, 1830531112000, 1830531112001, 1830531112002, 1830531112003, 1830531112004, 1830531112005, 1830531112006, 1830531112007, 1830531112008; VTD: 18-08, VTD: 20-01, VTD: 20-02, VTD: 20-03, VTD: 20-04, VTD: 20-05, VTD: 20-06, VTD: 20-08, VTD: 20-09, VTD: 20-10, VTD: 20-11, VTD: 20-12.

District 18: Franklin County, Wake County: VTD: 09-01: Block(s) 1830542101027, 1830542101028, 1830542101029, 1830543011000, 1830543011001, 1830543011002, 1830543011003, 1830543011004, 1830543011009, 1830543011017, 1830543011018, 1830543011019, 1830543011020, 1830543011021, 1830543012000, 1830543012001, 1830543012002, 1830543012003, 1830543012004, 1830543012005, 1830543012006, 1830543012007, 1830543012008, 1830543012009, 1830543012010, 1830543012011, 1830543012012, 1830543012013, 1830543012014, 1830543012015, 1830543012016, 1830543012017, 1830543012018, 1830543012019, 1830543012020, 1830543012021, 1830543012022, 1830543012023, 1830543012024, 1830543012025, 1830543012026, 1830543013001, 1830543013002, 1830543013003, 1830543013004, 1830543013005, 1830543013006, 1830543013007, 1830543013008, 1830543013009; VTD: 09-02, VTD: 09-03, VTD: 10-01, VTD: 10-02: Block(s) 1830544031011, 1830544031012, 1830544031013, 1830544031014, 1830544031016, 1830544032000, 1830544032001, 1830544032002, 1830544032003, 1830544032004, 1830544032008, 1830544032009, 1830544032011, 1830544041000, 1830544041001, 1830544041002, 1830544041003, 1830544041004, 1830544041005,

1830544041006, 1830544041007, 1830544041008, 1830544041013, 1830544041014, 1830544041015, 1830544041016, 1830544041017, 1830544041018, 1830544041019, 1830544041020, 1830544041021, 1830544041022, 1830544041023, 1830544041024, 1830544041025, 1830544041026, 1830544041027, 1830544041028, 1830544041029, 1830544041030, 1830544041031, 1830544041032, 1830544041040, 1830544041041, 1830544041042, 1830544041043, 1830544041044, 1830544041045, 1830544041046, 1830544041047, 1830544041048, 1830544041053, 1830544041054, 1830544041071, 1830544041072, 1830544041073, 1830544042000, 1830544042001, 1830544042002, 1830544042003, 1830544042004, 1830544042005, 1830544042006, 1830544042007, 1830544042008, 1830544042019, 1830544042020; VTD: 10-03: 1830544021000, 1830544021001, 1830544021002, 1830544021003, 1830544021004, 1830544021005, 1830544021006, 1830544021007, 1830544021008, 1830544021009, 1830544021010, 1830544021011, 1830544021012, 1830544021013, 1830544021014, 1830544021015, 1830544021016, 1830544021017, 1830544021018, 1830544021019, 1830544021020, 1830544021021, 1830544021022, 1830544021023, 1830544021024, 1830544021025, 1830544021026, 1830544021027, 1830544021028, 1830544021029, 1830544021030, 1830544021031, 1830544021032, 1830544021033, 1830544021034, 1830544021035, 1830544021036, 1830544021037, 1830544021038, 1830544021039, 1830544021040, 1830544022000, 1830544022001, 1830544022002, 1830544022003, 1830544022004, 1830544022005, 1830544022006, 1830544022007, 1830544022011, 1830544022012, 1830544022013, 1830544022014, 1830544022015, 1830544022016, 1830544022017, 1830544022018, 1830544022019, 1830544022020, 1830544022021, 1830544022022, 1830544022023, 1830544022024, 1830544022025, 1830544022026, 1830544022027, 1830544022028, 1830544022029, 1830544022030, 1830544022031, 1830544022032, 1830544022033, 1830544022034, 1830544022035, 1830544022036, 1830544022037, 1830544022038, 1830544022039, 1830544022043, 1830544022044, 1830544022045, 1830544022051, 1830544022052, 1830544022053, 1830544022054, 1830544022057, 1830544022058, 1830544022059, 1830544022060, 1830544022061, 1830544022062, 1830544022065, 1830544022066, 1830544022067, 1830544022068, 1830544022069, 1830544041009, 1830544041010, 1830544041011, 1830544041012, 1830544041033, 1830544041034, 1830544041035, 1830544041036, 1830544041037, 1830544041038, 1830544041039, 1830544041049, 1830544041050, 1830544041051, 1830544041052, 1830544041055, 1830544041056, 1830544041057, 1830544041058, 1830544041059,

1830544041060, 1830544041061, 1830544041062, 1830544041063, 1830544041064, 1830544041065, 1830544041066, 1830544041067, 1830544041068, 1830544041069, 1830544041070, 1830544043083, 1830544043084, 1830544043085, 1830544043086, 1830544043088, 1830544043089; VTD: 10-04: 1830541091000, 1830541091012, 1830541091013, 1830541091014, 1830541091015, 1830541091016, 1830541091017, 1830541091018, 1830541091019, 1830541091020, 1830541091021, 1830541091022, 1830541091023, 1830541091024, 1830541091025, 1830541091026, 1830541091027, 1830541091028, 1830544022040, 1830544022041, 1830544022042, 1830544022046, 1830544022047, 1830544022048, 1830544022049, 1830544022050, 1830544022055, 1830544022056, 1830544022063, 1830544022064, 1830544023008, 1830544023030, 1830544023031, 1830544023033, 1830544023034, 1830544023037, 1830544023038, 1830544023039, 1830544023040, 1830544023045, 1830544023046; VTD: 12-01: 1830531082000, 1830531082001, 1830531082002, 1830531082003, 1830531082004, 1830531082005, 1830531082006, 1830531082007, 1830531082008, 1830531082010, 1830531082011, 1830531082012, 1830531082013, 1830531082014, 1830531082015, 1830531082016, 1830531082017, 1830531082018, 1830531082019, 1830531082020, 1830531082021, 1830531082022, 1830531082023, 1830531082024, 1830531082025, 1830531082083, 1830531082084, 1830531082085, 1830531082086, 1830531082087, 1830531082089, 1830531082090, 1830531091001, 1830531091022, 1830531091023, 1830531091024, 1830531091025, 1830531091026, 1830531091027, 1830531091028, 1830531091029, 1830531091030, 1830531091061, 1830531091062, 1830531091063, 1830531091064, 1830531091065, 1830531091066, 1830531091067, 1830531091068, 1830531091069, 1830531091070, 1830531091071, 1830531091072, 1830531091073, 1830531091074, 1830531091075, 1830531091076, 1830531091077, 1830531091078, 1830531091079, 1830531091080, 1830531091081, 1830531091082, 1830531091083, 1830531091084, 1830531091085, 1830531091086, 1830531091087, 1830531091092; VTD: 12-04, VTD: 12-05: Block(s) 1830531113000, 1830531113001, 1830531113002, 1830531113003, 1830531113004, 1830531113005, 1830531113006, 1830531113007, 1830531113008, 1830531113009, 1830531113010, 1830531113011, 1830531113012, 1830531113013, 1830531113014, 1830531113015, 1830531113016, 1830531113017, 1830531113018, 1830531113022, 1830531113023, 1830531113024; VTD: 12-06: 1830531071000, 1830531071001, 1830531071002, 1830531071003, 1830531071004, 1830531071005, 1830531071006, 1830531071007, 1830531071008,

1830531071009, 1830531071010, 1830531071011, 1830531071012, 1830531071013, 1830531071014, 1830531071015, 1830531071016, 1830531071017, 1830531071018, 1830531071019, 1830531071020, 1830531071027, 1830531071028, 1830531071029, 1830531071030, 1830531071038, 1830531071039, 1830531071040, 1830531071041, 1830531071042, 1830531071044, 1830531071045, 1830531072015, 1830531072016, 1830531072017, 1830531072020, 1830531072021, 1830531072022, 1830531072039, 1830531072045, 1830531072054; VTD: 12-07, VTD: 15-01, VTD: 15-02, VTD: 15-03, VTD: 15-04, VTD: 16-01: Block(s) 1830528071000, 1830528071001, 1830528071002, 1830528071003, 1830528071009, 1830528071010, 1830528071011, 1830528071012, 1830528071013, 1830528071014, 1830528071015, 1830528071016, 1830528071017, 1830528071018, 1830528071019, 1830528071020, 1830528071021, 1830528071022, 1830528071023, 1830528071024, 1830528071025, 1830528071026, 1830528071027, 1830528071028, 1830528071029, 1830528072087, 1830528072088, 1830528072089, 1830528072090, 1830528072091, 1830528072092, 1830528084000, 1830528084001, 1830528084002, 1830528084003, 1830528084004, 1830528084005, 1830528084006, 1830528084007, 1830528084008, 1830528084009, 1830528084010, 1830528084011, 1830528084012, 1830528084013, 1830528084014, 1830528084015, 1830528084016, 1830528084017, 1830528084018, 1830528084019, 1830528084020, 1830528084021, 1830528084022, 1830528084023, 1830528084024, 1830528084044, 1830528092000, 1830528092001, 1830528092002, 1830528092003, 1830528092004, 1830528092005, 1830528092006, 1830528092007, 1830528092008, 1830528092009, 1830528092010, 1830528092011, 1830528092012, 1830528092013, 1830528092014, 1830528092015, 1830528092016, 1830528092017, 1830528092018, 1830528092019, 1830528092020, 1830528092021, 1830528092022, 1830528092023, 1830528092024, 1830528092025, 1830528092026, 1830528092027, 1830528092028, 1830528092029, 1830528092030, 1830528092031, 1830528092032, 1830528092033, 1830528092034, 1830528092035, 1830528092036, 1830528092037, 1830528092038, 1830528092039, 1830528092040, 1830528092041, 1830528092042, 1830528092043, 1830528092044, 1830528092045, 1830528092046; VTD: 16-03: 1830528021020, 1830528022000, 1830528023000, 1830528023001, 1830528023002, 1830528023003, 1830528023004, 1830528023005, 1830528023022, 1830528023023, 1830528023024, 1830528023027, 1830528023028, 1830528023029, 1830528024000, 1830528024001, 1830528024002, 1830528024003, 1830528024004, 1830528024005, 1830528024006, 1830528024020, 1830545002074, 1830545002091,

1830545002092; VTD: 16-04: 1830528081017, 1830528081018, 1830528081019, 1830528081020, 1830528081021, 1830528081022, 1830528081026, 1830528081027, 1830528083002, 1830528083003, 1830528083004, 1830528083005, 1830528083006, 1830528083011, 1830528083012, 1830528083013, 1830528083014, 1830528083015, 1830528083016, 1830528083017, 1830528083018, 1830528083020, 1830528083021, 1830528083024, 1830528083028, 1830528083029, 1830528083033, 1830528083034, 1830528083035, 1830528083036, 1830528083037, 1830528083038, 1830528083039, 1830528083040, 1830528083041, 1830528083044, 1830528083045, 1830528083046, 1830528083047, 1830528083048, 1830528083049, 1830528084054; VTD: 16-05: 1830528021004, 1830528021005, 1830528021006, 1830528021007, 1830528021008, 1830528021009, 1830528021010, 1830528021011, 1830528021012, 1830528021013, 1830528021014, 1830528021015, 1830528021016, 1830528021017, 1830528021018, 1830528021019, 1830528021021, 1830528021022, 1830528021023, 1830528021024, 1830528021025, 1830528021026, 1830528021027, 1830528021028, 1830528021029, 1830528021030, 1830528021031, 1830528021032, 1830528023006, 1830528023007, 1830528023008, 1830528023009, 1830528023010, 1830528023011, 1830528023012, 1830528023013, 1830528023014, 1830528023015, 1830528023016, 1830528023017, 1830528023018, 1830528023019, 1830528023020, 1830528023021, 1830528023025, 1830528023026, 1830528024007, 1830528024008, 1830528024009, 1830528024010, 1830528024011, 1830528024012, 1830528024013, 1830528024014, 1830528024015, 1830528024016, 1830528024017, 1830528024018, 1830528024019, 1830528024021, 1830530093000, 1830530093001, 1830530093002, 1830530093003, 1830530093004, 1830530093005, 1830530093006, 1830530093007, 1830530093008, 1830530093009, 1830530093010, 1830530093011, 1830530093012, 1830530093013, 1830530093014, 1830530093015, 1830530093016, 1830530093017, 1830530093018, 1830530093019, 1830530093020, 1830530093021, 1830545002078, 1830545002079; VTD: 16-06: 1830528014000, 1830528014001, 1830528014002, 1830528014003, 1830528014004, 1830528014005, 1830528014006, 1830528014007, 1830528014008, 1830528014009, 1830528014010, 1830528014011, 1830528014012, 1830528014013, 1830528014014, 1830528014015, 1830528014016, 1830528015004, 1830528081002, 1830528081003, 1830528081005, 1830528081006, 1830528081007, 1830528081008, 1830528081009, 1830528081010, 1830528081011, 1830528081012, 1830528081013, 1830528081014, 1830528081015, 1830528081016, 1830528081025; VTD: 16-07, VTD: 16-08: Block(s) 1830528064039,

1830528064040, 1830528064041, 1830528064042, 1830528064043, 1830528064044, 1830528071004, 1830528072093, 1830528072094; VTD: 16-09: 1830528082000, 1830528082019, 1830528082020, 1830528082021, 1830528082031, 1830528082032, 1830528082033, 1830528082035, 1830528082041, 1830528082042, 1830528082043, 1830528082044, 1830528082045, 1830528082046, 1830528082047, 1830528082048, 1830528082049, 1830528082050, 1830528082051, 1830528082052, 1830528082053, 1830528082054, 1830528082055, 1830528082056, 1830528082057, 1830528082058, 1830528082059, 1830528084025, 1830528084026, 1830528084027, 1830528084028, 1830528084029, 1830528084030, 1830528084031, 1830528084032, 1830528084033, 1830528084034, 1830528084035, 1830528084036, 1830528084037, 1830528084038, 1830528084039, 1830528084040, 1830528084041, 1830528084042, 1830528084043, 1830528084045, 1830528084046, 1830528084047, 1830528084048, 1830528084049, 1830528084050, 1830528084051, 1830528084052, 1830528084053, 1830528084055, 1830528084056, 1830528091000, 1830528091001, 1830528091002, 1830528091003, 1830528091004, 1830528091005, 1830528091006, 1830528091007, 1830528091008; VTD: 17-02: 1830541082003, 1830541083044, 1830541083048, 1830541083049, 1830541083050, 1830541154003, 1830541154004, 1830541154005, 1830541154006, 1830541154007, 1830541154008, 1830541154010, 1830541154016, 1830541154019; VTD: 17-03: 1830541053000, 1830541053001, 1830541053003, 1830541053004, 1830541055000, 1830541055001, 1830541055002, 1830541055003, 1830541055004, 1830541055005, 1830541055006, 1830541055007, 1830541055008, 1830541055009, 1830541055010, 1830541055011, 1830541055012, 1830541055013; VTD: 17-04: 1830541102041, 1830541102042, 1830541102043, 1830541102044, 1830541102045, 1830541102046, 1830541102047, 1830541102048, 1830541102049, 1830541102052, 1830541102053, 1830541103039, 1830541103040, 1830541103041, 1830541103042, 1830541111004, 1830541111005, 1830541111006, 1830541111007, 1830541111008, 1830541111009, 1830541111010, 1830541111012, 1830541111013, 1830541111015, 1830541111016, 1830541111017, 1830541111018, 1830541111019, 1830541131000, 1830541131001, 1830541131002, 1830541131003, 1830541131004, 1830541131005, 1830541131006, 1830541131007; VTD: 17-06, VTD: 17-08: Block(s) 1830541142011, 1830541153011, 1830541153012; VTD: 18-04: 1830530091020, 1830530091021, 1830530091022, 1830530091023, 1830530091024, 1830530091025, 1830530091026, 1830530091027, 1830530091028, 1830530091029, 1830530094000, 1830530094001, 1830530094002,

1830530094003, 1830530094004, 1830530094005, 1830530094010; VTD: 18-07: 1830530094006, 1830530094007, 1830530094008, 1830530094009, 1830530094011, 1830530094012, 1830530094013, 1830530094014, 1830530094015, 1830530094016, 1830530094017, 1830530094018, 1830531112009, 1830531112010, 1830531112011, 1830531112012, 1830531112013, 1830531112014, 1830531112015, 1830531112016; VTD: 19-04: 1830542091000, 1830542091001, 1830542091002, 1830542091003, 1830542091004, 1830542091005, 1830542091006, 1830542091007, 1830542091008, 1830542091009, 1830542091010, 1830542091011, 1830542091012, 1830542091013, 1830542091014, 1830542091015, 1830542091016, 1830542091017, 1830542091018, 1830542091019, 1830542091020, 1830542091021, 1830542091022, 1830542091023, 1830542091024, 1830542091025, 1830542091026, 1830542091027, 1830542091028, 1830542091029, 1830542091030, 1830542091031, 1830542091032, 1830542091033, 1830542091034, 1830542091035, 1830542091036, 1830542091037, 1830542091040, 1830542091041, 1830542091042, 1830542091043, 1830542091044, 1830542091045, 1830542091046, 1830542091047, 1830542091048, 1830542091049, 1830542091050, 1830542091051, 1830542091052, 1830542091053, 1830542091054, 1830542091055, 1830542091057, 1830542091061, 1830542091082, 1830542091083, 1830542091087, 1830542091088, 1830542092000, 1830542092001, 1830542092002, 1830542092003, 1830542092004, 1830542092006, 1830542092007, 1830542092008, 1830542092009, 1830542092010, 1830542092011, 1830542092012, 1830542092013, 1830542092014, 1830542092015, 1830542092016, 1830542092017, 1830542092018, 1830542092019, 1830542092020, 1830542092021, 1830542092022, 1830542092023, 1830542092024, 1830542092025, 1830542092026, 1830542092027, 1830542092028, 1830542092029, 1830542092030, 1830542092031, 1830542092032, 1830542092033, 1830542092034, 1830542092035, 1830542092036, 1830542092037, 1830542092038, 1830542092039, 1830542092040, 1830542092041, 1830542092042, 1830542092043, 1830542092044, 1830542092045, 1830542103030, 1830542103031, 1830542103032, 1830542103033, 1830542103034, 1830542103035, 1830542103036, 1830542103037, 1830542103038, 1830542103040, 1830542103041, 1830542103042, 1830542103043, 1830542103044; VTD: 19-07, VTD: 19-09, VTD: 19-10, VTD: 19-16, VTD: 19-17: Block(s) 1830541101002, 1830541101003, 1830541101004, 1830541101005, 1830541101006, 1830541101007, 1830541101008, 1830541101009, 1830541101012, 1830541102000, 1830541102001, 1830541102002, 1830541102003, 1830541102004, 1830541102005, 1830541102006, 1830541102007,

1830541102008, 1830541102010, 1830541102011, 1830541102012, 1830541102013, 1830541102016, 1830541102017, 1830541102018, 1830541102019, 1830541102020, 1830541102021, 1830541102022, 1830541102023, 1830541102024, 1830541102025, 1830541102026, 1830541102027, 1830541102028, 1830541102029, 1830541102030, 1830541102031, 1830541102032, 1830541102033, 1830541102034, 1830541102035, 1830541102036, 1830541102037, 1830541102038, 1830541102039, 1830541102040, 1830541102050, 1830541102051, 1830541102054.

District 19: Cumberland County: VTD: AH49: Block(s) 0510032033000, 0510032033014, 0510032042000, 0510032042001, 0510032042003, 0510032042004, 0510032042005, 0510032043000, 0510032043001, 0510032043006, 0510032043007; VTD: AL51, VTD: CC01: Block(s) 0510002003019, 0510002003020, 0510002003021, 0510002003022, 0510002003025, 0510002003026, 0510002003033, 0510002003034, 0510002003035, 0510002003047, 0510008001027, 0510008003013, 0510008003025, 0510008003026, 0510008003027, 0510008003028, 0510015001006, 0510038002021, 0510038002022, 0510038002028, 0510038002029, 0510038002030, 0510038002031, 0510038002032, 0510038002033, 0510038002034, 0510038002035, 0510038002036, 0510038002037, 0510038002038, 0510038002039, 0510038002040, 0510038002041, 0510038002042, 0510038002044, 0510038002047, 0510038002048, 0510038002049, 0510038002050, 0510038002051, 0510038002053, 0510038002054, 0510038002061, 0510038002062; VTD: CC03: 0510020011005, 0510020011009, 0510022002030, 0510022002032; VTD: CC04: 0510008001001, 0510008001008, 0510008001009, 0510008001010, 0510008001011, 0510008001012, 0510008001013, 0510008001014, 0510008001015, 0510008001016, 0510008001017, 0510008001021, 0510008001022, 0510008001023, 0510008001025, 0510008001026, 0510008001029, 0510008001030, 0510008002001, 0510008002002, 0510008002003, 0510008002004, 0510008002005, 0510008002006, 0510008002007, 0510008002008, 0510008002009, 0510008002010, 0510008002011, 0510008002012, 0510008002013, 0510008003000, 0510008003001, 0510008003006, 0510008003007, 0510008003008, 0510008003009, 0510008003010, 0510008003011, 0510008003012, 0510038002017, 0510038002018; VTD: CC06: 0510009001005, 0510009001006, 0510009001007, 0510009001008, 0510009001009, 0510009001010, 0510009001011, 0510009001012, 0510009001013, 0510009001014, 0510009001015, 0510009001016, 0510009001017, 0510009001018, 0510009003000, 0510009003001,

0510009003004, 0510009003005, 0510009004001, 0510009004002, 0510009004003, 0510009004004, 0510009004005, 0510009004006, 0510009004007, 0510009004008, 0510009004009, 0510009004010, 0510009004011, 0510009004012, 0510009004013, 0510009004014, 0510009004015, 0510009004016, 0510009004017, 0510009004018, 0510009004019, 0510009004021, 0510009004022, 0510009004023; VTD: CC07, VTD: CC08: Block(s) 0510007021000, 0510007021001, 0510007021002, 0510007021003, 0510007021004, 0510007021007, 0510007021008, 0510007021009, 0510007021010, 0510007021011, 0510007021012, 0510007021013, 0510007021014, 0510007021015, 0510007021016, 0510007021017, 0510007021018, 0510007021019, 0510007021020, 0510007021021, 0510007021022, 0510007021023, 0510007021024, 0510007022002, 0510007022003, 0510007022004, 0510007022005, 0510008003003, 0510008003014, 0510008003015, 0510008003036; VTD: CC10: 0510006003009, 0510006003010, 0510006003011, 0510006003012, 0510006003014, 0510006003015, 0510006003016, 0510006003017, 0510006003018, 0510006003019, 0510006003020, 0510006003021, 0510006003022, 0510006003023, 0510006003024, 0510006003025, 0510006004000, 0510006004007, 0510006005017; VTD: CC12, VTD: CC14: Block(s) 0510007011000, 0510007011001, 0510007011002, 0510009003010, 0510009003011, 0510009003012, 0510009003013, 0510009003014, 0510009003015, 0510009005000, 0510009005001, 0510009005002, 0510009005003, 0510009005004, 0510009005005, 0510009005006, 0510009005007, 0510009005008, 0510009005009, 0510009005010, 0510009005011, 0510009006021, 0510009006022, 0510021002009, 0510021002011, 0510021002012, 0510021003003, 0510021003004, 0510021003005, 0510021003006, 0510021003007, 0510021003008, 0510021003009, 0510021003010, 0510021003011, 0510021003012, 0510021003013, 0510021003014, 0510021003015, 0510021003016, 0510021003017, 0510021003020, 0510021003021, 0510021003022; VTD: CC15: 0510006001000, 0510006001001, 0510006001003, 0510006001004, 0510006001005, 0510006001009, 0510006001010, 0510006001011, 0510006001012, 0510006001013, 0510006001014, 0510006001015, 0510006001016, 0510006002000, 0510006002001, 0510006002002, 0510006002003, 0510006002004, 0510006002005, 0510006002006, 0510006002007, 0510006002008, 0510006002009, 0510006003000, 0510006003001, 0510006003002, 0510006003003, 0510006003004, 0510006003005, 0510006003006, 0510006003007, 0510006003008, 0510006003013, 0510006005000, 0510006005001, 0510006005002, 0510006005003, 0510006005004, 0510006005005, 0510006005006,

0510006005007, 0510006005008, 0510006005009, 0510006005010, 0510006005011, 0510006005012, 0510006005013, 0510006005014, 0510006005016, 0510006005018, 0510006005019, 0510006005020, 0510006005021, 0510006005022, 0510006005023; VTD: CC18: 0510007011012, 0510007011013, 0510007011014, 0510007011015, 0510007011016, 0510007011021, 0510007011034, 0510007011035, 0510007013011, 0510007013012, 0510007013013, 0510007013014, 0510007013015, 0510007013016, 0510007013017, 0510007013018, 0510007013019, 0510007013020, 0510007013021, 0510007013022, 0510007013023, 0510007013025, 0510007013027, 0510007013028, 0510007013032, 0510007022006, 0510007022007, 0510007022008, 0510007022011, 0510007022013, 0510007022014, 0510007022015, 0510007022021, 0510007022022; VTD: CC21: 0510009001003, 0510009001004; VTD: CC24, VTD: CC25: Block(s) 0510033052020, 0510033091000, 0510033091001, 0510033091002, 0510033091003, 0510033091004, 0510033091005, 0510033091006, 0510033091007, 0510033091008, 0510033091009, 0510033091010, 0510033091020, 0510033091021, 0510033092000, 0510033092001, 0510033092002, 0510033092003, 0510033092004, 0510033092005, 0510033092006, 0510033092007, 0510033092008, 0510033092009, 0510033092010, 0510033092011, 0510033092012, 0510033092013, 0510033092014, 0510033092015, 0510033092017, 0510033092018, 0510033092019, 0510033092020, 0510033092021, 0510033092022, 0510033092023, 0510033092024, 0510033092025, 0510033092026, 0510033092027, 0510033092028, 0510033092029, 0510033092030, 0510033103000, 0510033103007, 0510033103008, 0510033103009; VTD: CC26: 0510020012004, 0510020012005, 0510033043007, 0510033043011, 0510033043012, 0510033043013, 0510033043014, 0510033092032, 0510033093000, 0510033093001, 0510033093004, 0510033093005, 0510033093009, 0510033093010, 0510033093011, 0510033093012, 0510033093013, 0510033093014, 0510033093015, 0510033093016, 0510033093017, 0510033093018; VTD: CC27: 0510020012020, 0510033092031, 0510033092033, 0510033102000, 0510033102001, 0510033102002, 0510033102003, 0510033102004, 0510033102005, 0510033102006, 0510033102007, 0510033102008, 0510033102009, 0510033102010, 0510033102011, 0510033102012, 0510033102013, 0510033103001, 0510033103003, 0510033103004, 0510033103005, 0510033103006, 0510033103010, 0510033103011, 0510033103012, 0510033103013, 0510033103014, 0510033103015, 0510033103016, 0510033103017, 0510033103022; VTD: CC29: 0510033022000, 0510033022001, 0510033022002; VTD: CC31: 0510019021021,

0510019021023, 0510019021028, 0510019032000, 0510019032001, 0510019032002, 0510019032003, 0510019032004, 0510019032005, 0510019032006, 0510019032007, 0510019032008, 0510019032009, 0510019032010, 0510019032011, 0510019032015, 0510019033000, 0510019033001, 0510019033002, 0510019033003, 0510019033004, 0510019033005, 0510019033006, 0510019033007, 0510019033008, 0510019033009, 0510019033010, 0510019033011, 0510019033012, 0510019033013, 0510019033014, 0510019033015, 0510019033016, 0510019033017, 0510019033018, 0510019033019, 0510019034001, 0510019034002, 0510019034003, 0510019034004, 0510019034005, 0510019034006, 0510019034007, 0510019034008, 0510019034009, 0510019034010, 0510019034011, 0510019034014, 0510019034015, 0510019034016; VTD: CC32: 0510033053015; VTD: CC33: 0510022002033, 0510033041000, 0510033041001, 0510033041002, 0510033041003, 0510033041004, 0510033041005, 0510033041006, 0510033041007, 0510033041008, 0510033041009, 0510033041010, 0510033041011, 0510033041012, 0510033041013, 0510033041014, 0510033041015, 0510033041016, 0510033041017, 0510033041018, 0510033041019, 0510033045000, 0510033045002, 0510033045003, 0510033045004, 0510033045006, 0510033045007, 0510033045008, 0510033045009, 0510033045010, 0510033045011, 0510033045012, 0510033045014; VTD: CC34, VTD: CU02: Block(s) 0510019021029, 0510019021030, 0510019021031, 0510019021033, 0510019022001, 0510019022002, 0510019022005, 0510019022006, 0510019022007, 0510019022008, 0510019022009, 0510019022010, 0510019022011, 0510019022012, 0510019022013, 0510019022042, 0510019022043, 0510019031000, 0510019031001, 0510019031002, 0510019032012, 0510019032013, 0510019032014, 0510019032016, 0510019032017, 0510019032018, 0510019032019, 0510019032020, 0510019032021, 0510019032022, 0510019032023, 0510019032024, 0510019032025, 0510019032026, 0510019032027, 0510019032028, 0510019034012; VTD: EO61-1: 0510014002010, 0510014002020, 0510014002021, 0510014003000, 0510014003001, 0510014003002, 0510014003003, 0510014003004, 0510014003005, 0510014003006, 0510014003007, 0510014003008, 0510014003009, 0510014003010, 0510014003011, 0510014003012, 0510014003013, 0510014003014, 0510014003015, 0510014003016, 0510014003017, 0510014003018, 0510014003019, 0510014003020, 0510014003024, 0510014003035, 0510014003038, 0510026002008, 0510026002009, 0510026002012, 0510026002013, 0510026002014, 0510026002015, 0510026002050, 0510026002058, 0510026002059, 0510026002060, 0510026002065, 0510026002066, 0510026002070,

0510026002071, 0510026002072, 0510026002074, 0510026002075, 0510026002076, 0510026002077, 0510026002078, 0510026002079, 0510026002080, 0510026002081, 0510026002082, 0510026002083, 0510026002084, 0510026002085, 0510026002086, 0510026002087, 0510026002088, 0510026002089, 0510026002090, 0510026002091, 0510026002104, 0510026002105, 0510026002109, 0510026002114, 0510026003018, 0510026003019, 0510026003020, 0510026003021, 0510026003022, 0510026003023, 0510026003024, 0510026003025, 0510026003026, 0510026003027, 0510026003028, 0510026003029, 0510026003030, 0510026003031, 0510026003032, 0510026003033, 0510026003034, 0510026003035, 0510026003036, 0510026003037, 0510027004005, 0510027004006, 0510027004008, 0510027004009, 0510027004010, 0510027004011, 0510027004012, 0510027004013, 0510027004014, 0510027004015, 0510027004016, 0510027004036; VTD: EO61-2: 0510027002018, 0510027002019, 0510027002020, 0510027002021, 0510027002022, 0510027002023, 0510027002024, 0510027002025, 0510027002026, 0510027002027, 0510027002031, 0510027002035, 0510027002041, 0510027002042, 0510027002043, 0510027002045, 0510027002046, 0510027002047, 0510027003000, 0510027003002, 0510027003003, 0510027003005, 0510027003006, 0510027003008, 0510027003009, 0510027003010, 0510027003011, 0510027003012, 0510027003013, 0510027003014, 0510027003015, 0510027003017, 0510027004001, 0510027004002, 0510027004003, 0510027004004, 0510027004007, 0510027004017, 0510027004018, 0510027004019, 0510027004020, 0510027004021, 0510027004022, 0510027004023, 0510027004024, 0510027004025, 0510027004026, 0510027004027, 0510027004028, 0510027004029, 0510027004030, 0510027004031, 0510027004032, 0510027004033, 0510027004034, 0510027004035, 0510027004037, 0510027004038, 0510027004039, 0510027004040, 0510027004041, 0510027004042, 0510027004043, 0510027004044, 0510027004045; VTD: G1: 0510014001000, 0510014001001, 0510014001002, 0510014001027, 0510014001028, 0510014001029, 0510014001033, 0510014001034, 0510014001035, 0510014001036, 0510014001037, 0510014001038, 0510014002000, 0510014002001, 0510014002002, 0510014002003, 0510014002004, 0510014002005, 0510014002006, 0510014002007, 0510014002009, 0510014002022, 0510014002023, 0510014002024, 0510014002025, 0510014002026, 0510014002031, 0510014002032, 0510014002033, 0510014002034, 0510014002035, 0510014002047, 0510014002051, 0510014003021, 0510014003022, 0510014003023, 0510014003025, 0510014003026, 0510014003027, 0510014003028, 0510014003029, 0510014003030, 0510014003031,

0510014003032, 0510014003033, 0510014003034, 0510014003036, 0510014003037, 0510014003039, 0510014004000, 0510014004001, 0510014004002, 0510014004003, 0510014004004, 0510014004005, 0510014004006, 0510014004007, 0510014004008, 0510014004009, 0510014004010, 0510014004011, 0510014004012, 0510014004013, 0510014004014, 0510014004015, 0510014004016, 0510014004017, 0510014004018, 0510014004021, 0510014004022, 0510014004023, 0510014004024, 0510014004025, 0510014004026, 0510014004027, 0510014004028, 0510014004045, 0510014004046, 0510014004047, 0510014004051, 0510014005000, 0510014005001, 0510014005002, 0510014005003, 0510014005004, 0510014005005, 0510014005006, 0510014005007, 0510014005008, 0510014005009, 0510014005010, 0510014005011, 0510014005012, 0510014005013, 0510014005014, 0510014005015, 0510014005016, 0510014005017, 0510014005026, 0510014005027, 0510014005028, 0510014005029, 0510014005030, 0510014005031, 0510014005032, 0510014005033, 0510014005034, 0510014005035, 0510014005036, 0510014005037, 0510014005038, 0510014005039, 0510014005040, 0510014005041, 0510014005042, 0510014005046, 0510014005047, 0510014005048, 0510026002092, 0510026002098, 0510026002099, 0510026002100, 0510026002101, 0510026002102, 0510026002103, 0510027003016, 0510027003018, 0510027003019, 0510027003020, 0510027003021, 0510027003022, 0510027003023, 0510027003024, 0510027003025, 0510027003026, 0510027003027, 0510027003028, 0510027003029, 0510027003030, 0510027003031, 0510027003032, 0510027003033, 0510027003034, 0510027003035, 0510027003036, 0510027003037, 0510027003038, 0510027004046, 0510027004047, 0510027004048, 0510027004049, 0510027004050, 0510027004051, 0510027004052, 0510027004053, 0510027004054, 0510028002005, 0510028002015, 0510028002016, 0510028002022, 0510028002023; VTD: G10: 0510016011001, 0510016011002, 0510016011004, 0510016011005, 0510016011006, 0510016011007, 0510016011009, 0510016011010, 0510016011011, 0510016011012, 0510016011013, 0510016011014, 0510016011015, 0510016011016, 0510016011017, 0510016011018, 0510016011019, 0510016011020, 0510016011021, 0510016011022, 0510016011023, 0510016011024, 0510016011025, 0510016011026, 0510016011027, 0510016011032, 0510016011041, 0510016012041, 0510031021000, 0510031021001, 0510031021002, 0510031021003, 0510031021004, 0510031021005, 0510031021006, 0510031021007, 0510031021008, 0510031021009, 0510031021010, 0510031021011, 0510031021012, 0510031021013, 0510031021014, 0510031021015, 0510031021016,

0510031021017, 0510031021018, 0510031021019, 0510031021020,
0510031021021, 0510031021022, 0510031021023, 0510031021024,
0510031021025, 0510031021026, 0510031021027, 0510031021028,
0510031021029, 0510031021030, 0510031021031, 0510031021032,
0510031021033, 0510031021034, 0510031021035, 0510031021036,
0510031021037, 0510031021038, 0510031021039, 0510031021040,
0510031021041, 0510031021042, 0510031021043, 0510031021044,
0510031021045, 0510031021046, 0510031021047, 0510031021048,
0510031021049, 0510031021050, 0510031021051, 0510031021052,
0510031021053, 0510031021054, 0510031021055, 0510031021056,
0510031021057, 0510031021058, 0510031021059, 0510031021060,
0510031021061, 0510031021062, 0510031031000, 0510031031001,
0510031031002, 0510031031003, 0510031031004, 0510031031005,
0510031031006, 0510031031007, 0510031031008, 0510031031009,
0510031031010, 0510031031011, 0510031031012, 0510031031013,
0510031031014, 0510031031015, 0510031031016, 0510031031017,
0510031031018, 0510031031019, 0510031031020, 0510031031021,
0510031031022, 0510031032000, 0510031032001, 0510031032002,
0510031032003, 0510031032004, 0510031032005, 0510031032006,
0510031032007, 0510031032008, 0510031032009, 0510031032010,
0510031032011, 0510031032012, 0510031032013, 0510031032014,
0510031032015, 0510031032016, 0510031032017, 0510031032018,
0510031032019, 0510031032020, 0510031032021, 0510031032022,
0510031032023, 0510031032024, 0510031032025, 0510031032026,
0510031032027, 0510031032028, 0510031032029, 0510031032030,
0510031032031, 0510031032032, 0510031032033, 0510031032034,
0510031032035, 0510031032036, 0510031032037, 0510031032038,
0510031032039, 0510031032040, 0510031032041, 0510031032042,
0510031032043, 0510031032044, 0510031032045, 0510031032046,
0510031032047, 0510031032048, 0510031032049, 0510031032050,
0510031032051, 0510031032052, 0510031032053, 0510031032054,
0510031033000, 0510031033001, 0510031033009, 0510031033010,
0510031033011, 0510031033013, 0510031033015, 0510031033016,
0510031033030, 0510031033036, 0510032012001, 0510032012002,
0510032012003, 0510032012004, 0510032012006, 0510032012007,
0510032012009, 0510032012010, 0510032012011, 0510032012012,
0510032012013, 0510032012014, 0510032012015, 0510032012016,
0510032012017, 0510032012019, 0510032012020, 0510032012021,
0510032012022, 0510032012023, 0510032012024, 0510032012025,
0510032012026, 0510032012027, 0510032012028, 0510032012029,
0510032013000, 0510032013001, 0510032013002, 0510032013003,

0510032013004, 0510032013005, 0510032013006, 0510032013007,
0510032013008, 0510032013009, 0510032013010, 0510032013011,
0510032013012, 0510032013013, 0510032013014, 0510032013015,
0510032013016, 0510032013017, 0510032013018, 0510032013019,
0510032013020, 0510032013021, 0510032013022, 0510032013023,
0510032013024, 0510032013025, 0510032013026, 0510032013027,
0510032013028, 0510032013029, 0510032013030, 0510032013031,
0510032013032, 0510032013033, 0510032013034, 0510032013035,
0510032013036, 0510032013037, 0510032013038, 0510032013039,
0510032013040, 0510032013041, 0510032013042, 0510032013043,
0510032013044, 0510032013045, 0510032013046, 0510032014026,
0510032014027, 0510032014028, 0510032014029, 0510032014030,
0510032014031, 0510032014032, 0510032014033, 0510032014034,
0510032014040, 0510032014041, 0510032014042, 0510032014045,
0510032014046, 0510032014047, 0510032014048, 0510032014049,
0510032014050, 0510032014051, 0510032014057; VTD: G11:
0510025041000, 0510034011004, 0510034011005, 0510034011006,
0510034011007, 0510034011008, 0510034011009, 0510034011010,
0510034011011, 0510034011012, 0510034011013, 0510034011014,
0510034011015, 0510034011016, 0510034011017, 0510034011018,
0510034011019, 0510034011020, 0510034011021, 0510034011022,
0510034011023, 0510034011024, 0510034011025, 0510034011026,
0510034011027, 0510034011028, 0510034011034, 0510034011035,
0510034011036, 0510034011037, 0510034011038, 0510034011039,
0510034011040, 0510034012000, 0510034012001, 0510034012003,
0510034012004, 0510034012005, 0510034012006, 0510034012007,
0510034012008, 0510034012009, 0510034012010, 0510034012011,
0510034012012, 0510034012013, 0510034012014, 0510034012015,
0510034012016, 0510034012017, 0510034012018, 0510034012019,
0510034012020, 0510034012021, 0510034012022, 0510034012023,
0510034012024, 0510034012025, 0510034012026, 0510034012027,
0510034012028, 0510034012029, 0510034012030, 0510034012031,
0510034012032, 0510034012033, 0510034012034, 0510034012035,
0510034012036, 0510034012037, 0510034012038, 0510034012039,
0510034012040, 0510034012041, 0510034012042, 0510034012043,
0510034012044, 0510034012045, 0510034012046, 0510034012047,
0510034012048, 0510034012049, 0510034012050, 0510034012051,
0510034012052, 0510034012053, 0510034012054, 0510034012055,
0510034012056, 0510034012057, 0510034012058, 0510034012059,
0510034012060, 0510034012061, 0510034012062, 0510034012063,
0510034012064, 0510034012065, 0510034012066, 0510034012067,

0510034012068, 0510034021001, 0510034021002, 0510034021003,
0510034021004, 0510034021005, 0510034021006, 0510034021007,
0510034021008, 0510034021009, 0510034021010, 0510034021011,
0510034021012, 0510034021013, 0510034021014, 0510034021015,
0510034021017, 0510034021019, 0510034021020, 0510034021021,
0510034021022, 0510034021023, 0510034021024, 0510034021025,
0510034021026, 0510034021027, 0510034021028, 0510034021029,
0510034021030, 0510034021031, 0510034022000, 0510034022001,
0510034022002, 0510034022003, 0510034031000, 0510034031001,
0510034031002, 0510034031003, 0510034031004, 0510034031005,
0510034031006, 0510034031007, 0510034031008, 0510034031009,
0510034031010, 0510034031011, 0510034031012, 0510034031013,
0510034032000, 0510034032001, 0510034032002, 0510034032003,
0510034032004, 0510034032005, 0510034032006, 0510034032007,
0510034032008, 0510034032009, 0510034032010, 0510034032011,
0510034032012, 0510034032013, 0510034032014, 0510034032015,
0510034041000, 0510034041001, 0510034041003, 0510034041004,
0510034041005, 0510034041006, 0510034041007, 0510034041008,
0510034041009, 0510034042000, 0510034042001, 0510034042002,
0510034042003, 0510034042004, 0510034042005, 0510034042006,
0510034042007, 0510034042008, 0510034042009, 0510034042010,
0510034042011, 0510034042012, 0510034042013, 0510034042014,
0510034042015, 0510034042016, 0510034042017, 0510034042018,
0510034042019, 0510034051000, 0510034051001, 0510034051002,
0510034051003, 0510034051004, 0510034051005, 0510034051006,
0510034051007, 0510034051008, 0510034051009, 0510034051010,
0510034051011, 0510034051012, 0510034051013, 0510034051014,
0510034051015, 0510034051016, 0510034051017, 0510034051018,
0510034051019, 0510034051020, 0510034051021, 0510034051022,
0510034051023, 0510034051024, 0510034051025, 0510034051026,
0510034051027, 0510034051028, 0510034051029, 0510034051030,
0510034051031, 0510034051032, 0510034061000, 0510034061001,
0510034061002, 0510034061003, 0510034061004, 0510034061005,
0510034061006, 0510034061007, 0510034061008, 0510034061009,
0510034061010, 0510034061011, 0510034061012, 0510034061013,
0510034061014, 0510034061015, 0510034061016, 0510034061017,
0510034061018, 0510034061019, 0510034061020, 0510034061021,
0510034061022, 0510034061023, 0510034061024, 0510034061025,
0510034061026, 0510034061027, 0510034061028, 0510034061029,
0510034061030, 0510034061031, 0510034061032, 0510034061033,
0510034061034, 0510034061035, 0510034061036, 0510034061037,

0510034061038, 0510034061039, 0510034061040, 0510034061041,
0510034061042, 0510034061043, 0510034061044, 0510034061045,
0510034061046, 0510034061047, 0510034061048, 0510034061049,
0510034061050, 0510034061051, 0510034061052, 0510034061053,
0510034061054, 0510034061055, 0510034061056, 0510034061057,
0510034061058, 0510034061059, 0510034061060, 0510034061061,
0510034061062, 0510034061063, 0510034061064, 0510034061065,
0510034061066, 0510034061067, 0510034061068, 0510034061069,
0510034061070, 0510034061071, 0510034061072, 0510034061073,
0510034061074, 0510034061075, 0510034061076, 0510034061077,
0510034061078, 0510034061079, 0510034061080, 0510034061081,
0510034061082, 0510034061083, 0510034061084, 0510034061085,
0510034061086, 0510034061087, 0510034061088, 0510034061089,
0510034061090, 0510034061091, 0510034061092, 0510034061093,
0510034061094, 0510034061095, 0510034061096, 0510034061097,
0510034061098, 0510034061099, 0510034061100, 0510034061101,
0510034061102, 0510034061103, 0510034061104, 0510034061105,
0510034061106, 0510034061107, 0510034061108, 0510034061109,
0510034071000, 0510034071001, 0510034071002, 0510034071003,
0510034071004, 0510034071005, 0510034071006, 0510034071007,
0510034071008, 0510034071009, 0510034071010, 0510034071011,
0510034071012, 0510034071013, 0510034071014, 0510034071015,
0510034071016, 0510034071017, 0510034071018, 0510034072000,
0510034072001, 0510034072002, 0510034072003, 0510034072004,
0510034072005, 0510034072006, 0510034072007, 0510034072008,
0510034072009, 0510034072010, 0510034072011, 0510034081000,
0510034081001, 0510034081002, 0510034081003, 0510034081004,
0510034081005, 0510034081006, 0510034081007, 0510034081008,
0510034081009, 0510034081010, 0510034081011, 0510034081012,
0510034081013, 0510034081014, 0510034081015, 0510034081016,
0510034081017, 0510034081018, 0510034081019, 0510034081020,
0510034081021, 0510034081022, 0510034081023, 0510034081024,
0510034081025, 0510034081026, 0510034081027, 0510034081028,
0510034081029, 0510034081030, 0510034081031, 0510034081032,
0510034081033, 0510034081034, 0510034081035, 0510034081036,
0510034081037, 0510034081038, 0510034081039, 0510034081040,
0510034081041, 0510034081042, 0510034081043, 0510034081044,
0510034081045, 0510034081046, 0510034082000, 0510034082001,
0510034082002, 0510034082003, 0510034082004, 0510034082005,
0510034082006, 0510034082007, 0510034082008, 0510034082009,
0510034082010, 0510034082011, 0510034082012, 0510034082013,

0510034082014, 0510034082015, 0510034082016, 0510034082017, 0510034082018, 0510034082019, 0510034082020, 0510034082021, 0510034082023, 0510034082024, 0510034082025, 0510034082026, 0510034082027, 0510034082028, 0510034082029, 0510034082030, 0510034082031, 0510034082032, 0510034082033, 0510034082034, 0510034082035, 0510034082036, 0510034082037, 0510034082038, 0510034082039, 0510034082040, 0510034082041, 0510034082042, 0510034082043, 0510034082044, 0510034082045, 0510034082046, 0510034082047, 0510034082048, 0510034082049, 0510034082050, 0510034082051, 0510034082052, 0510034082053, 0510034082054, 0510034082055, 0510034082056, 0510034082057, 0510034082058, 0510034082059, 0510034082060, 0510034082061, 0510034082062, 0510034082063, 0510034082064, 0510034082065, 0510034082066, 0510034082067, 0510034082068, 0510034082069, 0510034082070, 0510034082071, 0510034082072, 0510034082073, 0510034082074, 0510035001001, 0510035001009, 0510035001011, 0510035001013, 0510035001014, 0510035001015, 0510035001017, 0510035001018, 0510035001019, 0510035001020, 0510035001021, 0510035001022, 0510035001023, 0510035001024, 0510035001025, 0510035001026, 0510035004002, 0510035004003, 0510035004029, 0510036001037, 0510036001043, 0510036001044, 0510036001045, 0510036001046, 0510036001047, 0510036001048, 0510036001049, 0510036001050, 0510036001051, 0510036001052, 0510036001053, 0510036001055, 0510036001056, 0510036001057, 0510036001058, 0510036001059, 0510036001060, 0510036003012, 0510036003013, 0510036004000, 0510036004001, 0510036004002, 0510036004003, 0510036004004, 0510036004005, 0510036004006, 0510036004007, 0510036004008, 0510036004009, 0510036004011, 0510036004012, 0510036004013, 0510036004014, 0510036004016, 0510036004017, 0510036004018, 0510036004019, 0510036004020, 0510036004021, 0510036004027, 0510036004028, 0510036004029, 0510036004030, 0510036004058, 0510036004059, 0510037001003, 0510037001007, 0510037001008, 0510037001023, 0510037001024, 0519801001044, 0519801001048, 0519802001000, 0519802001001, 0519802001002, 0519802001003, 0519802001004, 0519802001005, 0519802001006, 0519802001007, 0519802001008, 0519802001009, 0519802001010, 0519802001011, 0519802001012, 0519802001013, 0519802001014, 0519802001015, 0519802001016, 0519802001017, 0519802001018, 0519802001019, 0519802001020, 0519802001021, 0519802001039, 0519802001040, 0519802001041, 0519802001042, 0519802001043, 0519802001044, 0519802001045; VTD: G2: 0510025012007, 0510025012009, 0510025012014,

0510025013000, 0510025013003, 0510025013004, 0510025013005,
0510025013006, 0510025013007, 0510025013008, 0510025013014,
0510025013015, 0510025013016, 0510025013017, 0510025013037,
0510025013039, 0510025013040, 0510025013058, 0510025013059,
0510025013060, 0510025013061, 0510025013066, 0510025013067,
0510025013069, 0510025013070, 0510025013080, 0510025021014,
0510025021017, 0510025021018, 0510025021019, 0510025021020,
0510025021023, 0510025021024, 0510025021025, 0510025021026,
0510025021027, 0510025021028, 0510025021029, 0510025021030,
0510025021031, 0510025021032, 0510025021033, 0510025021034,
0510025021035, 0510025021036, 0510025021037, 0510025021038,
0510025021039, 0510025021040, 0510025021041, 0510025021042,
0510025021043, 0510025021044, 0510025021045, 0510025021046,
0510025021047, 0510025021048, 0510025021049, 0510025021050,
0510025021051, 0510025021052, 0510025021053, 0510025021054,
0510025021055, 0510025021056, 0510025021057, 0510025021058,
0510025021059, 0510025021060, 0510025021061, 0510025021062,
0510025021063, 0510025021064, 0510025021065, 0510025021066,
0510025022000, 0510025022001, 0510025022002, 0510025022003,
0510025022004, 0510025022005, 0510025022006, 0510025022007,
0510025022008, 0510025022009, 0510025022010, 0510025022011,
0510025022012, 0510025022013, 0510025022014, 0510025022015,
0510025022016, 0510025022017, 0510025022018, 0510025022019,
0510025022020, 0510025022021, 0510025022022, 0510025022023,
0510025022024, 0510025022025, 0510025022026, 0510025022027,
0510025022028, 0510025022029, 0510025022030, 0510025022031,
0510025022032, 0510025022033, 0510025022034, 0510025022035,
0510025022036, 0510025022037, 0510025022038, 0510025022039,
0510025022040, 0510025022041, 0510025022042, 0510025022043,
0510025022044, 0510025022045, 0510025022046, 0510025022047,
0510025022048, 0510025022049, 0510025022050, 0510025022051,
0510025022052, 0510025022053, 0510025022054, 0510025022055,
0510025022056, 0510025022057, 0510025022058, 0510025022059,
0510025022060, 0510025022061, 0510025022062, 0510025022063,
0510025022064, 0510025022065, 0510025022066, 0510025022067,
0510025022068, 0510025022069, 0510025022070, 0510025022071,
0510025022072, 0510025022073, 0510025022074, 0510025022075,
0510025022076, 0510025022077, 0510025022078, 0510025022079,
0510025022080, 0510025022081, 0510025022082, 0510025023000,
0510025023001, 0510025023002, 0510025023003, 0510025023004,
0510025023005, 0510025023006, 0510025023007, 0510025023008,

0510025023009, 0510025023010, 0510025023011, 0510025023012, 0510025023013, 0510025023027, 0510025023028, 0510025023029, 0510025023030, 0510025023031, 0510025023032, 0510025031000, 0510025031001, 0510025031002, 0510025031003, 0510025031004, 0510025031005, 0510025031006, 0510025031007, 0510025031008, 0510025031009, 0510025031010, 0510025031011, 0510025031012, 0510025031013, 0510025031014, 0510025031015, 0510025031016, 0510025031017, 0510025031018, 0510025031019, 0510025031020, 0510025031021, 0510025031023, 0510025031024, 0510025032000, 0510025032001, 0510025032002, 0510025032003, 0510025032004, 0510025032005, 0510025032006, 0510025032007, 0510025032008, 0510025032009, 0510025033000, 0510025033001, 0510025033002, 0510025033003, 0510025033004, 0510025033005, 0510025033006, 0510025033007, 0510025033008, 0510025033009, 0510025033016, 0510025033017, 0510025033018, 0510025033019, 0510025033024, 0510025033025, 0510025033026, 0510025033027, 0510025033028, 0510025033029, 0510025033030, 0510025033033, 0510025033034, 0510025033035, 0510025041001, 0510025041002, 0510025041003, 0510025041007, 0510025041011, 0510025042004, 0510025042005, 0510025042007, 0510025042009, 0510025042014, 0510025042015, 0510025042016, 0510025042017, 0510025042018, 0510025042019, 0510025042020, 0510025042021, 0510025042022, 0510025042023, 0510025042024, 0510025042025, 0510025042026, 0510025042027, 0510025042028, 0510025042029, 0510025042030, 0510025042031, 0510025042032, 0510025042033, 0510025042034, 0510025042035, 0510025042036, 0510025042037, 0510025042038, 0510025042044, 0510025042045, 0510025042047, 0510025043000, 0510025043001, 0510025043002, 0510025043003, 0510025043004, 0510025043005, 0510025043006, 0510025043007, 0510025043008, 0510025043009, 0510025043010, 0510025043011, 0510025043012, 0510025043015, 0510025043016, 0510025043017, 0510025043019, 0510025043027, 0510025043028, 0510025043031, 0510026002016, 0510037001001, 0510037001002, 0510037001004, 0510037001005, 0510037001006, 0510037001010, 0510037001011, 0510037001012, 0510037001013, 0510037001014, 0510037001015, 0510037001016, 0510037001017, 0510037001018, 0510037001019, 0510037001020, 0510037001021, 0510037001026, 0510037003103, 0510037003106, 0510037003110, 0510037003111, 0510037003112, 0510037003113; VTD: G3: 0510002003045, 0510002003046, 0510002003053, 0510002003054, 0510002003055, 0510002003056, 0510002003057, 0510002003058, 0510002003059, 0510002003060, 0510002003061, 0510002003062, 0510002003063,

0510002003064, 0510002003065, 0510002003066, 0510002003067, 0510002003068, 0510002003069, 0510002003070, 0510002003071, 0510002003072, 0510002003073, 0510002003074, 0510002003075, 0510002003076, 0510002003077, 0510002003078, 0510002003079, 0510002003080, 0510002003081, 0510002003082, 0510002003083, 0510002003084, 0510002003085, 0510002003086, 0510005001000, 0510005001001, 0510005001004, 0510005001005, 0510005001006, 0510005001007, 0510005001008, 0510005001009, 0510005001010, 0510005001011, 0510005001012, 0510005001013, 0510005001014, 0510005001017, 0510005001018, 0510005001019, 0510005001020, 0510005001021, 0510005001022, 0510005001023, 0510005001024, 0510005001025, 0510005001026, 0510005001027, 0510005001028, 0510005001036, 0510005001038, 0510005001039, 0510005001041, 0510005002000, 0510005002001, 0510005002002, 0510005002003, 0510005002004, 0510005002005, 0510005002006, 0510005002007, 0510005002008, 0510005002009, 0510005002010, 0510005002011, 0510005002012, 0510005002013, 0510005002014, 0510005002015, 0510005002016, 0510005002017, 0510005002018, 0510005002019, 0510005002020, 0510005002021, 0510005002022, 0510005002023, 0510005002024, 0510005002025, 0510005002026, 0510005002027, 0510005002028, 0510005002029, 0510005002030, 0510005002031, 0510005002032, 0510005002033, 0510005002034, 0510005002035, 0510005002036, 0510005002037, 0510005002038, 0510005002039, 0510005002040, 0510005002041, 0510005002042, 0510005002043, 0510005002045, 0510005002046, 0510005002047, 0510005002048, 0510005002049, 0510005002050, 0510005002051, 0510005002052, 0510005002053, 0510005002054, 0510005002055, 0510005002056, 0510005002057, 0510005002058, 0510005002059, 0510005003009, 0510005003010, 0510005003011, 0510005003012, 0510005003013, 0510005003015, 0510005003016, 0510005003017, 0510005003018, 0510005003019, 0510005003020, 0510005003027, 0510005003028, 0510005003029, 0510005003030, 0510005003031, 0510005003032, 0510005003033, 0510005003034, 0510005003041, 0510015001001, 0510015001002, 0510015001003, 0510015001004, 0510015001005, 0510015001007, 0510015001008, 0510015001009, 0510015001010, 0510015001011, 0510015001012, 0510015001013, 0510015001014, 0510015001015, 0510015001016, 0510015001017, 0510015001018, 0510015001019, 0510015001020, 0510015001021, 0510015001022, 0510015001023, 0510015001024, 0510015001025, 0510015001026, 0510015001027, 0510015001028, 0510015001029, 0510015001030, 0510015001031, 0510015001032, 0510015001033, 0510015001034,

0510015001035, 0510015001036, 0510015001037, 0510015001038,
0510015001039, 0510015001040, 0510015001041, 0510015001042,
0510015001043, 0510015001044, 0510015001046, 0510015001047,
0510015001048, 0510015001049, 0510015001050, 0510015001051,
0510015001052, 0510015001053, 0510015001054, 0510015001055,
0510015001056, 0510015001057, 0510015001058, 0510015001059,
0510015001060, 0510015001061, 0510015001062, 0510015001063,
0510015001064, 0510015001065, 0510015001066, 0510015001067,
0510015001068, 0510015001069, 0510015001070, 0510015001071,
0510015001072, 0510015001073, 0510015001074, 0510015001077,
0510015001078, 0510015001079, 0510015001080, 0510015001081,
0510015001085, 0510015001086, 0510015001087, 0510015001088,
0510015001089, 0510015001090, 0510015001091, 0510015001092,
0510015001093, 0510015001094, 0510015001095, 0510015001096,
0510015001097, 0510015001098, 0510015001099, 0510015001100,
0510015001101, 0510015001102, 0510015001103, 0510015001104,
0510015001105, 0510015001106, 0510015001107, 0510015001108,
0510015001109, 0510015001110, 0510015001112, 0510015001113,
0510015001115, 0510015001118, 0510015001119, 0510015001121,
0510015001123, 0510015001124, 0510015001125, 0510015001126,
0510015001127, 0510015001128, 0510015001129, 0510015001130,
0510015001131, 0510015001132, 0510015001133, 0510015001134,
0510015002000, 0510015002003, 0510015002004, 0510015002005,
0510015002006, 0510015002008, 0510015002009, 0510015002010,
0510015002029, 0510015002030, 0510015002031, 0510015002032,
0510015002033, 0510015002034, 0510015002035, 0510015002036,
0510015002037, 0510015002040, 0510016031006, 0510016031007,
0510016031008, 0510016031021, 0510016031028, 0510016031029,
0510016032000, 0510016032003, 0510016032007, 0510016032011,
0510016032012, 0510016032013, 0510016032014, 0510016032015,
0510016032024, 0510016032034, 0510016041000, 0510016041001,
0510016041002, 0510016041003, 0510016041004, 0510016041005,
0510016041006, 0510016041007, 0510016041008, 0510016041009,
0510016041010, 0510016041011, 0510016041012, 0510016041013,
0510016041014, 0510016041015, 0510016041016, 0510016041017,
0510016041018, 0510016041019, 0510016041020, 0510016041021,
0510016041022, 0510016041023, 0510016042000, 0510016042017,
0510016043004, 0510016043005, 0510016043006, 0510016043007,
0510016043008, 0510016043009, 0510016043010, 0510016043011,
0510016043013, 0510016043014, 0510016043015, 0510016043016,
0510016043017, 0510016043019, 0510016043020, 0510016043021,

0510016043022, 0510016043023, 0510016043024, 0510016043025, 0510016043026, 0510016043027, 0510016043028, 0510016043039, 0510016043041, 0510016043045; VTD: G4: 0510017001000, 0510017001001, 0510017001002, 0510017001003, 0510017001004, 0510017001006, 0510017001007, 0510017001008, 0510017001009, 0510017001010, 0510017001011, 0510017001012, 0510017001013, 0510017001014, 0510017001015, 0510017001016, 0510017001017, 0510017001018, 0510017001019, 0510017001020, 0510017001021, 0510017001022, 0510017001023, 0510017001025, 0510017001028, 0510017001029, 0510017002000, 0510017002001, 0510017002002, 0510017002003, 0510017002004, 0510017002005, 0510017002007, 0510017002008, 0510017002009, 0510017002010, 0510017002011, 0510017002020, 0510017002021, 0510017002022, 0510017002023, 0510017002024, 0510017002025, 0510017002026, 0510017002027, 0510017002028, 0510017002033, 0510017002034, 0510017004000, 0510017004001, 0510017004002, 0510017004003, 0510017004004, 0510017004005, 0510017004006, 0510017004007, 0510017004008, 0510017004009, 0510017004010, 0510017004011, 0510017004012, 0510017004013, 0510017004014, 0510017004015, 0510017004016, 0510017004017, 0510017004018, 0510017004019, 0510017004020, 0510017004021, 0510017004044, 0510017004045, 0510018001010, 0510018001011, 0510018001014, 0510018001015, 0510018001022, 0510018001023, 0510018001024, 0510018001025, 0510018001026, 0510018001027, 0510018001028, 0510018001029, 0510018001030, 0510018001031, 0510018001032, 0510018001033, 0510018001036, 0510018001037, 0510018001038, 0510018001039, 0510018001040, 0510018001041, 0510018001042, 0510018001043, 0510018001044, 0510018001045, 0510018001046, 0510018001047, 0510018001048, 0510018001049, 0510018001050, 0510018001051, 0510018001052, 0510018001053, 0510018001054, 0510018001055, 0510018001056, 0510018001057, 0510018001058, 0510018002012, 0510018002013, 0510018002021, 0510018002022, 0510018002023, 0510018002024, 0510018002025, 0510018002026, 0510018002027, 0510018002028, 0510018002029, 0510018002030, 0510018002031, 0510018002032, 0510018002033; VTD: G5: 0510032011021, 0510032011022, 0510032011023, 0510032031013, 0510032031015, 0510032031016, 0510032031021, 0510032031022, 0510032031023, 0510032031024, 0510032031025, 0510032031026, 0510032031027, 0510032031028, 0510032031029, 0510032031030, 0510032032000, 0510032032001, 0510032032002, 0510032032003, 0510032032004, 0510032032005, 0510032032006, 0510032032007, 0510032032008, 0510032032009, 0510032032010, 0510032032011,

0510032032012, 0510032032013, 0510032032017, 0510032032018, 0510032041004, 0510032041005, 0510032041007, 0510032051000, 0510032051001, 0510032051002, 0510032051003, 0510032051005, 0510032051006, 0510032051007, 0510032051008, 0510032051009, 0510032051010, 0510032051011, 0510032051014, 0510032051015, 0510032051016, 0510032051017, 0510032051018, 0510032051019, 0510032051022, 0510032051026, 0510032051028, 0510032052003, 0510032052004, 0510032052005, 0510032052006, 0510032052007, 0510032052008, 0510032052009, 0510032052010, 0510032052011, 0510032052020, 0510032053009, 0510032053010; VTD: G6, VTD: G7: Block(s) 0510026001000, 0510026001001, 0510026001002, 0510026001003, 0510026001004, 0510026001005, 0510026001006, 0510026001007, 0510026001008, 0510026001009, 0510026001010, 0510026001011, 0510026001012, 0510026001013, 0510026001014, 0510026001015, 0510026001016, 0510026001017, 0510026001020, 0510026001021, 0510026001022, 0510026001023, 0510026001024, 0510026001025, 0510026001026, 0510026001027, 0510026001028, 0510026001029, 0510026001030, 0510026001031, 0510026001032, 0510026001033, 0510026001034, 0510026001035, 0510026001036, 0510026001037, 0510026001038, 0510026001039, 0510026001040, 0510026001041, 0510026001042, 0510026001043, 0510026001044, 0510026001045, 0510026001046, 0510026001047, 0510026001048, 0510026001049, 0510026001050, 0510026001051, 0510026001052, 0510026001053, 0510026001054, 0510026001055, 0510026001056, 0510026001057, 0510026001058, 0510026001059, 0510026001060, 0510026001061, 0510026001062, 0510026001063, 0510026001064, 0510026001065, 0510026001066, 0510026001067, 0510026001068, 0510026001069, 0510026001070, 0510026001071, 0510026001072, 0510026001073, 0510026001074, 0510026001075, 0510026001076, 0510026001077, 0510026001078, 0510026001079, 0510026001080, 0510026001081, 0510026001082, 0510026001083, 0510026001084, 0510026001085, 0510026001086, 0510026001087, 0510026001088, 0510026001089, 0510026001090, 0510026001091, 0510026001092, 0510026001093, 0510026001094, 0510026001095, 0510026001096, 0510026001097, 0510026001098, 0510026001099, 0510026001100, 0510026001101, 0510026001102, 0510026001103, 0510026001104, 0510026001105, 0510026001106, 0510026001107, 0510026001108, 0510026001109, 0510026001110, 0510026001111, 0510026001112, 0510026001113, 0510026001114, 0510026001121, 0510026001122, 0510026001123, 0510026001124, 0510026001125, 0510026001126, 0510026001127, 0510026002000, 0510026002001, 0510026002002, 0510026002005,

0510026002006, 0510026002007, 0510026002018, 0510026002019,
0510026002020, 0510026002021, 0510026002022, 0510026002033,
0510026002112, 0510027001000, 0510027001001, 0510027001002,
0510027001003, 0510027001004, 0510027001005, 0510027001006,
0510027001007, 0510027001008, 0510027001009, 0510027001010,
0510027001011, 0510027001012, 0510027001013, 0510027001014,
0510027001015, 0510027001016, 0510027001017, 0510027001018,
0510027001019, 0510027001020, 0510027001021, 0510027001022,
0510027001023, 0510027001024, 0510027001025, 0510027001026,
0510027001027, 0510027001028, 0510027001029, 0510027001030,
0510027001031, 0510027001032, 0510027001033, 0510027001034,
0510027001035, 0510027001036, 0510027001037, 0510027001038,
0510027001039, 0510027001040, 0510027001041, 0510027001042,
0510027001043, 0510027001044, 0510027001045, 0510027001046,
0510027001047, 0510027001048, 0510027001049, 0510027001050,
0510027001051, 0510027001052, 0510027001053, 0510027001054,
0510027001055, 0510027001056, 0510027001057, 0510027001058,
0510027001059, 0510027002000, 0510027002001, 0510027002002,
0510027002003, 0510027002004, 0510027002005, 0510027002006,
0510027002007, 0510027002008, 0510027002009, 0510027002010,
0510027002011, 0510027002012, 0510027002013, 0510027002014,
0510027002015, 0510027002016, 0510027002017, 0510027002044; VTD: G8:
0510016011000, 0510016011003, 0510016011008, 0510016011028,
0510016011029, 0510016011030, 0510016011031, 0510016011033,
0510016011034, 0510016011035, 0510016011036, 0510016011037,
0510016011038, 0510016011039, 0510016011040, 0510016011042,
0510016012003, 0510016012004, 0510016012005, 0510016012006,
0510016012007, 0510016012008, 0510016012009, 0510016012012,
0510016012013, 0510016012014, 0510016012016, 0510016012017,
0510016012018, 0510016012019, 0510016012020, 0510016012021,
0510016012022, 0510016012023, 0510016012024, 0510016012025,
0510016012026, 0510016012027, 0510016012028, 0510016012029,
0510016012030, 0510016012032, 0510016012033, 0510016012034,
0510016012035, 0510016012036, 0510016012037, 0510016012038,
0510016012039, 0510016012040, 0510016012042, 0510016012043,
0510016012044, 0510016012045, 0510016012046, 0510016012047,
0510016012048, 0510016012049, 0510016012050, 0510016012051,
0510016012052, 0510016012053, 0510016032017, 0510016032018,
0510016032028, 0510016032029, 0510016032030, 0510016032031,
0510016032032, 0510016032044, 0510017004022, 0510017004046,
0510019011000, 0510019011001, 0510019011002, 0510019011003,

0510019011004, 0510019011005, 0510019011006, 0510019011015, 0510019011016, 0510019011017, 0510019011018, 0510019011021, 0510019011027, 0510019011030, 0510019011031, 0510019011033, 0510019011034, 0510019011035, 0510019011036, 0510019011037, 0510019011039, 0510019011040, 0510019011041, 0510019011042, 0510019022014, 0510019022015, 0510019022022, 0510019022023, 0510019022024, 0510019022025, 0510019022026, 0510019022027, 0510019022028, 0510019022029, 0510019022030, 0510019022031, 0510019022032, 0510019022033, 0510019022034, 0510019022039, 0510019022040, 0510019022041, 0510019022044, 0510019022045, 0510019022046, 0510019031006, 0510019031007, 0510019031009, 0510019031011, 0510019031012, 0510019031013, 0510019031014, 0510019031018, 0510031033002, 0510031033003, 0510031033004, 0510031033005, 0510031033006, 0510031041002, 0510031041003, 0510031041004, 0510031041005, 0510031041006, 0510031041007, 0510031041008, 0510031041009, 0510031041010, 0510031041011, 0510031041012, 0510031041013, 0510031041014, 0510031041015, 0510031042011, 0510032014000, 0510032014001, 0510032014002, 0510032014003, 0510032014004, 0510032014005, 0510032014006, 0510032014007, 0510032014008, 0510032014009, 0510032014010, 0510032014011, 0510032014012, 0510032014013, 0510032014014, 0510032014015, 0510032014016, 0510032014017, 0510032014018, 0510032014019, 0510032014020, 0510032014021, 0510032014022, 0510032014023, 0510032014024, 0510032014025, 0510032014035, 0510032014036, 0510032014037, 0510032014038, 0510032014039, 0510032014043, 0510032014044, 0510032014052, 0510032014053, 0510032014054, 0510032014055, 0510032014056, 0510032033019, 0510032033020, 0510032033021, 0510032033022, 0510032044013, 0510032044014, 0510032044015, 0510032044016, 0510032044017, 0510032045004, 0510032045005, 0510032045006, 0510032045013, 0510032045014, 0510032045016, 0510032045017, 0510032045018, 0510032045019, 0510032045020, 0510032045021, 0510032045022, 0510032045023, 0510032045024, 0510032045025, 0510032045026, 0510032045027; VTD: G9: 0510016012000, 0510016012001, 0510016012002, 0510016012010, 0510016012011, 0510016012015, 0510016012031, 0510016013000, 0510016013001, 0510016013002, 0510016013003, 0510016013004, 0510016013005, 0510016013006, 0510016013007, 0510016013008, 0510016013009, 0510016013010, 0510016013011, 0510016013012, 0510016013013, 0510016013014, 0510016013015, 0510016013016, 0510016013017, 0510016013018, 0510016013019, 0510016013020, 0510016013021, 0510016013022, 0510016013023,

0510016013024, 0510016013025, 0510016013026, 0510016013027,
0510016013028, 0510016013029, 0510016013030, 0510016013031,
0510016013032, 0510016013033, 0510016013034, 0510016013035,
0510016013036, 0510016013037, 0510016013038, 0510016013039,
0510016013040, 0510016013041, 0510016013042, 0510016013043,
0510016013044, 0510016013045, 0510016013046, 0510016013047,
0510016013048, 0510016013049, 0510016013050, 0510016013051,
0510016013052, 0510016013053, 0510016013054, 0510016013055,
0510016013056, 0510016013057, 0510016013058, 0510016013059,
0510016013060, 0510016013061, 0510016013062, 0510016013063,
0510016013064, 0510016013065, 0510016013066, 0510016013067,
0510016013068, 0510016013069, 0510016013070, 0510016013071,
0510016013072, 0510016013073, 0510016013074, 0510016013075,
0510016013076, 0510016013077, 0510016013078, 0510016013079,
0510016013080, 0510016013081, 0510016032004, 0510016032016,
0510016032025, 0510016032026, 0510016032027, 0510016032033,
0510016032035, 0510016032036, 0510016032037, 0510016032038,
0510016032039, 0510016032040, 0510016032041, 0510016032042,
0510016032043, 0510016032049, 0510016043048, 0510016043049,
0510030011006, 0510030011009, 0510030011010, 0510030011011,
0510030011012, 0510030011013, 0510030011014, 0510030011019,
0510030011020, 0510030011021, 0510030011022, 0510030011023,
0510030011024, 0510030011025, 0510030011026, 0510030011027,
0510030011028, 0510030011029, 0510030011030, 0510030011031,
0510030011032, 0510030011033, 0510030011034, 0510030011035,
0510030011036, 0510030011037, 0510030011038, 0510030011039,
0510030011040, 0510030011041, 0510030011042, 0510030011043,
0510030011044, 0510030011045, 0510030011046, 0510030011047,
0510030011048, 0510030011049, 0510030011050, 0510030011051,
0510030011052, 0510030011053, 0510030011054, 0510030011056,
0510030011057, 0510030011058, 0510030011059, 0510030011060,
0510030011061, 0510030011062, 0510030011063, 0510030011064,
0510030011065, 0510030012010, 0510030012012, 0510030012013,
0510030012018, 0510030012019, 0510030012033, 0510030013000,
0510030013001, 0510030013002, 0510030013003, 0510030013004,
0510030013005, 0510030013006, 0510030013008, 0510030013009,
0510030013010, 0510030013011, 0510030013012, 0510030013013,
0510030013014, 0510030013015, 0510030013016, 0510030013017,
0510030013018, 0510031022000, 0510031022001, 0510031022002,
0510031022003, 0510031022004, 0510031022005, 0510031022006,
0510031022007, 0510031022008, 0510031022009, 0510031022010,

0510031022011, 0510031022012, 0510031022013, 0510031022014, 0510031022015, 0510031022016, 0510031022017, 0510031033007, 0510031033008, 0510031033012, 0510031033014, 0510031033017, 0510031033018, 0510031033019, 0510031033020, 0510031033021, 0510031033022, 0510031033023, 0510031033024, 0510031033025, 0510031033026, 0510031033027, 0510031033028, 0510031033029, 0510031033031, 0510031033032, 0510031033033, 0510031033034, 0510031033035, 0510031033037, 0510031041000, 0510031041001, 0510031041016, 0510031041017, 0510031041018, 0510031041019, 0510031042000, 0510031042001, 0510031042002, 0510031042003, 0510031042004, 0510031042005, 0510031042006, 0510031042007, 0510031042008, 0510031042009, 0510031042010, 0510031042012, 0510031042013, 0510031042014, 0510031042015, 0510031042016, 0510031042017, 0510031042018, 0510031042019, 0510031042020, 0510031042021, 0510031042022, 0510031042023, 0510031042024, 0510031043000, 0510031043001, 0510031043002, 0510031043003, 0510031043004, 0510031043005, 0510031043006, 0510031043007, 0510031043008, 0510031043009, 0510031043010, 0510031043011, 0510031043012, 0510031043013, 0510031043014, 0510031043015, 0510031043016, 0510031043017, 0510031043018, 0510031043019, 0510031043020, 0510031043021, 0510031043022, 0510031043023, 0510031043024, 0510031043025, 0510031043026, 0510031043027, 0510031043028, 0510031043029, 0510031043030, 0510031043031, 0510031043032, 0510031043033, 0510031043034, 0510031043035, 0510031043036, 0510031043037, 0510031043038, 0510031043039, 0510031043040, 0510031043041, 0510031043042, 0510031043043, 0510031043044, 0510031043045, 0510031043046, 0510031043047, 0510031043048, 0510031043049, 0510031043050, 0510031043051, 0510031043052, 0510031043053, 0510031043054, 0510031043055, 0510031043056, 0510031043057, 0510031043058, 0510031043059, 0510031043060, 0510031043061, 0510031043062, 0510031043063, 0510031043064, 0510031043065, 0510031043066, 0510031043067, 0510031043068, 0510031043069, 0510031043070; VTD: LI65: 0510037001000, 0510037002000, 0510037002001, 0510037002002, 0510037002003, 0510037002004, 0510037002005, 0510037002006, 0510037002007, 0510037002008, 0510037002009, 0510037002010, 0510037002011, 0510037002012, 0510037003000, 0510037003001, 0510037003002, 0510037003003, 0510037003004, 0510037003005, 0510037003006, 0510037003007, 0510037003008, 0510037003009, 0510037003010, 0510037003011, 0510037003012, 0510037003013, 0510037003014, 0510037003015, 0510037003016, 0510037003017,

0510037003018, 0510037003019, 0510037003020, 0510037003021, 0510037003022, 0510037003023, 0510037003024, 0510037003025, 0510037003026, 0510037003027, 0510037003033, 0510037003037, 0510037003038, 0510037003039, 0510037003040, 0510037003041, 0510037003042, 0510037003043, 0510037003044, 0510037003045, 0510037003046, 0510037003047, 0510037003048, 0510037003049, 0510037003050, 0510037003051, 0510037003052, 0510037003053, 0510037003054, 0510037003055, 0510037003056, 0510037003057, 0510037003058, 0510037003059, 0510037003060, 0510037003061, 0510037003062, 0510037003063, 0510037003064, 0510037003065, 0510037003066, 0510037003069, 0510037003073, 0510037003074, 0510037003076; VTD: MR02: 0510033051000, 0510033051001, 0510033051002, 0510033051003, 0510033051005, 0510033051006, 0510033051007, 0510033051008, 0510033051009, 0510033051010, 0510033051011, 0510033051013, 0510033051014, 0510033051015, 0510033051016, 0510033051017, 0510033051018, 0510033051019, 0510033051020, 0510033052002, 0510033052008, 0510033052009, 0510033052010, 0510033052011, 0510033052012, 0510033052013, 0510033052015, 0510033052016, 0510033052019, 0510033091013, 0510033091015, 0510033091016, 0510033091017, 0519801001050; VTD: SH77.

District 20: Durham County: VTD: 01: Block(s) 0630001021002, 0630001021003, 0630001021007, 0630001021008, 0630001021028, 0630001021029, 0630003011004, 0630003011009, 0630003011010, 0630003011011, 0630003011012, 0630003011013; VTD: 02: 0630003011005, 0630003011006, 0630003011007, 0630003011008, 0630003011016, 0630003011017, 0630003011019, 0630003011020, 0630003012001, 0630003012002, 0630003012003, 0630003012004, 0630003012005, 0630003012006, 0630003012007, 0630003012008, 0630003012009, 0630003012010, 0630003012011, 0630003012012, 0630003013002, 0630003013003, 0630003013004, 0630003013005, 0630003013006, 0630003013007, 0630004011025, 0630004012000; VTD: 03: 0630004013014, 0630004013015, 0630004021010, 0630004021011, 0630004021019, 0630004021020, 0630004021021, 0630004021030, 0630004021031, 0630004021035, 0630004021036, 0630004021037, 0630004021038, 0630004021048, 0630004021049, 0630004021050; VTD: 04: 0630004013006, 0630004013007, 0630004013008, 0630004013009, 0630004013010, 0630004013011, 0630004013013, 0630004013025, 0630004013026, 0630004021022, 0630004021023, 0630004021024, 0630004021025; VTD: 05: 0630005001000, 0630005001001, 0630005001002, 0630005001003,

0630005001004, 0630005001005, 0630005001006, 0630005001007, 0630005001008, 0630005001013, 0630005001014, 0630005001015, 0630005001016, 0630005001017, 0630005001020, 0630005001021, 0630005001022, 0630006003000, 0630015011000, 0630015011001, 0630015021000, 0630015021004, 0630015021005, 0630015021006, 0630015021007, 0630015021010, 0630015021011, 0630015021012, 0630015021013, 0630015023000, 0630015023001, 0630015023002, 0630015023003, 0630015023004, 0630015023005, 0630015023006, 0630015023007, 0630015023008, 0630015023009, 0630015023010, 0630015023011, 0630015023017, 0630015024000, 0630015024001, 0630015024002, 0630015024003, 0630015024004, 0630015024005; VTD: 06: 0630005003006, 0630005003007, 0630005003008, 0630005003009, 0630006002001, 0630006002006, 0630006002020, 0630006003002; VTD: 07: 0630005001009, 0630005001011, 0630005001012, 0630005001023, 0630005001024, 0630005001025, 0630005001026, 0630005002001, 0630005002002, 0630005002003, 0630005002004, 0630005002005, 0630005002006, 0630005002007, 0630005002008, 0630005002009, 0630005002010, 0630005002011, 0630005002012, 0630007001002, 0630007001003, 0630007001004; VTD: 08: 0630005003000, 0630005003001, 0630005003002, 0630005003003, 0630005003004, 0630005003005, 0630005003010, 0630005003011, 0630005003012, 0630005003013, 0630005003014, 0630005004000, 0630005004001, 0630005004002, 0630005004003, 0630005004004, 0630005004005, 0630005004006, 0630005004007, 0630005004008, 0630005004009, 0630005004010, 0630005004011, 0630005004012, 0630005004013, 0630005004014, 0630006001002, 0630006003004, 0630007001005, 0630007001006, 0630007001007, 0630007001009, 0630007001010, 0630007001015, 0630007001016, 0630007001017, 0630007001020, 0630007001022, 0630007001023, 0630007001024, 0630007001025, 0630007001026, 0630007001027, 0630007001028, 0630007001029, 0630007001030, 0630007001031, 0630007001032, 0630007001033, 0630007001034, 0630007001035, 0630007001036, 0630007001037, 0630007001038, 0630007001039, 0630007001040, 0630007001041, 0630007001042, 0630007001046, 0630007001047, 0630007001048, 0630007002000, 0630007002001, 0630007002002, 0630007002003, 0630007002004, 0630007002005, 0630007002017, 0630007002018, 0630007002019; VTD: 09: 0630007002021, 0630007002035, 0630007003013, 0630007003014, 0630007003015, 0630007003016, 0630007003017, 0630007003018, 0630007003019, 0630007003020, 0630013041007, 0630020071000, 0630020071001, 0630020071007, 0630020071017, 0630020071018, 0630020071021, 0630020071022, 0630020071023, 0630020071030,

0630020093000, 0630020093001, 0630020093004, 0630020093005; VTD: 10, VTD: 12, VTD: 13, VTD: 14, VTD: 15, VTD: 16: Block(s) 0630020232005; VTD: 17: 0630009002000, 0630009002001, 0630009002002, 0630009002003, 0630009002004, 0630009002005, 0630009002006, 0630009002007, 0630009002008, 0630009002009, 0630009002010, 0630009002011, 0630009002012, 0630009002013, 0630009002014, 0630009002015, 0630009002016, 0630009002017, 0630009002018, 0630009002019, 0630009002020, 0630009002021, 0630009002022, 0630009002023, 0630009002024, 0630009002025, 0630009002026, 0630011001000, 0630011001001, 0630011001002, 0630011001003, 0630011001004, 0630011001005, 0630011001006, 0630011001007, 0630011001008, 0630011001009, 0630011001010, 0630011001011, 0630011001012, 0630011001013, 0630011001014, 0630011001015, 0630011001016, 0630011001017, 0630011001018, 0630011001019, 0630011001020, 0630011001021, 0630011001022, 0630011001023, 0630011001024, 0630011001025, 0630011001026, 0630011001027, 0630011001028, 0630011001029, 0630011001030, 0630011001031, 0630011001032, 0630011001033, 0630011001034, 0630011001035, 0630011001036, 0630011001037, 0630011001040, 0630011001041, 0630011002004, 0630011002005, 0630011002006, 0630011002007, 0630011002008, 0630011002009, 0630011002010, 0630011002011, 0630011002012, 0630011002013, 0630011002016, 0630011002017, 0630011002018, 0630011002019, 0630011002020, 0630011002021, 0630011002022, 0630011002023, 0630011002024, 0630011002025, 0630011002026, 0630011002027, 0630011002028, 0630011002029, 0630011002030, 0630011002031, 0630011002032, 0630011002042, 0630022001000, 0630022001001, 0630022001002, 0630022001003, 0630022001022, 0630022001023, 0630022001045, 0630022001048, 0630022001049, 0630022001050, 0630022001051, 0630022001052, 0630022001053, 0630022001054, 0630022001055, 0630022001056, 0630022001062, 0630022001063, 0630022001064, 0630022001065, 0630022001066, 0630022001067, 0630022001068, 0630022001069, 0630022001070, 0630022001071, 0630022001072, 0630022001073, 0630022001074, 0630022001075, 0630022001076, 0630022001077, 0630022001080, 0630022001081, 0630022001086, 0630022001087, 0630022001088; VTD: 18, VTD: 19, VTD: 20: Block(s) 0630002002016, 0630002002017, 0630002002018, 0630002002021; VTD: 21: 0630001011005, 0630001011006, 0630001011007, 0630001011008, 0630001011009, 0630001011010, 0630001011011, 0630001011012, 0630001011013, 0630001011014, 0630001011021, 0630001011022, 0630001011025, 0630001011026, 0630001012018, 0630001012019, 0630001012020, 0630001021000, 0630001021001,

0630001021009, 0630001021010, 0630001021011, 0630001021012, 0630001021013, 0630001021014, 0630001021015, 0630001021016, 0630001021017, 0630001021018, 0630001021019, 0630001021020, 0630001021021, 0630001021022, 0630001021023, 0630001021024, 0630001021025, 0630001021026, 0630001021027, 0630001022018, 0630001022020, 0630001022021, 0630001022022, 0630001022023, 0630001022024, 0630001022025, 0630001022026, 0630001022027, 0630001022028, 0630001022029, 0630001022030, 0630001022031, 0630001022032, 0630001022036, 0630001022037, 0630003011001, 0630003011002, 0630003011003; VTD: 22, VTD: 23, VTD: 24: Block(s) 0630017051030, 0630017051036, 0630017053003, 0630017053004, 0630017113000, 0630017113001, 0630017113002, 0630017113003, 0630017113004, 0630017113005, 0630017113006, 0630017113007, 0630017113008, 0630017113009, 0630017113010, 0630017113011, 0630017113012; VTD: 25: 0630016033014, 0630016033015; VTD: 29: 0630017091000, 0630017091008, 0630017091009, 0630017091010, 0630017091011, 0630017091016, 0630017093000, 0630017093001, 0630018011000, 0630018011001, 0630018011002, 0630018011003, 0630018011004, 0630018011005, 0630018011006, 0630018011007, 0630018011008, 0630018011009, 0630018011010, 0630018011011, 0630018011012, 0630018011013, 0630018011025, 0630018011026, 0630018011027, 0630018011028, 0630018011029, 0630018011030, 0630018013000, 0630018013001, 0630018013002, 0630018013003, 0630018013004, 0630018013005, 0630018013006, 0630018013007, 0630018013008, 0630018013009, 0630018013010, 0630018013011, 0630018013012, 0630018013013, 0630018013014, 0630018013015, 0630018013016, 0630018013017, 0630018013018, 0630018013019, 0630018013020, 0630018013021, 0630018013022, 0630018013023, 0630018013024, 0630018013025, 0630018013026, 0630018013027, 0630018013028, 0630018013029, 0630018013030, 0630018013031, 0630018013032, 0630018013033, 0630018013034, 0630018013035, 0630018013036, 0630018013037, 0630018013038, 0630018013039, 0630018013040, 0630018013041, 0630018013042, 0630018013043, 0630018013044, 0630018013045, 0630018013046, 0630018013059, 0630018013060, 0630018013061, 0630018013062, 0630018014000, 0630018014001, 0630018014002, 0630018014003, 0630018014004, 0630018014005, 0630018014006, 0630018014007, 0630018014008, 0630018014009, 0630018014010, 0630018014011, 0630018014012, 0630018014013, 0630018014014, 0630018014015, 0630018014016, 0630018014017, 0630018014018, 0630018014019, 0630018014020, 0630018014021, 0630018014022, 0630018014023, 0630018014024,

0630018014027, 0630018014035, 0630018014049, 0630018015000, 0630018015001, 0630018015002, 0630018015003, 0630018015004, 0630018015005, 0630018015006, 0630018015007, 0630018015008, 0630018015009, 0630018015010, 0630018015011, 0630018015012, 0630018015013, 0630018015014, 0630018015015, 0630018015016, 0630018015017, 0630018015018, 0630018015019, 0630018015020, 0630018015021, 0630018015022, 0630018015023, 0630018015024, 0630018015025, 0630018015026, 0630018015027, 0630018015028, 0630018015029, 0630018015030, 0630018015031, 0630018015032, 0630018015033, 0630018015034, 0630018015035, 0630018015036, 0630018015037, 0630018015038, 0630018015039, 0630018015040, 0630018015041, 0630018015042, 0630018015043, 0630018015044, 0630018015045, 0630018015046, 0630018015047, 0630018015048, 0630018015049, 0630018015050, 0630018015051, 0630018015052, 0630018015053, 0630018015054, 0630018015055, 0630018015056, 0630018015057, 0630018015058, 0630018015059, 0630018015060, 0630018015061, 0630018015062, 0630018015063, 0630018015064, 0630018015065, 0630018015066, 0630018015067, 0630018015068, 0630018061000, 0630018061001, 0630018061002, 0630018061003, 0630018061004, 0630018061005, 0630018061006, 0630018061007, 0630018061008, 0630018061009, 0630018061017, 0630018062001, 0630018062002, 0630018062003, 0630018062004, 0630018062005, 0630018062006, 0630018062007, 0630018062008, 0630018062009, 0630018062010, 0630018062011, 0630018062012, 0630018062014, 0630018062018, 0630018062063, 0630018062064, 0630018062065, 0630018062066, 0630018062067, 0630018062068, 0630018062069, 0630018062075; VTD: 30-1: 0630018071001, 0630018071002, 0630018071003, 0630018071004, 0630018071005, 0630018071006, 0630018071007, 0630018071008, 0630018071009, 0630018071010, 0630018071011, 0630018071022, 0630018071023, 0630018071024, 0630018071025, 0630018071026, 0630018071028, 0630018071030, 0630018071031, 0630018071032, 0630018071033, 0630018071034, 0630018071035, 0630018071041, 0630018081000, 0630018081001, 0630018081002, 0630018081003, 0630018081004, 0630018081005, 0630018081008, 0630018081009, 0630018081010, 0630018081011, 0630018081012, 0630018081013, 0630018081015, 0630018081016, 0630018081017, 0630018081018, 0630018081019, 0630018081020, 0630018081021, 0630018081022, 0630018081023, 0630018081024, 0630018081025, 0630018081026, 0630018081027, 0630018081028, 0630018081031, 0630018081032, 0630018081033, 0630018081034, 0630018081035, 0630018081036, 0630018081037, 0630018081038,

0630018081039, 0630018081040, 0630018081041, 0630018081042, 0630018081044, 0630018082000, 0630018082001, 0630018082002, 0630018082003, 0630018082004, 0630018082005, 0630018082006, 0630018082007, 0630018082008, 0630018082016, 0630018082017, 0630018082019, 0630018082020, 0630018082021, 0630018082022, 0630018082040; VTD: 30-2: 0630018061046, 0630018061066, 0630018062013, 0630018062016, 0630018062017, 0630018062019, 0630018062020, 0630018062021, 0630018062022, 0630018062023, 0630018062024, 0630018062025, 0630018062026, 0630018062027, 0630018062028, 0630018062029, 0630018062030, 0630018062031, 0630018062032, 0630018062033, 0630018062034, 0630018062035, 0630018062036, 0630018062037, 0630018062038, 0630018062039, 0630018062040, 0630018062041, 0630018062042, 0630018062043, 0630018062044, 0630018062045, 0630018062046, 0630018062047, 0630018062048, 0630018062049, 0630018062050, 0630018062051, 0630018062052, 0630018062053, 0630018062054, 0630018062055, 0630018062056, 0630018062057, 0630018062058, 0630018062059, 0630018062060, 0630018062061, 0630018062062, 0630018062070, 0630018062071, 0630018062072, 0630018062073, 0630018062074, 0630018072000, 0630018072001, 0630018072002, 0630018072003, 0630018072004, 0630018072005, 0630018072006, 0630018072007, 0630018072008, 0630018072009, 0630018072010, 0630018072011, 0630018072012, 0630018072013, 0630018072014, 0630018072015, 0630018072016, 0630018072017, 0630018072018, 0630018072019, 0630018072020, 0630018072021, 0630018072022, 0630018072023, 0630018072024, 0630018072025, 0630018072026, 0630018072027, 0630018072028, 0630018072029, 0630018072030, 0630018072031, 0630018072032, 0630018072033, 0630018072034, 0630018072035, 0630018072036, 0630018072037, 0630018072038, 0630018073000, 0630018073001, 0630018073002, 0630018073003, 0630018073004, 0630018073005, 0630018073006, 0630018073007, 0630018073008, 0630018073009, 0630018073010, 0630018073011, 0630018073012, 0630018073013, 0630018073014, 0630018073015, 0630018073016, 0630018073020, 0630018073023, 0630018073024, 0630018073025, 0630018073026, 0630018073027, 0630018073028, 0630018073029, 0630018073030, 0630018073031, 0630018073039, 0630018073040, 0630018073041, 0630018073044; VTD: 31: 0630018091033, 0630018091034, 0630018091035, 0630018091036, 0630018091037, 0630018091062, 0630018091063, 0630018091064, 0630018091065, 0630018091066, 0630018091072, 0630018091079, 0630018091080, 0630020271009, 0630020271019, 0630020271020, 0630020271021, 0630020271025,

0630020271055, 0630020271063, 0630020271064, 0630020271065, 0630020271067, 0639801001012, 0639801001013; VTD: 33: 0630018091039, 0630018091040, 0630018091047, 0630018091048, 0630018091049, 0630018091050, 0630018091051, 0630018091052, 0630018091053, 0630018091054, 0630018091055, 0630018091056, 0630018091057, 0630018091058, 0630018091068, 0630018091069, 0630018091070, 0630018091075, 0630018091076, 0630018091078, 0630020271026, 0630020271027, 0630020271028, 0630020271030, 0630020271031, 0630020271032, 0630020271033, 0630020271034, 0630020271035, 0630020271036, 0630020271037, 0630020271038, 0630020271039, 0630020271040, 0630020271041, 0630020271044, 0630020271045, 0630020271046, 0630020271053, 0630020271061, 0630020271062, 0630020271069, 0630020272042, 0630020272043, 0630020272044, 0630020272046, 0630020272047, 0630020272048, 0630020272049, 0630020272050, 0630020272053, 0630020272054, 0630020272055, 0630020272056, 0630020272057, 0630020272058, 0630020272059, 0630020272060, 0630020272061, 0630020272062, 0630020272063, 0630020272064, 0630020272065, 0630020272066, 0630020272067, 0630020272068, 0630020272069, 0630020272076, 0630020272077, 0630020272078, 0630020272085, 0639801001000, 0639801001001, 0639801001002, 0639801001003, 0639801001004, 0639801001005, 0639801001006, 0639801001007, 0639801001008, 0639801001009, 0639801001010, 0639801001011, 0639801001014, 0639801001015, 0639801001017, 0639801001018, 0639801001052, 0639801001053, 0639801001054, 0639801001055, 0639801001071, 0639801001072, 0639801001073, 0639801001074, 0639801001075, 0639801001083, 0639801001084, 0639801001085, 0639801001086, 0639801001107, 0639801001115, 0639801001116, 0639801001120, 0639801001121, 0639801001122, 0639801001123, 0639801001128; VTD: 34: 0630020251006, 0630020251008, 0630020251009, 0630020251010, 0630020251011, 0630020251012, 0630020251013, 0630020251014, 0630020251018, 0630020251019, 0630020251020, 0630020252000, 0630020252001, 0630020252002, 0630020252003, 0630020252004, 0630020252005, 0630020252006, 0630020252007, 0630020252008, 0630020252009, 0630020252010, 0630020252011, 0630020252012, 0630020253001, 0630020253002, 0630020253003, 0630020253004, 0630020253005, 0630020253006, 0630020253007, 0630020253008, 0630020253009, 0630020253010, 0630020261000, 0630020261001, 0630020261002, 0630020261003, 0630020261004, 0630020261005, 0630020261006, 0630020261007, 0630020262004, 0630020262005, 0630020262006, 0630020262007, 0630020262008, 0630020262009, 0630020262010,

0630020262011, 0630020262012, 0630020262013, 0630020262014, 0630020262015, 0630020262016, 0630020262017, 0630020262018, 0630020262019, 0630020262020, 0630020262021, 0630020262022, 0630020262023, 0630020262024, 0630020262025, 0630020262026, 0630020262027, 0630020262028, 0630020262029, 0630020262030, 0630020262031, 0630020262032, 0630020262033, 0630020262034, 0630020262035, 0630020262036; VTD: 35: 0630020131000, 0630020131001, 0630020131005, 0630020131007, 0630020131008, 0630020131009, 0630020131010, 0630020131011, 0630020131012, 0630020131013, 0630020131014, 0630020132010, 0630020132011, 0630020132013, 0630020132014, 0630020202000, 0630020202001, 0630020202003, 0630020202037, 0630020202055, 0630020202056, 0630020202057, 0630020211049, 0630020211050, 0630020212005, 0630020212006, 0630020212007, 0630020212009, 0630020212010, 0630020212011, 0630020212013, 0630020212014, 0630020212019, 0630020212021, 0630020272052; VTD: 36: 0630020151001, 0630020152000, 0630020152001, 0630020152002, 0630020152003, 0630020152004, 0630020152017, 0630020153004, 0630020153012, 0630020153013, 0630020153014, 0630020153017, 0630020153018, 0630020153019; VTD: 37: 0630017111000, 0630017111008; VTD: 38: 0630020161000, 0630020161001, 0630020161002, 0630020161003, 0630020161004, 0630020161005, 0630020161006, 0630020161007, 0630020161008, 0630020161010, 0630020162001, 0630020162002, 0630020162003, 0630020162004, 0630020162005, 0630020162006, 0630020162007, 0630020162008, 0630020162009, 0630020162010, 0630020162011, 0630020162012; VTD: 39: 0630020073000, 0630020073001, 0630020073002, 0630020073003, 0630020073004, 0630020073005, 0630020073006, 0630020073007, 0630020073008, 0630020073009, 0630020073010, 0630020073011, 0630020073012; VTD: 40: 0630006001012, 0630006001013, 0630006001014, 0630006001015, 0630006001016, 0630006001017, 0630006001018, 0630006001019, 0630006001020, 0630006001023, 0630006001024, 0630006001025, 0630006001026, 0630006001027, 0630006001028, 0630020151000, 0630020151005; VTD: 41, VTD: 42, VTD: 43: Block(s) 0630020153000, 0630020153001, 0630020153002, 0630020153003, 0630020153005, 0630020153007, 0630020153008, 0630020153009, 0630020153010, 0630020153011, 0630020153016; VTD: 44: 0630016032010, 0630016032011, 0630016032012, 0630016032013, 0630016032014, 0630016032015, 0630016032016, 0630016032017, 0630016032018, 0630016032023, 0630016032025, 0630016032026, 0630016032027; VTD: 45: 0630016012017, 0630016012018, 0630016013010, 0630016013012, 0630016032020, 0630016032021, 0630016032022, 0630016032041, 0630016032042,

0630016032043, 0630016032044; VTD: 46: 0630001022000, 0630001022001, 0630001022002, 0630001022003, 0630001022004, 0630001022005, 0630001022006, 0630001022007, 0630001022008, 0630001022009, 0630001022010, 0630001022011, 0630001022012, 0630001022013, 0630001022014, 0630001022015, 0630001022016, 0630001022017, 0630001022019, 0630001022034, 0630001022035, 0630017051000, 0630017051001, 0630017051002, 0630017051003, 0630017051004, 0630017051005, 0630017051006, 0630017051007, 0630017051008, 0630017051009, 0630017051010, 0630017051011, 0630017051012, 0630017051013, 0630017051014, 0630017051015, 0630017051016, 0630017051017, 0630017051018, 0630017051019, 0630017051020, 0630017051021, 0630017051022, 0630017051031, 0630017051032, 0630017051034, 0630017051035, 0630017053000, 0630017053001, 0630017053002, 0630017053017, 0630017053018, 0630017101024, 0630017101025, 0630017101026, 0630017102000, 0630017102001, 0630017102002, 0630017102003, 0630017102004, 0630017102005, 0630017102006, 0630017102007, 0630017102008, 0630017102009, 0630017102010, 0630017102011, 0630017102012, 0630017102013, 0630017112000, 0630017112001, 0630017112002, 0630017112003, 0630017112004, 0630017112005, 0630017112006, 0630017112007, 0630017112008, 0630017112009, 0630017112010; VTD: 47, VTD: 48: Block(s) 0630020072000, 0630020072001, 0630020072002, 0630020072003, 0630020072004, 0630020072008, 0630020072009, 0630020072010; VTD: 50: 0630017061019, 0630017061020, 0630017062004, 0630017062006, 0630017062007, 0630017062008, 0630017062025, 0630017062029, 0630017062030, 0630017062031, 0630017062032, 0630017072036, 0630017072037, 0630017072041, 0630017072042, 0630017072043, 0630017072044, 0630017072045, 0630017072046; VTD: 52, VTD: 53-1: Block(s) 0630020211000, 0630020211002, 0630020211015, 0630020211016, 0630020211017, 0630020211018, 0630020211019, 0630020211025, 0630020211026, 0630020211036, 0630020211037, 0630020211038, 0630020211039, 0630020212012; VTD: 54: 0630020212000, 0630020212001, 0630020221000, 0630020221001, 0630020221002, 0630020221003, 0630020221004, 0630020221005, 0630020221006, 0630020221007, 0630020221008, 0630020221009, 0630020221010, 0630020221011, 0630020221012, 0630020221013, 0630020222010, 0630020222011, 0630020222012, 0630020222013, 0630020222014, 0630020222015, 0630020222016, 0630020272000, 0630020272001, 0630020272002, 0630020272003, 0630020272004, 0630020272005, 0630020272006, 0630020272007, 0630020272008, 0630020272009, 0630020272010, 0630020272011, 0630020272012, 0630020272013, 0630020272014,

0630020272015, 0630020272016, 0630020272017, 0630020272018, 0630020272019, 0630020272020, 0630020272021, 0630020272022, 0630020272024, 0630020272025, 0630020272026, 0630020272027, 0630020272028, 0630020272029, 0630020272030, 0630020272031, 0630020272032, 0630020272035, 0630020272036, 0630020272037, 0630020272038, 0630020272039, 0630020272040, 0630020272041, 0630020272045, 0630020272051, 0630020272086, 0630020273000, 0630020273001, 0630020273002, 0630020273003, 0630020273004, 0630020273005; VTD: 55; Granville County.

District 21: Cumberland County: VTD: AH49: Block(s) 0510032033001, 0510032033002, 0510032033003, 0510032033004, 0510032033005, 0510032033006, 0510032033007, 0510032033008, 0510032033009, 0510032033010, 0510032033011, 0510032033012, 0510032033013, 0510032033015, 0510032033018, 0510032042002, 0510032042006, 0510032042007, 0510032043002, 0510032043003, 0510032043004, 0510032043005, 0510032043008, 0510032043009, 0510032043010, 0510032043011, 0510032043012, 0510032043013, 0510032043014, 0510032043015, 0510032043016, 0510032043017, 0510032043018, 0510032043019, 0510032043020, 0510032043021, 0510032043022, 0510032043023, 0510032043024, 0510032043025, 0510032043026, 0510032044000, 0510032044001, 0510032045000, 0510032045001, 0510032045002, 0510032045010, 0510032045012; VTD: CC01: 0510002001009, 0510002001010, 0510002001011, 0510002001012, 0510002001013, 0510002001017, 0510002001018, 0510002001019, 0510002001021, 0510002001022, 0510002001023, 0510002001024, 0510002001025, 0510002001026, 0510002001027, 0510002001028, 0510002001029, 0510002001030, 0510002001031, 0510002001032, 0510002001033, 0510002001034, 0510002001035, 0510002001036, 0510002002000, 0510002002001, 0510002002002, 0510002002003, 0510002002004, 0510002002005, 0510002002006, 0510002002007, 0510002002008, 0510002002009, 0510002002010, 0510002002011, 0510002002012, 0510002002013, 0510002002014, 0510002002015, 0510002002016, 0510002002017, 0510002002018, 0510002002019, 0510002002020, 0510002002021, 0510002002022, 0510002002023, 0510002002024, 0510002002025, 0510002002026, 0510002002027, 0510002003000, 0510002003001, 0510002003002, 0510002003003, 0510002003004, 0510002003005, 0510002003006, 0510002003007, 0510002003008, 0510002003009, 0510002003010, 0510002003011, 0510002003012, 0510002003013, 0510002003014, 0510002003015, 0510002003016, 0510002003017, 0510002003018, 0510002003023,

0510002003024, 0510002003027, 0510002003028, 0510002003029, 0510002003030, 0510002003031, 0510002003032, 0510002003036, 0510002003037, 0510002003038, 0510002003039, 0510002003040, 0510002003041, 0510002003042, 0510002003043, 0510002003044, 0510002003048, 0510002003049, 0510002003050, 0510002003051, 0510002003052, 0510005003000, 0510007022027, 0510007022028, 0510008001028, 0510008001031, 0510008003022, 0510008003023, 0510008003024, 0510008003032, 0510008003033, 0510038002020, 0510038002023, 0510038002024, 0510038002025, 0510038002026, 0510038002027, 0510038002043, 0510038002045, 0510038002046, 0510038002052, 0510038002055, 0510038002056, 0510038002057, 0510038002058, 0510038002059, 0510038002060, 0510038002063, 0510038002064, 0510038002065, 0510038002066, 0510038002067, 0510038002068, 0510038002069, 0510038002070, 0510038002071, 0510038002072, 0510038002073, 0510038002074, 0510038002075, 0510038002076, 0510038002077, 0510038002078, 0510038002079, 0510038002080, 0510038002081, 0510038002082, 0510038002083, 0510038002084, 0510038002085, 0510038003000, 0510038003001, 0510038003002, 0510038003003, 0510038003004, 0510038003005, 0510038003006, 0510038003007, 0510038003008, 0510038003009, 0510038003010, 0510038003011, 0510038003012, 0510038003013, 0510038003014, 0510038003015, 0510038003016, 0510038003017, 0510038003018, 0510038003019, 0510038003020, 0510038003021, 0510038003022, 0510038003023, 0510038003024, 0510038003025, 0510038003026, 0510038003027, 0510038003028, 0510038003029, 0510038003039, 0510038003040, 0510038003041, 0510038003042, 0510038003043, 0510038003044, 0510038003045, 0510038003046, 0510038003047, 0510038003048, 0510038003049, 0510038003050, 0510038003062, 0510038003063; VTD: CC03: 0510020011003, 0510020011004, 0510022001000, 0510022001001, 0510022001002, 0510022001003, 0510022001004, 0510022001005, 0510022001006, 0510022001007, 0510022001008, 0510022001009, 0510022001010, 0510022001011, 0510022001012, 0510022001013, 0510022001014, 0510022001015, 0510022001016, 0510022001017, 0510022001018, 0510022001019, 0510022001020, 0510022001021, 0510022001022, 0510022002000, 0510022002001, 0510022002002, 0510022002003, 0510022002004, 0510022002005, 0510022002006, 0510022002007, 0510022002008, 0510022002009, 0510022002010, 0510022002011, 0510022002012, 0510022002013, 0510022002014, 0510022002015, 0510022002016, 0510022002017, 0510022002018, 0510022002019, 0510022002020, 0510022002021, 0510022002022, 0510022002023,

0510022002024, 0510022002025, 0510022002026, 0510022002027, 0510022002028, 0510022002029, 0510022002031, 0510022002034, 0510022002035, 0510023001002, 0510023001003, 0510023001004, 0510023001005, 0510023001009, 0510023001010, 0510023001012, 0510023001013, 0510023001014, 0510023001015, 0510023001016, 0510023001017, 0510023001018, 0510023001020, 0510023001021, 0510023001022, 0510023001023, 0510023001024, 0510023001025, 0510023001026, 0510023001027, 0510023001028, 0510023001029, 0510023001030, 0510023001031, 0510023001032, 0510023001033, 0510023001034, 0510023001035, 0510023001036; VTD: CC04: 0510008001024, 0510038002008, 0510038002009, 0510038002010, 0510038002011, 0510038002012, 0510038002013, 0510038002014, 0510038002015, 0510038002016, 0510038002019; VTD: CC05, VTD: CC06: Block(s) 0510008002000, 0510009003002, 0510009003003, 0510009003006; VTD: CC08: 0510007021025, 0510007022000, 0510007022001, 0510007022009, 0510007022012, 0510008003020, 0510008003021, 0510008003029, 0510008003030, 0510008003031, 0510008003037; VTD: CC10: 0510006004001, 0510006004002, 0510006004003, 0510006004004, 0510006004005, 0510006004006, 0510006004008, 0510006004009; VTD: CC13, VTD: CC14: Block(s) 0510009003007, 0510009003008, 0510009003009, 0510020011000, 0510020011001, 0510020011002, 0510020011017, 0510021002000, 0510021002001, 0510021002002, 0510021002003, 0510021002004, 0510021002005, 0510021002006, 0510021002007, 0510021002008, 0510021002010, 0510021002013, 0510021002014, 0510021003000, 0510021003001, 0510021003002, 0510021003018, 0510021003019; VTD: CC15: 0510006001002, 0510006001006, 0510006001007, 0510006001008, 0510006005015, 0510018001000, 0510018001001, 0510018001002, 0510018001003, 0510018001004, 0510018001005, 0510018001006, 0510018001007, 0510018001008, 0510018001009, 0510018002000, 0510018002001, 0510018002002, 0510038003033, 0510038003034, 0510038003035, 0510038003060, 0510038003061; VTD: CC16, VTD: CC17, VTD: CC18: Block(s) 0510007013024, 0510007013026, 0510007013029, 0510007013030, 0510007013031, 0510007022010, 0510007022016, 0510007022017, 0510007022018, 0510007022019, 0510007022020, 0510007022023, 0510007022024, 0510007022025, 0510007022026, 0510038003030, 0510038003031, 0510038003032, 0510038003055; VTD: CC19, VTD: CC21: Block(s) 0510009001000, 0510009001001, 0510009001002, 0510009002000, 0510009002001, 0510009002002, 0510009002003, 0510009002004, 0510009002005, 0510009002006, 0510009002007, 0510009002008, 0510009002009, 0510009002010, 0510009002011, 0510009002012,

0510009002013, 0510009002014, 0510021001000, 0510021001001, 0510021001002, 0510021001003, 0510021001004, 0510021001005, 0510021001006, 0510021001007, 0510021001008, 0510021001009, 0510021001010, 0510021001011, 0510021001012, 0510021001013, 0510021001014, 0510021001015, 0510021001016, 0510021001017, 0510021001018, 0510021001019, 0510021001020, 0510021001021, 0510021001022, 0510021001023, 0510021001024, 0510021001025, 0510021001026, 0510021001027, 0510021001028, 0510023001006, 0510023001007, 0510023001042, 0510023001043, 0510023001044, 0510023001045, 0510023002000, 0510023002001, 0510023002002, 0510023002003, 0510023002004, 0510023002005, 0510023002006, 0510023002007, 0510023002008, 0510023002009, 0510023002010, 0510023002011, 0510023002012, 0510023002013, 0510023002014, 0510023002015, 0510023002016, 0510023002017, 0510023002018, 0510023002019, 0510023002020, 0510023002021, 0510023002022, 0510023002023, 0510023002024, 0510023002025, 0510023002026, 0510023002027, 0510023002028, 0510023002029, 0510023002030, 0510023002031, 0510023002032, 0510023002033, 0510023002034, 0510023002035, 0510023002036, 0510023002037, 0510023002038, 0510023002039, 0510023002040, 0510023002041, 0510023002042, 0510023002043, 0510023003007, 0510023003008, 0510023003009, 0510023003021, 0510023003024, 0510023003025, 0510023003026, 0510023003027, 0510023003028, 0510023003029, 0510023003031, 0510023003032, 0510023003033, 0510023003034, 0510023003035; VTD: CC25: 0510033051028, 0510033091011, 0510033092016; VTD: CC26: 0510033042003, 0510033042004, 0510033042005, 0510033042006, 0510033042007, 0510033042008, 0510033042009, 0510033042010, 0510033042011, 0510033042012, 0510033042013, 0510033043000, 0510033043001, 0510033043002, 0510033043003, 0510033043004, 0510033043005, 0510033043006, 0510033043008, 0510033043009, 0510033043010, 0510033093002, 0510033093003, 0510033093006, 0510033093007, 0510033093008; VTD: CC27: 0510033071008, 0510033101000, 0510033101001, 0510033101002, 0510033101003, 0510033101004, 0510033101005, 0510033101006, 0510033101007, 0510033101008, 0510033101009, 0510033103002, 0510033103018, 0510033103019, 0510033103020, 0510033103021, 0510033104000, 0510033104001, 0510033104002, 0510033104003, 0510033104004, 0510033104005, 0510033104006, 0510033104007, 0510033104008, 0510033104009, 0510033104012, 0510033104013, 0510033104014, 0510033104015, 0510033111000, 0510033111001, 0510033111002, 0510033111003, 0510033111004, 0510033111005, 0510033111006,

0510033111007, 0510033111008, 0510033111009, 0510033111010, 0510033111011, 0510033111012, 0510033111013, 0510033111014, 0510033111016; VTD: CC29: 0510020021003, 0510020021004, 0510020021005, 0510020021006, 0510020021007, 0510020021008, 0510020021009, 0510020021010, 0510020021011, 0510020021012, 0510020021013, 0510020021014, 0510020021015, 0510020021016, 0510020021017, 0510020021018, 0510020021019, 0510020022000, 0510020022001, 0510020022002, 0510020022003, 0510020022004, 0510020022005, 0510020022006, 0510020022007, 0510020022008, 0510020023000, 0510020023001, 0510020023002, 0510020023003, 0510020023004, 0510020023005, 0510020023006, 0510020023007, 0510020023008, 0510020023009, 0510020023010, 0510020023011, 0510020023012, 0510020023013, 0510020023014, 0510020023015, 0510020023016, 0510020023017, 0510020023018, 0510020023019, 0510020023020, 0510020023021, 0510033022005; VTD: CC31: 0510019021000, 0510019021001, 0510019021002, 0510019021003, 0510019021004, 0510019021005, 0510019021006, 0510019021007, 0510019021008, 0510019021009, 0510019021010, 0510019021011, 0510019021012, 0510019021013, 0510019021014, 0510019021015, 0510019021016, 0510019021017, 0510019021018, 0510019021019, 0510019021020, 0510019021022, 0510019021024, 0510019021025, 0510019034000, 0510019034013, 0510032031000; VTD: CC32: 0510033053000, 0510033053001, 0510033053002, 0510033053003, 0510033053004, 0510033053005, 0510033053006, 0510033053007, 0510033053008, 0510033053009, 0510033053010, 0510033053011, 0510033053012, 0510033053013, 0510033053014, 0510033053016, 0510033053017, 0510033053018; VTD: CC33: 0510033042000, 0510033042001, 0510033042002, 0510033044000, 0510033044001, 0510033044002, 0510033044003, 0510033044004, 0510033044005, 0510033044006, 0510033044007, 0510033044008, 0510033044009, 0510033044010, 0510033044011, 0510033045001, 0510033045005, 0510033045013, 0510033046000, 0510033046001, 0510033046002, 0510033046003, 0510033046004, 0510033046005, 0510033046006, 0510033046007; VTD: CL57, VTD: CU02: Block(s) 0510017001036, 0510019021026, 0510019021027, 0510019021032, 0510019022000, 0510019022003, 0510019022004, 0510019022016, 0510019022017, 0510019022019, 0510019022020, 0510019022021; VTD: EO61-1: 0510014002008, 0510014002011, 0510014002012, 0510014002013, 0510014002014, 0510014002015, 0510014002016, 0510014002017, 0510014002018, 0510014002019, 0510014002027, 0510014002028, 0510014002029, 0510014002030, 0510026001120, 0510026002017,

0510026002023, 0510026002024, 0510026002025, 0510026002026, 0510026002027, 0510026002028, 0510026002029, 0510026002030, 0510026002031, 0510026002032, 0510026002034, 0510026002035, 0510026002036, 0510026002037, 0510026002038, 0510026002039, 0510026002040, 0510026002041, 0510026002042, 0510026002043, 0510026002044, 0510026002045, 0510026002046, 0510026002047, 0510026002048, 0510026002049, 0510026002051, 0510026002052, 0510026002053, 0510026002054, 0510026002055, 0510026002056, 0510026002057, 0510026002061, 0510026002062, 0510026002063, 0510026002064, 0510026002067, 0510026002068, 0510026002069, 0510026002073, 0510026002093, 0510026002094, 0510026002095, 0510026002096, 0510026002097, 0510026002106, 0510026002107, 0510026002108, 0510026002110, 0510026002111, 0510026003010, 0510026003011, 0510026003012, 0510026003013, 0510026003014, 0510026003015, 0510026003016, 0510026003017; VTD: EO61-2: 0510027002028, 0510027002029, 0510027002030, 0510027002032, 0510027002033, 0510027002034, 0510027002036, 0510027002037, 0510027002038, 0510027002039, 0510027002040, 0510027002048, 0510027003001, 0510027003004, 0510027003007, 0510027004000; VTD: G1: 0510014001003, 0510014001004, 0510014001005, 0510014001006, 0510014001007, 0510014001008, 0510014001009, 0510014001010, 0510014001011, 0510014001012, 0510014001013, 0510014001014, 0510014001015, 0510014001016, 0510014001017, 0510014001018, 0510014001019, 0510014001020, 0510014001021, 0510014001022, 0510014001023, 0510014001024, 0510014001025, 0510014001026, 0510014001030, 0510014001031, 0510014001032, 0510014001039, 0510014001040, 0510014001041, 0510014001042, 0510014001043, 0510014001044, 0510014002036, 0510014002037, 0510014002038, 0510014002039, 0510014002040, 0510014002041, 0510014002042, 0510014002043, 0510014002044, 0510014002045, 0510014002046, 0510014002048, 0510014002049, 0510014002050, 0510014002052, 0510014002053, 0510014002054, 0510014002055, 0510014002056, 0510014002057, 0510014002058, 0510014002059, 0510014002060, 0510014002061, 0510014002062, 0510014002063, 0510014002064, 0510014002065, 0510014002066, 0510014002067, 0510014002068, 0510014002069, 0510014004019, 0510014004020, 0510014004029, 0510014004030, 0510014004031, 0510014004032, 0510014004033, 0510014004034, 0510014004035, 0510014004036, 0510014004037, 0510014004038, 0510014004039, 0510014004040, 0510014004041, 0510014004042, 0510014004043, 0510014004044, 0510014004048, 0510014004049, 0510014004050, 0510014004052, 0510014004053,

0510014005018, 0510014005019, 0510014005020, 0510014005021, 0510014005022, 0510014005023, 0510014005024, 0510014005025, 0510026002113; VTD: G10: 0510032012000, 0510032012005, 0510032012008, 0510032012018; VTD: G11: 0510033132008, 0510034011000, 0510034011001, 0510034011002, 0510034011003, 0510034011029, 0510034011030, 0510034011031, 0510034011032, 0510034011033, 0510034011041, 0510034011042, 0510034011043, 0510034012002, 0510034012069, 0510034021000, 0510034021016, 0510034021018, 0510034041002, 0510034082022, 0510035001000, 0510035001002, 0510035001003, 0510035001004, 0510035001005, 0510035001006, 0510035001007, 0510035001008, 0510035001010, 0510035001012, 0510035001016, 0510035001027, 0510035001028, 0510035001029, 0510035001030, 0510035002000, 0510035002001, 0510035002002, 0510035002003, 0510035002004, 0510035002005, 0510035002006, 0510035002007, 0510035002008, 0510035002009, 0510035002010, 0510035002011, 0510035002012, 0510035002013, 0510035002014, 0510035002015, 0510035002016, 0510035002017, 0510035002018, 0510035002019, 0510035002020, 0510035002021, 0510035002022, 0510035002023, 0510035002024, 0510035002025, 0510035002026, 0510035002027, 0510035002028, 0510035002029, 0510035003000, 0510035003001, 0510035003002, 0510035003003, 0510035003004, 0510035003005, 0510035003006, 0510035003007, 0510035003008, 0510035003009, 0510035003010, 0510035003011, 0510035003012, 0510035003013, 0510035003014, 0510035003015, 0510035003016, 0510035003017, 0510035003018, 0510035003019, 0510035003020, 0510035003021, 0510035003022, 0510035003023, 0510035003024, 0510035003025, 0510035003026, 0510035003027, 0510035003028, 0510035003029, 0510035003030, 0510035003031, 0510035003032, 0510035003033, 0510035003034, 0510035003035, 0510035003036, 0510035003037, 0510035004000, 0510035004001, 0510035004004, 0510035004005, 0510035004006, 0510035004007, 0510035004008, 0510035004009, 0510035004010, 0510035004011, 0510035004012, 0510035004013, 0510035004014, 0510035004015, 0510035004016, 0510035004017, 0510035004018, 0510035004019, 0510035004020, 0510035004021, 0510035004022, 0510035004023, 0510035004024, 0510035004025, 0510035004026, 0510035004027, 0510035004028, 0510036001000, 0510036001001, 0510036001002, 0510036001003, 0510036001004, 0510036001005, 0510036001006, 0510036001007, 0510036001008, 0510036001009, 0510036001010, 0510036001011, 0510036001012, 0510036001013, 0510036001014, 0510036001015, 0510036001016, 0510036001017, 0510036001018,

0510036001019, 0510036001020, 0510036001021, 0510036001022, 0510036001023, 0510036001024, 0510036001025, 0510036001026, 0510036001027, 0510036001028, 0510036001029, 0510036001030, 0510036001031, 0510036001032, 0510036001033, 0510036001034, 0510036001035, 0510036001036, 0510036001038, 0510036001039, 0510036001040, 0510036001041, 0510036001042, 0510036001054, 0510036002000, 0510036002001, 0510036002002, 0510036002003, 0510036002004, 0510036002005, 0510036002006, 0510036002007, 0510036002008, 0510036002009, 0510036002010, 0510036002011, 0510036002012, 0510036003000, 0510036003001, 0510036003002, 0510036003003, 0510036003004, 0510036003005, 0510036003006, 0510036003007, 0510036003008, 0510036003009, 0510036003010, 0510036003011, 0510036003014, 0510036003015, 0510036003016, 0510036003017, 0510036003018, 0510036003019, 0510036003020, 0510036003021, 0510036003022, 0510036003023, 0510036003024, 0510036003025, 0510036003026, 0510036003027, 0510036003028, 0510036003029, 0510036003030, 0510036003031, 0510036003032, 0510036003033, 0510036003034, 0510036003035, 0510036003036, 0510036003037, 0510036003038, 0510036003039, 0510036003040, 0510036003041, 0510036003042, 0510036003043, 0510036003044, 0510036003045, 0510036003046, 0510036003047, 0510036003048, 0510036003049, 0510036003050, 0510036003051, 0510036004010, 0510036004015, 0510036004022, 0510036004023, 0510036004024, 0510036004025, 0510036004026, 0510036004031, 0510036004032, 0510036004033, 0510036004034, 0510036004035, 0510036004036, 0510036004037, 0510036004038, 0510036004039, 0510036004040, 0510036004041, 0510036004042, 0510036004043, 0510036004044, 0510036004045, 0510036004046, 0510036004047, 0510036004048, 0510036004049, 0510036004050, 0510036004051, 0510036004052, 0510036004053, 0510036004054, 0510036004055, 0510036004056, 0510036004057, 0510037001009, 0519801001000, 0519801001001, 0519801001002, 0519801001003, 0519801001004, 0519801001005, 0519801001006, 0519801001007, 0519801001008, 0519801001009, 0519801001010, 0519801001011, 0519801001012, 0519801001013, 0519801001014, 0519801001015, 0519801001016, 0519801001017, 0519801001018, 0519801001019, 0519801001020, 0519801001021, 0519801001022, 0519801001023, 0519801001024, 0519801001025, 0519801001026, 0519801001027, 0519801001028, 0519801001029, 0519801001030, 0519801001031, 0519801001032, 0519801001033, 0519801001034, 0519801001035, 0519801001036, 0519801001037, 0519801001038, 0519801001039, 0519801001040, 0519801001041,

0519801001042, 0519801001043, 0519801001045, 0519801001046, 0519801001047, 0519801001049, 0519801001051, 0519801001052, 0519801001053, 0519801001054, 0519801001055, 0519801001056, 0519801001057, 0519801001058, 0519801001059, 0519801001060, 0519801001061, 0519801001062, 0519801001063, 0519801001064, 0519801001065, 0519801001066, 0519801001067, 0519801001068, 0519802001022, 0519802001023, 0519802001024, 0519802001025, 0519802001026, 0519802001028, 0519802001029, 0519802001030, 0519802001031, 0519802001032, 0519802001033, 0519802001034, 0519802001035, 0519802001036, 0519802001037, 0519802001038; VTD: G2: 0510012001000, 0510012001001, 0510012001002, 0510012001003, 0510012001004, 0510012001005, 0510012001006, 0510012001007, 0510012001008, 0510012001009, 0510012001010, 0510012004001, 0510012004002, 0510012004003, 0510012004004, 0510012004021, 0510012004022, 0510012004023, 0510012004024, 0510012004025, 0510012004026, 0510012004027, 0510012004028, 0510024011000, 0510024011001, 0510024011002, 0510024011003, 0510024011004, 0510024011005, 0510024011006, 0510024011007, 0510024011008, 0510024011009, 0510024011010, 0510024011011, 0510024011013, 0510024011014, 0510024011015, 0510024011016, 0510024011017, 0510024011018, 0510024011019, 0510024011022, 0510024011024, 0510024011025, 0510024011026, 0510024011027, 0510024011028, 0510024011029, 0510024011030, 0510024011034, 0510024011035, 0510024011036, 0510024011038, 0510024011041, 0510024011042, 0510024011043, 0510024012004, 0510024012007, 0510024012025, 0510024021000, 0510024021005, 0510024022000, 0510024022001, 0510024022002, 0510024022003, 0510024022004, 0510024022005, 0510024022006, 0510024022007, 0510024023000, 0510024023001, 0510024023002, 0510024023003, 0510024023004, 0510024023005, 0510024023006, 0510024023007, 0510024023008, 0510024023009, 0510024023011, 0510024023012, 0510024023013, 0510025011000, 0510025011001, 0510025011002, 0510025011003, 0510025011004, 0510025011005, 0510025011006, 0510025011007, 0510025011008, 0510025011009, 0510025011010, 0510025011011, 0510025011012, 0510025011013, 0510025011014, 0510025011015, 0510025011016, 0510025011017, 0510025011018, 0510025011019, 0510025011020, 0510025011021, 0510025011022, 0510025011023, 0510025012000, 0510025012001, 0510025012002, 0510025012003, 0510025012004, 0510025012005, 0510025012006, 0510025012008, 0510025012010, 0510025012011, 0510025012012, 0510025012013, 0510025013001, 0510025013002, 0510025013009, 0510025013010, 0510025013011,

0510025013012, 0510025013013, 0510025013018, 0510025013019,
0510025013020, 0510025013021, 0510025013022, 0510025013023,
0510025013024, 0510025013025, 0510025013026, 0510025013027,
0510025013028, 0510025013029, 0510025013030, 0510025013031,
0510025013032, 0510025013033, 0510025013034, 0510025013035,
0510025013036, 0510025013038, 0510025013041, 0510025013042,
0510025013043, 0510025013044, 0510025013045, 0510025013046,
0510025013047, 0510025013048, 0510025013049, 0510025013050,
0510025013051, 0510025013052, 0510025013053, 0510025013054,
0510025013055, 0510025013056, 0510025013057, 0510025013062,
0510025013063, 0510025013064, 0510025013065, 0510025013068,
0510025013071, 0510025013072, 0510025013073, 0510025013074,
0510025013075, 0510025013076, 0510025013077, 0510025013078,
0510025013079, 0510025013081, 0510025021000, 0510025021001,
0510025021002, 0510025021003, 0510025021004, 0510025021005,
0510025021006, 0510025021007, 0510025021008, 0510025021009,
0510025021010, 0510025021011, 0510025021012, 0510025021013,
0510025021015, 0510025021016, 0510025021021, 0510025021022,
0510025021067, 0510025022083, 0510025022084, 0510025023014,
0510025023015, 0510025023016, 0510025023017, 0510025023018,
0510025023019, 0510025023020, 0510025023021, 0510025023022,
0510025023023, 0510025023024, 0510025023025, 0510025023026,
0510025023033, 0510025023034, 0510025023035, 0510025023036,
0510025031022, 0510025031025, 0510025033010, 0510025033011,
0510025033012, 0510025033013, 0510025033014, 0510025033015,
0510025033020, 0510025033021, 0510025033022, 0510025033023,
0510025033031, 0510025033032, 0510025041004, 0510025041005,
0510025041006, 0510025041008, 0510025041009, 0510025041010,
0510025041012, 0510025041013, 0510025041014, 0510025041015,
0510025041016, 0510025041017, 0510025041018, 0510025041019,
0510025041020, 0510025041021, 0510025041022, 0510025041023,
0510025041024, 0510025041025, 0510025041026, 0510025041027,
0510025041028, 0510025041029, 0510025041030, 0510025042000,
0510025042001, 0510025042002, 0510025042003, 0510025042006,
0510025042008, 0510025042010, 0510025042011, 0510025042012,
0510025042013, 0510025042039, 0510025042040, 0510025042041,
0510025042042, 0510025042043, 0510025042046, 0510025043013,
0510025043014, 0510025043018, 0510025043020, 0510025043021,
0510025043022, 0510025043023, 0510025043024, 0510025043025,
0510025043026, 0510025043029, 0510025043030, 0510025043032,
0510025043033, 0510025043034, 0510025043035, 0510025043036,

0510025043037, 0510025043038, 0510037001022, 0510037001025, 0510037003088, 0510037003089, 0510037003090, 0510037003098, 0510037003099, 0510037003100, 0510037003101, 0510037003104, 0510037003105, 0510037003107, 0510037003114, 0519802001027; VTD: G3: 0510005001002, 0510005001003, 0510005001015, 0510005001016, 0510005001029, 0510005001030, 0510005001031, 0510005001032, 0510005001033, 0510005001034, 0510005001035, 0510005001037, 0510005001040, 0510005002044, 0510005003001, 0510005003002, 0510005003003, 0510005003004, 0510005003005, 0510005003006, 0510005003007, 0510005003008, 0510005003014, 0510005003021, 0510005003022, 0510005003023, 0510005003024, 0510005003025, 0510005003026, 0510005003035, 0510005003036, 0510005003037, 0510005003038, 0510005003039, 0510005003040, 0510015001000, 0510015001045, 0510015001075, 0510015001076, 0510015001082, 0510015001083, 0510015001084, 0510015001111, 0510015001114, 0510015001116, 0510015001117, 0510015001120, 0510015001122, 0510015002001, 0510015002002, 0510015002011, 0510015002012, 0510015002013, 0510015002014, 0510015002017, 0510015002018, 0510015002039, 0510016031000, 0510016031001, 0510016031002, 0510016031003, 0510016031004, 0510016031005, 0510016031009, 0510016031010, 0510016031011, 0510016031012, 0510016031013, 0510016031014, 0510016031015, 0510016031016, 0510016031017, 0510016031018, 0510016031019, 0510016031020, 0510016031022, 0510016031023, 0510016031024, 0510016031025, 0510016031026, 0510016031027, 0510016032001, 0510016032002, 0510016032005, 0510016032006, 0510016032008, 0510016032009, 0510016032010, 0510016032021, 0510016032045, 0510016032046, 0510016032047, 0510016032048, 0510016042001, 0510016042002, 0510016042003, 0510016042004, 0510016042005, 0510016042006, 0510016042007, 0510016042008, 0510016042009, 0510016042010, 0510016042011, 0510016042012, 0510016042013, 0510016042014, 0510016042015, 0510016042016, 0510016042018, 0510016042019, 0510016042020, 0510016042021, 0510016042022, 0510016043000, 0510016043001, 0510016043002, 0510016043003, 0510016043012, 0510016043018, 0510016043029, 0510016043030, 0510016043031, 0510016043032, 0510016043033, 0510016043034, 0510016043035, 0510016043036, 0510016043037, 0510016043038, 0510016043040, 0510016043042, 0510016043043, 0510016043044, 0510016043046, 0510016043047, 0510038003036, 0510038003037, 0510038003038, 0510038003051, 0510038003052, 0510038003053, 0510038003054, 0510038003056, 0510038003057, 0510038003058, 0510038003059; VTD: G4: 0510017001005,

0510017001024, 0510017001026, 0510017001027, 0510017001030, 0510017001031, 0510017001032, 0510017001033, 0510017001034, 0510017001037, 0510017002006, 0510017002012, 0510017002013, 0510017002014, 0510017002015, 0510017002016, 0510017002017, 0510017002018, 0510017002019, 0510017002029, 0510017002030, 0510017002031, 0510017002032, 0510017002035, 0510017002036, 0510017003000, 0510017003001, 0510017003002, 0510017003003, 0510017003004, 0510017003005, 0510017003006, 0510017003007, 0510017003008, 0510017003009, 0510017003010, 0510017003012, 0510017003015, 0510017003016, 0510017003017, 0510017003018, 0510017003019, 0510017003020, 0510017003021, 0510017003022, 0510017003023, 0510017003024, 0510018001012, 0510018001013, 0510018001016, 0510018001017, 0510018001018, 0510018001019, 0510018001020, 0510018001021, 0510018001034, 0510018001035, 0510018002003, 0510018002004, 0510018002005, 0510018002006, 0510018002007, 0510018002008, 0510018002009, 0510018002010, 0510018002011, 0510018002014, 0510018002015, 0510018002016, 0510018002017, 0510018002018, 0510018002019, 0510018002020; VTD: G5: 0510032011000, 0510032011001, 0510032011002, 0510032011003, 0510032011004, 0510032011005, 0510032011006, 0510032011007, 0510032011008, 0510032011009, 0510032011010, 0510032011011, 0510032011012, 0510032011013, 0510032011014, 0510032011015, 0510032011016, 0510032011017, 0510032011018, 0510032011019, 0510032011020, 0510032011024, 0510032011025, 0510032011026, 0510032011027, 0510032011028, 0510032011029, 0510032011030, 0510032011031, 0510032011032, 0510032011033, 0510032011034, 0510032011035, 0510032011036, 0510032031001, 0510032031002, 0510032031003, 0510032031004, 0510032031005, 0510032031006, 0510032031007, 0510032031008, 0510032031009, 0510032031010, 0510032031011, 0510032031012, 0510032031014, 0510032031017, 0510032031018, 0510032031019, 0510032031020, 0510032032014, 0510032032015, 0510032032016, 0510032032019, 0510032032020, 0510032032021, 0510032032022, 0510032041000, 0510032041001, 0510032041002, 0510032041003, 0510032041006, 0510032041008, 0510032041009, 0510032041010, 0510032051004, 0510032051012, 0510032051013, 0510032051020, 0510032051021, 0510032051023, 0510032051024, 0510032051025, 0510032051027, 0510032052000, 0510032052001, 0510032052002, 0510032052012, 0510032052013, 0510032052014, 0510032052015, 0510032052016, 0510032052017, 0510032052018, 0510032052019, 0510032052021, 0510032053000, 0510032053001, 0510032053002, 0510032053003, 0510032053004,

0510032053005, 0510032053006, 0510032053007, 0510032053008, 0510033021000, 0510033021001, 0510033021002, 0510033021003, 0510033021004, 0510033021005, 0510033021006, 0510033021007, 0510033021008, 0510033021009, 0510033021010, 0510033021011, 0510033021012, 0510033021013, 0510033021014, 0510033021015, 0510033021016, 0510033021017, 0510033021018, 0510033021019, 0510033022003, 0510033022006, 0510033022007, 0510033022008, 0510033022009, 0510033022010, 0510033022011, 0510033022012, 0510033022013, 0510033022014, 0510033022015, 0510033022016, 0510033022017, 0510033022018, 0510033022019, 0510033022020, 0510033022021, 0510033022022, 0510033022023, 0510033022024, 0510033022025, 0510033022026, 0510033022027, 0510033022028, 0510033022029, 0510033071000, 0510033071001, 0510033071002, 0510033071003, 0510033071004, 0510033071005, 0510033071006, 0510033071007, 0510033071011, 0510033071012, 0510033071013, 0510033072009, 0510033072010, 0510033072011, 0510033072012, 0510033072013, 0510033072014, 0510033072015, 0510033072016, 0510033072017, 0510033072018, 0510033072019, 0510033072020, 0510033072021, 0510033072022, 0510033072023, 0510033072024, 0510033072025, 0510033072026, 0510033072027, 0510033072028, 0510033142023; VTD: G7: 0510026001018, 0510026001019, 0510026001115, 0510026001116, 0510026001117, 0510026001118, 0510026001119, 0510026002003, 0510026002004, 0510026002010, 0510026002011, 0510026003000, 0510026003001, 0510026003002, 0510026003003, 0510026003004, 0510026003005, 0510026003006, 0510026003007, 0510026003008, 0510026003009, 0510027001060, 0510027001061, 0510027001062, 0510027001063, 0510027001064, 0510027001065; VTD: G8: 0510016032019, 0510016032020, 0510016032022, 0510016032023, 0510017001035, 0510017003011, 0510017003013, 0510017003014, 0510017004023, 0510017004024, 0510017004025, 0510017004026, 0510017004027, 0510017004028, 0510017004029, 0510017004030, 0510017004031, 0510017004032, 0510017004033, 0510017004034, 0510017004035, 0510017004036, 0510017004037, 0510017004038, 0510017004039, 0510017004040, 0510017004041, 0510017004042, 0510017004043, 0510017004047, 0510017004048, 0510019011007, 0510019011008, 0510019011009, 0510019011010, 0510019011011, 0510019011012, 0510019011013, 0510019011014, 0510019011019, 0510019011020, 0510019011022, 0510019011023, 0510019011024, 0510019011025, 0510019011026, 0510019011028, 0510019011029, 0510019011032, 0510019011038, 0510019022018, 0510019022035, 0510019022036, 0510019022037, 0510019022038, 0510019031003,

0510019031004, 0510019031005, 0510019031008, 0510019031010, 0510019031015, 0510019031016, 0510019031017, 0510032033016, 0510032033017, 0510032033023, 0510032044002, 0510032044003, 0510032044004, 0510032044005, 0510032044006, 0510032044007, 0510032044008, 0510032044009, 0510032044010, 0510032044011, 0510032044012, 0510032045003, 0510032045007, 0510032045008, 0510032045009, 0510032045011, 0510032045015; VTD: G9: 0510015002007, 0510015002015, 0510015002016, 0510015002019, 0510015002020, 0510015002021, 0510015002022, 0510015002023, 0510015002024, 0510015002025, 0510015002026, 0510015002027, 0510015002028, 0510015002038, 0510030011015, 0510030011016, 0510030011017, 0510030011018, 0510030011055; VTD: LI65: 0510037003028, 0510037003029, 0510037003030, 0510037003031, 0510037003032, 0510037003034, 0510037003035, 0510037003036, 0510037003067, 0510037003068, 0510037003070, 0510037003071, 0510037003072, 0510037003075, 0510037003077, 0510037003078, 0510037003079, 0510037003080, 0510037003081, 0510037003082, 0510037003083, 0510037003084, 0510037003085, 0510037003086, 0510037003087, 0510037003091, 0510037003092, 0510037003093, 0510037003094, 0510037003095, 0510037003096, 0510037003097, 0510037003102, 0510037003108, 0510037003109; VTD: LR63, VTD: MB62, VTD: MR02: Block(s) 0510033051004, 0510033051012, 0510033051021, 0510033051022, 0510033051023, 0510033051024, 0510033051025, 0510033051026, 0510033051027, 0510033052000, 0510033052001, 0510033052003, 0510033052004, 0510033052005, 0510033052006, 0510033052007, 0510033052014, 0510033052017, 0510033052018, 0510033091012, 0510033091014, 0510033091018, 0510033091019, 0510033104010; Hoke County.

District 22: Caswell County, Durham County: VTD: 01: Block(s) 0630001021004, 0630001021005, 0630001021006, 0630003021007, 0630003021008, 0630003021009, 0630003021010, 0630003021011, 0630003021012, 0630003021013, 0630003021014, 0630003022003, 0630003022004, 0630003022005, 0630003022006, 0630003022007, 0630003022014, 0630003022015; VTD: 02: 0630003012000, 0630003012013, 0630003013000, 0630003013001, 0630003013008, 0630003013009, 0630003013010, 0630003013011, 0630003013012, 0630003013013, 0630003013014, 0630003013015, 0630003013016, 0630003013017, 0630003023005, 0630003023006, 0630003023012, 0630003023013, 0630003023014, 0630003023020, 0630003023028, 0630003023029, 0630003023030, 0630003023033, 0630004011000, 0630004011001,

0630004011002, 0630004011003, 0630004011018, 0630004011021, 0630004012021, 0630004012022, 0630004013024, 0630004021000, 0630004021018, 0630004021028, 0630004021029, 0630015031000, 0630015031001, 0630022001011; VTD: 03: 0630004013016, 0630004013017, 0630004013018, 0630004013019, 0630004013020, 0630004013021, 0630004013022, 0630004013023, 0630004021001, 0630004021002, 0630004021003, 0630004021004, 0630004021005, 0630004021006, 0630004021007, 0630004021008, 0630004021009, 0630004021012, 0630004021013, 0630004021014, 0630004021015, 0630004021016, 0630004021017, 0630004021026, 0630004021027, 0630004021032, 0630004021033, 0630004021034, 0630004021039, 0630004021040, 0630004021041, 0630004021042, 0630004021043, 0630004021044, 0630004021045, 0630004021046, 0630004021047, 0630004021051, 0630004021052, 0630004021053, 0630004021054, 0630004021055, 0630004021056; VTD: 04: 0630004011004, 0630004011005, 0630004011006, 0630004011007, 0630004011008, 0630004011009, 0630004011010, 0630004011011, 0630004011012, 0630004011013, 0630004011014, 0630004011015, 0630004011016, 0630004011017, 0630004011019, 0630004011020, 0630004011022, 0630004011023, 0630004011024, 0630004011026, 0630004011027, 0630004011028, 0630004012001, 0630004012002, 0630004012003, 0630004012004, 0630004012005, 0630004012006, 0630004012007, 0630004012008, 0630004012009, 0630004012010, 0630004012011, 0630004012012, 0630004012013, 0630004012014, 0630004012015, 0630004012016, 0630004012017, 0630004012018, 0630004012019, 0630004012020, 0630004013000, 0630004013001, 0630004013002, 0630004013003, 0630004013004, 0630004013005, 0630004013012; VTD: 05: 0630005001018, 0630005001019, 0630005001027, 0630005001028, 0630006003001, 0630015011002, 0630015011003, 0630015011004, 0630015011005, 0630015011006, 0630015011007, 0630015011008, 0630015011009, 0630015011010, 0630015011011, 0630015011012, 0630015011013, 0630015011014, 0630015021001, 0630015021002, 0630015021003, 0630015021008, 0630015021009, 0630015022000, 0630015022001, 0630015022002, 0630015022003, 0630015023012, 0630015023013, 0630015023014, 0630015023015, 0630015023016, 0630015023018, 0630015024006, 0630015024007; VTD: 06: 0630006002000, 0630006002002, 0630006002003, 0630006002004, 0630006002005, 0630006002007, 0630006002008, 0630006002009, 0630006002010, 0630006002011, 0630006002012, 0630006002013, 0630006002014, 0630006002015, 0630006002016, 0630006002017, 0630006002018, 0630006002019, 0630006002021, 0630006002022, 0630006002023, 0630006002024, 0630006003003,

0630006003005, 0630006003006, 0630006003007, 0630006003008, 0630006003009, 0630006003010, 0630006003011, 0630006003012, 0630006003013, 0630006003014, 0630006003015, 0630006003016, 0630006003017, 0630006003018, 0630006003019, 0630006003020; VTD: 07: 0630003023003, 0630003023004, 0630003023007, 0630003023008, 0630003023009, 0630003023010, 0630003023011, 0630003023015, 0630003023016, 0630003023019, 0630003023021, 0630003023022, 0630003023023, 0630003023024, 0630003023025, 0630003023026, 0630003023027, 0630003023031, 0630003023032, 0630005001010, 0630005002000, 0630007001000, 0630007001001, 0630007001008, 0630007001011, 0630007001012, 0630007001013, 0630007001014, 0630022001007, 0630022001008, 0630022001009, 0630022001010, 0630022001012, 0630022001013, 0630022001014, 0630022001015, 0630022001016, 0630022001017, 0630022001024, 0630022001025, 0630022001026, 0630022001027, 0630022001028, 0630022001029, 0630022001030, 0630022001031, 0630022001032, 0630022001033, 0630022001034, 0630022001035, 0630022001036, 0630022001037, 0630022001038, 0630022001039, 0630022001060; VTD: 08: 0630007001018, 0630007001019, 0630007002006, 0630007002007, 0630007002008, 0630007002009, 0630007002010, 0630007002011, 0630022001059, 0630022001079; VTD: 09: 0630007002012, 0630007002013, 0630007002014, 0630007002015, 0630007002016, 0630007002020, 0630007002022, 0630007002023, 0630007002024, 0630007002025, 0630007002026, 0630007002027, 0630007002028, 0630007002029, 0630007002030, 0630007002031, 0630007002032, 0630007002033, 0630007002034, 0630007002036, 0630007002037, 0630007002038, 0630007002039, 0630007003000, 0630007003001, 0630007003002, 0630007003003, 0630007003004, 0630007003005, 0630007003006, 0630007003007, 0630007003008, 0630007003009, 0630007003010, 0630007003011, 0630007003012, 0630020071002, 0630020071003, 0630020071004, 0630020071005, 0630020071006, 0630020071008, 0630020071009, 0630020071010, 0630020071011, 0630020071012, 0630020071013, 0630020071019, 0630020071020; VTD: 16: 0630020072022, 0630020072023, 0630020231000, 0630020231001, 0630020231002, 0630020231003, 0630020231004, 0630020232000, 0630020232001, 0630020232002, 0630020232003, 0630020232004; VTD: 17: 0630022001004, 0630022001005, 0630022001006, 0630022001018, 0630022001019, 0630022001020, 0630022001021, 0630022001040, 0630022001041, 0630022001042, 0630022001043, 0630022001044, 0630022001046, 0630022001047, 0630022001057, 0630022001058, 0630022001061; VTD: 20: 0630002002019, 0630002002020, 0630002003000, 0630002003001, 0630002003002,

0630002003003, 0630002003004, 0630002003005, 0630002003006, 0630002003007, 0630002003008, 0630002003009, 0630002003010, 0630002003011, 0630002003014, 0630002003015, 0630002003016, 0630002003017, 0630002003018, 0630002003019, 0630002003020, 0630002003021, 0630002003022, 0630002003025, 0630002003026, 0630002003027, 0630002003028, 0630003021000, 0630003021001, 0630003021002, 0630003021003, 0630003021004, 0630003021005, 0630003021006, 0630003021015, 0630003021016, 0630003021017, 0630003021018, 0630003021019, 0630003021020, 0630003021021, 0630003022000, 0630003022001, 0630003022002, 0630003022008, 0630003022009, 0630003022010, 0630003022011, 0630003022012, 0630003022013, 0630003023000, 0630003023001, 0630003023002, 0630003023017, 0630003023018; VTD: 21: 0630003011000, 0630003011014, 0630003011015, 0630003011018; VTD: 24: 0630017051023, 0630017051024, 0630017051025, 0630017051026, 0630017051027, 0630017051028, 0630017051029, 0630017051033, 0630017051037, 0630017052000, 0630017052001, 0630017052002, 0630017052003, 0630017052004, 0630017052005, 0630017052006, 0630017052007, 0630017052008, 0630017052009, 0630017052010, 0630017052011, 0630017052012, 0630017052015, 0630017052016, 0630017052017, 0630017052018, 0630017052019, 0630017052020, 0630017052021, 0630017052022, 0630017052023, 0630017052024, 0630017052025, 0630017052026, 0630017052027, 0630017052028, 0630017052029, 0630017052030, 0630017052031, 0630017053005, 0630017053006, 0630017053007, 0630017053008, 0630017053009, 0630017075010, 0630017075011, 0630017075012, 0630017075013, 0630017075014, 0630017075015, 0630017075016, 0630017075017, 0630017111015; VTD: 25: 0630016011000, 0630016011001, 0630016011002, 0630016011003, 0630016011004, 0630016011005, 0630016011006, 0630016011007, 0630016011008, 0630016011009, 0630016011010, 0630016011011, 0630016011012, 0630016011013, 0630016011014, 0630016011015, 0630016011016, 0630016011017, 0630016011018, 0630016011019, 0630016011020, 0630016011021, 0630016011022, 0630016011023, 0630016011024, 0630016011025, 0630016011026, 0630016011027, 0630016011028, 0630016011029, 0630016011030, 0630016011031, 0630016011032, 0630016011033, 0630016011034, 0630016011035, 0630016011036, 0630016011037, 0630016013000, 0630016013001, 0630016013002, 0630016013003, 0630016013004, 0630016013005, 0630016013006, 0630016013007, 0630016013008, 0630016013009, 0630016013016, 0630016013024, 0630016033000, 0630016033001, 0630016033002, 0630016033003, 0630016033004, 0630016033005, 0630016033006,

0630016033007, 0630016033008, 0630016033009, 0630016033010, 0630016033011, 0630016033012, 0630016033013, 0630016033016, 0630016033017, 0630016034000, 0630016034001, 0630016034002, 0630016034003, 0630016034004, 0630016034005, 0630016034006, 0630016034007, 0630016034008, 0630016034009, 0630016034010, 0630016034011, 0630016034018, 0630016034019, 0630016034020, 0630016034021, 0630016034022, 0630021003044, 0630021003045, 0630021003046, 0630021003047, 0630021003049, 0630021003050, 0630021003051, 0630021003055; VTD: 26, VTD: 27, VTD: 28, VTD: 29: Block(s) 0630018061010, 0630018061011, 0630018061012, 0630018061013, 0630018061014, 0630018061015, 0630018061016, 0630018061018, 0630018061019, 0630018061020, 0630018061021, 0630018061022, 0630018061023, 0630018061024, 0630018061025, 0630018061026, 0630018062000; VTD: 30-1: 0630018071000, 0630018071012, 0630018071013, 0630018071014, 0630018071015, 0630018071016, 0630018071017, 0630018071018, 0630018071019, 0630018071020, 0630018071021, 0630018071027, 0630018071029, 0630018071036, 0630018071039, 0630018071040, 0630018071042, 0630018071043, 0630018081006, 0630018081007, 0630018081014, 0630018081029, 0630018081030, 0630018081043, 0630018081045, 0630018081046, 0630018082009, 0630018082010, 0630018082011, 0630018082012, 0630018082013, 0630018082014, 0630018082015, 0630018082018, 0630018082023, 0630018082024, 0630018082025, 0630018082026, 0630018082027, 0630018082028, 0630018082029, 0630018082030, 0630018082031, 0630018082032, 0630018082033, 0630018082034, 0630018082035, 0630018082036, 0630018082037, 0630018082038, 0630018082039, 0630018082041, 0630018082042, 0630018082043, 0630018082044, 0630018082045, 0630018082046, 0630018082047, 0630018082048, 0630018082049, 0630018082050, 0630018082051, 0630018082052, 0630018082053, 0630018082054, 0630018082055, 0630018082056, 0630018082057, 0630018082058, 0630018082059, 0630018082060, 0630018082061, 0630018082062, 0630018082063, 0630018082064, 0630018082065, 0630018082066, 0630018082067, 0630018082068, 0630018082069, 0630018082070, 0630018082071, 0630018082072, 0630018082073, 0630018082074, 0630018082075, 0630018082076, 0630018082077, 0630018082078, 0630018082079, 0630018082080, 0630018082081, 0630018082082, 0630018082083, 0630018082084, 0630018082085, 0630018082086, 0630018082087, 0630018082088, 0630018082089, 0630018082090, 0630018082091, 0630018082092, 0630018082093, 0630018082094, 0630018082095, 0630018082096, 0630018082097, 0630018082098, 0630018082099,

0630018082100, 0630018082101, 0630018082102; VTD: 30-2:
0630018061033, 0630018061034, 0630018061035, 0630018061036,
0630018061037, 0630018061042, 0630018061043, 0630018061044,
0630018061045, 0630018061047, 0630018061048, 0630018061049,
0630018061065, 0630018061067, 0630018061068, 0630018062015; VTD: 31:
0630010013033, 0630010013034, 0630010013038, 0630010013039,
0630010013040, 0630010013043, 0630018024009, 0630018071037,
0630018071038, 0630018091000, 0630018091001, 0630018091002,
0630018091003, 0630018091004, 0630018091005, 0630018091006,
0630018091007, 0630018091008, 0630018091009, 0630018091010,
0630018091011, 0630018091012, 0630018091013, 0630018091014,
0630018091015, 0630018091016, 0630018091017, 0630018091018,
0630018091019, 0630018091020, 0630018091021, 0630018091022,
0630018091023, 0630018091024, 0630018091025, 0630018091026,
0630018091027, 0630018091028, 0630018091029, 0630018091030,
0630018091031, 0630018091032, 0630018091038, 0630018091041,
0630018091042, 0630018091043, 0630018091044, 0630018091045,
0630018091046, 0630018091067, 0630018091071, 0630018091073,
0630018091074, 0630018091077, 0630018092000, 0630018092001,
0630018092002, 0630018092003, 0630018092004, 0630018092005,
0630018092006, 0630018092007, 0630018092008, 0630018092009,
0630018092010, 0630018092011, 0630018092012, 0630018092013,
0630018092014, 0630018092015, 0630018092016, 0630018092017,
0630018092018, 0630018092019, 0630018092020, 0630018092021,
0630018092022, 0630018092023, 0630018092024, 0630018092027,
0630018092028, 0630018092029, 0630018092030, 0630018092031,
0630018092032, 0630018092033, 0630020271000, 0630020271001,
0630020271002, 0630020271003, 0630020271004, 0630020271005,
0630020271006, 0630020271007, 0630020271008, 0630020271010,
0630020271011, 0630020271012, 0630020271013, 0630020271014,
0630020271015, 0630020271016, 0630020271017, 0630020271018,
0630020271022, 0630020271023, 0630020271024, 0630020271054,
0630020271070, 0630020271071; VTD: 32, VTD: 33: Block(s) 0630018091059,
0630018091060, 0630018091061, 0630020253000, 0630020271042,
0630020271043, 0630020271047, 0630020271048, 0630020271049,
0630020271050, 0630020271051, 0630020271052, 0630020271056,
0630020271057, 0630020271058, 0630020271059, 0630020271060,
0630020271066, 0630020271068, 0630020272023, 0630020272033,
0630020272034, 0630020272079, 0630020272080, 0630020272081,
0630020272082, 0630020272083, 0630020272084, 0630020272087,
0630020281000, 0630020281001, 0630020281002, 0630020281003,

0630020281004, 0630020281005, 0630020281006, 0630020281007,
0630020281008, 0630020281009, 0630020281010, 0630020281011,
0630020281012, 0630020281013, 0630020281014, 0630020281015,
0630020281016, 0630020281017, 0630020281018, 0630020281019,
0630020281020, 0630020281021, 0630020281022, 0630020281023,
0630020281024, 0630020281025, 0630020281026, 0630020281027,
0630020281028, 0630020281029, 0630020281030, 0630020281031,
0630020281032, 0630020281033, 0630020281034, 0630020281035,
0630020281036, 0630020281037, 0630020281038, 0630020281039,
0630020281040, 0630020281041, 0630020281042, 0630020281043,
0630020281044, 0630020281045, 0630020281046, 0630020281047,
0630020281048, 0630020281049, 0630020281050, 0630020281051,
0630020281052, 0630020281053, 0630020281054, 0630020281055,
0630020281056, 0630020281057, 0630020281058, 0630020281059,
0630020281060, 0630020281061, 0630020281062, 0630020281063,
0630020281064, 0630020282000, 0630020282001, 0630020282002,
0630020282003, 0630020282004, 0630020282005, 0630020282006,
0630020282007, 0630020282008, 0630020282009, 0630020282010,
0630020282011, 0630020282012, 0630020282013, 0630020282014,
0630020282015, 0630020282016, 0630020282017, 0630020282018,
0630020282019, 0630020282020, 0630020282021, 0630020282022,
0630020283000, 0630020283001, 0630020283002, 0630020283003,
0630020283004, 0630020283005, 0630020283006, 0630020283007,
0630020283008, 0630020283009, 0630020283010, 0630020283011,
0630020283012, 0630020283013, 0630020283014, 0630020283015,
0630020283016, 0630020283017, 0630020283018, 0630020283019,
0630020283020, 0630020283021, 0630020283022, 0630020283023,
0630020283024, 0630020283025, 0630020283026, 0630020283027,
0630020283028, 0630020283029, 0630020283030, 0630020283031,
0630020283032, 0630020283033, 0630020283034, 0630020283035,
0630020283036, 0630020283037, 0630020283038, 0630020283039,
0630020283040, 0630020283041, 0630020283042, 0630020283043,
0630020283044, 0630020283045, 0630020283046, 0630020283047,
0630020283048, 0630020283049, 0630020283050, 0630020283051,
0630020283052, 0630020283053, 0630020283054, 0630020283055,
0630020283056, 0630020283057, 0630020283058, 0630020283059,
0630020283060, 0630020283061, 0630020283062, 0630020283063,
0630020283064, 0630020283065, 0630020283066, 0630020283067,
0630020283068, 0630020283069, 0630020283070, 0630020283071,
0630020283072, 0630020283073, 0630020283074, 0630020283075,
0630020283076, 0630020283077, 0630020283078, 0630020283079,

0630020283080, 0630020283081, 0630020283082, 0630020283083, 0630020283084, 0630020283085, 0630020283086, 0630020283087, 0630020283088, 0630020283089, 0630020283090, 0630020283091, 0630020283092, 0630020283093, 0630020283094, 0630020283095, 0630020283096, 0639801001016, 0639801001019, 0639801001020, 0639801001021, 0639801001022, 0639801001023, 0639801001024, 0639801001025, 0639801001026, 0639801001027, 0639801001028, 0639801001029, 0639801001030, 0639801001031, 0639801001032, 0639801001033, 0639801001034, 0639801001035, 0639801001036, 0639801001037, 0639801001038, 0639801001039, 0639801001040, 0639801001041, 0639801001042, 0639801001043, 0639801001044, 0639801001045, 0639801001046, 0639801001047, 0639801001048, 0639801001049, 0639801001050, 0639801001051, 0639801001056, 0639801001057, 0639801001058, 0639801001059, 0639801001060, 0639801001061, 0639801001062, 0639801001063, 0639801001064, 0639801001065, 0639801001066, 0639801001067, 0639801001068, 0639801001069, 0639801001070, 0639801001076, 0639801001077, 0639801001078, 0639801001079, 0639801001080, 0639801001081, 0639801001082, 0639801001087, 0639801001088, 0639801001089, 0639801001090, 0639801001091, 0639801001092, 0639801001093, 0639801001094, 0639801001095, 0639801001096, 0639801001097, 0639801001098, 0639801001099, 0639801001100, 0639801001101, 0639801001102, 0639801001103, 0639801001104, 0639801001105, 0639801001106, 0639801001108, 0639801001109, 0639801001110, 0639801001111, 0639801001112, 0639801001113, 0639801001114, 0639801001117, 0639801001118, 0639801001119, 0639801001124, 0639801001125, 0639801001126, 0639801001127; VTD: 34: 0630020251000, 0630020251001, 0630020251002, 0630020251003, 0630020251004, 0630020251005, 0630020251007, 0630020251015, 0630020251016, 0630020251017; VTD: 35: 0630020131002, 0630020131003, 0630020131004, 0630020131006, 0630020132000, 0630020132001, 0630020132002, 0630020132003, 0630020132004, 0630020132005, 0630020132006, 0630020132007, 0630020132008, 0630020132009, 0630020132012, 0630020132015, 0630020133000, 0630020133001, 0630020133002, 0630020133003, 0630020133004, 0630020133005, 0630020133006, 0630020133007, 0630020133008, 0630020133009, 0630020133010, 0630020133011, 0630020133012, 0630020133013, 0630020133014, 0630020133015, 0630020133016, 0630020133017, 0630020133018, 0630020133019, 0630020202002, 0630020202004, 0630020202005, 0630020202006, 0630020202007, 0630020202008, 0630020202009, 0630020202010, 0630020202011, 0630020202012, 0630020202013,

0630020202014, 0630020202015, 0630020202016, 0630020202017, 0630020202018, 0630020202019, 0630020202020, 0630020202021, 0630020202022, 0630020202023, 0630020202024, 0630020202025, 0630020202026, 0630020202027, 0630020202028, 0630020202029, 0630020202030, 0630020202031, 0630020202032, 0630020202033, 0630020202034, 0630020202035, 0630020202036, 0630020202038, 0630020202039, 0630020202040, 0630020202041, 0630020202042, 0630020202043, 0630020202044, 0630020202045, 0630020202046, 0630020202047, 0630020202048, 0630020202049, 0630020202050, 0630020202051, 0630020202052, 0630020202053, 0630020202054, 0630020202058, 0630020211021, 0630020211022, 0630020211023, 0630020211024, 0630020212002, 0630020212003, 0630020212004, 0630020212008, 0630020212015, 0630020212016, 0630020212017, 0630020212018, 0630020212020, 0630020272070, 0630020272071, 0630020272072, 0630020272073, 0630020272074, 0630020272075; VTD: 36: 0630020071014, 0630020071015, 0630020071016, 0630020071024, 0630020071025, 0630020071026, 0630020071027, 0630020071028, 0630020071029, 0630020151002, 0630020151006, 0630020151007, 0630020151008, 0630020151009, 0630020151010, 0630020151011, 0630020151012, 0630020151013, 0630020152005, 0630020152006, 0630020152007, 0630020152008, 0630020152009, 0630020152010, 0630020152011, 0630020152012, 0630020152013, 0630020152014, 0630020152015, 0630020152016, 0630020162000; VTD: 37: 0630017052013, 0630017052014, 0630017071000, 0630017071001, 0630017071002, 0630017071003, 0630017071004, 0630017071005, 0630017071006, 0630017071007, 0630017071008, 0630017071009, 0630017071010, 0630017071011, 0630017071012, 0630017071013, 0630017071014, 0630017071015, 0630017071016, 0630017071017, 0630017071018, 0630017071019, 0630017071020, 0630017072000, 0630017072001, 0630017072002, 0630017072003, 0630017072004, 0630017072005, 0630017072006, 0630017072007, 0630017072008, 0630017072009, 0630017072010, 0630017072016, 0630017073000, 0630017073001, 0630017073002, 0630017073003, 0630017073004, 0630017073005, 0630017073006, 0630017073007, 0630017073008, 0630017073009, 0630017073010, 0630017074000, 0630017074001, 0630017074002, 0630017074003, 0630017074004, 0630017074005, 0630017074006, 0630017074007, 0630017074008, 0630017074009, 0630017074010, 0630017074011, 0630017074012, 0630017074013, 0630017074014, 0630017074015, 0630017074016, 0630017074017, 0630017074018, 0630017074019, 0630017074020, 0630017074021, 0630017074022, 0630017074023, 0630017074024, 0630017074025, 0630017075000,

0630017075001, 0630017075002, 0630017075003, 0630017075004, 0630017075005, 0630017075006, 0630017075007, 0630017075008, 0630017075009, 0630017075018, 0630017075019, 0630017111001, 0630017111002, 0630017111003, 0630017111004, 0630017111005, 0630017111006, 0630017111007, 0630017111009, 0630017111010, 0630017111011, 0630017111012, 0630017111013; VTD: 38: 0630020161009, 0630020162013, 0630020162014, 0630020162015, 0630020162016, 0630020162017, 0630020162018, 0630020162019, 0630020162020, 0630020162021, 0630020162022, 0630020162023, 0630020162024, 0630020162025, 0630020181000, 0630020181001, 0630020181002, 0630020181051, 0630020181052, 0630020182000, 0630020182001, 0630020182002, 0630020182003, 0630020182004, 0630020182005, 0630020182006, 0630020182007, 0630020182008, 0630020182009, 0630020182010, 0630020182011, 0630020182012, 0630020182013, 0630020182014, 0630020182015, 0630020182039, 0630020183000, 0630020183001, 0630020183002, 0630020183003, 0630020183004, 0630020183005, 0630020183006, 0630020183007, 0630020183008, 0630020183009, 0630020183010, 0630020183011, 0630020183012, 0630020183013, 0630020183014, 0630020183015, 0630020183016, 0630020183017, 0630020183018, 0630020183019, 0630020183020, 0630020183021, 0630020183022, 0630020183023, 0630020183024, 0630020183025, 0630020183026, 0630020183027, 0630020183028, 0630020183029, 0630020183030, 0630020183031, 0630020183032, 0630020183033, 0630020183034, 0630020183035, 0630020183036, 0630020183037, 0630020183038, 0630020183039, 0630020183040, 0630020183041, 0630020183042, 0630020183043, 0630020183044, 0630020183045, 0630020183046, 0630020183047, 0630020183048, 0630020183049, 0630020183050, 0630020183051, 0630020183052, 0630020183053, 0630020183054, 0630020183055, 0630020183056; VTD: 39: 0630020081000, 0630020081001, 0630020081002, 0630020081003, 0630020081004, 0630020081005, 0630020081006, 0630020081007, 0630020081008, 0630020081009, 0630020081010, 0630020081011, 0630020081012, 0630020081013, 0630020081014, 0630020081015, 0630020081016, 0630020081017, 0630020081018, 0630020081019, 0630020081020, 0630020081021, 0630020081022, 0630020081023, 0630020081024, 0630020081025, 0630020081026, 0630020081027, 0630020081028, 0630020081029, 0630020081030, 0630020081031, 0630020082000, 0630020082001, 0630020082002, 0630020082003, 0630020082004, 0630020082005, 0630020082006, 0630020082007, 0630020082008, 0630020082009, 0630020082010, 0630020082011, 0630020082012, 0630020082013, 0630020082014, 0630020082015,

0630020082016, 0630020082017, 0630020082018, 0630020082019, 0630020082020, 0630020082021; VTD: 40: 0630006001000, 0630006001001, 0630006001003, 0630006001004, 0630006001005, 0630006001006, 0630006001007, 0630006001008, 0630006001009, 0630006001010, 0630006001011, 0630006001021, 0630006001022, 0630006001029, 0630020151003, 0630020151004; VTD: 43: 0630020153006, 0630020153015, 0630020171000, 0630020171001, 0630020171002, 0630020171003, 0630020171004, 0630020171005, 0630020171006, 0630020171007, 0630020171008, 0630020171009, 0630020171010, 0630020171011, 0630020171012, 0630020171013, 0630020171014, 0630020171015, 0630020171016, 0630020171017, 0630020171018, 0630020171019, 0630020171020, 0630020171021, 0630020171022, 0630020171023, 0630020171024, 0630020171025, 0630020171026, 0630020171027, 0630020171028, 0630020171029, 0630020171030, 0630020171031, 0630020171032, 0630020171033, 0630020171034, 0630020171035, 0630020171036, 0630020171037, 0630020171038, 0630020171039, 0630020171040, 0630020171041, 0630020171042, 0630020171043, 0630020171044, 0630020171045, 0630020171046, 0630020171047, 0630020171048, 0630020171049, 0630020171050, 0630020171051, 0630020171052, 0630020171053, 0630020171054, 0630020171055, 0630020171056, 0630020171057, 0630020171058, 0630020171059, 0630020171060, 0630020171061, 0630020171062, 0630020171063, 0630020171064, 0630020171065, 0630020171066, 0630020171067, 0630020172000, 0630020172001, 0630020172002, 0630020172003, 0630020172004, 0630020172005, 0630020172006, 0630020172007, 0630020172008, 0630020172009, 0630020172010, 0630020172011, 0630020172012, 0630020172013, 0630020172014, 0630020172015, 0630020172016, 0630020172017, 0630020172018, 0630020172019, 0630020172020, 0630020172021, 0630020172022, 0630020172023, 0630020172024, 0630020172025, 0630020172026, 0630020172027, 0630020172028, 0630020172029, 0630020172030, 0630020172031, 0630020172032, 0630020172033, 0630020172034, 0630020173000, 0630020173001, 0630020173002, 0630020173003, 0630020173004, 0630020173005, 0630020173006, 0630020173007, 0630020173008, 0630020173009, 0630020173010, 0630020173011, 0630020173012, 0630020173013, 0630020173014, 0630020173015, 0630020173016, 0630020173017, 0630020173018, 0630020173019, 0630020173020, 0630020173021, 0630020173022, 0630020173023, 0630020173024, 0630020173025, 0630020173026, 0630020173027, 0630020173028, 0630020173029, 0630020173030, 0630020173031, 0630020173032, 0630020173033, 0630020173034, 0630020173035, 0630020173036,

0630020173037, 0630020173038, 0630020173039, 0630020173040,
0630020173041, 0630020173042, 0630020173043, 0630020173044,
0630020173045, 0630020173046; VTD: 44: 0630016032000, 0630016032001,
0630016032002, 0630016032003, 0630016032004, 0630016032005,
0630016032006, 0630016032007, 0630016032008, 0630016032009,
0630016032024, 0630016032028, 0630016032029, 0630016032030,
0630016032045, 0630016034012, 0630016034013, 0630016034014,
0630016034015, 0630016034016, 0630016034017, 0630016034023,
0630016034024, 0630016034025, 0630016041011, 0630016041012,
0630016041013, 0630016041014, 0630016041015, 0630016041023,
0630016041024, 0630016041025, 0630016041026, 0630016041027,
0630016041040, 0630016042000, 0630016042001, 0630016042002,
0630016042003, 0630016042004, 0630016042005, 0630016042006,
0630016042007, 0630016042008, 0630016042009, 0630016042010,
0630016042011, 0630016042012, 0630016042013, 0630016042014,
0630016042015, 0630016042016, 0630016042017, 0630016042018,
0630016042019, 0630016042020, 0630016042021, 0630016042022,
0630016042023, 0630016042024, 0630016042025, 0630016042026,
0630016042027, 0630016042028, 0630016042029, 0630016042030,
0630016042031, 0630016042032, 0630016042033, 0630016042034,
0630016042035, 0630016042036, 0630016042038, 0630016042039,
0630016042040, 0630016042045, 0630016042046, 0630016042047,
0630016042048, 0630016042049, 0630016043000, 0630016043001,
0630016043002, 0630016043003, 0630016043004, 0630016043005,
0630016043006, 0630016043007, 0630016043008, 0630016043009,
0630016043010, 0630016043011, 0630016043012, 0630016043013,
0630016043014, 0630016043015, 0630016043016, 0630016043017,
0630016043018, 0630016043019, 0630016043020, 0630016043021,
0630016043022, 0630016043023, 0630021003052, 0630021003053,
0630021003054; VTD: 45: 0630016011038, 0630016011039, 0630016011040,
0630016011041, 0630016011042, 0630016011043, 0630016011044,
0630016011045, 0630016011046, 0630016011047, 0630016011048,
0630016011049, 0630016011050, 0630016011051, 0630016011052,
0630016012000, 0630016012001, 0630016012002, 0630016012003,
0630016012004, 0630016012005, 0630016012006, 0630016012007,
0630016012008, 0630016012009, 0630016012010, 0630016012019,
0630016012020, 0630016012021, 0630016012022, 0630016012023,
0630016012024, 0630016012025, 0630016012026, 0630016012027,
0630016012028, 0630016012029, 0630016012030, 0630016012031,
0630016012035, 0630016012036, 0630016012037, 0630016012038,
0630016013011, 0630016013013, 0630016013014, 0630016013015,

0630016013017, 0630016013018, 0630016013019, 0630016013020, 0630016013021, 0630016013022, 0630016013023, 0630016031000, 0630016031001, 0630016031002, 0630016031003, 0630016031004, 0630016031005, 0630016031006, 0630016031007, 0630016031008, 0630016031009, 0630016031010, 0630016031011, 0630016031012, 0630016031013, 0630016031014, 0630016031015, 0630016031016, 0630016031017, 0630016031018, 0630016031019, 0630016032019, 0630016032031, 0630016032032, 0630016032033, 0630016032034, 0630016032035, 0630016032036, 0630016032037, 0630016032038, 0630016032039, 0630016032040, 0630016032046, 0630016041000, 0630016041001, 0630016041002, 0630016041003, 0630016041004, 0630016041005, 0630016041006, 0630016041007, 0630016041008, 0630016041009, 0630016041010, 0630016041016, 0630016041017, 0630016041018, 0630016041019, 0630016041020, 0630016041021, 0630016041022, 0630016041028, 0630016041029, 0630016041030, 0630016041031, 0630016041032, 0630016041033, 0630016041034, 0630016041035, 0630016041036, 0630016041037, 0630016041038, 0630016041039, 0630016042037, 0630016042041, 0630016042042, 0630016042043, 0630016042044, 0630016042050, 0630017081003, 0630017081004; VTD: 46: 0630001022033, 0630017053010, 0630017053011, 0630017053012, 0630017053013, 0630017053014, 0630017053015, 0630017053016; VTD: 48: 0630020072005, 0630020072006, 0630020072007, 0630020072011, 0630020072012, 0630020072013, 0630020072014, 0630020072015, 0630020072016, 0630020072017, 0630020072018, 0630020072019, 0630020072020, 0630020072021; VTD: 50: 0630017061000, 0630017061001, 0630017061002, 0630017061003, 0630017061004, 0630017061005, 0630017061006, 0630017061007, 0630017061008, 0630017061009, 0630017061010, 0630017061011, 0630017061012, 0630017061013, 0630017061014, 0630017061015, 0630017061016, 0630017061017, 0630017061018, 0630017061021, 0630017061022, 0630017062000, 0630017062001, 0630017062002, 0630017062003, 0630017062005, 0630017062009, 0630017062010, 0630017062011, 0630017062012, 0630017062013, 0630017062014, 0630017062015, 0630017062016, 0630017062017, 0630017062018, 0630017062019, 0630017062020, 0630017062021, 0630017062022, 0630017062023, 0630017062024, 0630017062026, 0630017062027, 0630017062028, 0630017072011, 0630017072012, 0630017072013, 0630017072014, 0630017072015, 0630017072017, 0630017072018, 0630017072019, 0630017072020, 0630017072021, 0630017072022, 0630017072023, 0630017072024, 0630017072025, 0630017072026, 0630017072027, 0630017072028, 0630017072029, 0630017072030, 0630017072031,

0630017072032, 0630017072033, 0630017072034, 0630017072035, 0630017072038, 0630017072039, 0630017072040, 0630017072047, 0630017072048; VTD: 51, VTD: 53-1: Block(s) 0630020201005, 0630020201006, 0630020201007, 0630020201008, 0630020201009, 0630020201010, 0630020201011, 0630020201012, 0630020201013, 0630020201014, 0630020201015, 0630020201016, 0630020201019, 0630020201020, 0630020201021, 0630020201022, 0630020201023, 0630020201024, 0630020201025, 0630020201026, 0630020201027, 0630020201029, 0630020201031, 0630020201032, 0630020201033, 0630020211001, 0630020211003, 0630020211004, 0630020211005, 0630020211006, 0630020211007, 0630020211008, 0630020211009, 0630020211010, 0630020211011, 0630020211012, 0630020211013, 0630020211014, 0630020211020, 0630020211027, 0630020211028, 0630020211029, 0630020211030, 0630020211031, 0630020211032, 0630020211033, 0630020211034, 0630020211035, 0630020211040, 0630020211041, 0630020211042, 0630020211043, 0630020211044, 0630020211045, 0630020211046, 0630020211047, 0630020211048; VTD: 53-2, VTD: 54: Block(s) 0630020222000, 0630020222001, 0630020222002, 0630020222003, 0630020222004, 0630020222005, 0630020222006, 0630020222007, 0630020222008, 0630020222009; Person County.

District 23: Chatham County, Orange County.

District 24: Alamance County, Randolph County: VTD: 14, VTD: 17, VTD: 19, VTD: 20, VTD: 21, VTD: 23, VTD: 27, VTD: 29, VTD: 30, VTD: 31, VTD: 35.

District 25: Anson County, Richmond County, Rowan County: VTD: 01, VTD: 03, VTD: 05, VTD: 06, VTD: 13, VTD: 22, VTD: 23, VTD: 25, VTD: 26, VTD: 33; Scotland County, Stanly County.

District 26: Guilford County: VTD: CG1, VTD: CG2, VTD: CG3A, VTD: CG3B: Block(s) 0810157061009, 0810157061010, 0810157061012, 0810157061013, 0810157061016, 0810157061018, 0810157061019, 0810157061020, 0810157061021, 0810157061022, 0810157061023, 0810157061024, 0810157061025, 0810157061026, 0810157061027, 0810157061028, 0810157061029, 0810157061030, 0810157061031, 0810157061032, 0810157061033, 0810157061034, 0810157061035, 0810157061036, 0810157061037, 0810157061038, 0810157061039, 0810157061040, 0810157061041, 0810157061042, 0810157061043, 0810157061044, 0810157061045, 0810157061046, 0810157061047, 0810157061048, 0810157061049, 0810157061050, 0810157061051, 0810157061052,

0810157061053, 0810157061054, 0810157061055, 0810157061057, 0810157061058, 0810157061059, 0810157061063, 0810157061064, 0810157061065, 0810157061066, 0810157061067, 0810157061071, 0810157061072, 0810157061080, 0810157061081, 0810157061082, 0810157061084, 0810157061085, 0810157061086, 0810157061087, 0810157061092, 0810157061093, 0810157062009, 0810157062010, 0810157062011, 0810157062012, 0810157062052; VTD: FR3, VTD: G18, VTD: G19, VTD: G20, VTD: G21, VTD: G22, VTD: G23, VTD: G24, VTD: G25, VTD: G26: Block(s) 0810157032000, 0810157032001, 0810157032002, 0810157032003, 0810157032004, 0810157032005, 0810157032006, 0810157032007, 0810157032008, 0810157032009, 0810157032010, 0810157032011, 0810157032012, 0810157032013, 0810157032014, 0810157032015, 0810157032016, 0810157032017, 0810157032018, 0810157032024, 0810157032025, 0810157032026, 0810157032027, 0810157032028, 0810157032029, 0810157032030, 0810157032031, 0810157032032, 0810157032033, 0810157032034, 0810157032035, 0810157061056, 0810157061060, 0810157061061, 0810157061062; VTD: G27, VTD: G28, VTD: G29, VTD: G30, VTD: G31, VTD: G32, VTD: G40A1, VTD: G40A2, VTD: G40B, VTD: MON2: Block(s) 0810155001000, 0810155001001, 0810155001002, 0810155001003, 0810155001004, 0810155001005, 0810155001006, 0810155001007, 0810155001008, 0810155001009, 0810155001010, 0810155001011, 0810155001012, 0810155001017, 0810155001018, 0810155001039, 0810155001040, 0810155001043, 0810155001057, 0810155001065, 0810155001066, 0810155001093, 0810155001094, 0810155002000, 0810155002001, 0810155002002, 0810155002003, 0810155002004, 0810155002005, 0810155002006, 0810155002007, 0810155002008, 0810155002009, 0810155002010, 0810155002015, 0810155002017, 0810155002018, 0810155002019, 0810155002035, 0810155002036, 0810156002110, 0810156002112, 0810156002113; VTD: MON3, VTD: NCGR1, VTD: NCGR2, VTD: NDRI, VTD: NMAD: Block(s) 0810156002000, 0810156002001, 0810156002002, 0810156002103, 0810156003000, 0810156003001, 0810156003002, 0810156003003, 0810156003004, 0810156003005, 0810156003006, 0810156003007, 0810156003008, 0810156003009, 0810156003010, 0810156003011, 0810156003012, 0810156003013, 0810156003014, 0810156003015, 0810156003016, 0810156003017, 0810156003018, 0810156003038, 0810156003039, 0810156003040; VTD: OR1, VTD: OR2, VTD: SF1, VTD: SF2, VTD: SF3, VTD: SF4, VTD: STOK; Rockingham County.

District 27: Guilford County: VTD: FEN1: Block(s) 0810168001006, 0810168001007, 0810168001008, 0810168001009, 0810168001010, 0810168001011, 0810168001012, 0810168001013, 0810168001014, 0810168001015, 0810168001016, 0810168001017, 0810168001018, 0810168001019, 0810168001020, 0810168001021, 0810168001022, 0810168001023, 0810168001024, 0810168001025, 0810168001026, 0810168001027, 0810168001029, 0810168001030, 0810168002045, 0810168002046, 0810168002071, 0810168002072, 0810168002073, 0810168002074, 0810168002075, 0810168002088, 0810168002089, 0810171001006, 0810171001007, 0810171001008, 0810171001009, 0810171001010, 0810171001011, 0810171001035, 0810171001053, 0810171001054, 0810171001055, 0810171001057, 0810171001071, 0810171001072, 0810171001073; VTD: FEN2, VTD: FR1: Block(s) 0810165032001, 0810165032002, 0810165032005, 0810165032006, 0810165032007, 0810165032008, 0810165032009, 0810165032010, 0810165032013, 0810165032014, 0810165032015, 0810165032016, 0810165032017, 0810165032018, 0810165032019, 0810165032020, 0810165032021, 0810165032022, 0810165032023, 0810165032024, 0810165032025, 0810165032026, 0810165032028, 0810165032029, 0810165032030, 0810165032031, 0810165032032, 0810165051000, 0810165051001, 0810165051002, 0810165051003, 0810165051004, 0810165051005, 0810165051006, 0810165051007, 0810165051008, 0810165051009, 0810165051010, 0810165051012, 0810165051024, 0810165052002, 0810165052003, 0810165061000, 0810165061001, 0810165061002, 0810165061003, 0810165061004, 0810165061006, 0810165061007, 0810165061008, 0810165062000, 0810165062001, 0810165062007; VTD: FR2: 0810164072001, 0810164072002, 0810164072004, 0810164072005, 0810164072007, 0810164072008, 0810164072009, 0810164072010, 0810164072011, 0810164072012, 0810164072013, 0810164072014, 0810164072015, 0810164072017, 0810164072021, 0810164072022, 0810164072023, 0810164072024, 0810164072027, 0810164072028, 0810164072029, 0810164072030, 0810164072031, 0810164072032, 0810164072033, 0810164072034, 0810164072035, 0810164072036, 0810164072037, 0810164072038, 0810164072039, 0810164072040, 0810164081000, 0810164081001, 0810164081002, 0810164081003, 0810164081004, 0810164081006, 0810164081007, 0810164081008, 0810164081009; VTD: FR4, VTD: FR5, VTD: G13, VTD: G15, VTD: G16, VTD: G17, VTD: G33, VTD: G34, VTD: G35, VTD: G36, VTD: G38, VTD: G39, VTD: G41, VTD: G42, VTD: G43: Block(s) 0810160111006, 0810160111007, 0810160111009, 0810160111010, 0810160111011, 0810160111012, 0810160111013, 0810160111015,

0810160111016, 0810160111017, 0810160111018, 0810160111063, 0810161021003; VTD: G61: 0810126094002, 0810126094003, 0810165021000, 0810165021001, 0810165021003, 0810165021011; VTD: G64: 0810160111019, 0810160111020, 0810160111021, 0810160111022, 0810160111023, 0810160111024, 0810160111025, 0810160111026, 0810160111027, 0810160111028, 0810160111029, 0810160111030, 0810160111031, 0810160111032, 0810160111033, 0810160111034, 0810160111035, 0810160111036, 0810160111037, 0810160111038, 0810160111039, 0810160111040, 0810160111044, 0810160111045, 0810160111046, 0810160111047, 0810160111048, 0810160111049, 0810160111050, 0810160111055, 0810160111056, 0810160111057, 0810160111058, 0810160111059, 0810160111060, 0810160111061, 0810160111062, 0810160111064, 0810160111065, 0810160111066, 0810160111067, 0810160112009, 0810162041000, 0810162041001, 0810162041005, 0810162041017, 0810162041018, 0810162041019, 0810162041020, 0810162041021, 0810162041022, 0810162041024, 0810162041039, 0810164051008, 0810164051009, 0810164051010, 0810164051011, 0810164051012, 0810164051017, 0810164051018, 0810164051019, 0810164051020, 0810164051021, 0810164051022, 0810164051023, 0810164051024, 0810164051059, 0810164051060, 0819801001037, 0819801001038, 0819801001039; VTD: G65, VTD: G66, VTD: GIB, VTD: GR, VTD: H01, VTD: H02, VTD: H03: Block(s) 0810142002000, 0810142002001, 0810142002002, 0810142002003, 0810142002004, 0810142002005, 0810142002006, 0810142002007, 0810142002008, 0810142002009, 0810142002010, 0810142002011, 0810142002012, 0810142002013, 0810142002014, 0810142002015, 0810142003000, 0810142003001, 0810142003002, 0810142003003, 0810142003015, 0810142003016, 0810142003017, 0810142003018, 0810142003019, 0810142003020, 0810142003022, 0810142003023, 0810142003024, 0810142003025, 0810142003026, 0810142003027, 0810142003028, 0810142003029, 0810142003030, 0810142003031, 0810142003032, 0810142003033, 0810143001011, 0810143001012, 0810143001013, 0810143001022, 0810143001023, 0810143001039, 0810143001040, 0810143001045, 0810143001046, 0810143001047, 0810143001048, 0810143002026, 0810143002027, 0810143002028, 0810143002043, 0810143002044, 0810143002045, 0810143002046, 0810143002047, 0810143003010, 0810143003011, 0810143003012, 0810143003013, 0810143003014, 0810143003016, 0810143003017, 0810143003018, 0810143003019, 0810143003020, 0810143004000, 0810143004001, 0810143004002, 0810143004003, 0810143004004, 0810143004005, 0810143004006, 0810143004007, 0810143004008,

0810143004009, 0810143004010, 0810143004011, 0810143004012, 0810143004013, 0810143004014, 0810143004015, 0810143004016, 0810143004017, 0810143004018, 0810143004019, 0810143004020, 0810143004021, 0810143004022, 0810143004023, 0810143004024, 0810143004025, 0810143004026, 0810143004027, 0810143004028, 0810143004029, 0810143004030, 0810143004031, 0810145011015, 0810145011016, 0810145011017, 0810145011018, 0810145011019, 0810145011020, 0810145011021, 0810145011030, 0810145011047, 0810145011048, 0810145011049, 0810145011050, 0810145011058, 0810145011059; VTD: H04, VTD: H06, VTD: H12, VTD: H13, VTD: H14, VTD: H15, VTD: H16, VTD: H17, VTD: H20A, VTD: H20B, VTD: H21, VTD: H22, VTD: H23, VTD: H24, VTD: H25, VTD: H26, VTD: H27, VTD: JAM1, VTD: JAM2, VTD: JAM3, VTD: JAM4, VTD: JAM5, VTD: JEF1, VTD: JEF2: Block(s) 0810128031030, 0810128031031, 0810128031032, 0810128031033, 0810128031037, 0810128031038, 0810128031053, 0810128031054, 0810128031055, 0810128031056, 0810128031057, 0810128031058, 0810128031059, 0810128031060, 0810128031066, 0810128031067, 0810128031068, 0810128031069, 0810128031070, 0810128031071, 0810128031072, 0810128031073, 0810128031074, 0810128031089, 0810128031090, 0810128031096, 0810128031097, 0810128031098, 0810153003014, 0810153003016, 0810153003017, 0810153003018, 0810153003019, 0810153003021, 0810153003022, 0810153003024, 0810153003026, 0810153003027, 0810153003028, 0810153003029, 0810153003030, 0810153003031, 0810153003032, 0810153003033, 0810153003034, 0810153003035, 0810153003036, 0810153003037, 0810153003038, 0810153003039, 0810153003040, 0810153003041, 0810153003042, 0810153003043, 0810153003044, 0810153003045, 0810153003046, 0810153003047, 0810153003048, 0810153003049, 0810153003050, 0810153003051, 0810153003052, 0810153003053, 0810153003054, 0810153003055, 0810153003056, 0810153003057, 0810153003058, 0810153003059, 0810153003060, 0810153003061, 0810153003062, 0810153003064, 0810153003065, 0810153003066, 0810153003067, 0810153003068, 0810153003069, 0810153003070, 0810153003071, 0810153003072, 0810153003073, 0810153003074, 0810153003075, 0810153003076, 0810153003077, 0810153003079, 0810153003080, 0810153003081, 0810153003082, 0810153003083, 0810153003084, 0810153003085, 0810153003086, 0810153003087, 0810153003088, 0810153003089, 0810153003090, 0810153003091, 0810153003092, 0810153003093; VTD: JEF3: 0810128032082, 0810128032090, 0810128032091, 0810128032092, 0810128032093; VTD: JEF4, VTD: MON1, VTD: MON2: Block(s) 0810119053009, 0810119053014,

0810119053015, 0810154011020, 0810154011021, 0810154011022,
0810154011023, 0810154011024, 0810154011025, 0810154011026,
0810154011027, 0810154011028, 0810154011029, 0810154011030,
0810154011031, 0810154011032, 0810154011033, 0810154011034,
0810154011035, 0810154011036, 0810154011037, 0810154011038,
0810154011039, 0810154011040, 0810154011041, 0810154011042,
0810154011043, 0810154011044, 0810154011045, 0810154011046,
0810154011047, 0810154011048, 0810154011049, 0810154011050,
0810154011051, 0810154011052, 0810154011053, 0810154011054,
0810154011055, 0810154011056, 0810154011057, 0810154011058,
0810154011059, 0810154011060, 0810154011061, 0810154011062,
0810154011063, 0810154011064, 0810154011065, 0810154011066,
0810154011067, 0810154011068, 0810154011069, 0810154011070,
0810154011080, 0810154011081, 0810155001056, 0810155001062,
0810155001063, 0810155001064, 0810155001071, 0810155001072,
0810155001077, 0810155001089, 0810155002011, 0810155002012,
0810155002013, 0810155002014, 0810155002016, 0810155002020,
0810155002021, 0810155002022, 0810155002023, 0810155002024,
0810155002025, 0810155002026, 0810155002027, 0810155002028,
0810155002029, 0810155002030, 0810155002031, 0810155002032,
0810155002033, 0810155002034, 0810155002037, 0810155002038,
0810155002039, 0810155002040, 0810155002041, 0810155002042,
0810155002043, 0810155002044, 0810155002045, 0810155002050,
0810155002051, 0810155002052, 0810155002054, 0810155002055,
0810155002056; VTD: NCLAY1, VTD: NCLAY2, VTD: NMAD: Block(s)
0810151001018, 0810151001019, 0810151001020, 0810151001021,
0810151001022, 0810151001023, 0810151001056, 0810151001057,
0810151001058, 0810151001068, 0810151002000, 0810151002001,
0810151002002, 0810151002003, 0810151002004, 0810151002005,
0810151002006, 0810151002007, 0810151002008, 0810151002009,
0810151002010, 0810151002011, 0810151002012, 0810151002013,
0810151002014, 0810151002015, 0810151002016, 0810151002017,
0810151002018, 0810151002019, 0810151002020, 0810151002021,
0810151002022, 0810151002023, 0810151002024, 0810151002025,
0810151002026, 0810151002027, 0810151002028, 0810151002029,
0810151002030, 0810151002031, 0810151002032, 0810151002033,
0810151002034, 0810151002035, 0810151002036, 0810151002037,
0810151002038, 0810151002039, 0810151002040, 0810151002041,
0810151002042, 0810151002043, 0810151002044, 0810151002051,
0810151002052, 0810151002053, 0810151002054, 0810151002055,
0810151002056, 0810151002060, 0810151002061, 0810151002064,

0810151002065, 0810151002066, 0810151002067, 0810151002068, 0810151002069, 0810151002070, 0810151002071, 0810151002072, 0810151002073, 0810151002074, 0810151002075, 0810151002076, 0810151002077; VTD: NWASH, VTD: PG1: Block(s) 0810168001028, 0810168001031, 0810168001032, 0810168001033, 0810168001034, 0810168002087, 0810168002090, 0810168003000, 0810168003001, 0810168003002, 0810168003003, 0810168003004, 0810168003011, 0810168003012, 0810168003013, 0810168003014, 0810168003015, 0810168003016, 0810168003017, 0810168003018, 0810168003019, 0810168003020, 0810168004005, 0810168004006, 0810168004007, 0810168004008, 0810168004009, 0810168004010, 0810168004011, 0810168004012, 0810168004013, 0810168004014, 0810168004015, 0810168004016, 0810168004017, 0810168004018, 0810168004019, 0810168004022, 0810169001000, 0810169001001, 0810169001002, 0810169001003, 0810169001021; VTD: PG2, VTD: RC1, VTD: RC2, VTD: SCLAY, VTD: SDRI, VTD: SMAD, VTD: SUM1: Block(s) 0810165022011, 0810165022012, 0810165022013, 0810165022014, 0810165022015, 0810165022016, 0810165022017, 0810165022018, 0810165022019, 0810165022020, 0810165022021, 0810165022022, 0810165022023, 0810165022024, 0810165022025, 0810165022026, 0810165022027, 0810165022028, 0810165022029, 0810165022030, 0810165022031, 0810165022035, 0810165022039, 0810165022040, 0810165022041, 0810165022042, 0810165022044, 0810165022045, 0810165022046, 0810165022078, 0810165022079, 0810167011009, 0810167011010, 0810167011031, 0810167011032, 0810167011033, 0810167011034, 0810167011035, 0810167011036, 0810167011037, 0810167011038, 0810167011039, 0810167011040, 0810167011041, 0810167011042, 0810167011045, 0810167011046, 0810167011047, 0810167011048, 0810167011052, 0810167011053, 0810167011054, 0810167011055, 0810167011059, 0810167011077, 0810167011078, 0810167012000, 0810167012001, 0810167012002, 0810167012003, 0810167012004, 0810167012005, 0810167012006, 0810167012007, 0810167012008, 0810167012009, 0810167012010, 0810167012011, 0810167012012, 0810167012013, 0810167012014, 0810167012015, 0810167012016, 0810167012017, 0810167012018, 0810167012019, 0810167012020, 0810167012021, 0810167012022, 0810167012023, 0810167012024, 0810167012025, 0810167012026, 0810167012027, 0810167012028, 0810167012029, 0810167012030, 0810167012031, 0810167012037, 0810167012038, 0810167012039, 0810167012040, 0810167012071; VTD: SUM2: 0810167011056, 0810167011062, 0810167011076, 0810167013012, 0810167013013, 0810167013014, 0810167013015, 0810167013016,

0810167013017, 0810167021019, 0810167021020, 0810167021021,
0810167021022, 0810168002014, 0810168002023, 0810168002035,
0810168002036, 0810168002047, 0810168002048, 0810168002049,
0810168002052, 0810168002054, 0810168002055, 0810168002056,
0810168002058, 0810168002059, 0810168002060, 0810168002061,
0810168002062, 0810168002063, 0810168002064, 0810168002065,
0810168002066, 0810168002067, 0810168002068, 0810168002069,
0810168002070, 0810168002079, 0810168002080, 0810168002081,
0810168002082, 0810168002083, 0810168002084, 0810168002085,
0810168002086, 0810168002092, 0810168002093, 0810168003005,
0810168003006, 0810168003007, 0810168003008, 0810168003009,
0810168003010, 0810168003023, 0810168003024, 0810168003025; VTD:
SUM3, VTD: SUM4, VTD: SWASH.

District 28: Guilford County: VTD: CG3B: Block(s) 0810157062016,
0810157062017, 0810157062020, 0810157062021, 0810157062022,
0810157062033, 0810157062035, 0810157062036, 0810157062037,
0810157062038; VTD: FEN1: 0810128041019, 0810128041027,
0810128041028, 0810128041029, 0810128041030, 0810128041031,
0810128041032, 0810128041033, 0810128041034, 0810128041035,
0810128041036, 0810128041043, 0810128051041, 0810128051043,
0810128051049, 0810128051050, 0810128051051, 0810128051065,
0810128051066, 0810168001000, 0810168001001, 0810168001002,
0810168001003, 0810168001004, 0810168001005, 0810168002000,
0810168002001, 0810168002002, 0810168002003, 0810168002038,
0810168002039, 0810168002040, 0810168002041, 0810168002042,
0810168002043, 0810168002044, 0810168002091, 0810171001012,
0810171001013, 0810171001014, 0810171001015, 0810171001016,
0810171001017, 0810171001018, 0810171001019, 0810171001020,
0810171001021, 0810171001022, 0810171001023, 0810171001024,
0810171001025, 0810171001026, 0810171001027, 0810171001028,
0810171001029, 0810171001030, 0810171001031, 0810171001032,
0810171001033, 0810171001034, 0810171001036, 0810171001037,
0810171001038, 0810171001039, 0810171001040, 0810171001041,
0810171001042, 0810171001043, 0810171001044, 0810171001045,
0810171001046, 0810171001047, 0810171001048, 0810171001049,
0810171001050, 0810171001051, 0810171001052, 0810171001058,
0810171001059, 0810171001060, 0810171001061, 0810171001062,
0810171001074, 0810171001078; VTD: FR1: 0810165031005,
0810165031010, 0810165031011, 0810165031012, 0810165031013,
0810165031017, 0810165031018, 0810165031019, 0810165031020,

0810165031021, 0810165031022, 0810165031023, 0810165031024, 0810165031025, 0810165031026, 0810165031027, 0810165031030, 0810165031031, 0810165031032, 0810165031033, 0810165031034, 0810165031035, 0810165031036, 0810165031037, 0810165031038, 0810165031039, 0810165031040, 0810165031041, 0810165031042, 0810165031043, 0810165031044, 0810165031045, 0810165031046, 0810165031047, 0810165031048, 0810165031049, 0810165031050, 0810165031051, 0810165032000, 0810165032003, 0810165032011, 0810165032012, 0810165032027; VTD: FR2: 0810164051040, 0810164051041, 0810164051042, 0810164051043, 0810164051055, 0810164051056, 0810164051057, 0810164051058, 0810164051061, 0810164051062, 0810164051065, 0810164061035, 0810164061036, 0810164061037, 0810164061038, 0810164072000, 0810164072003, 0810164072006, 0810164072016, 0810164072018, 0810164072019, 0810164072020, 0810164072025, 0810164072026, 0810165031007, 0810165031014, 0810165031015, 0810165031016, 0810165032004; VTD: G01, VTD: G02, VTD: G03, VTD: G04, VTD: G05, VTD: G06, VTD: G07, VTD: G08, VTD: G09, VTD: G10, VTD: G11, VTD: G12, VTD: G14, VTD: G26: Block(s) 0810155001044, 0810155001045, 0810155001046, 0810155001050, 0810155001051, 0810155001059, 0810155001060, 0810155001061, 0810155001082, 0810157062019, 0810157062023, 0810157062024, 0810157062025, 0810157062026, 0810157062028, 0810157062029, 0810157062030, 0810157062031, 0810157062032, 0810157062034, 0810157062039, 0810157062040, 0810157062041, 0810157062042, 0810157062043, 0810157062044, 0810157062045, 0810157062046, 0810157062047, 0810157062048, 0810157062049, 0810157062050, 0810157062051; VTD: G37, VTD: G43: Block(s) 0810161021000, 0810161021001, 0810161021002, 0810161021004, 0810161021005, 0810161021006, 0810161021007, 0810161021008, 0810161021009, 0810161021010, 0810161022000, 0810161022001, 0810161022002, 0810161022003, 0810161022004, 0810161022005, 0810161022006, 0810161022007, 0810161022008, 0810161022009, 0810161023003, 0810161023004, 0810161023005, 0810161023006, 0810161023007, 0810161023008; VTD: G44, VTD: G45, VTD: G46, VTD: G47, VTD: G48, VTD: G49, VTD: G50, VTD: G51, VTD: G52, VTD: G53, VTD: G54, VTD: G55, VTD: G56, VTD: G57, VTD: G58, VTD: G59, VTD: G60, VTD: G61: Block(s) 0810126071027, 0810126171000, 0810126171001, 0810126171002, 0810126171003, 0810126171004, 0810126171005, 0810126171006, 0810126171007, 0810126171008, 0810126171009, 0810126171010, 0810126171011, 0810126171012, 0810126171013, 0810126171014, 0810126171015, 0810126171016, 0810126171017, 0810126171018,

0810126171019, 0810126171020, 0810126171021, 0810126171022, 0810126171023, 0810126171024, 0810126171025, 0810126171026, 0810126172000, 0810126172001, 0810126172002, 0810126172003, 0810126172004, 0810126172005, 0810126172006, 0810126172007, 0810126172008, 0810126172009, 0810126172010, 0810126172011, 0810126172012, 0810126172013, 0810126172014, 0810126172015, 0810126172016, 0810126172017, 0810126172018, 0810126172019, 0810126172020, 0810126172021; VTD: G62, VTD: G63, VTD: G64: Block(s) 0810160111014, 0810160111068, 0810160111069, 0810160111070, 0810160111071, 0810160111072, 0810160111073, 0810160111074, 0810160111075, 0810160111076, 0810160111077, 0810160111078, 0810160111079, 0810160112000, 0810160112001, 0810160112002, 0810160112003, 0810160112004, 0810160112005, 0810160112006, 0810160112007, 0810160112008, 0810160112010, 0810160112011, 0810160112012, 0810160112013, 0810160112014, 0810160112015, 0810160112016, 0810160112017, 0810160112018, 0810160113000, 0810160113001, 0810160113002, 0810160113003, 0810160113004, 0810160113006, 0810160113007, 0810160113008, 0810160114000, 0810160114001, 0810160114002, 0810160114003, 0810160114004, 0810160114005, 0810164051000, 0810164051001, 0810164051002, 0810164051003, 0810164051004, 0810164051005, 0810164051006, 0810164051007, 0810164051013, 0810164051014, 0810164051015, 0810164051016, 0810164051026, 0810164051030, 0810164051031, 0810164051032, 0810164051038, 0810164051044, 0810164051045, 0810164051046, 0810164051047, 0810164051048, 0810164051049, 0810164051050, 0810164051051, 0810164051052, 0810164051053, 0810164051063, 0810164061000, 0810164061001, 0810165031000, 0810165031001, 0810165031002, 0810165031003, 0810165031004, 0810165031006, 0810165031008, 0810165031009; VTD: G67, VTD: G68, VTD: G69, VTD: G70, VTD: G71, VTD: G72, VTD: G73, VTD: G74, VTD: G75, VTD: H03: Block(s) 0810143001000, 0810143001001, 0810143001002, 0810143001003, 0810143001004, 0810143001005, 0810143001006, 0810143001007, 0810143001008, 0810143001009, 0810143001010, 0810143001041, 0810143002000, 0810143002001, 0810143002002, 0810143002003, 0810143002004, 0810143002005, 0810143002006, 0810143002007, 0810143002008, 0810143002009, 0810143002010, 0810143002011, 0810143002012, 0810143002013, 0810143002014, 0810143002015, 0810143002016, 0810143002017, 0810143002018, 0810143002019, 0810143002020, 0810143002021, 0810143002022, 0810143002023, 0810143002024, 0810143002025, 0810143002029, 0810143002030, 0810143002031, 0810143002032, 0810143002033,

0810143002034, 0810143002035, 0810143002036, 0810143002037, 0810143002040, 0810143002041, 0810143002042, 0810143002048, 0810143003000, 0810143003001, 0810143003002, 0810143003003, 0810143003004, 0810143003005, 0810143003006, 0810143003007, 0810143003008, 0810143003009, 0810143003015; VTD: H05, VTD: H07, VTD: H08, VTD: H09, VTD: H10, VTD: H11, VTD: H18, VTD: H19A, VTD: H19B, VTD: HP, VTD: JEF2: Block(s) 0810111021019, 0810111021022, 0810111021023, 0810111021024, 0810111021025, 0810128031025, 0810128031039, 0810128031040, 0810128031041, 0810128031049, 0810128031050, 0810128031051, 0810128031052, 0810128031084, 0810128031085, 0810128031086, 0810128031087, 0810128031088, 0810128032000, 0810128032001, 0810128032002, 0810128032003, 0810128032004, 0810128032007, 0810128032008, 0810128032009, 0810128032010, 0810128032011, 0810128032012, 0810128032013, 0810128032014, 0810128032020, 0810128032021, 0810128032025, 0810128032094, 0810153003078; VTD: JEF3: 0810128032022, 0810128032023, 0810128032024, 0810128032026, 0810128032027, 0810128032028, 0810128032029, 0810128032030, 0810128032031, 0810128032032, 0810128032033, 0810128032034, 0810128032035, 0810128032036, 0810128032037, 0810128032040, 0810128032041, 0810128032042, 0810128032043, 0810128032044, 0810128032045, 0810128032046, 0810128032047, 0810128032048, 0810128032049, 0810128032050, 0810128032051, 0810128032052, 0810128032053, 0810128032054, 0810128032055, 0810128032056, 0810128032057, 0810128032058, 0810128032059, 0810128032060, 0810128032061, 0810128032062, 0810128032063, 0810128032064, 0810128032065, 0810128032066, 0810128032067, 0810128032068, 0810128032069, 0810128032070, 0810128032071, 0810128032072, 0810128032073, 0810128032074, 0810128032075, 0810128032076, 0810128032077, 0810128032078, 0810128032079, 0810128032080, 0810128032081, 0810128032083, 0810128032084, 0810128032088, 0810128032089, 0810128032095, 0810172001061, 0810172001065, 0810172001068, 0810172001069, 0810172001070, 0810172001071, 0810172001072, 0810172001073, 0810172001074, 0810172001075, 0810172001076, 0810172001077, 0810172001078, 0810172001082, 0810172001118; VTD: MON2: 0810155001033, 0810155001034, 0810155001035, 0810155001036, 0810155001037, 0810155001038, 0810155001041, 0810155001047, 0810155001048, 0810155001049, 0810155001052, 0810155001053, 0810155001054, 0810155001055, 0810155001058, 0810155001067, 0810155001068, 0810155001069, 0810155001070, 0810155001080, 0810155001081, 0810155001095, 0810157062014, 0810157062015,

0810157062018, 0810157062027; VTD: PG1: 0810168004000, 0810168004001, 0810168004002, 0810168004003, 0810168004004; VTD: SUM1: 0810167011008, 0810167011011, 0810167011012, 0810167011013, 0810167011014, 0810167011015, 0810167011016, 0810167011017, 0810167011018, 0810167011020, 0810167011027, 0810167011028, 0810167011029, 0810167011030, 0810167011043, 0810167011044, 0810167011092, 0810167011093, 0810167011094; VTD: SUM2: 0810167011057, 0810167011058, 0810167011060, 0810167011061, 0810167011063, 0810167011064, 0810167011065, 0810167011066, 0810167011067, 0810167011068, 0810167011069, 0810167011070, 0810167011071, 0810167011072, 0810167011073, 0810167011082, 0810167011083, 0810167011084, 0810167013000, 0810167013001, 0810167013002, 0810167013003, 0810167013004, 0810167013005, 0810167013006, 0810167013007, 0810167013008, 0810167013009, 0810167013010, 0810167013011, 0810168002022, 0810168002025, 0810168002032, 0810168002033, 0810168002034, 0810168002076, 0810168002077.

District 29: Moore County, Randolph County: VTD: 01, VTD: 02, VTD: 03, VTD: 04, VTD: 05, VTD: 06, VTD: 07, VTD: 08, VTD: 09, VTD: 10, VTD: 11, VTD: 12, VTD: 13, VTD: 15, VTD: 16, VTD: 18, VTD: 22, VTD: 24, VTD: 25, VTD: 26, VTD: 28, VTD: 32, VTD: 33, VTD: 34, VTD: 36, VTD: 37, VTD: 38, VTD: 39, VTD: 40.

District 30: Stokes County, Surry County, Wilkes County.

District 31: Forsyth County: VTD: 011, VTD: 012, VTD: 013: Block(s) 0670033071018, 0670033071019, 0670033071020, 0670033071021, 0670033071022, 0670033071023, 0670033071024, 0670033071025, 0670033071026, 0670033071027, 0670033071028, 0670033071029, 0670033071030, 0670033071031, 0670033071032, 0670033071033, 0670033071034, 0670033071035, 0670033071036, 0670033071037, 0670033071038, 0670033071039, 0670033071040, 0670033071041, 0670033071042, 0670033071043, 0670033071044, 0670033071045, 0670033071046, 0670033071047, 0670033071048, 0670033071049, 0670033071050, 0670033071051, 0670033071052, 0670033071053, 0670033071054, 0670033071055, 0670033071056, 0670033071057, 0670033071058, 0670033071059, 0670033081014, 0670033081023, 0670033081024, 0670033081025, 0670033081026, 0670033081027, 0670033081029, 0670033081036, 0670033081037, 0670033081038, 0670033081039, 0670033081040, 0670033081041, 0670033081045,

0670033081049, 0670033081050, 0670033081051, 0670033081052, 0670033081053, 0670033081054, 0670033081055, 0670033081056, 0670033081057, 0670033081058, 0670033081059, 0670033081060, 0670033081061, 0670033082000, 0670033082001, 0670033082002, 0670033082003, 0670033082004, 0670033082005, 0670033082006, 0670033082007, 0670033082008, 0670033082009, 0670033082010, 0670033082011, 0670033082012; VTD: 014, VTD: 015, VTD: 021, VTD: 031: Block(s) 0670028072003, 0670028072004, 0670028072005, 0670028072006, 0670028072007, 0670028072013, 0670028072014, 0670028072015, 0670028072016, 0670028072017, 0670028072018, 0670028072019, 0670028072020, 0670028072021, 0670028072022, 0670028072023, 0670028072024, 0670028072025, 0670028072026, 0670028072027, 0670028072028, 0670028072029, 0670028072030, 0670028072031, 0670028072032, 0670028072033, 0670028072034, 0670028072035, 0670028072036, 0670028072037, 0670028072038, 0670028072039, 0670028072040, 0670028072041, 0670028072042, 0670028072043, 0670028072044, 0670028072045, 0670028072046, 0670028072047, 0670028072048, 0670028072049, 0670028072050, 0670028072051, 0670028072052, 0670028072053, 0670028072058, 0670028072059, 0670028072062, 0670028073000, 0670028073001, 0670028073002, 0670028073003, 0670028073004, 0670028073005, 0670028073006, 0670028073007, 0670028073008, 0670028073009, 0670028073010, 0670028073017, 0670028073022, 0670028073023, 0670028073024, 0670028073028, 0670028073029, 0670028073030; VTD: 032: 0670028041000, 0670028041001, 0670028041002, 0670028041003, 0670028041004, 0670028041005, 0670028041006, 0670028041007, 0670028041024, 0670028041025, 0670028082007, 0670028082008, 0670028082009, 0670028082010, 0670028082011, 0670028082046, 0670028082047, 0670028082048, 0670028082049, 0670028082050, 0670028082051, 0670028082072, 0670028082073, 0670028082074, 0670028082075, 0670028082076, 0670028082077, 0670028082078, 0670028082079, 0670028082080, 0670028082081, 0670028082082, 0670028082083, 0670028082084, 0670028082086, 0670028082087, 0670028082088, 0670028082089, 0670028082095, 0670028082096, 0670028082097, 0670028082098, 0670028082099, 0670028091000, 0670028091003, 0670028091004, 0670028091005, 0670028091007, 0670028091008, 0670028091009, 0670028091010, 0670028091011, 0670028091012, 0670028091013, 0670028091014, 0670028091015, 0670028091016, 0670028091017, 0670028091018, 0670028091019, 0670028091020, 0670028091021, 0670028091025, 0670028091027, 0670028091031, 0670028091034, 0670028091038, 0670028091039,

0670028091040, 0670028091041, 0670028091042, 0670028092026, 0670028092032, 0670028092033, 0670028092034, 0670028092035, 0670028092036, 0670028092037, 0670028092038, 0670028092039, 0670028092040, 0670028092041, 0670028092042, 0670028092043, 0670028092044, 0670028092045, 0670028092046, 0670028092047, 0670028092048, 0670028092049, 0670028092050, 0670028092051, 0670028092052, 0670028092053, 0670028092054, 0670028092055, 0670028092056, 0670028092057, 0670028092059, 0670028092060, 0670028092061, 0670028092062, 0670028092063, 0670028092064, 0670028092065, 0670028092066, 0670028092067, 0670028092068, 0670028092069, 0670028092070, 0670028092071, 0670028092072, 0670028092073, 0670028092074, 0670028092075, 0670028092076, 0670028092077, 0670028092078, 0670028092079, 0670028092080, 0670028092081, 0670028092082, 0670028092083, 0670028092084, 0670028092085, 0670028092086, 0670028092087, 0670028092088, 0670028092089, 0670028092090, 0670028092098, 0670028092099, 0670028092100; VTD: 033: 0670028081047, 0670028081048, 0670029012009, 0670029012024, 0670029012034, 0670029012038, 0670029012040; VTD: 034, VTD: 042: Block(s) 0670035004000, 0670035004001, 0670035004018, 0670035004019, 0670035004020, 0670035004021, 0670035004022, 0670035004023, 0670035004025, 0670035004026, 0670035004027, 0670035005012, 0670035005013, 0670035005014, 0670035005015, 0670035005016, 0670035005017, 0670035005018, 0670035005019, 0670035005021, 0670035005022, 0670035005023, 0670035005024, 0670035005025, 0670035005026, 0670036003001, 0670036003002, 0670036003003, 0670036003008, 0670036003009, 0670036003010, 0670036003011, 0670036003024, 0670036003025, 0670036003026, 0670036003030, 0670036003033, 0670036003034, 0670036003035, 0670036003036, 0670036003038, 0670036003039, 0670036003040, 0670036003041, 0670036003042, 0670036003043, 0670036003044, 0670036003045, 0670036003046, 0670036003047, 0670036003048, 0670036003049, 0670036003050, 0670036003051, 0670036003052, 0670036003053, 0670036003054, 0670036003055, 0670036003056, 0670036003057, 0670036003058, 0670036003059, 0670036003060, 0670036003061, 0670036003062, 0670036003063, 0670036003064, 0670036003065, 0670036003066, 0670036003067, 0670036003068, 0670036003069, 0670036003070, 0670036003072, 0670036003073, 0670036003074, 0670036003075, 0670036003076, 0670036003077, 0670036003078, 0670036003079, 0670036003080, 0670036003081, 0670036003082, 0670036003083, 0670036003084, 0670036003085, 0670036003086, 0670036003087,

0670036003088, 0670036003089, 0670036003090, 0670036003091, 0670036003092, 0670036003093, 0670036003094, 0670036003095; VTD: 043: 0670033102019, 0670033102022, 0670033102024, 0670033102025, 0670034021000, 0670034021001, 0670034021002, 0670034021003, 0670034021004, 0670034021005, 0670034021006, 0670034021007, 0670034021008, 0670034021009, 0670034021010, 0670034021011, 0670034021012, 0670034021013, 0670034021014, 0670034021015, 0670034021016, 0670034021017, 0670034021018, 0670034021019, 0670034021020, 0670034021021, 0670034021022, 0670034021023, 0670034021024, 0670034021025, 0670034021026, 0670034021027, 0670034021028, 0670034021029, 0670034021030, 0670034021031, 0670034021032, 0670034021033, 0670034021034, 0670034021035, 0670034021036, 0670034021037, 0670034021038, 0670034021039, 0670034021040, 0670034021041, 0670034021042, 0670034021043, 0670034021044, 0670034021045, 0670034021046, 0670034021047, 0670034021048, 0670034021049, 0670034021050, 0670034022011, 0670034022021, 0670034022022, 0670034022023, 0670034022024, 0670034022025, 0670034022026, 0670034022027, 0670034022028, 0670034022029, 0670034022030, 0670034022031, 0670034022032, 0670034022033, 0670034022034, 0670034022035, 0670034022036, 0670034022037, 0670034022038, 0670034022039, 0670034022040, 0670034022041, 0670034022042, 0670034022043, 0670034022044, 0670034022045, 0670034022049, 0670034022050, 0670034022051, 0670034022052, 0670034022053, 0670034022054, 0670034022055, 0670034022056, 0670034022057, 0670034022058, 0670034022059, 0670034022060, 0670034022061, 0670034031000, 0670034031001, 0670034031002, 0670034031017, 0670034031019, 0670034031020, 0670034031021, 0670034031022, 0670034032000, 0670034032012, 0670034032013, 0670034032014, 0670034032015, 0670034032016, 0670034032017, 0670034032018, 0670034032019; VTD: 051, VTD: 052, VTD: 053, VTD: 054, VTD: 055, VTD: 061: Block(s) 0670032022020, 0670032023006, 0670032023007, 0670032023008, 0670032023009, 0670032023010, 0670032023011, 0670032023012, 0670032023013, 0670032023015, 0670032023016, 0670032023017, 0670032023018, 0670032023019, 0670032023020, 0670032023021, 0670032023022, 0670032023023, 0670032023024, 0670032023025, 0670032023026, 0670032023027, 0670032023028, 0670032023029, 0670032023030, 0670032023031, 0670032023032, 0670032023033, 0670032023034, 0670032023035, 0670032023036, 0670032023037, 0670032023038, 0670032023039, 0670032023040, 0670032023041, 0670032023042, 0670032023043, 0670032023044, 0670032023045, 0670032023046,

0670032023047, 0670032023048, 0670032023049, 0670032023050,
0670032023051, 0670032023052, 0670032023053, 0670032023054,
0670032023055, 0670032023056, 0670032023057, 0670032023058,
0670032023059, 0670032023060, 0670032023061, 0670032023062,
0670032023063, 0670032023064, 0670032023065, 0670032023066,
0670032023067; VTD: 062, VTD: 063: Block(s) 0670030031000,
0670030031002, 0670030031003, 0670030031007, 0670030032002,
0670030032003, 0670030032004, 0670030032005, 0670030032006,
0670030032007, 0670030032008, 0670030032009, 0670030032010,
0670030032011, 0670030032012, 0670030032013, 0670030032014,
0670030032015, 0670030032016, 0670030032017, 0670030032018,
0670030032019, 0670030032020, 0670030032021, 0670030032022,
0670030032023, 0670030032024, 0670030032025, 0670030032026,
0670030032027, 0670030032028, 0670030032029, 0670030032030,
0670030032031, 0670030032032, 0670030032033, 0670030032034,
0670030032035, 0670030032036, 0670030032037, 0670030032038,
0670030032039, 0670030032040, 0670030032041, 0670030032042,
0670030032043, 0670030032050, 0670030032051, 0670030032052,
0670030032053, 0670030032054, 0670030032055, 0670030032056,
0670030032057, 0670030032058, 0670030032059, 0670030032060,
0670030032061, 0670030032062, 0670030032063, 0670030032064,
0670030032065, 0670030032066, 0670030032067, 0670030032068,
0670030032069, 0670030032070, 0670030032071, 0670030032072,
0670030032075, 0670030032076, 0670030032077, 0670030032078,
0670030032087, 0670030032088, 0670030032089, 0670030032090,
0670030032091, 0670030032092, 0670030032098, 0670030032099,
0670030032100, 0670030032101, 0670030032102, 0670030041000,
0670030041001, 0670030041002, 0670030041003, 0670030041004,
0670030041005, 0670030041006, 0670030041007, 0670030041008,
0670030041009, 0670030041010, 0670030041011, 0670030041012,
0670030041013, 0670030041014, 0670030041015, 0670030041016,
0670030041017, 0670030041018, 0670030041019, 0670030041020,
0670030041021, 0670030041022, 0670030041023, 0670030041029,
0670030041030, 0670030041031, 0670030041032, 0670030041033,
0670030041034, 0670030041035, 0670030041036, 0670030041037,
0670030041038, 0670030041039, 0670030041040, 0670030041041,
0670030041042, 0670030041043, 0670030041044, 0670030041045,
0670030041046, 0670030041047, 0670030041048, 0670030041049,
0670030041070, 0670030041073, 0670030041074, 0670030041075,
0670030041076, 0670030041077, 0670030041078, 0670030041079,
0670030042000, 0670030042001, 0670030042002, 0670030042003,

0670030042004, 0670030042005, 0670030042006, 0670030042018, 0670030042019, 0670030042020, 0670030042021, 0670030042022, 0670030042023, 0670030042024, 0670030042025, 0670030042031, 0670030042035, 0670031071000, 0670031071001, 0670031071002, 0670031071003, 0670031071004, 0670031071005, 0670031071006, 0670031071007, 0670031071008, 0670031071009, 0670031071010, 0670031071011, 0670031071012, 0670031071013, 0670031071014, 0670031071015, 0670031071016, 0670031071017, 0670031071018, 0670031071019, 0670031071020, 0670031071021, 0670031071022, 0670031071023, 0670031071024, 0670031071027, 0670032011001, 0670032011010, 0670032011014, 0670032011019, 0670032013001; VTD: 064: 0670031072026, 0670031072037, 0670031072038, 0670032011004, 0670032011011, 0670032011012, 0670032013002, 0670032013003, 0670032013004, 0670032013005, 0670032013006, 0670032013007, 0670032013018, 0670032013019, 0670032014010, 0670032014011, 0670032014012, 0670032014013, 0670032014014, 0670032014015, 0670032014016, 0670032014024, 0670032014025; VTD: 065: 0670030042007, 0670030042008, 0670030042009, 0670030042010, 0670030042011, 0670030042012, 0670030042013, 0670030042014, 0670030042015, 0670030042016, 0670030042017, 0670030042026, 0670030042027, 0670030042028, 0670030042029, 0670030042036, 0670032011002, 0670032011003, 0670032011005, 0670032011006, 0670032011007, 0670032011008, 0670032011009, 0670032011015, 0670032011016, 0670032011017, 0670032011018, 0670032011020, 0670032011021, 0670032011022, 0670032011023, 0670032011024, 0670032012000, 0670032012001, 0670032012002, 0670032012003, 0670032012004, 0670032012005, 0670032012006, 0670032012007, 0670032012008, 0670032012009, 0670032012010, 0670032012011, 0670032012012, 0670032012013, 0670032012014, 0670032012015, 0670032013008, 0670032013009, 0670032013010, 0670032013011, 0670032013012, 0670032013013, 0670032013014, 0670032013015, 0670032013016, 0670032013017, 0670033071014, 0670033071015, 0670033071016; VTD: 066: 0670031032010, 0670031032011, 0670031032012, 0670031033024, 0670031033028, 0670031033029, 0670031033030, 0670031033031, 0670031033032, 0670031033034, 0670031081001, 0670031081002, 0670031081003, 0670031081004, 0670031081005, 0670031081006, 0670031081007, 0670031081008, 0670031081009, 0670031081010, 0670031081011, 0670031081012, 0670031081013, 0670031081014, 0670031081015, 0670031081016, 0670031081017, 0670031081018, 0670031081019, 0670031081023, 0670031081024, 0670031081027, 0670031081028, 0670031081029,

0670031081030, 0670031081031, 0670031082000, 0670031082001, 0670031082002, 0670031082003, 0670031082004, 0670031082005, 0670031082006, 0670032023000, 0670032023001, 0670032023002, 0670032023003, 0670032023004, 0670032023005; VTD: 067: 0670033072004, 0670033072005, 0670033072006, 0670033072014, 0670033072026, 0670033152031, 0670033152045, 0670033152046, 0670033152047, 0670033152056; VTD: 068, VTD: 071, VTD: 072: Block(s) 0670040072000, 0670040072001, 0670040073000, 0670040073001, 0670040073002, 0670040073003, 0670040073004, 0670040073005, 0670040073006, 0670040073007, 0670040073008, 0670040073009, 0670040073010, 0670040073011, 0670040073012, 0670040073013, 0670040073014, 0670040073015, 0670040073016, 0670040074000, 0670040074001, 0670040074002, 0670040074003, 0670040074004, 0670040074005, 0670040074006, 0670040074007, 0670040074008, 0670040074012, 0670040074013, 0670040074016, 0670040074023, 0670040074024, 0670040074025, 0670040074026, 0670040121000, 0670040121001, 0670040121002, 0670040121003, 0670040121004, 0670040121005, 0670040121006, 0670040121007, 0670040121008, 0670040121009, 0670040121010, 0670040121011, 0670040121012, 0670040121013, 0670040121014, 0670040121015, 0670040122000, 0670040122001, 0670040122002, 0670040122003, 0670040122004, 0670040122005, 0670040122006, 0670040122007, 0670040122008, 0670040122009, 0670040122010, 0670040122011, 0670040122012, 0670040122013, 0670040122014, 0670040122015, 0670040122016, 0670040122017, 0670040122018, 0670040122019, 0670040122020, 0670040122021, 0670040122022, 0670040122023, 0670040122024, 0670040122025, 0670040122026, 0670040122027, 0670040122028, 0670040122034, 0670040122036, 0670040122037, 0670040122038, 0670040122047, 0670040122050, 0670040122055, 0670040122056, 0670040122057, 0670040122058, 0670040122059, 0670040122060, 0670040123000, 0670040123001, 0670040123002, 0670040123003, 0670040123004, 0670040123005, 0670040123006, 0670040123007, 0670040123008, 0670040123009, 0670040123010, 0670040123011, 0670040123012, 0670040123013, 0670040123014, 0670040123015, 0670040123016, 0670040123017, 0670040123018, 0670040123019, 0670040123020, 0670040123021, 0670040123022, 0670040124000, 0670040124001, 0670040124002, 0670040124003, 0670040124004, 0670040124005, 0670040124006, 0670040124007, 0670040124008, 0670040124009, 0670040124010, 0670040131013, 0670040131015, 0670040131016, 0670040131017, 0670040131019, 0670040131020, 0670040131021, 0670040131030; VTD: 073, VTD: 074, VTD: 075, VTD: 081:

Block(s) 0670029011006, 0670029034001, 0670029034002, 0670029034003, 0670029034004, 0670029034005, 0670029034009, 0670029034011, 0670029034012, 0670029034013, 0670029034033; VTD: 082: 0670030031001, 0670030031004, 0670030031008, 0670030031009, 0670030031010, 0670030031011, 0670030031012, 0670030031013, 0670030031014, 0670030031015, 0670030031016, 0670030031017, 0670030031018, 0670030031019, 0670030031025, 0670030031070, 0670030032045, 0670030032046, 0670030032047, 0670030032048, 0670030032049, 0670030032073, 0670030032079, 0670030032080, 0670030032081, 0670030032082, 0670030032083, 0670030032084, 0670030032085, 0670030032086, 0670030032093, 0670030032094; VTD: 091, VTD: 092, VTD: 101: Block(s) 0670028013048, 0670028013049, 0670028013050, 0670028013051, 0670028013056, 0670028013057, 0670028013058, 0670028013059, 0670028013060, 0670028013061, 0670028013062, 0670028013063, 0670028013064, 0670028013065, 0670028013082, 0670028013083, 0670028043003, 0670028043018, 0670028043020, 0670028043021, 0670028043023, 0670028043025, 0670028043026, 0670028091030, 0670028091032; VTD: 111: 0670028072000, 0670028072001, 0670028072002, 0670028072008, 0670028072009, 0670028072010, 0670028072011, 0670028072012, 0670028072060, 0670029012000, 0670029012001, 0670029012002, 0670029012003, 0670029012004, 0670029012005, 0670029012006, 0670029012007, 0670029012008, 0670029012010, 0670029012011, 0670029012012, 0670029012029, 0670029012030, 0670029012031, 0670029012032, 0670029012033, 0670029012035, 0670029012036, 0670029012037, 0670029012041, 0670029012042, 0670029041007, 0670029041008, 0670029041009, 0670029041010, 0670029041014, 0670029041015, 0670029041016, 0670029041017, 0670029041018, 0670029041019, 0670029041020, 0670029041021, 0670029041022, 0670029041040, 0670029041042, 0670029041043, 0670029041044, 0670029041045, 0670029041046, 0670029042006, 0670029042007, 0670029042018; VTD: 112: 0670029041000, 0670029041001, 0670029041002, 0670029041003, 0670029041004, 0670029041005, 0670029041006, 0670029041011, 0670029041012, 0670029041013, 0670029042000, 0670029042001, 0670029042002, 0670029042003, 0670029042004, 0670029042005, 0670029042008, 0670029042009, 0670029042010, 0670029042011, 0670029042012, 0670029042013, 0670029042014, 0670029042015, 0670029042016, 0670029042017, 0670031051000, 0670031051001, 0670031051002, 0670031051003, 0670031051004, 0670031051005, 0670031051007, 0670031051020, 0670031051021, 0670031051022, 0670031051023, 0670031051024,

0670031051025, 0670031051026, 0670031052001, 0670031052002, 0670031052003, 0670031052004, 0670031052005, 0670031052006, 0670031052007, 0670031052008, 0670031052009, 0670031052010, 0670031052011, 0670031052012, 0670031052014, 0670031052015, 0670031052016, 0670031052017, 0670031052018, 0670031052019, 0670031052020, 0670031052021, 0670031052022, 0670031052023, 0670031052024, 0670031052025, 0670031052026, 0670031061030, 0670031061031, 0670031061061, 0670031061062, 0670031061063, 0670031061064, 0670031061068, 0670031061069, 0670031061070, 0670031061071, 0670031061072, 0670031061073; VTD: 122: 0670037031006, 0670037031007, 0670037031008, 0670037031009, 0670037031010, 0670037031011, 0670037031012, 0670037031032, 0670037032013, 0670037032014, 0670037032015, 0670037032016, 0670037032017, 0670037032018, 0670037032019, 0670037032020, 0670037032021, 0670037032022, 0670037032023, 0670037032024, 0670037032025, 0670037032035, 0670037032036, 0670037033000, 0670037033001, 0670037033002, 0670037033003, 0670037033004, 0670037033005, 0670037033006, 0670037033007, 0670037033008, 0670037033009, 0670037033010, 0670037033011, 0670037034040, 0670037034041, 0670037034044, 0670037034048, 0670037034053, 0670038032014, 0670038032015, 0670038032016, 0670038032017, 0670038032018, 0670038032019, 0670038032020, 0670038032021, 0670038032022, 0670038032023, 0670038032024, 0670038032025, 0670038032026, 0670038032027, 0670038032028, 0670038032029, 0670038032030, 0670038032032; VTD: 123: 0670039042013, 0670039042014, 0670039042015, 0670039042021, 0670039043003, 0670039043004, 0670039043007, 0670039043009, 0670039043010, 0670039043011, 0670039043012, 0670039043013, 0670039043014, 0670039043015, 0670039043016, 0670039044002, 0670039044003, 0670039044004, 0670039044005, 0670039044006, 0670039044007, 0670039044008, 0670039044009, 0670039044010, 0670039044011, 0670039044012, 0670039044013, 0670039044014, 0670039044015; VTD: 131: 0670041022047, 0670041022048, 0670041022049, 0670041022051, 0670041022052, 0670041022053, 0670041031003, 0670041031004, 0670041031005, 0670041031006, 0670041031007, 0670041031008, 0670041031009, 0670041031010, 0670041031011, 0670041031012, 0670041031013, 0670041031014, 0670041031015, 0670041031016, 0670041031017, 0670041031018, 0670041031019, 0670041031020, 0670041031021, 0670041031022, 0670041031023, 0670041031024, 0670041031025, 0670041031026, 0670041031027, 0670041031028, 0670041031029, 0670041031030, 0670041031031, 0670041031032,

0670041031033, 0670041031034, 0670041031035, 0670041031036, 0670041031037, 0670041031038, 0670041031039, 0670041031040, 0670041031041, 0670041031042, 0670041031043, 0670041031044, 0670041031045, 0670041031046, 0670041031047, 0670041031048, 0670041032000, 0670041032001, 0670041032002, 0670041032003, 0670041032004, 0670041032005, 0670041032006, 0670041032007, 0670041032008, 0670041032009, 0670041032010, 0670041032011, 0670041032012, 0670041032013, 0670041032014, 0670041032015, 0670041032016, 0670041032017, 0670041032018, 0670041032019, 0670041032020, 0670041032021, 0670041032022, 0670041032023, 0670041032024, 0670041032025, 0670041032026; VTD: 132: 0670028013069, 0670028013073, 0670028013074, 0670028013075, 0670028013076, 0670028013079, 0670028013080, 0670028013081, 0670028013084, 0670028013085, 0670028013086, 0670028013087, 0670028013090, 0670041021028, 0670041021029, 0670041021036, 0670041021037, 0670041021038, 0670041021039, 0670041022000, 0670041022001, 0670041022002, 0670041022003, 0670041022004, 0670041022005, 0670041022006, 0670041022007, 0670041022008, 0670041022009, 0670041022010, 0670041022011, 0670041022012, 0670041022013, 0670041022014, 0670041022015, 0670041022018, 0670041022019, 0670041022035, 0670041022038, 0670041022045, 0670041022046, 0670041022050, 0670041022054, 0670041041000, 0670041041001, 0670041041002, 0670041041003, 0670041041004, 0670041041005, 0670041041006, 0670041041007, 0670041041008, 0670041041011, 0670041041012, 0670041041014, 0670041041015, 0670041041020, 0670041041024, 0670041041025, 0670041042006, 0670041042007, 0670041042009, 0670041042010, 0670041042011, 0670041042014, 0670041042015, 0670041042016, 0670041042017, 0670041042018, 0670041042019, 0670041042020, 0670041042021, 0670041042022, 0670041043000, 0670041043001, 0670041043002, 0670041043003, 0670041043004, 0670041043005, 0670041043006, 0670041043007, 0670041043008, 0670041043009; VTD: 133, VTD: 507: Block(s) 0670033102000; VTD: 601: 0670010001010, 0670010001011, 0670010001012, 0670010001014, 0670010001015, 0670010002004, 0670010002005, 0670010004000; VTD: 604: 0670010002006, 0670010002007, 0670010002008, 0670010002009, 0670010002010, 0670010004003, 0670010004004, 0670010004011; VTD: 701: 0670025013022, 0670025013023, 0670025013024, 0670025013025, 0670025013026, 0670025013027, 0670025013028, 0670025013029, 0670025013030, 0670025013031, 0670025013038, 0670025013039, 0670025013040, 0670025021000, 0670025021001, 0670025021002,

0670025021003, 0670025021004, 0670025021005, 0670025021006, 0670025021007, 0670025021008, 0670025021009, 0670025021010, 0670025021022, 0670025021023, 0670025021024, 0670025021025, 0670025021026, 0670025021036, 0670025021037; VTD: 702: 0670022001022, 0670022001023, 0670022001024, 0670022001025, 0670022001026, 0670022001028, 0670022001029, 0670022001030, 0670022001031, 0670022001032, 0670022001039, 0670022002010, 0670022002011, 0670022003001, 0670022003002, 0670022003003, 0670022003004, 0670022003005, 0670022003006, 0670022003010, 0670022003011, 0670022003012, 0670022003013, 0670022003014, 0670022003020, 0670022003021, 0670022003023, 0670022003024, 0670022003025, 0670022003026, 0670022003027, 0670022003028, 0670022003030; VTD: 703: 0670010003003, 0670010003004, 0670010004001, 0670010004002, 0670010004005, 0670010004006, 0670010004007, 0670010004008, 0670010004009, 0670010004010, 0670010004012, 0670010004013, 0670021002000, 0670022002016, 0670022002027, 0670022002028, 0670022002030, 0670022002031, 0670022002032, 0670022002033, 0670022002034, 0670022002035, 0670022003000, 0670022003007, 0670022003008, 0670022003009, 0670022003015, 0670022003016, 0670022003017; VTD: 704: 0670010003005, 0670010003008, 0670021002001, 0670021002002, 0670021002003, 0670021002004, 0670021002005, 0670021002006, 0670021002007, 0670021002008, 0670021002009, 0670021002010, 0670021002011, 0670021002012, 0670021002013, 0670021002015, 0670021002018, 0670021002019, 0670021002020, 0670021002021, 0670021002024, 0670022003018, 0670022003019, 0670022003022, 0670022003029; VTD: 705: 0670021001000, 0670021001001, 0670021001002, 0670021001003, 0670021001005, 0670021001006, 0670021001007, 0670021001008, 0670021001009, 0670021001010, 0670021001013, 0670021001017, 0670021001018, 0670021002022, 0670021002023, 0670022001020, 0670022001033, 0670022001034, 0670022001035, 0670022001036, 0670022001037, 0670022001038, 0670022001045, 0670022001046, 0670022001047, 0670022001048, 0670022001049; VTD: 707: 0670022001003, 0670022001004, 0670022001005, 0670022001006, 0670022001007, 0670022001008, 0670022001009, 0670022001010, 0670022001011, 0670022001012, 0670022001013, 0670022001014, 0670022001015, 0670022001016, 0670022001017, 0670022001018, 0670022001019, 0670022001021, 0670022001040, 0670022001041, 0670022001043, 0670022001044, 0670022001051, 0670022001052, 0670022001053, 0670025021011, 0670025021012, 0670025021013, 0670025021014, 0670025021015,

0670025021016, 0670025021017, 0670025021018, 0670025021021, 0670025021027, 0670025021028, 0670025021029, 0670025021030, 0670025021031, 0670025021032, 0670025021033, 0670025021035; VTD: 708: 0670038061002, 0670038061003, 0670038061004, 0670038061005, 0670038061006, 0670038061007, 0670038061010, 0670038061020, 0670038061021, 0670038061023, 0670038061024, 0670038061025, 0670038061026, 0670038062010, 0670038062016, 0670038062017, 0670038062019, 0670038062020, 0670038062022, 0670038062023, 0670038062024, 0670038062025, 0670038062026; VTD: 709: 0670038043014, 0670038043015, 0670038043016, 0670038043017, 0670038043021, 0670038043026, 0670038043027, 0670038043028, 0670038043029, 0670038043030, 0670038043031, 0670038043032, 0670038043033, 0670038043036, 0670038043038, 0670038043039, 0670038043040, 0670038043041, 0670038043044, 0670038043045, 0670038043046, 0670038043047, 0670038043048; VTD: 801, VTD: 802, VTD: 803, VTD: 804, VTD: 805, VTD: 806: Block(s) 0670025022011, 0670025022012, 0670025022013, 0670025022019, 0670025022020, 0670025022021, 0670025022022, 0670025022023, 0670025022024, 0670025022025, 0670025022029, 0670025022030, 0670025022031, 0670039051012, 0670039051013, 0670039052000, 0670039052001, 0670039052002, 0670039052005, 0670039052006, 0670039052007, 0670039052008, 0670039052009, 0670039052010, 0670039052011, 0670039052012, 0670039052013, 0670039052014, 0670039052015, 0670039052016; VTD: 807: 0670039041000, 0670039041001, 0670039041002, 0670039041003, 0670039041004, 0670039041005, 0670039041006, 0670039041007, 0670039041008, 0670039041009, 0670039041010, 0670039041011, 0670039041012, 0670039041013, 0670039041014, 0670039041015, 0670039041019, 0670039041020, 0670039041021, 0670039044001, 0670039092000, 0670039092001, 0670039093008, 0670039093009, 0670039093010, 0670039093011; VTD: 808: 0670039063005, 0670039063006, 0670039063007, 0670039063008, 0670039063010, 0670039063015; VTD: 809, VTD: 901: Block(s) 0670012002000, 0670012002001, 0670012002002, 0670012002003, 0670012002004, 0670012002005, 0670012002006, 0670012002007, 0670012002008, 0670012002009, 0670012002010, 0670012002011, 0670012002012, 0670012002013, 0670012002014, 0670012002015, 0670012002016, 0670012002017, 0670012002018, 0670012002019, 0670012002020, 0670012002021, 0670012002022, 0670012002023, 0670012002024, 0670012002025, 0670012002026, 0670012002027, 0670012002028, 0670012002029, 0670012002030, 0670012002031, 0670012002032, 0670012002033, 0670012002034; VTD: 903:

0670012001002, 0670012001003, 0670012001005, 0670012001007, 0670012001008, 0670012001009, 0670012001011, 0670012001012, 0670012001013, 0670012001014, 0670012001015, 0670012001016, 0670012001017, 0670012001018, 0670013002003, 0670013002004, 0670013002005, 0670013002006, 0670013002007, 0670013002008, 0670013002009, 0670013002010, 0670013002011, 0670013003000, 0670013003004, 0670013003005, 0670013003007, 0670013003008, 0670013003009, 0670013003010, 0670013003011, 0670013003012, 0670013003013, 0670013003014, 0670013003015, 0670013003016, 0670013003017, 0670013003018, 0670013003019; VTD: 905: 0670013001000, 0670013001001, 0670013001002, 0670013001003, 0670013001004, 0670013001005, 0670013001006, 0670013002000, 0670013002001, 0670013002002, 0670027032008, 0670027032009, 0670027032010, 0670027032011, 0670027032012, 0670027032013, 0670027032014, 0670027032017, 0670027032018, 0670027032019, 0670027032020; VTD: 906: 0670026031001, 0670026031003, 0670026031005, 0670026031006, 0670026031008, 0670026031014, 0670026031015, 0670026031016, 0670026031017, 0670026031018, 0670026031019, 0670026031020, 0670026031021, 0670026031022, 0670026031023, 0670026031024, 0670026031026, 0670026032005, 0670026032006, 0670026032007, 0670026032008, 0670026032009, 0670026032010, 0670026032011, 0670026032012, 0670026032013, 0670026032018, 0670026032019, 0670026032020, 0670026032021, 0670026032022, 0670026032029, 0670026032031, 0670026032032, 0670026032033, 0670026032036; VTD: 907: 0670026032000, 0670026032001, 0670026032002, 0670026032003, 0670026032004, 0670026032014, 0670026032015, 0670026032016, 0670026032017, 0670026033001, 0670026033003, 0670026033004, 0670026033005, 0670026033006, 0670026033007, 0670026033008, 0670026033009, 0670026033010, 0670026033011, 0670026033012, 0670026033013, 0670026034000, 0670026034001, 0670026034002, 0670026034003, 0670026034004, 0670026034007, 0670026034008, 0670026034009; VTD: 908: 0670026043000, 0670026043001, 0670026043002, 0670026043003, 0670026043004, 0670026043005, 0670026043006, 0670026043007, 0670026043008, 0670026043009, 0670026043010, 0670026043011, 0670026043012, 0670026043013, 0670026043014, 0670026043015, 0670026043016, 0670026043017, 0670026043018, 0670026043019, 0670026043020, 0670026043021, 0670026043022, 0670026043023, 0670026043024, 0670026043025, 0670026043026, 0670026043027, 0670026043028, 0670026043029, 0670026043030, 0670026043031, 0670026043032, 0670026043033, 0670026043034, 0670026043035,

0670026044003, 0670026044004, 0670026044005, 0670026044006, 0670026044007, 0670026044008, 0670026044009, 0670026044010, 0670026044011, 0670026044012, 0670026044013, 0670026044014, 0670026044015, 0670026044016, 0670026044017, 0670026044018, 0670026044019, 0670026044020, 0670026044021, 0670026044022, 0670026044023, 0670026044024, 0670026044025; VTD: 909: 0670026041006, 0670026041007, 0670026041009, 0670026041012, 0670026042017, 0670026042019, 0670026042020, 0670026042021, 0670026042022, 0670026042024; Yadkin County.

District 32: Forsyth County: VTD: 013: Block(s) 0670033071003, 0670033071004, 0670033071005, 0670033071006, 0670033071007, 0670033071008, 0670033071010, 0670033072010, 0670033072011, 0670033072018, 0670033072019, 0670033072021, 0670033072022, 0670033072023, 0670033072024, 0670033081000, 0670033081001, 0670033081002, 0670033081003, 0670033081004, 0670033081005, 0670033081006, 0670033081007, 0670033081008, 0670033081009, 0670033081010, 0670033081011, 0670033081012, 0670033081013, 0670033081015, 0670033081016, 0670033081017, 0670033081018, 0670033081019, 0670033081020, 0670033081021, 0670033081022, 0670033081028, 0670033081030, 0670033081031, 0670033081032, 0670033081033, 0670033081034, 0670033081035, 0670033081042, 0670033081043, 0670033081044, 0670033081046, 0670033081047, 0670033081048, 0670033081062, 0670033081063; VTD: 031: 0670028071000, 0670028071001, 0670028071005, 0670028071019, 0670028071020, 0670028071021, 0670028071022, 0670028071023, 0670028071024, 0670028071025, 0670028071027, 0670028071028, 0670028072054, 0670028072055, 0670028072056, 0670028072057, 0670028072061; VTD: 032: 0670028041015, 0670028041016, 0670028041017, 0670028041018, 0670028041019, 0670028041021, 0670028041022, 0670028061013, 0670028061014, 0670028061015, 0670028061024, 0670028091001, 0670028091002, 0670028091006, 0670028091022, 0670028091023, 0670028091024, 0670028091026, 0670028091028, 0670028091029, 0670028091033, 0670028091035, 0670028091036, 0670028092101; VTD: 033: 0670027021000, 0670028061000, 0670028061001, 0670028061002, 0670028061003, 0670028061004, 0670028061005, 0670028061006, 0670028061016, 0670028061017, 0670028061018, 0670028061019, 0670028061020, 0670028061021, 0670028061022, 0670028061023, 0670028062000, 0670028062001, 0670028062002, 0670028062003, 0670028062004, 0670028062005, 0670028062006, 0670028062007, 0670028062008,

0670028062009, 0670028062010, 0670028062011, 0670028062012, 0670028062013, 0670028062014, 0670028062015, 0670028062016, 0670028062017, 0670028062018, 0670028062019, 0670028062020, 0670028062021, 0670028062022, 0670028062023, 0670028062024, 0670028062025, 0670028062026, 0670028062027, 0670028062028, 0670028062029, 0670028062030, 0670028062031, 0670028062032, 0670028062033, 0670028062034, 0670028071002, 0670028071003, 0670028071004, 0670028071006, 0670028071007, 0670028071008, 0670028071009, 0670028071010, 0670028071011, 0670028071012, 0670028071013, 0670028071014, 0670028071015, 0670028071016, 0670028071017, 0670028071018, 0670028071026, 0670028071029, 0670029012013, 0670029012014, 0670029012015, 0670029012016, 0670029012017, 0670029012018, 0670029012019, 0670029012020, 0670029012021, 0670029012022, 0670029012023, 0670029012025, 0670029012026, 0670029012027, 0670029012028, 0670029012039; VTD: 042: 0670035004002, 0670035004003, 0670035004004, 0670035004005, 0670035004006, 0670035004007, 0670035004008, 0670035004009, 0670035004010, 0670035004011, 0670035004012, 0670035004013, 0670035004014, 0670035004015, 0670035004016, 0670035004017, 0670035004024, 0670035004028, 0670035004029, 0670035004030, 0670035005000, 0670035005001, 0670035005002, 0670035005003, 0670035005004, 0670035005005, 0670035005006, 0670035005007, 0670035005008, 0670035005009, 0670035005010, 0670035005011, 0670035005020, 0670036003000, 0670036003004, 0670036003005, 0670036003012, 0670036003013, 0670036003028, 0670036003029, 0670036003031, 0670036003032, 0670036003037, 0670036003071; VTD: 043: 0670034031003, 0670034031004, 0670034031005, 0670034031006, 0670034031007, 0670034031008, 0670034031009, 0670034031010, 0670034031011, 0670034031012, 0670034031013, 0670034031014, 0670034031015, 0670034031016, 0670034031018, 0670034031023, 0670034031024, 0670034031025, 0670034031026, 0670034031027, 0670034031028, 0670034031029, 0670034031030, 0670034031031, 0670034031032, 0670034031033, 0670034031034, 0670034031035, 0670034031036, 0670034032001, 0670034032002, 0670034032003, 0670034032004, 0670034032005, 0670034032006, 0670034032007, 0670034032008, 0670034032009, 0670034032010, 0670034032011, 0670034032020, 0670034042005, 0670034042007, 0670034042008, 0670034042009, 0670034042010, 0670034042011, 0670034042012, 0670034042013, 0670034042014, 0670034042015, 0670034042016, 0670034042017, 0670034042029, 0670034042030, 0670034042031, 0670034042032, 0670034042033, 0670034042034; VTD: 061:

0670032021000, 0670032021001, 0670032021002, 0670032021003,
0670032021004, 0670032021005, 0670032021006, 0670032021007,
0670032021008, 0670032021009, 0670032021010, 0670032021011,
0670032021012, 0670032021013, 0670032021014, 0670032021015,
0670032021016, 0670032021017, 0670032021018, 0670032021019,
0670032021020, 0670032021021, 0670032021022, 0670032021023,
0670032021024, 0670032021025, 0670032021026, 0670032021027,
0670032021028, 0670032021029, 0670032021030, 0670032021031,
0670032022000, 0670032022001, 0670032022002, 0670032022003,
0670032022004, 0670032022005, 0670032022006, 0670032022007,
0670032022008, 0670032022009, 0670032022010, 0670032022011,
0670032022012, 0670032022013, 0670032022014, 0670032022015,
0670032022016, 0670032022017, 0670032022018, 0670032022019,
0670032023014; VTD: 063: 0670030032000, 0670030032001,
0670031071025, 0670032011000, 0670032011013; VTD: 064:
0670031071026, 0670031072034, 0670031072035, 0670031072036,
0670032013000, 0670032014000, 0670032014001, 0670032014002,
0670032014003, 0670032014004, 0670032014005, 0670032014006,
0670032014007, 0670032014008, 0670032014009, 0670032014017,
0670032014018, 0670032014019, 0670032014020, 0670032014021,
0670032014022, 0670032014023; VTD: 065: 0670030042030,
0670030042032, 0670030042033, 0670030042034, 0670033071000,
0670033071001, 0670033071002, 0670033071009, 0670033071011,
0670033071012, 0670033071013, 0670033071017, 0670033072009,
0670033072017, 0670033072020; VTD: 066: 0670031081020,
0670031081021, 0670031081022, 0670031081025, 0670031081026; VTD:
067: 0670033072000, 0670033072001, 0670033072002, 0670033072003,
0670033072007, 0670033072008, 0670033072012, 0670033072013,
0670033072015, 0670033072016, 0670033072025, 0670033072027,
0670033072028, 0670033152005, 0670033152006, 0670033152007,
0670033152008, 0670033152009, 0670033152010, 0670033152011,
0670033152012, 0670033152019, 0670033152020, 0670033152021,
0670033152022, 0670033152023, 0670033152024, 0670033152025,
0670033152026, 0670033152027, 0670033152028, 0670033152029,
0670033152030, 0670033152032, 0670033152048, 0670033152049,
0670033152050, 0670033152051, 0670033152052, 0670033152053,
0670033152057, 0670033152058; VTD: 072: 0670040131000,
0670040131001, 0670040131002, 0670040131003, 0670040131004,
0670040131005, 0670040131006, 0670040131007, 0670040131008,
0670040131009, 0670040131010, 0670040131011, 0670040131012,
0670040131014, 0670040131018; VTD: 081: 0670015002000,

0670015002001, 0670015002002, 0670015002003, 0670015002005,
0670015002006, 0670015002007, 0670015002010, 0670029011000,
0670029011001, 0670029011002, 0670029011003, 0670029011004,
0670029011005, 0670029011007, 0670029011008, 0670029011009,
0670029011010, 0670029011011, 0670029011012, 0670029011013,
0670029011014, 0670029011015, 0670029011016, 0670029011017,
0670029011018, 0670029011019, 0670029011020, 0670029011026,
0670029011027, 0670029013000, 0670029013001, 0670029013002,
0670029013003, 0670029013004, 0670029013005, 0670029013006,
0670029013007, 0670029013008, 0670029013009, 0670029013010,
0670029013011, 0670029013012, 0670029031000, 0670029031001,
0670029031002, 0670029031003, 0670029031004, 0670029031005,
0670029031006, 0670029031007, 0670029031008, 0670029031009,
0670029033000, 0670029033001, 0670029033002, 0670029033003,
0670029033004, 0670029033005, 0670029033006, 0670029033007,
0670029033008, 0670029033009, 0670029033010, 0670029033011,
0670029033012, 0670029033013, 0670029033014, 0670029033015,
0670029034000, 0670029034014, 0670029034015, 0670029034016,
0670029034017, 0670029034018, 0670029034019; VTD: 082:
0670017001000, 0670017005000, 0670017005001, 0670017005002,
0670017005003, 0670017005004, 0670017005005, 0670017005006,
0670017005007, 0670017005008, 0670017005009, 0670017005010,
0670017005011, 0670017005012, 0670017005013, 0670017005014,
0670017005015, 0670017005016, 0670030022001, 0670030022002,
0670030022003, 0670030022004, 0670030022005, 0670030022006,
0670030022018, 0670030022019, 0670030022020, 0670030022021,
0670030022022, 0670030022023, 0670030022024, 0670030022025,
0670030022026, 0670030022027, 0670030022028, 0670030022030,
0670030022033, 0670030022034, 0670030022035, 0670030022036,
0670030022037, 0670030022038, 0670030022039, 0670030022040,
0670030022041, 0670030022042, 0670030022043, 0670030022044,
0670030022045, 0670030022046, 0670030022047, 0670030022048,
0670030022049, 0670030022050, 0670030022051, 0670030022052,
0670030022053, 0670030022054, 0670030022055, 0670030022056,
0670030022057, 0670030022058, 0670030022059, 0670030022060,
0670030022061, 0670030022062, 0670030022063, 0670030022064,
0670030022065, 0670030022066, 0670030022067, 0670030022068,
0670030023000, 0670030023001, 0670030023002, 0670030023003,
0670030023004, 0670030023005, 0670030023016, 0670030023018,
0670030023019, 0670030023020, 0670030023021, 0670030023022,
0670030023023, 0670030023024, 0670030023025, 0670030023026,

0670030023027, 0670030023028, 0670030023029, 0670030023030, 0670030023031, 0670030023032, 0670030023033, 0670030023034, 0670030023035, 0670030023036, 0670030023037, 0670030023038, 0670030023039, 0670030023040, 0670030023041, 0670030023042, 0670030023043, 0670030023044, 0670030023045, 0670030023046, 0670030023047, 0670030023048, 0670030023049, 0670030023050, 0670030023051, 0670030023052, 0670030023053, 0670030023054, 0670030023055, 0670030023056, 0670030023057, 0670030023058, 0670030023059, 0670030023060, 0670030023061, 0670030023062, 0670030023063, 0670030023064, 0670030023067, 0670030023068, 0670030031005, 0670030031006, 0670030031020, 0670030031021, 0670030031022, 0670030031023, 0670030031024, 0670030031026, 0670030031027, 0670030031028, 0670030031029, 0670030031030, 0670030031031, 0670030031032, 0670030031033, 0670030031034, 0670030031035, 0670030031036, 0670030031037, 0670030031038, 0670030031039, 0670030031040, 0670030031041, 0670030031042, 0670030031043, 0670030031044, 0670030031045, 0670030031046, 0670030031047, 0670030031048, 0670030031049, 0670030031050, 0670030031051, 0670030031052, 0670030031053, 0670030031054, 0670030031055, 0670030031057, 0670030031058, 0670030031059, 0670030031064, 0670030031069, 0670030032044, 0670030032074, 0670030032095, 0670030032096, 0670030032097, 0670030041024, 0670030041025, 0670030041026, 0670030041027, 0670030041028, 0670030041050, 0670030041051, 0670030041052, 0670030041053, 0670030041054, 0670030041055, 0670030041056, 0670030041057, 0670030041058, 0670030041059, 0670030041063, 0670030041066, 0670030041067, 0670030041068, 0670030041069, 0670030041071, 0670030041072, 0670030041080; VTD: 083, VTD: 101: Block(s) 0670028041008, 0670028041009, 0670028041010, 0670028041011, 0670028041012, 0670028041013, 0670028041014, 0670028041020, 0670028042000, 0670028042001, 0670028042002, 0670028042003, 0670028042004, 0670028042005, 0670028042006, 0670028042007, 0670028042008, 0670028043000, 0670028043001, 0670028043004, 0670028043005, 0670028043006, 0670028043007, 0670028043008, 0670028043010, 0670028043011, 0670028043012, 0670028043014, 0670028043015, 0670028043016, 0670028043017, 0670028043019, 0670028043022, 0670028043024, 0670028043027, 0670028043028, 0670028043029, 0670028043030, 0670028043031, 0670028091037; VTD: 111: 0670029041023, 0670029041024, 0670029041025, 0670029041038, 0670029041039, 0670029041041, 0670029041047, 0670029041048, 0670029041049, 0670029041050; VTD: 112: 0670029041026,

0670029041027, 0670029041028, 0670029041029, 0670029041030, 0670029041031, 0670029041032, 0670029041033, 0670029041034, 0670029041035, 0670029041036, 0670029041037, 0670031051006, 0670031051008, 0670031051009, 0670031051010, 0670031051011, 0670031051012, 0670031051013, 0670031051014, 0670031051015, 0670031051016, 0670031051017, 0670031051018, 0670031051019, 0670031051027, 0670031051028, 0670031051029, 0670031051030, 0670031051031, 0670031051032, 0670031051033, 0670031051034, 0670031051035, 0670031051036, 0670031051037, 0670031051038, 0670031051039, 0670031051040, 0670031051041, 0670031051042, 0670031051043, 0670031051044, 0670031051045, 0670031051046, 0670031051047, 0670031051048, 0670031051049, 0670031051050, 0670031051051, 0670031051052, 0670031051053, 0670031051054, 0670031051055; VTD: 122: 0670037023000, 0670037023001, 0670037023002, 0670037023003, 0670037023004, 0670037023005, 0670037023006, 0670037023007, 0670037023008, 0670037023009, 0670037023010, 0670037023011, 0670037031000, 0670037031001, 0670037031002, 0670037031003, 0670037031004, 0670037031005, 0670037031013, 0670037031014, 0670037031015, 0670037031016, 0670037031017, 0670037031018, 0670037031019, 0670037031020, 0670037031021, 0670037031022, 0670037031023, 0670037031024, 0670037031025, 0670037031026, 0670037031027, 0670037031028, 0670037031029, 0670037031030, 0670037031031, 0670037032000, 0670037032001, 0670037032002, 0670037032003, 0670037032004, 0670037032005, 0670037032006, 0670037032007, 0670037032008, 0670037032009, 0670037032010, 0670037032011, 0670037032012, 0670037032026, 0670037032027, 0670037032028, 0670037032029, 0670037032030, 0670037032031, 0670037032032, 0670037032033, 0670037032034, 0670037034000, 0670037034001, 0670037034002, 0670037034003, 0670037034004, 0670037034005, 0670037034006, 0670037034007, 0670037034008, 0670037034009, 0670037034010, 0670037034011, 0670037034012, 0670037034013, 0670037034014, 0670037034015, 0670037034016, 0670037034017, 0670037034018, 0670037034019, 0670037034020, 0670037034021, 0670037034022, 0670037034023, 0670037034024, 0670037034025, 0670037034026, 0670037034027, 0670037034028, 0670037034029, 0670037034030, 0670037034031, 0670037034032, 0670037034033, 0670037034034, 0670037034035, 0670037034036, 0670037034037, 0670037034038, 0670037034039, 0670037034042, 0670037034043, 0670037034045, 0670037034046, 0670037034047, 0670037034049, 0670037034050, 0670037034051, 0670037034052, 0670037034054, 0670037034055; VTD:

123: 0670038052003, 0670038053000, 0670039033008, 0670039033009, 0670039033010, 0670039033011, 0670039033012, 0670039033013, 0670039033014, 0670039033015, 0670039033016, 0670039033017, 0670039033018, 0670039042003, 0670039042004, 0670039042005, 0670039042006, 0670039042007, 0670039042008, 0670039042009, 0670039042010, 0670039042011, 0670039042012, 0670039042018, 0670039042019, 0670039043000, 0670039043001, 0670039043002, 0670039043005, 0670039043006, 0670039043008, 0670039043017, 0670039043018, 0670039043019, 0670039044000, 0670039044016, 0670039044017; VTD: 131: 0670041031000, 0670041031001, 0670041031002; VTD: 132: 0670041041009, 0670041041010, 0670041041013, 0670041041016, 0670041041017, 0670041041018, 0670041041019, 0670041041021, 0670041041022, 0670041041023; VTD: 201, VTD: 203, VTD: 204, VTD: 205, VTD: 206, VTD: 207, VTD: 301, VTD: 302, VTD: 303, VTD: 304, VTD: 305, VTD: 306, VTD: 401, VTD: 402, VTD: 403, VTD: 404, VTD: 405, VTD: 501, VTD: 502, VTD: 503, VTD: 504, VTD: 505, VTD: 506, VTD: 507: Block(s) 0670033092002, 0670033092006, 0670033093004, 0670033093005, 0670033093006, 0670033093007, 0670033093008, 0670033093009, 0670033093010, 0670033093011, 0670033093012, 0670033093013, 0670033093014, 0670033093015, 0670033093016, 0670033093017, 0670033093018, 0670033093019, 0670033093020, 0670033093021, 0670033093022, 0670033093028, 0670033093029, 0670033093030, 0670033093031, 0670033093032, 0670033093033, 0670033093034, 0670033093035, 0670033093036, 0670033093038, 0670033093039, 0670033093040, 0670033093041, 0670033093042, 0670033093043, 0670033101000, 0670033101001, 0670033101002, 0670033101003, 0670033101004, 0670033101005, 0670033101006, 0670033101007, 0670033101008, 0670033101009, 0670033101010, 0670033101011, 0670033101012, 0670033101013, 0670033101014, 0670033101015, 0670033101016, 0670033101017, 0670033101018, 0670033101019, 0670033101020, 0670033101021, 0670033101022, 0670033101023, 0670033101024, 0670033101025, 0670033102001, 0670033102002, 0670033102003, 0670033102004, 0670033102005, 0670033102006, 0670033102007, 0670033102008, 0670033102009, 0670033102010, 0670033102011, 0670033102012, 0670033102013, 0670033102014, 0670033102015, 0670033102016, 0670033102017, 0670033102018, 0670033102020, 0670033102021, 0670033102023, 0670033102026, 0670033102027, 0670033102028, 0670033102029, 0670033102030, 0670033102031, 0670034042000, 0670034042001, 0670034042002, 0670034042003, 0670034042004, 0670034042006, 0670034042018, 0670034042019, 0670034042020,

0670034042021, 0670034042022, 0670034042023, 0670034042024, 0670034042025, 0670034042026, 0670034042027, 0670034042028, 0670034042035, 0670034042036, 0670034042037, 0670034042038; VTD: 601: 0670009001000, 0670009001001, 0670009001002, 0670009001003, 0670009002000, 0670009002001, 0670009002002, 0670009002003, 0670009002004, 0670009002005, 0670009002006, 0670009002007, 0670009002008, 0670009002009, 0670009002010, 0670009002011, 0670009002012, 0670009002013, 0670009002015, 0670009003000, 0670009003001, 0670009003002, 0670009003003, 0670009003004, 0670009003009, 0670009003010, 0670009003016, 0670009003017, 0670009003018, 0670009004000, 0670009004001, 0670009004002, 0670009004003, 0670009004004, 0670009004005, 0670009004006, 0670009004007, 0670009004008, 0670009004009, 0670009004010, 0670009004011, 0670009004012, 0670009004013, 0670009004014, 0670009004015, 0670009004016, 0670009004017, 0670009004018, 0670009004019, 0670009004020, 0670009004021, 0670009004022, 0670009004023, 0670009004024, 0670009004025, 0670009004026, 0670009004027, 0670009004028, 0670009004029, 0670009004030, 0670009004031, 0670009004032, 0670009004033, 0670009004034, 0670009004035, 0670009004036, 0670009004037, 0670009004038, 0670009004039, 0670009004040, 0670009004041, 0670009004042, 0670009004043, 0670009004044, 0670009004045, 0670009004046, 0670009004047, 0670009004048, 0670009004049, 0670009004050, 0670009004051, 0670010001000, 0670010001001, 0670010001002, 0670010001003, 0670010001004, 0670010001005, 0670010001006, 0670010001007, 0670010001008, 0670010001009, 0670010002002, 0670010002003; VTD: 602, VTD: 603, VTD: 604: Block(s) 0670010002000, 0670010002001, 0670010002011, 0670010002012, 0670010002013, 0670010002014, 0670010002015, 0670010002016, 0670010002017, 0670010002018, 0670010002019, 0670010003011, 0670010003012, 0670010003013, 0670010003014, 0670010003015, 0670010003016, 0670010003017, 0670037011000, 0670037011001, 0670037011002, 0670037011003, 0670037011004, 0670037011005, 0670037011006, 0670037011007, 0670037011008, 0670037011009, 0670037012000, 0670037012001, 0670037012002, 0670037012003, 0670037012004, 0670037012005, 0670037012006, 0670037012007, 0670037012008, 0670037012009, 0670037012015, 0670037012016, 0670037012017, 0670037012018; VTD: 605, VTD: 606, VTD: 607, VTD: 701: Block(s) 0670011003007, 0670011003008, 0670011003009, 0670011003012, 0670011003013, 0670011003014, 0670011003015, 0670011003016, 0670011003017, 0670011003018, 0670011003019, 0670011003020,

0670011003021, 0670011003022, 0670022001000, 0670022001001, 0670022001002, 0670022002000, 0670022002001, 0670022002004, 0670022002005, 0670022002006, 0670022002007, 0670022002008, 0670022002036, 0670025013034, 0670025013035, 0670025013036, 0670025013037, 0670025013041; VTD: 702: 0670022001027, 0670022002002, 0670022002003, 0670022002009, 0670022002012, 0670022002013, 0670022002014, 0670022002017, 0670022002018, 0670022002025, 0670022002026; VTD: 703: 0670010001013, 0670022002015, 0670022002019, 0670022002020, 0670022002021, 0670022002022, 0670022002023, 0670022002024, 0670022002029; VTD: 704: 0670010003000, 0670010003001, 0670010003002, 0670010003006, 0670010003007, 0670010003009, 0670010003010, 0670021002014, 0670021002016, 0670021002017; VTD: 705: 0670021001004, 0670021001011, 0670021001012, 0670021001014, 0670021001015, 0670021001016, 0670022001050, 0670038041000, 0670038041001, 0670038041002, 0670038041003, 0670038041004, 0670038041005, 0670038041006, 0670038041012, 0670038041013, 0670038041014, 0670038041015, 0670038041016, 0670038041043, 0670038041044, 0670038051011, 0670038051012, 0670038051013, 0670038051014, 0670038051015, 0670038051016, 0670038051017, 0670038051018, 0670038051019, 0670038051020, 0670038051021, 0670038051022, 0670038051023, 0670038051024, 0670038052000, 0670038052001, 0670038052002, 0670038052004, 0670038052005, 0670038052006, 0670038052007, 0670038052008, 0670038052009, 0670038052010, 0670038052011, 0670038052012, 0670038052013, 0670038052014, 0670038052015, 0670038052016, 0670038052017, 0670038052018, 0670038052019, 0670038052020, 0670038052021, 0670038052022, 0670038052023, 0670038052024, 0670038052025, 0670038052026, 0670038052027, 0670038052028, 0670038052029, 0670038052030, 0670038052031, 0670038052032, 0670038052033, 0670038052034, 0670038052035, 0670038052036, 0670038052037, 0670038052038, 0670038052039, 0670038052040, 0670038052041, 0670038052042, 0670038052044, 0670038052045, 0670038052046, 0670038052047, 0670038052048, 0670038052049, 0670038052050, 0670038053004, 0670038054000, 0670038054004, 0670039032009, 0670039033007; VTD: 706, VTD: 707: Block(s) 0670022001042, 0670025021019, 0670025021020, 0670025021034, 0670038051001, 0670038051002, 0670038051003, 0670038051004, 0670038051005, 0670038051006, 0670038051007, 0670038051008, 0670038051009, 0670038051010; VTD: 708: 0670038052043, 0670038053001, 0670038053002, 0670038053003, 0670038053005, 0670038053006, 0670038053007, 0670038053008,

0670038053009, 0670038053010, 0670038053011, 0670038053012, 0670038053013, 0670038053014, 0670038053015, 0670038054001, 0670038054002, 0670038054003, 0670038054005, 0670038054006, 0670038054007, 0670038054008, 0670038054009, 0670038054010, 0670038054011, 0670038054012, 0670038054013, 0670038054014, 0670038054015, 0670038061000, 0670038061001, 0670038061008, 0670038061009, 0670038061011, 0670038061012, 0670038061013, 0670038061014, 0670038061015, 0670038061016, 0670038061017, 0670038061018, 0670038061019, 0670038061022, 0670038061027, 0670038061028, 0670038062000, 0670038062001, 0670038062002, 0670038062003, 0670038062004, 0670038062005, 0670038062006, 0670038062007, 0670038062008, 0670038062009, 0670038062011, 0670038062012, 0670038062013, 0670038062014, 0670038062015, 0670038062018, 0670038062021, 0670038062027; VTD: 709: 0670038041017, 0670038041018, 0670038041019, 0670038041020, 0670038041025, 0670038041026, 0670038041027, 0670038041028, 0670038041029, 0670038041030, 0670038041031, 0670038041032, 0670038041033, 0670038041036, 0670038041040, 0670038041041, 0670038041042, 0670038041045, 0670038041046, 0670038041047, 0670038042000, 0670038042001, 0670038042002, 0670038042003, 0670038042004, 0670038042005, 0670038042006, 0670038042007, 0670038042008, 0670038042009, 0670038042010, 0670038042011, 0670038042012, 0670038042013, 0670038042014, 0670038042015, 0670038042016, 0670038042017, 0670038042018, 0670038042019, 0670038042020, 0670038042021, 0670038042022, 0670038042023, 0670038042024, 0670038042025, 0670038042026, 0670038043000, 0670038043001, 0670038043002, 0670038043003, 0670038043004, 0670038043005, 0670038043006, 0670038043007, 0670038043008, 0670038043009, 0670038043010, 0670038043011, 0670038043012, 0670038043013, 0670038043018, 0670038043019, 0670038043020, 0670038043022, 0670038043023, 0670038043024, 0670038043025, 0670038043034, 0670038043035, 0670038043037, 0670038043042, 0670038043043, 0670038043049, 0670038043050, 0670038043051, 0670038043052, 0670038043053; VTD: 806: 0670039051000, 0670039052003, 0670039052004; VTD: 807: 0670039041022, 0670039041023, 0670039041024; VTD: 808: 0670039032000, 0670039032001, 0670039032002, 0670039032003, 0670039032004, 0670039032005, 0670039032006, 0670039032007, 0670039032008, 0670039033000, 0670039033001, 0670039033002, 0670039033003, 0670039033004, 0670039033005, 0670039033006, 0670039033019, 0670039033020, 0670039042000, 0670039042001, 0670039042002,

0670039042016, 0670039042017, 0670039042020, 0670039042022, 0670039051001, 0670039051002, 0670039051003, 0670039051004, 0670039051005, 0670039051006, 0670039051007, 0670039051008, 0670039051009, 0670039051010, 0670039051011, 0670039051014, 0670039051015, 0670039063016, 0670039063017, 0670039063018, 0670039063019; VTD: 901: 0670002001047, 0670002001052, 0670002001053, 0670002001054, 0670002001055, 0670002001056, 0670002001057, 0670011001000, 0670011001001, 0670011001002, 0670011001003, 0670011001004, 0670011001005, 0670011001006, 0670011001007, 0670011001008, 0670011001009, 0670011001013, 0670011001014, 0670011001015, 0670011001016, 0670011001017, 0670011003000, 0670011003001, 0670011003002, 0670011003003, 0670011003004, 0670011003005, 0670011003006; VTD: 902, VTD: 903: Block(s) 0670003021004, 0670003021018, 0670003021019, 0670003021020, 0670003021021, 0670003021022, 0670003021035, 0670003021036, 0670003021037, 0670012001000, 0670012001001, 0670012001004, 0670012001006, 0670013003001, 0670013003002, 0670013003003, 0670013003006, 0670013003020; VTD: 904, VTD: 905: Block(s) 0670027032000, 0670027032001, 0670027032002, 0670027032003, 0670027032004, 0670027032005, 0670027032006, 0670027032007, 0670027032015, 0670027032016, 0670027033000, 0670027033001, 0670027033002, 0670027033003, 0670027033004, 0670027033005, 0670027033006, 0670027033007, 0670027033008; VTD: 906: 0670026031000, 0670026031002, 0670026031004, 0670026031007, 0670026031009, 0670026031010, 0670026031011, 0670026031012, 0670026031013, 0670026031025, 0670026032023, 0670026032024, 0670026032025, 0670026032026, 0670026032027, 0670026032028, 0670026032030, 0670026032034, 0670026032035, 0670026032037, 0670026032038; VTD: 907: 0670026033002, 0670026034005, 0670026034006, 0670026034010, 0670026034011, 0670026034012, 0670026034013, 0670026034014; VTD: 908: 0670026033000, 0670026044000, 0670026044001, 0670026044002; VTD: 909: 0670026041005, 0670026041008, 0670026041010, 0670026042000, 0670026042001, 0670026042002, 0670026042003, 0670026042004, 0670026042005, 0670026042006, 0670026042007, 0670026042008, 0670026042010, 0670026042011, 0670026042012, 0670026042013, 0670026042014, 0670026042015, 0670026042016, 0670026042018, 0670026042023.

District 33: Davidson County, Montgomery County.

District 34: Davie County, Iredell County: VTD: BA, VTD: BE, VTD: CD, VTD: CH-A, VTD: CH-B, VTD: CS, VTD: EM, VTD: NH, VTD: OL, VTD: SB, VTD: TB, VTD: UG; Rowan County: VTD: 02, VTD: 04, VTD: 07, VTD: 08, VTD: 09, VTD: 10, VTD: 11, VTD: 12, VTD: 14, VTD: 15, VTD: 16, VTD: 17, VTD: 18, VTD: 19, VTD: 20, VTD: 21, VTD: 24, VTD: 27, VTD: 28, VTD: 29, VTD: 30, VTD: 31, VTD: 32, VTD: 34, VTD: 35, VTD: 36, VTD: 38, VTD: 39, VTD: 40, VTD: 41, VTD: 42, VTD: 44, VTD: 45, VTD: 46.

District 35: Union County: VTD: 001, VTD: 002, VTD: 003, VTD: 004, VTD: 005, VTD: 006, VTD: 007, VTD: 008, VTD: 009, VTD: 010, VTD: 011, VTD: 013, VTD: 014, VTD: 015, VTD: 016, VTD: 017A, VTD: 017B, VTD: 018, VTD: 019, VTD: 020A, VTD: 020B, VTD: 021, VTD: 022, VTD: 023, VTD: 024, VTD: 025, VTD: 026, VTD: 027, VTD: 028, VTD: 029A, VTD: 029B, VTD: 029C, VTD: 030, VTD: 031, VTD: 033, VTD: 034, VTD: 036, VTD: 037A, VTD: 038A, VTD: 038B, VTD: 039, VTD: 040, VTD: 041, VTD: 042, VTD: 043.

District 36: Cabarrus County, Union County: VTD: 012, VTD: 032, VTD: 035, VTD: 037B.

District 37: Mecklenburg County: VTD: 002, VTD: 005, VTD: 006, VTD: 009, VTD: 010, VTD: 011, VTD: 013: Block(s) 1190001004000, 1190001004001, 1190001004002, 1190001004003, 1190001004004, 1190001004005, 1190001004006, 1190001004007, 1190001004008, 1190001004009, 1190001004010, 1190001004011, 1190001004012, 1190001004013, 1190001004014, 1190001004015, 1190001004016, 1190001004017, 1190001004018, 1190001004019, 1190001004020, 1190001004021, 1190001005000, 1190001005001, 1190001005002, 1190001005003, 1190001005004, 1190001005005, 1190001005006, 1190001005007, 1190001005008, 1190001005009, 1190001005010, 1190001005011, 1190001005012, 1190001005013, 1190001005014, 1190001005015, 1190001005016, 1190001005017, 1190001005018, 1190001005019, 1190001005020, 1190001005021, 1190001005022, 1190001005023, 1190001005024, 1190001005025, 1190001005026, 1190001005027, 1190001005028, 1190001005029, 1190001005030, 1190001005031, 1190001005032, 1190005001027, 1190005001030, 1190005001031, 1190005001034, 1190005001035, 1190005001036, 1190005001037, 1190006001000, 1190006001001, 1190006001002, 1190006001003, 1190006001004, 1190006001005, 1190006001006, 1190006001007, 1190006001008, 1190006001009, 1190006001010, 1190006001011, 1190006001012, 1190006001013, 1190006001014, 1190006001015, 1190006001016, 1190006001017, 1190006001018, 1190006001019,

1190006001020, 1190006001021, 1190006001022, 1190006001023, 1190006001024, 1190006001025, 1190006001026, 1190006001027, 1190006002002, 1190006002003, 1190006002004, 1190006002005, 1190006002006, 1190006002007, 1190006002008, 1190006002009, 1190006002010, 1190006002011, 1190006002012, 1190006002013, 1190006002014, 1190006002015, 1190006002016, 1190006002017, 1190006002018, 1190006002019, 1190006002020, 1190006002021, 1190006002022, 1190006002023, 1190006002024, 1190006002025, 1190006002026, 1190006002027, 1190006002028, 1190006002029, 1190006002030, 1190006002031, 1190006002032, 1190006002033, 1190006002034, 1190006002035, 1190006002036, 1190006002037, 1190006002038, 1190006002039, 1190006002040, 1190006002041, 1190006002042, 1190006002043, 1190006002044, 1190006002045, 1190006002046, 1190006002047, 1190006002048, 1190006002049, 1190006002050, 1190006002051, 1190006002052, 1190008002000, 1190008002001, 1190008002002, 1190008002003, 1190008002005, 1190008002008, 1190008002009, 1190008002010, 1190025002006, 1190025002008, 1190025002009, 1190025002011, 1190025002019, 1190025002020, 1190025002021, 1190025002022, 1190025002028, 1199803001000, 1199803001001, 1199803001002, 1199803001003, 1199803001004, 1199803001005, 1199803001006, 1199803001007, 1199803001008, 1199803001009, 1199803001010, 1199803001011, 1199803001012, 1199803001013, 1199803001014, 1199803001015; VTD: 014: 1190008002004, 1190008002006, 1190008002007, 1190025002003, 1190025002004, 1190025002005, 1190025002007, 1190025002010, 1190025002012; VTD: 015, VTD: 017: Block(s) 1190018011016, 1190018012000, 1190018012001, 1190018012002, 1190018012003, 1190018012004; VTD: 020, VTD: 021, VTD: 029, VTD: 030, VTD: 033, VTD: 034: Block(s) 1190018021000, 1190018021002, 1190018021003, 1190018021005, 1190018021006, 1190018021007, 1190018021008, 1190018021015, 1190018022000, 1190018022001, 1190018022002, 1190018022003, 1190018022004, 1190018022005, 1190018022006, 1190018022007, 1190018022008, 1190018022009, 1190018022010, 1190018022011, 1190018022012, 1190018022013, 1190018022014, 1190018022015, 1190018022016, 1190018022017, 1190018022018, 1190018022019, 1190018022020, 1190018022021, 1190018022022; VTD: 037, VTD: 038, VTD: 044, VTD: 045, VTD: 046, VTD: 049, VTD: 050, VTD: 051, VTD: 052: Block(s) 1190032011001, 1190032012000, 1190032012001, 1190032012015, 1190038023000, 1190038023001, 1190038023002, 1190038023012, 1190038023016, 1190038023017, 1190038023018, 1190038023020, 1190038023021, 1190038023025, 1190038023029,

1190038023030, 1190038023031, 1190038023032, 1190038023033, 1190038023034, 1190038023035, 1190038023036; VTD: 058, VTD: 059, VTD: 061, VTD: 077, VTD: 084, VTD: 087, VTD: 088, VTD: 097, VTD: 098, VTD: 109, VTD: 120, VTD: 122, VTD: 124: Block(s) 1190016091008, 1190016091009; VTD: 129, VTD: 138, VTD: 200: Block(s) 1190059063016, 1190059063017, 1190059063019, 1190059063020, 1190059063021, 1190059063022, 1190059063023, 1190059063024, 1190059063025, 1190059063026, 1190059063027, 1190059063028, 1190059063029, 1190059063030, 1190059063031, 1190059063032, 1190059064018, 1190059064019, 1190059064020, 1190059064021, 1190059064022, 1190059064023, 1190059064024, 1190059064025, 1190059064026, 1190059064027, 1190059064028, 1190059064029, 1190059064030, 1190059064031, 1190059064032, 1190059064033, 1190059064034, 1190059064035, 1190059064036; VTD: 225, VTD: 226: Block(s) 1190058391002, 1190058391003, 1190058391004, 1190058391005, 1190058391006, 1190058391007, 1190058391008, 1190058391009, 1190058391010, 1190058391011, 1190058391012, 1190058391013, 1190058391014, 1190058391015, 1190058391016, 1190058391023, 1190058391024, 1190058391025, 1190058391026, 1190058391027, 1190058391029; VTD: 228, VTD: 229, VTD: 230, VTD: 231: Block(s) 1190058251000, 1190058251001, 1190058251002, 1190058251003, 1190058251004, 1190058251005, 1190058251006, 1190058251007, 1190058251008, 1190058251009, 1190058251010, 1190058251011, 1190058251012, 1190058251013, 1190058251014, 1190058251015, 1190058251016, 1190058251017, 1190058251018, 1190058251019, 1190058251020, 1190058251021, 1190058251022, 1190058251023, 1190058251024, 1190058251025, 1190058251026, 1190058251027; VTD: 243.

District 38: Mecklenburg County: VTD: 012, VTD: 016, VTD: 022, VTD: 023, VTD: 024, VTD: 025, VTD: 031, VTD: 039, VTD: 040, VTD: 041, VTD: 052: Block(s) 1190037002003, 1190037002016, 1190037002023, 1190037002024, 1190038021001, 1190038021002, 1190038021003, 1190038021004, 1190038021005, 1190038021006, 1190038021007, 1190038021008, 1190038021009, 1190038021010, 1190038021011, 1190038021012, 1190038021013, 1190038021014, 1190038021015, 1190038021016, 1190038022000, 1190038022001, 1190038022002, 1190038022003, 1190038022004, 1190038022005, 1190038022006, 1190038022007, 1190038022008, 1190038022009, 1190038022010, 1190038022011, 1190038022012, 1190038022013, 1190038022015, 1190038022016, 1190038022017, 1190038022018, 1190038022019, 1190038022020, 1190038022021, 1190038023003, 1190038023004, 1190038023005,

1190038023006, 1190038023007, 1190038023008, 1190038023009, 1190038023010, 1190038023011, 1190038023013, 1190038023014, 1190038023015, 1190038023019, 1190038023022, 1190038023023, 1190038023024; VTD: 053, VTD: 078.1, VTD: 079, VTD: 080, VTD: 081, VTD: 089, VTD: 128, VTD: 135, VTD: 141, VTD: 147, VTD: 150: Block(s) 1190060081000, 1190060081001, 1190060081002, 1190060081003, 1190060081004, 1190060081005, 1190060081006, 1190060081007, 1190060081008, 1190060081017, 1190060081018, 1190060082000, 1190060082001, 1190060082002, 1190060082003, 1190060082004, 1190060082005, 1190060082007, 1190060082008, 1190060082009, 1190060101000, 1190060101001, 1190060101004, 1190061032020, 1190061032021, 1190061032023, 1190061032025, 1190061032026, 1190061032027, 1190061032028, 1190061041000, 1190061041001, 1190061042000, 1190061042001, 1190061042010, 1190061042011, 1190061042012, 1190061042013, 1190061042014, 1190061042015, 1190061042016, 1190061042031, 1190061042032; VTD: 151: 1190055091000, 1190055091002, 1190055091003, 1190055091004, 1190055091006, 1190055091007, 1190055091008, 1190055091009, 1190055091010, 1190055091012, 1190055091013, 1190055091014, 1190055091016, 1190055092000, 1190055092001, 1190055092002, 1190055092003, 1190055092004, 1190055092005, 1190055092006, 1190055092007, 1190055092008, 1190055092009, 1190055093000, 1190055093001, 1190055093002, 1190055093003, 1190055093004, 1190055093005, 1190055093006, 1190055093007, 1190055093008, 1190055093009, 1190055093010, 1190055093011, 1190055093012, 1190055093013, 1190055093014, 1190055093015, 1190055093016, 1190055093017; VTD: 200: 1190059061032, 1190059061033, 1190059061034, 1190059061035, 1190059061036, 1190059061037, 1190059061038, 1190059061039, 1190059061040, 1190059061041, 1190059061042, 1190059061043, 1190059061044, 1190059061045, 1190059061046, 1190059061047, 1190059061048, 1190059061049, 1190059061050, 1190059061051, 1190059061052, 1190059061053, 1190059061054, 1190059061055, 1190059061056, 1190059061057, 1190059061058, 1190059061059, 1190059061060, 1190059061061, 1190059061062, 1190059061063, 1190059061064, 1190059061065, 1190059061066, 1190059061067, 1190059061068, 1190059061069, 1190059061070, 1190059061071, 1190059061072, 1190059061073, 1190059061074, 1190059061075, 1190059061076, 1190059061077, 1190059061078, 1190059061079, 1190059061080, 1190059061081, 1190059061082, 1190059061083, 1190059061084, 1190059061085, 1190059061086, 1190059061087, 1190059061088, 1190059061089,

1190059061090, 1190059062014, 1190059062024, 1190059062025, 1190059062026, 1190059062027, 1190059062028, 1190059062029, 1190059062030, 1190059062037, 1190059062038, 1190059062039, 1190059063000, 1190059063001, 1190059063002, 1190059063003, 1190059063004, 1190059063005, 1190059063006, 1190059063007, 1190059063008, 1190059063009, 1190059063010, 1190059063011, 1190059063012, 1190059063013, 1190059063014, 1190059063015, 1190059063018, 1190059064000, 1190059064001, 1190059064002, 1190059064003, 1190059064004, 1190059064005, 1190059064006, 1190059064007, 1190059064008, 1190059064009, 1190059064010, 1190059064011, 1190059064012, 1190059064013, 1190059064014, 1190059064015, 1190059064016, 1190059064017, 1199801001022, 1199801001023, 1199801001024, 1199801001025, 1199801001026, 1199801001027, 1199801001028, 1199801001029, 1199801001030, 1199801001031, 1199801001032, 1199801001033, 1199801001034, 1199801001037, 1199801001038, 1199801001039, 1199801001040, 1199801001041; VTD: 210, VTD: 211: Block(s) 1190055081016, 1190055081019, 1190055081020, 1190055081021, 1190061051009, 1190061051010, 1190061051011, 1190061051012, 1190061051013, 1190061051014, 1190061051015, 1190061051016, 1190061051017, 1190061051018, 1190061051019, 1190061051020, 1190061051021, 1190061051024, 1190061051025, 1190061051026, 1190061051027, 1190061051028, 1190061051030, 1190061051031, 1190061051032, 1190061061004, 1190061061005, 1190061061006, 1190061061007, 1190061061008, 1190061061009, 1190061062011, 1190061062019, 1190061062020, 1190061062028, 1190061062029, 1190061062030, 1190061062031, 1190061062032, 1190061062033, 1190061062034, 1190061062035, 1190061071000, 1190061071001, 1190061071002, 1190061071003, 1190061071004, 1190061071005, 1190061071006, 1190061071007, 1190061071008, 1190061071009, 1190061071010, 1190061071011, 1190061071012, 1190061071013, 1190061071014, 1190061071015, 1190061071016, 1190061071017, 1190061071018, 1190061071020, 1190061071021, 1190061071022, 1190061071023, 1190061071024, 1190061071025, 1190061071026, 1190061071027, 1190061071028, 1190061071029, 1190061071030, 1190061071031, 1190061071032, 1190061071033, 1190061071034, 1190061071035, 1190061071036, 1190061071037, 1190061071038, 1190061071039, 1190061071040, 1190061071041, 1190061071042, 1190061071043, 1190061071044, 1190061071045, 1190061071046, 1190061071047, 1190061072000, 1190061072001, 1190061072002, 1190061072003, 1190061072004, 1190061072005, 1190061072006, 1190061072007,

1190061072008, 1190061072009, 1190061072010, 1190061072011, 1190061072012, 1190061072013, 1190061072014, 1190061072015, 1190061072016, 1190061072017, 1190061072018, 1190061072019, 1190061072020, 1190061072021, 1190061072022, 1190061072023, 1190061072024, 1190061072025, 1190061072026, 1190061072027, 1190061072028, 1190061072029, 1190061072030, 1190061072031, 1190061072032; VTD: 212: 1190055201000, 1190055201001, 1190055201002, 1190055201003, 1190055201004, 1190055201005, 1190055201006, 1190055201007, 1190055201008, 1190055201009, 1190055201010, 1190055201011, 1190055201012, 1190055201013, 1190055201014, 1190055201015, 1190055201016, 1190055201017, 1190055201018, 1190055201019, 1190055201020, 1190055201021, 1190055201022, 1190055201023, 1190055201024, 1190055201025, 1190055201026, 1190055201027, 1190055201028, 1190055201029, 1190055201030, 1190055201031, 1190055201032, 1190055202000, 1190055202001, 1190055202002, 1190055202003, 1190055202004, 1190055202005, 1190055202006, 1190055202007, 1190055202008, 1190055202009, 1190055202010, 1190055202011, 1190055202012, 1190055202013, 1190055202014, 1190055202015, 1190055202016, 1190055202017, 1190055202018, 1190055211000, 1190055211001, 1190055211002, 1190055211003, 1190055211004, 1190055211005, 1190055211006, 1190055212000, 1190055212001, 1190055212002, 1190055212003, 1190055212004, 1190055212005, 1190055212006, 1190055212007, 1190055212008, 1190055212009, 1190055212010, 1190055212011, 1190055212012, 1190055212013, 1190055212014, 1190055212015, 1190055212016, 1190055212017, 1190055212018, 1190055212019, 1190055212020, 1190055212021, 1190055212022, 1190055212023, 1190055212024, 1190055212025, 1190055212026, 1190055212027, 1190055212028, 1190055212029, 1190055212030, 1190055213005, 1190055213006, 1190055213007, 1190055213008, 1190055213009, 1190055213010, 1190055213011, 1190055213012, 1190055213013, 1190055213014, 1190055213049, 1190055213050, 1190055213051, 1190055213052, 1190055213053, 1190055213054, 1190055213055, 1190055213056, 1190055213057, 1190055213058, 1190055213059, 1190055213060, 1190055213061, 1190055231000, 1190055231001, 1190055231002, 1190055231003, 1190055231004, 1190055231005, 1190055231006, 1190055231007, 1190055231008, 1190055231009, 1190055231010, 1190055231011, 1190055231012, 1190055231014, 1190055231015, 1190055231016, 1190055231017, 1190055232000, 1190055232001, 1190055232002, 1190055232003, 1190055232004, 1190055232005, 1190055232006, 1190055232007,

1190055232008, 1190055232009, 1190055232010, 1190055232011, 1190055232012, 1190055232013, 1190055232014, 1190055233000, 1190055233001, 1190055233002, 1190055233003, 1190055233004, 1190055233005, 1190055233006, 1190055233007, 1190055233008, 1190055233009, 1190055233010, 1190055233011, 1190055233012, 1190055233013, 1190055233014, 1190055233015, 1190055233016; VTD: 213, VTD: 214, VTD: 222, VTD: 223.1: Block(s) 1190060071011, 1190060071019, 1190060071021, 1190060071022, 1190060071023, 1190060071024, 1190060071025, 1190060071026, 1190060071027, 1190060071028, 1190060071029, 1190060071030, 1190060071031, 1190060071032, 1190060071033, 1190060071034, 1190060071035, 1190060071036, 1190060071037, 1190060071038, 1190060071039, 1190060071040, 1190060071041, 1190060071042, 1190060071043, 1190060071044, 1190060071045, 1190060071046, 1190060071047, 1190060071048, 1190060071049, 1190060071050, 1190060071051, 1190060071052, 1190060071053, 1190060071054, 1190060071055, 1190060071056, 1190060071057, 1190060071058, 1190060071059, 1190060072018, 1190060072019, 1190060072020, 1190060072021, 1190060072029, 1190060072030, 1190060072031, 1190060072033, 1190060072034, 1190060072039, 1190060072040, 1190060072041, 1190060072045, 1190060072046, 1190061031051, 1190061031052, 1190061031055, 1190061031056, 1190061031057, 1190061031058, 1190061031059, 1190061031060, 1190061031061; VTD: 224, VTD: 238.1: Block(s) 1190055081022, 1190055081023, 1190055081024, 1190055081025, 1190055081026, 1190055081027, 1190055081028, 1190055081029, 1190055081030, 1190055081031, 1190055081032, 1190055081033, 1190055081034, 1190055081035, 1190055081036, 1190055081037, 1190055081038, 1190055081039, 1190055082000, 1190055082001, 1190055082002, 1190055082003, 1190055082004, 1190055082010, 1190055133007; VTD: 239.

District 39: Mecklenburg County: VTD: 001, VTD: 007: Block(s) 1190021002005, 1190021002007, 1190021002008, 1190021002016, 1190022002007, 1190022002013, 1190022002014; VTD: 008, VTD: 018, VTD: 019, VTD: 032, VTD: 035: Block(s) 1190022001001, 1190022001005, 1190022001006, 1190022001007, 1190022001008, 1190022001009, 1190022001010, 1190022001011, 1190022001012, 1190022002004, 1190022002005, 1190022002006, 1190022002008, 1190022002010, 1190022002011, 1190022002012, 1190022002015, 1190022002016; VTD: 036, VTD: 047, VTD: 048, VTD: 057, VTD: 064: Block(s) 1190019142000, 1190019142001, 1190019142002, 1190019142003, 1190019142004,

1190019142005, 1190019142006, 1190019142007, 1190019142008, 1190019142009, 1190019142010, 1190019142011, 1190019142012, 1190019142013, 1190019142014, 1190019142015, 1190019142016, 1190019142017, 1190019142018; VTD: 065, VTD: 066, VTD: 067, VTD: 068, VTD: 069, VTD: 070, VTD: 071, VTD: 072, VTD: 073, VTD: 074, VTD: 075, VTD: 076, VTD: 085: Block(s) 1190020034000, 1190020034001, 1190020034002, 1190020034003, 1190020034004, 1190020034010, 1190058111000, 1190058111001, 1190058111002, 1190058111003, 1190058111004, 1190058111005, 1190058111006, 1190058111007, 1190058111008, 1190058111009, 1190058111010, 1190058111011, 1190058111012, 1190058111014, 1190058111015; VTD: 086, VTD: 090, VTD: 091, VTD: 092, VTD: 093, VTD: 096: Block(s) 1190058111013, 1190058112002, 1190058112003, 1190058112006, 1190058112007, 1190058112008, 1190058112009, 1190058112010, 1190058112011, 1190058112012, 1190058112013, 1190058112014, 1190058112015, 1190058112016, 1190058112017, 1190058112018, 1190058121004, 1190058121013; VTD: 100, VTD: 101, VTD: 103, VTD: 106, VTD: 110, VTD: 111, VTD: 112, VTD: 113: Block(s) 1190058471006, 1190058471007, 1190058471008, 1190058482000, 1190058482001, 1190058482002, 1190058482003, 1190058482004, 1190058482005, 1190058482006; VTD: 114, VTD: 117: Block(s) 1190019142019, 1190019142020, 1190019142021; VTD: 118, VTD: 119, VTD: 121, VTD: 131, VTD: 137, VTD: 139.1, VTD: 140, VTD: 144, VTD: 148, VTD: 217: Block(s) 1190030153003, 1190030153009, 1190058121009, 1190058121018; VTD: 226: 1190058151010, 1190058151018, 1190058151019, 1190058311000, 1190058311001, 1190058311002, 1190058311003, 1190058311004, 1190058311005, 1190058311006, 1190058311007, 1190058311008, 1190058311009, 1190058311010, 1190058311011, 1190058311012, 1190058311013, 1190058311014, 1190058391000, 1190058391001, 1190058391017, 1190058391018, 1190058391019, 1190058391020, 1190058391021, 1190058391022, 1190058391028; VTD: 231: 1190058361000, 1190058361001, 1190058361002, 1190058361003, 1190058361004, 1190058361005, 1190058361006, 1190058361007, 1190058361008, 1190058361009, 1190058361010, 1190058361011, 1190058361012, 1190058361013, 1190058361014, 1190058361015, 1190058361016, 1190058361017, 1190058361018, 1190058361019, 1190058361020, 1190058361021, 1190058361022, 1190058361023, 1190058361024, 1190058362000, 1190058362001, 1190058362002, 1190058362003, 1190058362004, 1190058362005, 1190058362006, 1190058362007; VTD: 232, VTD: 233: Block(s) 1190058321000, 1190058321009, 1190058321013, 1190058321014, 1190058331000, 1190058331001, 1190058331002,

1190058332000, 1190058332001, 1190058332002, 1190058332004, 1190058332005, 1190058332006, 1190058332007, 1190058332008, 1190058332009, 1190058332011, 1190058332015, 1190058333008, 1190058333009, 1190058333010, 1190058333011, 1190058333012, 1190058333018, 1190058333019, 1190058333020, 1190058481001, 1190058481002, 1190058481006, 1190058483000.

District 40: Mecklenburg County: VTD: 003, VTD: 004, VTD: 007: Block(s) 1190021001000, 1190021001001, 1190021001002, 1190021001003, 1190021001004, 1190021002000, 1190021002001, 1190021002002, 1190021002003, 1190021002004, 1190021002006, 1190021002009, 1190021002010, 1190021002011, 1190021002012, 1190021002013, 1190021002014, 1190021002015; VTD: 013: 1190005001028, 1190005001029, 1190006002000, 1190006002001, 1190007001015, 1190007001021, 1190007001022, 1190007001023, 1190007001024, 1190007001025, 1190007001029, 1190007001030, 1190007001031, 1190007001033, 1190007001034, 1190007001035, 1190007001036, 1190007001037, 1190007001038, 1190007001039, 1190007001040, 1190007001041, 1190007001042, 1190008001020, 1190008001033, 1190052003048, 1190052003049, 1190052003050; VTD: 014: 1190007001006, 1190007001009, 1190007001012, 1190007001013, 1190007001014, 1190007001016, 1190007001017, 1190007001018, 1190007001019, 1190007001020, 1190007001026, 1190007001027, 1190007001028, 1190007001032, 1190007001043, 1190007001044, 1190008001000, 1190008001001, 1190008001002, 1190008001003, 1190008001004, 1190008001005, 1190008001006, 1190008001007, 1190008001008, 1190008001009, 1190008001010, 1190008001011, 1190008001012, 1190008001013, 1190008001014, 1190008001015, 1190008001016, 1190008001017, 1190008001018, 1190008001019, 1190008001021, 1190008001022, 1190008001023, 1190008001024, 1190008001025, 1190008001026, 1190008001027, 1190008001028, 1190008001029, 1190008001030, 1190008001031, 1190008001032, 1190008001034, 1190008001035, 1190008001036, 1190008001037, 1190008001038, 1190008001039, 1190008001040, 1190008001041, 1190008001042, 1190009001003, 1190009001004, 1190009001005, 1190009001006, 1190009001007, 1190009001008, 1190009001009, 1190009001010, 1190009001011, 1190009001012, 1190009001013, 1190009001014, 1190009001015, 1190009001016, 1190009002002, 1190009002003, 1190009002004, 1190009002005, 1190009002006, 1190009002007, 1190009002008, 1190009002009, 1190009002010, 1190009002011, 1190009002012, 1190009002013, 1190009002014,

1190009002015, 1190009002016, 1190009002017, 1190009002018, 1190009002019, 1190009002020, 1190009002021, 1190009002022, 1190009002023, 1190052003010, 1190052003015, 1190052003016, 1190052003017; VTD: 017: 1190018011002, 1190018011003, 1190018011004, 1190018011005, 1190018011006, 1190018011007, 1190018011008, 1190018011009, 1190018011010, 1190018011011, 1190018011012, 1190018011013, 1190018011014, 1190018011015, 1190018012005, 1190018012006, 1190018012007, 1190018012008, 1190018012009, 1190018021001, 1190023001000, 1190023001001, 1190023001002, 1190023001003, 1190023001004, 1190023001005, 1190023001006, 1190023002000, 1190023002001, 1190023002002, 1190023002003, 1190023002004, 1190023002005, 1190023002006, 1190023002007, 1190023002008, 1190023002009, 1190023002010, 1190023002011; VTD: 026, VTD: 027, VTD: 028, VTD: 034: Block(s) 1190018021004, 1190018021009, 1190018021010, 1190018021011, 1190018021012, 1190018021013, 1190018021014, 1190018022023, 1190019141000, 1190019141001, 1190019141002, 1190019141003, 1190019141004, 1190019141005, 1190019141006, 1190019141007, 1190019141008; VTD: 035: 1190022001000, 1190022001002, 1190022001003, 1190022001004, 1190022002000, 1190022002001, 1190022002002, 1190022002003, 1190022002009; VTD: 042, VTD: 043, VTD: 054, VTD: 055, VTD: 056, VTD: 060, VTD: 062, VTD: 063, VTD: 064: Block(s) 1190019141009, 1190019141010; VTD: 082, VTD: 083, VTD: 085: Block(s) 1190020035000, 1190020035001, 1190020035002; VTD: 094, VTD: 095, VTD: 099, VTD: 102, VTD: 104, VTD: 105, VTD: 107.1, VTD: 108, VTD: 115, VTD: 116, VTD: 117: Block(s) 1190019151000, 1190019151001, 1190019151002, 1190019151003, 1190019151004, 1190019151005, 1190019151006, 1190019152000, 1190019152001, 1190019152002, 1190019152003, 1190019152004, 1190019152005, 1190019152006, 1190019152007, 1190019152008, 1190019152009, 1190019152010, 1190019152011, 1190019152012, 1190019152013, 1190019152015; VTD: 123, VTD: 124: Block(s) 1190015082025, 1190015082026, 1190015082027, 1190015082030, 1190016091000, 1190016091001, 1190016091002, 1190016091003, 1190016091004, 1190016091005, 1190016091006, 1190016091007, 1190019123000, 1190019123001, 1190019123002, 1190019123003, 1190019123004, 1190019123005, 1190019123006, 1190019123007, 1190019123008, 1190019123009, 1190019123010, 1190019123011, 1190019123012, 1190019123013, 1190019123014, 1190019123015, 1190019221001, 1190019221003, 1190019221004, 1190019221005, 1190019221006, 1190019221007, 1190019221008, 1190019221009, 1190019221010, 1190019221011, 1190019221012, 1190019221013,

1190019221014, 1190019221015, 1190019232000, 1190019232001, 1190056201019; VTD: 125, VTD: 126, VTD: 130, VTD: 132, VTD: 146, VTD: 149, VTD: 201: Block(s) 1190056202001, 1190056202002, 1190056202003, 1190056202004, 1190056202005, 1190056202006, 1190056202007, 1190056202008, 1190056202009, 1190056202010, 1190056202011, 1190056202012, 1190056202013, 1190056202014, 1190056202015, 1190056202016, 1190056202017, 1190056202018, 1190056202019, 1190056202021, 1190056202022, 1190056202023, 1190056202024, 1190056202025, 1190056202026, 1190056202027, 1190056202028, 1190056202029, 1190056202030, 1190056202031, 1190056202032, 1190056202033, 1190056202034, 1190056202035, 1190056202036, 1190056202037, 1190056202038, 1190056202039, 1190056202040, 1190056202041, 1190056202042, 1190056202043, 1190056202044, 1190056202045, 1190056202046, 1190056202047, 1190056202048, 1190056202049, 1190056202052, 1190056202053, 1190056202054, 1190056203002, 1190056203003, 1190056203004, 1190056203005, 1190056203006, 1190056203007, 1190056203008, 1190056203009, 1190056203010, 1190056203011, 1190056203012, 1190056203013, 1190056203014, 1190056203015, 1190057062012; VTD: 203: 1190056161015, 1190056161028, 1190056172000, 1190056172001, 1190056172002, 1190056172003, 1190056172004, 1190056172005, 1190056172006, 1190056182000, 1190056182001, 1190056182002, 1190056182003, 1190056182004, 1190056182005, 1190056182006, 1190056182007, 1190056182008, 1190056182009, 1190056182010, 1190056182011, 1190056191012, 1190056191013, 1190056191014, 1190056191015, 1190056191016, 1190056191017, 1190056191018, 1190056191019, 1190056191020, 1190056191021, 1190056191022, 1190056191023, 1190056191024, 1190056191025, 1190056191026, 1190056191027, 1190056201000, 1190056201001, 1190056201002, 1190056201003, 1190056201004, 1190056201005, 1190056201006, 1190056201007, 1190056201008, 1190056201009, 1190056201010, 1190056201011, 1190056201012, 1190056201013, 1190056201014, 1190056201015, 1190056201016, 1190056201017, 1190056201020, 1190056201021, 1190056201022, 1190056201023, 1190056201024, 1190056201025, 1190056201026, 1190056201027, 1190056201028; VTD: 204.1: 1190056142006, 1190056142007, 1190056142008, 1190056142009, 1190056142010, 1190056142011, 1190056142013, 1190056142014, 1190056142015, 1190056142016, 1190056142017, 1190056142018, 1190056142019, 1190056142020, 1190056142021, 1190056142022, 1190056142023, 1190056142024, 1190056142025, 1190056142026, 1190056142027, 1190056143001, 1190056143002, 1190056143003,

1190056143004, 1190056143005, 1190056143006, 1190056143007, 1190056143008, 1190056143009, 1190056143010, 1190056143011, 1190056143012, 1190056143013, 1190056143014, 1190056143015, 1190056143018, 1190056143019, 1190056143020, 1190056143021, 1190056143022, 1190056143023, 1190056143024, 1190056143025; VTD: 205: 1190015101017, 1190056151012, 1190056151013, 1190056151014, 1190056151015, 1190056151016, 1190056151017, 1190056151018, 1190056151019, 1190056151030, 1190056161000, 1190056161001, 1190056161002, 1190056161003, 1190056161004, 1190056161005, 1190056161006, 1190056161007, 1190056161008, 1190056161009, 1190056161010, 1190056161011, 1190056161012, 1190056161013, 1190056161014, 1190056161016, 1190056161017, 1190056161018, 1190056161019, 1190056161020, 1190056161021, 1190056161022, 1190056161023, 1190056161024, 1190056161025, 1190056161026, 1190056161027; VTD: 234: 1190019161015, 1190019171000, 1190019171005, 1190019171006, 1190019171007, 1190019171008, 1190019171009, 1190019171010, 1190019171011, 1190019171012, 1190019171013, 1190019172004, 1190019172014, 1190019172015, 1190019172016, 1190019172017, 1190019172018, 1190019172019, 1190019172020, 1190019172021, 1190019172022, 1190019172023, 1190019172024; VTD: 235: 1190057101000, 1190057101001, 1190057101002, 1190057101003, 1190057101004, 1190057101005, 1190057101006, 1190057101007, 1190057101008, 1190057101009, 1190057101010, 1190057101011, 1190057101012, 1190057101013, 1190057101014, 1190057101015, 1190057101016, 1190057101017, 1190057101018, 1190057101019, 1190057101020, 1190057101021, 1190057102000, 1190057102001, 1190057102002, 1190057102003, 1190057102005, 1190057102006, 1190057102008.

District 41: Mecklenburg County: VTD: 096: Block(s) 1190058112000, 1190058112001, 1190058112004, 1190058112005, 1190058121000, 1190058121001, 1190058121014, 1190058121015; VTD: 113: 1190058233000, 1190058233001, 1190058233008, 1190058472000, 1190058472001, 1190058472002, 1190058472003, 1190058472005, 1190058472006, 1190058472009, 1190058472010, 1190058472011, 1190058472012, 1190058472013, 1190058482007; VTD: 127, VTD: 133, VTD: 134, VTD: 136, VTD: 142, VTD: 143, VTD: 145, VTD: 150: Block(s) 1190061032024; VTD: 151: 1190055081009, 1190055081010, 1190055091001, 1190055091005, 1190055091011, 1190055091015; VTD: 201: 1190056202000, 1190056203000, 1190056203001, 1190056211000, 1190056211001, 1190056211002, 1190056211003, 1190056211004,

1190056211005, 1190056211006, 1190056211007, 1190056211008, 1190056211009, 1190056211010, 1190056211011, 1190056211012, 1190056211013, 1190056211014, 1190056211015, 1190056212000, 1190056212001, 1190056212002, 1190056212003, 1190056212004, 1190056212005, 1190056212006, 1190056212007, 1190056213000, 1190056213001, 1190056213002, 1190056213003, 1190056213004, 1190056213005, 1190056213006, 1190056213007, 1190056213008, 1190056213010, 1190056213012, 1190056213013, 1190056213014; VTD: 202, VTD: 203: Block(s) 1190056191000, 1190056191001, 1190056191002, 1190056191003, 1190056191004, 1190056191005, 1190056191006, 1190056191007, 1190056191008, 1190056191009, 1190056191010, 1190056191011, 1190056191028, 1190056191029, 1190056191030, 1190056192000, 1190056192001, 1190056192002, 1190056192003, 1190056192004, 1190056192005, 1190056192006, 1190056192007, 1190056192008, 1190056192009, 1190056192010, 1190056192011, 1190056192012, 1190056192013, 1190056192014, 1190056192015, 1190056192016, 1190056192017; VTD: 204.1: 1190056141000, 1190056141001, 1190056141002, 1190056141003, 1190056141004, 1190056141005, 1190056141006, 1190056141007, 1190056141008, 1190056141009, 1190056141010, 1190056141011, 1190056141012, 1190056141013, 1190056141014, 1190056141015, 1190056141016, 1190056141017, 1190056141018, 1190056141019, 1190056141020, 1190056141021, 1190056141022, 1190056141023, 1190056141024, 1190056141025, 1190056141026, 1190056141027, 1190056141028, 1190056141029, 1190056142000, 1190056142001, 1190056142002, 1190056142003, 1190056142004, 1190056142005, 1190056142012, 1190056143000, 1190056143016, 1190056143017; VTD: 205: 1190056151000, 1190056151001, 1190056151002, 1190056151003, 1190056151004, 1190056151005, 1190056151006, 1190056151007, 1190056151008, 1190056151009, 1190056151010, 1190056151011, 1190056151020, 1190056151021, 1190056151022, 1190056151023, 1190056151024, 1190056151025, 1190056151026, 1190056151027, 1190056151028, 1190056151029, 1190056151031, 1190056151032, 1190056151033, 1190056181000, 1190056181001, 1190056181002, 1190056181003, 1190056181004, 1190056181005, 1190056181006, 1190056181007, 1190056181008, 1190056181009, 1190056181010, 1190056181011, 1190056181012, 1190056181013, 1190056181014, 1190056181015, 1190056181016, 1190056181017, 1190056181018, 1190056181019, 1190056181020, 1190056181021; VTD: 206, VTD: 207, VTD: 208, VTD: 209, VTD: 211: Block(s) 1190055081000, 1190055081001, 1190055081002, 1190055081003, 1190055081004, 1190055081005,

1190055081006, 1190055081007, 1190055081008, 1190055081011, 1190055081012, 1190055081013, 1190055081014, 1190055081015, 1190055081017, 1190055081018, 1190061061000, 1190061061001, 1190061061002, 1190061061003, 1190061062000, 1190061062001, 1190061062002, 1190061062003, 1190061062004, 1190061062005, 1190061062006, 1190061062007, 1190061062008, 1190061062009, 1190061062010, 1190061062012, 1190061062013, 1190061062014, 1190061062015, 1190061062016, 1190061062017, 1190061062018, 1190061062021, 1190061062022, 1190061062023, 1190061062024, 1190061062025, 1190061062026, 1190061062027, 1190061062036, 1190061062037, 1190061062038, 1190061062039, 1190061062040, 1190061062041, 1190061062042, 1190061062043, 1190061062044, 1190061062045, 1190061062046, 1190061071019; VTD: 212: 1190055192027, 1190055192028, 1190055192029, 1190055213000, 1190055213001, 1190055213002, 1190055213003, 1190055213004, 1190055213015, 1190055213016, 1190055213017, 1190055213018, 1190055213019, 1190055213020, 1190055213021, 1190055213022, 1190055213023, 1190055213024, 1190055213025, 1190055213026, 1190055213027, 1190055213028, 1190055213029, 1190055213030, 1190055213031, 1190055213032, 1190055213033, 1190055213034, 1190055213035, 1190055213036, 1190055213037, 1190055213038, 1190055213039, 1190055213040, 1190055213041, 1190055213042, 1190055213043, 1190055213044, 1190055213045, 1190055213046, 1190055213047, 1190055213048; VTD: 215, VTD: 216, VTD: 217: Block(s) 1190058121002, 1190058121003, 1190058121005, 1190058121006, 1190058121007, 1190058121008, 1190058121010, 1190058121011, 1190058121012, 1190058121016, 1190058121017, 1190058121019, 1190058122008, 1190058122009, 1190058122010, 1190058122011, 1190058122012, 1190058122013, 1190058122014, 1190058122018, 1190058122019, 1190058122020, 1190058122021, 1190058122022, 1190058122023, 1190058122024, 1190058122025, 1190058122026, 1190058122027, 1190058122028, 1190058122029, 1190058122030, 1190058122031, 1190058122032, 1190058122033, 1190058122034, 1190058122035, 1190058122036, 1190058122037, 1190058122038, 1190058122039, 1190058122040, 1190058122041, 1190058122042, 1190058122043, 1190058333000, 1190058333001, 1190058333002; VTD: 218, VTD: 219, VTD: 220, VTD: 221, VTD: 223.1: Block(s) 1190060071000, 1190060071001, 1190060071002, 1190060071003, 1190060071004, 1190060071005, 1190060071006, 1190060071007, 1190060071008, 1190060071009, 1190060071010, 1190060071012, 1190060071013, 1190060071014, 1190060071015, 1190060071016, 1190060071017,

1190060071018, 1190060071020, 1190060072000, 1190060072001,
1190060072002, 1190060072003, 1190060072004, 1190060072005,
1190060072006, 1190060072007, 1190060072008, 1190060072009,
1190060072010, 1190060072011, 1190060072012, 1190060072013,
1190060072014, 1190060072015, 1190060072016, 1190060072017,
1190060072022, 1190060072023, 1190060072024, 1190060072025,
1190060072026, 1190060072027, 1190060072028, 1190060072032,
1190060072035, 1190060072036, 1190060072037, 1190060072038,
1190060072042, 1190060072043, 1190060072044, 1190060073000,
1190060073001, 1190060073002, 1190060073003, 1190060073004,
1190060073005, 1190060073006, 1190060073007, 1190060073008,
1190060073009, 1190060073010, 1190060073011, 1190060073012,
1190060073013, 1190060073014, 1190060073015, 1190060073016,
1190060073017, 1190060073018, 1190060073019, 1190060073020,
1190060073021, 1190060073022, 1190060073023, 1190060073024,
1190060073025, 1190060073026, 1190060073027, 1190060073028,
1190060073029, 1190060073030, 1190060073031, 1190060073032,
1190060073033, 1190061031000, 1190061031001, 1190061031002,
1190061031003, 1190061031004, 1190061031005, 1190061031006,
1190061031007, 1190061031008, 1190061031009, 1190061031010,
1190061031011, 1190061031012, 1190061031013, 1190061031014,
1190061031015, 1190061031016, 1190061031017, 1190061031018,
1190061031019, 1190061031020, 1190061031021, 1190061031022,
1190061031023, 1190061031024, 1190061031025, 1190061031026,
1190061031027, 1190061031028, 1190061031029, 1190061031030,
1190061031031, 1190061031032, 1190061031033, 1190061031034,
1190061031035, 1190061031036, 1190061031037, 1190061031038,
1190061031039, 1190061031040, 1190061031041, 1190061031042,
1190061031043, 1190061031044, 1190061031045, 1190061031046,
1190061031047, 1190061031048, 1190061031049, 1190061031050,
1190061031053, 1190061031054, 1190061031062, 1190061031063; VTD: 227, VTD: 233: Block(s) 1190058333003, 1190058333004, 1190058333005, 1190058333006, 1190058333007, 1190058333013, 1190058333014, 1190058333015, 1190058333016, 1190058333017, 1190058333021; VTD: 234: 1190057061000, 1190057061001, 1190057061003, 1190057061004, 1190057061005, 1190057061006, 1190057061007, 1190057061008, 1190057061009, 1190057061010, 1190057063000, 1190057063001, 1190057063002, 1190057063003, 1190057063004, 1190057063005, 1190057063006, 1190057063007, 1190057063008, 1190057063009, 1190057063010; VTD: 235: 1190057111000, 1190057111001, 1190057111002, 1190057111003, 1190057111004, 1190057111005,

1190057111006, 1190057111007, 1190057111008, 1190057112000, 1190057112001, 1190057112002, 1190057112003, 1190057112004, 1190057112005, 1190057112006, 1190057112007, 1190057112008, 1190057112009, 1190057112010, 1190057112011, 1190057112012, 1190057112013, 1190057112014, 1190057112015, 1190057112016, 1190057112023, 1190057113019, 1190057113020, 1190057113021; VTD: 236, VTD: 237, VTD: 238.1: Block(s) 1190055082005, 1190055082006, 1190055082007, 1190055082008, 1190055082009, 1190055082011; VTD: 240, VTD: 241, VTD: 242.

District 42: Alexander County, Catawba County.

District 43: Gaston County: VTD: 01, VTD: 02, VTD: 03, VTD: 04, VTD: 05, VTD: 06, VTD: 07, VTD: 08, VTD: 09, VTD: 10, VTD: 11, VTD: 12, VTD: 13, VTD: 14, VTD: 15, VTD: 16, VTD: 17, VTD: 18, VTD: 19, VTD: 20, VTD: 21, VTD: 22, VTD: 23, VTD: 24, VTD: 25, VTD: 26, VTD: 27, VTD: 28, VTD: 29, VTD: 30, VTD: 31, VTD: 32, VTD: 33, VTD: 34, VTD: 35, VTD: 36, VTD: 37, VTD: 38, VTD: 39, VTD: 40, VTD: 41, VTD: 44, VTD: 45, VTD: 46.

District 44: Gaston County: VTD: 42, VTD: 43; Iredell County: VTD: CC1, VTD: CC2, VTD: CC3, VTD: CC4, VTD: DV1-A, VTD: DV1-B, VTD: DV2-A, VTD: DV2-B, VTD: FT, VTD: SH-A, VTD: SH-B, VTD: ST1, VTD: ST2, VTD: ST3, VTD: ST4, VTD: ST5, VTD: ST6; Lincoln County.

District 45: Alleghany County, Ashe County, Avery County, Caldwell County, Watauga County.

District 46: Burke County, Cleveland County.

District 47: Madison County, McDowell County, Mitchell County, Polk County, Rutherford County, Yancey County.

District 48: Buncombe County: VTD: 101.1, VTD: 102.1, VTD: 19.1, VTD: 30.1, VTD: 38.2, VTD: 38.3, VTD: 46.1, VTD: 47.1, VTD: 55.1, VTD: 57.1; Henderson County, Transylvania County.

District 49: Buncombe County: VTD: 01.1, VTD: 02.1, VTD: 03.1, VTD: 04.1, VTD: 05.1, VTD: 06.1, VTD: 07.1, VTD: 09.1, VTD: 10.1, VTD: 100.1, VTD: 103.1, VTD: 104.1, VTD: 105.1, VTD: 106.1, VTD: 107.1, VTD: 11.1, VTD: 12.1, VTD: 13.1, VTD: 14.2, VTD: 15.1, VTD: 17.1, VTD: 20.1, VTD: 24.1, VTD: 25.1, VTD: 26.1, VTD: 28.1, VTD: 31.1, VTD: 32.1, VTD: 33.2, VTD: 33.3, VTD: 34.1,

VTD: 35.1, VTD: 36.1, VTD: 37.1, VTD: 39.1, VTD: 41.1, VTD: 44.1, VTD: 45.1, VTD: 48.1, VTD: 49.1, VTD: 50.1, VTD: 52.1, VTD: 53.1, VTD: 58.1, VTD: 59.1, VTD: 60.2, VTD: 61.1, VTD: 62.1, VTD: 63.1, VTD: 64.1, VTD: 65.1, VTD: 66.1, VTD: 67.1, VTD: 68.1, VTD: 69.1, VTD: 70.1, VTD: 71.1.

District 50: Cherokee County, Clay County, Graham County, Haywood County, Jackson County, Macon County, Swain County.

(b)   The names and boundaries of voting tabulation districts, tracts, block groups, and blocks specified in this section are as shown on the 2010 Census Redistricting TIGER/Line Shapefiles.

(c)   If any voting tabulation district boundary is changed, that change shall not change the boundary of a senatorial district, which shall remain the same as it is depicted by the 2010 Census Redistricting TIGER/Line Shapefiles.

(d)   Repealed by Session Laws 2011-413, s. 2, effective November 7, 2011, and applicable to elections held on or after January 1, 2012.

(e)   The Legislative Services Officer shall certify a true copy of the block assignment file associated with any mapping software used to generate the language in subsection (a) of this section. The certified true copy of the block assignment file shall be delivered by the Legislative Services Officer to the Principal Clerk of the Senate. If any area within North Carolina is not assigned to a specific district by subsection (a) of this section, the certified true copy of the block assignment file delivered to the Principal Clerk of the Senate shall control. (Code, s. 2844; Rev., s. 4398; 1911, c. 150; C.S., s. 6087; 1921, c. 161; 1941, c. 225; 1963, Ex. Sess., c. 1; 1966, Ex. Sess., c. 1, s. 1; 1971, c. 1177; 1981, c. 821; 1982, Ex. Sess., c. 5; 1982, 2nd Ex. Sess., c. 2; 1984, Ex. Sess., c. 4, ss. 1-3; c. 5, ss. 1-4; 1991, c. 676, s. 1; 1991, Ex. Sess., c. 4, ss. 1, 2; 2001-458, ss. 1, 2; 2001-487, s. 121.5; 2002-1, Ex. Sess., s. 3.1; 2003-434, 1st Ex. Sess., ss. 3, 4; 2011-402, s. 1; 2011-413, s. 2.)

§ 120-2. House apportionment specified.

(a)   For the purpose of nominating and electing members of the North Carolina House of Representatives in 2012 and periodically thereafter, the State of North Carolina shall be divided into the following districts with each district electing one representative:

District 1: Camden County, Chowan County, Currituck County, Pasquotank County: VTD: 1-A: Block(s) 1399601002000, 1399601002001, 1399601002002, 1399601002013, 1399601002014, 1399601002024, 1399601002034, 1399601002039; VTD: 1-B: 1399602001000, 1399602001001, 1399602001002, 1399602001003, 1399602001004, 1399602001005, 1399602001006, 1399602001007, 1399602001008, 1399602001009, 1399602001010, 1399602001011, 1399602001017, 1399602001018, 1399602001019, 1399602001020, 1399602001021, 1399602001022, 1399602001023, 1399602001024, 1399602001029, 1399602003000, 1399602003001, 1399602003002, 1399602003004, 1399602003013, 1399607012004, 1399607012005, 1399607012006, 1399607012007, 1399607012008, 1399607012009, 1399607012010, 1399607012011, 1399607012015; VTD: 2-A: 1399601001000, 1399601001002, 1399601001017, 1399601001018, 1399601001019, 1399601001021, 1399601001040, 1399604005002, 1399604005016, 1399604005017, 1399604005018, 1399604005038, 1399604005039, 1399604005040, 1399604005058, 1399604005059, 1399605012023, 1399605012024, 1399605012025, 1399605012026, 1399605012027, 1399605012028, 1399605012029, 1399605012030, 1399605012035, 1399605012036, 1399605012038, 1399605012039, 1399605012040, 1399605012041, 1399605021023, 1399605021024, 1399605021025, 1399605021026, 1399605021027, 1399605021028, 1399605021029, 1399605021030, 1399605021031, 1399605021032, 1399605021033, 1399605021034, 1399605021035, 1399605021036; VTD: 4-A: 1399607011017, 1399607011018, 1399607011019, 1399607011025, 1399607011026, 1399607011027, 1399607011045, 1399607011048; VTD: NEW: 1399605011000, 1399605011001, 1399605031000, 1399605031001, 1399605031002, 1399605031003, 1399605031004, 1399605031005, 1399605031006, 1399605031007, 1399605031008, 1399605031009, 1399605031010, 1399605031011, 1399605031012, 1399605031014, 1399605031015, 1399605031016, 1399605031017, 1399605031018, 1399605031019, 1399605031020, 1399605031024, 1399605031025, 1399605031026, 1399605031027, 1399605031029, 1399605031032, 1399605031033, 1399605031041; VTD: NIX, VTD: PRO: Block(s) 1399604005000, 1399604005001, 1399604005003, 1399604005004, 1399604005005, 1399604005006, 1399604005007, 1399604005008, 1399604005009, 1399604005010, 1399604005011, 1399604005012, 1399604005013, 1399604005014, 1399604005015, 1399604005029, 1399604005030, 1399604005031, 1399604005066, 1399605011003, 1399605011004, 1399605011005, 1399605011006, 1399605011007, 1399605011008, 1399605011009, 1399605011010, 1399605011011,

1399605011012, 1399605011013, 1399605011015, 1399605011018, 1399605011019, 1399605011020, 1399605012000, 1399605012001, 1399605012002, 1399605012003, 1399605012004, 1399605012005, 1399605012006, 1399605012007, 1399605012008, 1399605012009, 1399605012010, 1399605012011, 1399605012012, 1399605012013, 1399605012014, 1399605012015, 1399605012016, 1399605012017, 1399605012018, 1399605012019, 1399605012020, 1399605012021, 1399605012022, 1399605012031, 1399605012032, 1399605012033, 1399605012034, 1399605012037, 1399605012042, 1399605021000, 1399605021001, 1399605021002, 1399605021003, 1399605021004, 1399605021005, 1399605021006, 1399605021007, 1399605021008, 1399605021009, 1399605021010, 1399605021011, 1399605021012, 1399605021013, 1399605021014, 1399605021015, 1399605021016, 1399605021017, 1399605021018, 1399605021019, 1399605021020, 1399605021021, 1399605021022, 1399605022007, 1399605022010, 1399605022014, 1399605022015, 1399605022016, 1399605022017, 1399605022019, 1399605022020, 1399605022021, 1399605022022, 1399605022023, 1399605022024, 1399605022025, 1399605022026, 1399605022027, 1399605022028, 1399605022029, 1399605022030, 1399605022031, 1399605022034, 1399605022035, 1399605022039, 1399606001000, 1399606001001, 1399606001002, 1399606001003, 1399606001004, 1399606001005, 1399606001006, 1399606001007, 1399606001008, 1399606001009; VTD: SAL; Perquimans County, Tyrrell County.

District 2: Granville County: VTD: ANTI: Block(s) 0779704001007, 0779704001044, 0779704001045, 0779704001059, 0779704001061, 0779704001087, 0779705001007, 0779705001050, 0779705001051, 0779705001053, 0779705001059, 0779705001060, 0779705001061; VTD: BERE, VTD: BTNR, VTD: CORI: Block(s) 0779701021087, 0779703003007, 0779703003008, 0779703003009, 0779703003010, 0779703003011, 0779703003016, 0779703003017, 0779703003023, 0779703003024, 0779703003025, 0779703003026, 0779703003027, 0779703003031, 0779703003034, 0779703003035, 0779703003038, 0779703003039, 0779703003040, 0779703003041, 0779703003042, 0779703003043, 0779703003048, 0779703003050, 0779703003068, 0779703003071, 0779703003073, 0779703003076, 0779703003077, 0779703003081, 0779703003082, 0779703003093, 0779705001043, 0779705001044, 0779705001054, 0779705001055, 0779705002000, 0779705002001, 0779705002002, 0779705002003, 0779705002004, 0779705002005, 0779705002006, 0779705002007, 0779705002008, 0779705002009,

0779705002010, 0779705002011, 0779705002012, 0779705002013, 0779705002014, 0779705002015, 0779705002016, 0779705002017, 0779705002018, 0779705002019, 0779705002020, 0779705002021, 0779705002022, 0779705002023, 0779705003002, 0779705003003, 0779705003004, 0779705003005, 0779705003006, 0779705003007, 0779705003010, 0779705003011, 0779705003012, 0779705003013, 0779705003014, 0779705003015, 0779705003016, 0779705003017, 0779705003018, 0779705003021, 0779705003024, 0779705003025, 0779705003026, 0779705003028, 0779705003029, 0779705003030, 0779705003031, 0779705003032; VTD: CRDL: 0779703001011, 0779703001012, 0779703001016, 0779703001022, 0779703001023, 0779703001024, 0779703001025, 0779703001026, 0779703001027, 0779703001028, 0779703001029, 0779703001031, 0779703001032, 0779703001033, 0779703001034, 0779703002000, 0779703002001, 0779703002002, 0779703002003, 0779703002004, 0779703002005, 0779703002006, 0779703002007, 0779703002008, 0779703002009, 0779703002010, 0779703002011, 0779703002012, 0779703002016, 0779703002017, 0779703002018, 0779703002019, 0779703002020, 0779703002021, 0779703002022, 0779703002026, 0779703002027, 0779703002028, 0779703002029, 0779703002030, 0779703003001, 0779703003020, 0779703003021, 0779703003022, 0779703003028, 0779703003029, 0779703003030, 0779703003036, 0779703003037, 0779703003049, 0779703003095; VTD: CRDM, VTD: EAOX: Block(s) 0779702001089, 0779702001090, 0779702001091, 0779702001092, 0779702001103, 0779702002021, 0779702002022, 0779702002023, 0779702002024, 0779702002027, 0779702002032, 0779702002033, 0779702002034, 0779704001008, 0779704001009, 0779704001010, 0779704001011, 0779704001012, 0779704001013, 0779704001014, 0779704001015, 0779704001016, 0779704001017, 0779704001018, 0779704001019, 0779704001020, 0779704001021, 0779704001022, 0779704001034, 0779704001035, 0779704001036, 0779704001038, 0779704001041, 0779704001043, 0779704001046, 0779704001047, 0779704001048, 0779704001049, 0779704001050, 0779704001075, 0779704001076, 0779704001082, 0779704001085, 0779704001086; VTD: MTEN, VTD: SALM: Block(s) 0779701013078, 0779701013080, 0779701013081, 0779701013082, 0779701013083, 0779701013084, 0779701013086, 0779701013087, 0779701013089, 0779701013090, 0779701013098, 0779701013099, 0779701013100, 0779701013103, 0779701013104, 0779702001000, 0779702001001, 0779702001002, 0779702001003, 0779702001007, 0779702001008, 0779702001009, 0779702001010, 0779702001011, 0779702001023, 0779702001024,

0779702001025, 0779702001026, 0779702001027, 0779702001028, 0779702001029, 0779702001030, 0779702001031, 0779702001032, 0779702001033, 0779702001044, 0779702001045, 0779702001073, 0779702001074, 0779702001075, 0779702001076, 0779702001077, 0779702001078, 0779702001079, 0779702001080, 0779702001081, 0779702001082, 0779702001083, 0779702001084, 0779702001086, 0779702001088, 0779702001093, 0779702001094, 0779702001095, 0779702001096, 0779702001097, 0779702001098, 0779702001099, 0779702001100, 0779702001101, 0779702001102, 0779702002017, 0779702002018, 0779702002019, 0779702002020, 0779702002025, 0779702002026, 0779705001000, 0779705001001, 0779705001002, 0779705001003, 0779705001004; VTD: TYHO, VTD: WILT; Person County.

District 3: Beaufort County: VTD: AUROR, VTD: BLCK, VTD: CHOCO, VTD: EDWAR, VTD: PSJW3, VTD: WASH1: Block(s) 0139303002000, 0139303002001, 0139303002002, 0139303002003, 0139303002011, 0139303002023, 0139303002024, 0139303002025, 0139303002029, 0139303002030, 0139303002031, 0139303002032, 0139303002033, 0139303002034, 0139303002035, 0139303002036, 0139303002039, 0139303002040, 0139303002041, 0139303002042, 0139303002043, 0139303002044, 0139303002045, 0139303002046, 0139303002047, 0139303002048, 0139303002049, 0139303002050, 0139303002051, 0139303002053, 0139303002054, 0139303003000, 0139303003001, 0139303003002, 0139303003003, 0139303003004, 0139303003005, 0139303003006, 0139303003007, 0139303003008, 0139303003009, 0139303003010, 0139303003011, 0139303003012, 0139303003013, 0139303003014, 0139303003015, 0139303003016, 0139303003017, 0139303003018, 0139303003019, 0139303003020, 0139303003021, 0139303003022, 0139303003023, 0139303003024, 0139303003025, 0139303003026, 0139303003027, 0139303003028, 0139303003029, 0139303003030, 0139303003031, 0139303003032, 0139303003033, 0139303003034, 0139303003035, 0139303003036, 0139303003037, 0139303003038, 0139303003039, 0139303003040, 0139303003041, 0139303003042, 0139303003043, 0139303003044, 0139303003045, 0139303003046, 0139303003047, 0139303003048, 0139303003049, 0139303003050, 0139303003051, 0139303003052, 0139303003053, 0139303003054, 0139303003055, 0139303003056, 0139303003057, 0139303003058; VTD: WASH2, VTD: WASH4: Block(s) 0139304003000, 0139304003001, 0139304003002, 0139304003003, 0139304003004, 0139304003005, 0139304003006, 0139304003007, 0139304003008, 0139304003009, 0139304003010, 0139304003011, 0139304003012,

0139304003013, 0139304003014, 0139304003015, 0139304003016,
0139304003017, 0139304003018, 0139304003019, 0139304003020,
0139304003021, 0139304003022, 0139304003023, 0139304003024,
0139304003025, 0139304003026, 0139304003027, 0139304003028,
0139304003029, 0139304003030, 0139304003031, 0139304003032,
0139304003033, 0139304003035, 0139304003036, 0139304003037,
0139304003038, 0139304003039; Craven County: VTD: 11, VTD: 12, VTD: 13,
VTD: 14: Block(s) 0499602001000, 0499602001001, 0499602001002,
0499602001003, 0499602001004, 0499602001023, 0499602001024,
0499602001025, 0499602001026, 0499602001027, 0499602001028,
0499602001034, 0499602001035, 0499602001036, 0499602001040,
0499602001041, 0499602001042, 0499602001043, 0499602001044,
0499602001045, 0499602001048, 0499602001049, 0499602001050,
0499602001064, 0499602001077, 0499602001078, 0499602001079,
0499602002000, 0499602002001, 0499602002002, 0499602002003,
0499602002004, 0499602002005, 0499602002006, 0499602002007,
0499602002008, 0499602002009, 0499602002010, 0499602002011,
0499602002012, 0499602002013, 0499602002014, 0499602002015,
0499602002016, 0499602002017, 0499602002018, 0499602002019,
0499602002020, 0499602002021, 0499602002022, 0499602002023,
0499602002024, 0499602002025, 0499602002026, 0499602002027,
0499602002028, 0499602002029, 0499602002042, 0499602002049,
0499602003000, 0499602003001, 0499602003002, 0499602003003,
0499602003004, 0499602003005, 0499602003006, 0499602003007,
0499602003008, 0499602003009, 0499602003010, 0499602003011,
0499602003012, 0499602003013, 0499602003014, 0499602003015,
0499602003016, 0499602003017, 0499602003018, 0499602003019,
0499602003020, 0499602003021, 0499602003022, 0499602003023,
0499602003024, 0499602003025, 0499602003026, 0499602003027,
0499602003028, 0499602003029, 0499602003030, 0499602003031,
0499602003032, 0499602003033, 0499602003034, 0499602003035,
0499602003036, 0499602003037, 0499602003038, 0499602003039,
0499602003040, 0499602003041, 0499602003042, 0499602003043,
0499602003044, 0499602003045, 0499602003046, 0499602003047,
0499602003048, 0499602003049, 0499602003050, 0499602004038,
0499602004039, 0499602004040, 0499602004041, 0499602004046,
0499602004047, 0499602004048, 0499602004049, 0499602004050,
0499602005000, 0499602005001, 0499602005002, 0499602005003,
0499602005004, 0499602005005, 0499602005006, 0499602005007,
0499602005008, 0499602005009, 0499602005010, 0499602005011,
0499602005012, 0499602005013, 0499602005033, 0499602005034,

0499602005035, 0499602005036, 0499602005037, 0499602005038,
0499602005039, 0499602005040, 0499602005041, 0499602005042,
0499602005043, 0499602005045, 0499602005046, 0499602005049,
0499602005050, 0499602005051, 0499602005055, 0499602005056,
0499602005057; VTD: 15: 0499602002030, 0499602002031, 0499602002032,
0499602004020, 0499602004021, 0499602004026, 0499602004052; VTD: 16:
0499610021000, 0499610021001, 0499610021002, 0499610021003,
0499610021004, 0499610021005, 0499610021006, 0499610021007,
0499610021008, 0499610022000, 0499610022001, 0499610022002,
0499610022003, 0499610022004, 0499610022005, 0499610022006,
0499610023000, 0499610023001, 0499610023002, 0499610023003,
0499610023004, 0499610023005, 0499610023006, 0499610023007,
0499610023008, 0499610023009, 0499610023010, 0499610023011,
0499610023012, 0499610024000, 0499610024001, 0499610024002,
0499610024003, 0499610024004, 0499610024005, 0499610024007,
0499610024008, 0499610024018, 0499610024028, 0499610024031,
0499610024037, 0499610024057, 0499610024059, 0499610024061,
0499611001000, 0499611001001, 0499611001002, 0499611001003,
0499611001004, 0499611001005, 0499611001006, 0499611001007,
0499611001008, 0499611001010, 0499611001011, 0499611001012,
0499611001013, 0499611001014; VTD: 17: 0499610013112, 0499610013118,
0499610013122, 0499610013123, 0499610013124, 0499610013125,
0499610013126, 0499610013129, 0499610013130, 0499610013138,
0499610013139, 0499611001009, 0499611001015, 0499611001016,
0499611001017, 0499611001018, 0499611001019, 0499611001020,
0499611001021, 0499611001022, 0499611001023, 0499611001024,
0499611001025, 0499611001026, 0499611001027, 0499611001028,
0499611001029, 0499611001030, 0499611001031, 0499611001032,
0499611001033, 0499611001034, 0499611001035, 0499611001036,
0499611001037, 0499611001038, 0499611001039, 0499611001040,
0499611001041, 0499611001042, 0499611001043, 0499611001044,
0499611001048, 0499611001049, 0499611001050, 0499611001051,
0499611001052, 0499611001059, 0499611001060, 0499611001065,
0499611002000, 0499611002001, 0499611002002, 0499611002003,
0499611002005, 0499611002019, 0499611002020, 0499611002021,
0499611002022, 0499611002023, 0499611002024, 0499611002025,
0499611002026, 0499611002027, 0499611002138, 0499611002139,
0499611002140, 0499611002141, 0499611002142; VTD: 18: 0499613011000,
0499613011001, 0499613011002, 0499613011003, 0499613011004,
0499613011005, 0499613011006, 0499613011007, 0499613011008,
0499613011009, 0499613011010, 0499613011011, 0499613011012,

0499613011013, 0499613011014, 0499613011018, 0499613011022, 0499613011023, 0499613011024, 0499613011025, 0499613011029, 0499613011030, 0499613011031, 0499613011032, 0499613011033, 0499613011034, 0499613011035, 0499613012000, 0499613012001, 0499613012002, 0499613012003, 0499613012004, 0499613012005, 0499613012006, 0499613012007, 0499613012008, 0499613012009, 0499613012010, 0499613012011, 0499613012012, 0499613012013, 0499613012014, 0499613012015, 0499613012016, 0499613012017, 0499613012018, 0499613012019, 0499613012020, 0499613012021, 0499613012022, 0499613012023, 0499613012024, 0499613012025, 0499613012026, 0499613012027, 0499613012028, 0499613012029, 0499613012030, 0499613012031, 0499613012032, 0499613012033, 0499613012034, 0499613012035, 0499613012036, 0499613012037, 0499613012038, 0499613012039, 0499613012040, 0499613012041, 0499613012051, 0499613012052, 0499613022001, 0499613022003, 0499613022004, 0499613022005, 0499613022006, 0499613022007, 0499613022008, 0499613022012, 0499613022013, 0499613022014, 0499613023002, 0499613023004, 0499613023005, 0499613023006, 0499613023007, 0499613023008, 0499613023009, 0499613023010, 0499613023011, 0499613023012, 0499613023013, 0499613023014, 0499613023015, 0499613023016, 0499613023017, 0499613023018, 0499613023019, 0499613023025, 0499613023026, 0499613023027, 0499613023028, 0499613023029, 0499613023030, 0499613023031, 0499613023032; VTD: 19: 0499612022110, 0499612022111, 0499612022112, 0499612022113, 0499612022114, 0499612022115, 0499612022136, 0499612022137, 0499612022139, 0499612022140, 0499612022141, 0499613031000, 0499613031001, 0499613031002, 0499613031003, 0499613031004, 0499613031005, 0499613031006, 0499613031019, 0499613031020, 0499613031029, 0499613031030, 0499613031031, 0499613031032, 0499613031033, 0499613031034, 0499613031035, 0499613031036, 0499613031037, 0499613031038, 0499613031039, 0499613031040, 0499613031041, 0499613031042, 0499613031045, 0499613031047, 0499613032000, 0499613032001, 0499613032002, 0499613032003, 0499613032004, 0499613032005, 0499613032006, 0499613032007, 0499613032008, 0499613032009, 0499613032010, 0499613032011, 0499613032012, 0499613032013, 0499613032021, 0499613032022, 0499613032023, 0499613032024, 0499613032026, 0499613032027, 0499613032028, 0499613032029, 0499613032030, 0499613032031, 0499613032032, 0499613032033, 0499613032034, 0499613032035, 0499613032036, 0499613032084, 0499613032085, 0499613032111; VTD: 20, VTD: 21: Block(s) 0499610011005, 0499610011048,

0499610012004, 0499610012008, 0499610012044, 0499610012045,
0499610012046, 0499610012047, 0499610012101, 0499610012102,
0499610012103, 0499610012104, 0499610012107, 0499610012108,
0499610012109, 0499610012110, 0499610012111, 0499610012112,
0499610012113, 0499610012114, 0499610012115, 0499610012116,
0499610012117, 0499610012118, 0499610012119, 0499610012120,
0499610012121, 0499610012122, 0499610013000, 0499610013001,
0499610013002, 0499610013003, 0499610013004, 0499610013005,
0499610013006, 0499610013007, 0499610013008, 0499610013009,
0499610013010, 0499610013011, 0499610013012, 0499610013013,
0499610013014, 0499610013015, 0499610013025, 0499610013027,
0499610013028, 0499610013029, 0499610013031, 0499610013034,
0499610013035, 0499610013036, 0499610013037, 0499610013038,
0499610013039, 0499610013040, 0499610013041, 0499610013042,
0499610013043, 0499610013044, 0499610013045, 0499610013046,
0499610013047, 0499610013048, 0499610013050, 0499610013051,
0499610013052, 0499610013053, 0499610013057, 0499610013058,
0499610013059, 0499610013060, 0499610013061, 0499610013062,
0499610013063, 0499610013064, 0499610013075, 0499610013076; VTD: 22:
0499611001045, 0499611001046, 0499611001047, 0499611001053,
0499611001054, 0499611001055, 0499611001056, 0499611001057,
0499611001058, 0499611001061, 0499611001062, 0499611001063,
0499611001064, 0499611001066, 0499611001067, 0499611001068,
0499611001069, 0499611001070, 0499611001071, 0499611001072,
0499611001073, 0499611001074, 0499611002028, 0499611002029,
0499611002030, 0499611002031, 0499611002032, 0499611002076,
0499611002077, 0499611002078, 0499611002079, 0499611002080,
0499611002081, 0499611002082, 0499611002083, 0499611002084,
0499611002087, 0499611002088, 0499611002089, 0499611002090,
0499611002091, 0499611002092, 0499611002093, 0499611002094,
0499611002095, 0499611002096, 0499611002097, 0499611002098,
0499611002099, 0499611002100, 0499611002101, 0499611002102,
0499611002103, 0499611002104, 0499611002105, 0499611002106,
0499611002107, 0499611002108, 0499611002109, 0499611002110,
0499611002111, 0499611002112, 0499611002113, 0499611002114,
0499611002115, 0499611002116, 0499611002117, 0499611002118,
0499611002119, 0499611002120, 0499611002121, 0499611002122,
0499611002123, 0499611002124, 0499611002125, 0499611002126,
0499611002127, 0499611002128, 0499611002129, 0499611002130,
0499611002131, 0499611002134, 0499611002145, 0499611003000,
0499611003001, 0499611003002, 0499611003003, 0499611003004,

0499611003005, 0499611003006, 0499611003007, 0499611003008,
0499611003009, 0499611003010, 0499611003011, 0499611003012,
0499611003013, 0499611003014, 0499611003015, 0499611003016,
0499611003017, 0499611003018, 0499611003019, 0499611003020,
0499611003021, 0499611003022, 0499611003023, 0499611003024,
0499611003025, 0499611003026, 0499611003027, 0499611003028,
0499611003029, 0499611003030, 0499611003031, 0499611003032,
0499611003033, 0499611003034, 0499611003035, 0499611003036,
0499611003037, 0499611003038, 0499611003039, 0499611003040,
0499611003041, 0499611003042, 0499611003043, 0499612011000,
0499612011001, 0499612011002, 0499612011003, 0499612011004,
0499612011005, 0499612011006, 0499612011007, 0499612011008,
0499612011009, 0499612011010, 0499612011011, 0499612011012,
0499612011013, 0499612011014, 0499612011015, 0499612011016,
0499612011017, 0499612011018, 0499612011019, 0499612011020,
0499612011021, 0499612011022, 0499612011023, 0499612011024,
0499612011025, 0499612011026, 0499612011027, 0499612011028,
0499612011029, 0499612011030, 0499612011031, 0499612011032,
0499612011033, 0499612011034, 0499612011035, 0499612011036,
0499612011037, 0499612011038, 0499612011039, 0499612011040,
0499612011041, 0499612011042, 0499612011043, 0499612011044,
0499612011045, 0499612011046, 0499612011047, 0499612011048,
0499612011049, 0499612011050, 0499612011051, 0499612011052,
0499612011053, 0499612011054, 0499612011055, 0499612011056,
0499612011057, 0499612011058, 0499612011059, 0499612011060,
0499612011061, 0499612011062, 0499612011063, 0499612011064,
0499612011065, 0499612011066, 0499612011067, 0499612011068,
0499612011069, 0499612011070, 0499612011071, 0499612011072,
0499612011073, 0499612011074, 0499612011075, 0499612011076,
0499612011077, 0499612011078, 0499612011079, 0499612011080,
0499612011081, 0499612011082, 0499612011083, 0499612011084,
0499612011085, 0499612011086, 0499612011087, 0499612011088,
0499612011089, 0499612011090, 0499612011091, 0499612011092,
0499612011093, 0499612011094, 0499612011095, 0499612011096,
0499612011097, 0499612011098, 0499612011099, 0499612011100,
0499612011101, 0499612012000, 0499612012001, 0499612012002,
0499612012003, 0499612012004, 0499612012005, 0499612012006,
0499612012007, 0499612012008, 0499612012009, 0499612012010,
0499612012011, 0499612012012, 0499612012013, 0499612012014,
0499612012015, 0499612012016, 0499612012017, 0499612012018,
0499612012019, 0499612012020, 0499612012021, 0499612012022,

0499612012023, 0499612012024, 0499612012025, 0499612012026,
0499612012027, 0499612012028, 0499612012029, 0499612012030,
0499612012031, 0499612012032, 0499612012033, 0499612012034,
0499612012035, 0499612012036, 0499612012037, 0499612012038,
0499612012039, 0499612012040, 0499612012041, 0499612012042,
0499612012043, 0499612012044, 0499612012045, 0499612012046,
0499612012047, 0499612012048, 0499612012049, 0499612012050,
0499612012051, 0499612012052, 0499612012053, 0499612012054,
0499612012055, 0499612012056, 0499612012057, 0499612012058,
0499612012059, 0499612012060, 0499612012061, 0499612012062,
0499612012063, 0499612012064, 0499612012065, 0499612012066,
0499612021000, 0499612021001, 0499612021002, 0499612021003,
0499612021004, 0499612021005, 0499612021006, 0499612021007,
0499612021008, 0499612021009, 0499612021010, 0499612021011,
0499612021012, 0499612021013, 0499612021014, 0499612021015,
0499612021016, 0499612021017, 0499612021018, 0499612021019,
0499612021020, 0499612021021, 0499612021022, 0499612021023,
0499612021024, 0499612021025, 0499612021026, 0499612021027,
0499612021028, 0499612021029, 0499612021030, 0499612021031,
0499612021032, 0499612021033, 0499612021034, 0499612021035,
0499612021036, 0499612021037, 0499612021038, 0499612021039,
0499612021040, 0499612021041, 0499612021042, 0499612021043,
0499612021044, 0499612021045, 0499612021046, 0499612021047,
0499612021048, 0499612021049, 0499612021050, 0499612021051,
0499612021052, 0499612021053, 0499612021054, 0499612021055,
0499612021056, 0499612021057, 0499612021058, 0499612021059,
0499612021060, 0499612021061, 0499612021062, 0499612021063,
0499612021064, 0499612021065, 0499612021066, 0499612021067,
0499612021068, 0499612021069, 0499612021070, 0499612021071,
0499612021072, 0499612021073, 0499612022000, 0499612022001,
0499612022002, 0499612022003, 0499612022004, 0499612022005,
0499612022006, 0499612022007, 0499612022008, 0499612022009,
0499612022010, 0499612022011, 0499612022012, 0499612022013,
0499612022014, 0499612022015, 0499612022016, 0499612022017,
0499612022018, 0499612022019, 0499612022020, 0499612022021,
0499612022022, 0499612022023, 0499612022024, 0499612022025,
0499612022026, 0499612022027, 0499612022028, 0499612022029,
0499612022030, 0499612022031, 0499612022032, 0499612022033,
0499612022034, 0499612022035, 0499612022036, 0499612022037,
0499612022038, 0499612022039, 0499612022040, 0499612022041,
0499612022042, 0499612022043, 0499612022044, 0499612022045,

0499612022046, 0499612022047, 0499612022048, 0499612022049, 0499612022050, 0499612022051, 0499612022052, 0499612022053, 0499612022054, 0499612022055, 0499612022056, 0499612022057, 0499612022058, 0499612022059, 0499612022060, 0499612022061, 0499612022062, 0499612022063, 0499612022064, 0499612022065, 0499612022066, 0499612022067, 0499612022068, 0499612022069, 0499612022070, 0499612022071, 0499612022072, 0499612022073, 0499612022074, 0499612022075, 0499612022076, 0499612022077, 0499612022078, 0499612022079, 0499612022080, 0499612022081, 0499612022082, 0499612022083, 0499612022084, 0499612022085, 0499612022086, 0499612022087, 0499612022088, 0499612022089, 0499612022090, 0499612022093, 0499612022094, 0499612022095, 0499612022096, 0499612022099, 0499612022100, 0499612022102, 0499612022103, 0499612022104, 0499612022106, 0499612022107, 0499612022108, 0499612022109, 0499612022116, 0499612022117, 0499612022118, 0499612022119, 0499612022120, 0499612022121, 0499612022122, 0499612022123, 0499612022124, 0499612022125, 0499612022126, 0499612022127, 0499612022128, 0499612022129, 0499612022130, 0499612022131, 0499612022132, 0499612022133, 0499612022134, 0499612022135, 0499612022138, 0499612022142, 0499612022143, 0499612022144, 0499612022145, 0499613013000, 0499613013001, 0499613013002, 0499613013003, 0499613013004, 0499613013005, 0499613013006, 0499613013007, 0499613013008, 0499613013009, 0499613013010, 0499613013011, 0499613013012, 0499613013013, 0499613013014, 0499613013015, 0499613013016, 0499613013017, 0499613013018, 0499613013019, 0499613013020, 0499613013021, 0499613013022, 0499613013023, 0499613013024, 0499613013025, 0499613013026, 0499613013027, 0499613013028, 0499613013029, 0499613013030, 0499613013031, 0499613013032, 0499613013033, 0499613013034, 0499613013035, 0499613013036; VTD: 23: 0499610011004, 0499610011006, 0499610011007, 0499610011008, 0499610011009, 0499610011010, 0499610011011, 0499610011012, 0499610011025, 0499610011045, 0499610011046, 0499610011047, 0499610012000, 0499610012001, 0499610012002, 0499610012003, 0499610012005, 0499610012006, 0499610012007, 0499610012009, 0499610012012, 0499610012013, 0499610012014, 0499610012015, 0499610012016, 0499610012017, 0499610012018, 0499610012019, 0499610012020, 0499610012021, 0499610012022, 0499610012023, 0499610012024, 0499610012025, 0499610012026, 0499610012027, 0499610012028, 0499610012029, 0499610012030, 0499610012031, 0499610012032, 0499610012033, 0499610012034, 0499610012035,

0499610012036, 0499610012037, 0499610012038, 0499610012039,
0499610012040, 0499610012041, 0499610012042, 0499610012043,
0499610012048, 0499610012049, 0499610012050, 0499610012051,
0499610012052, 0499610012053, 0499610012054, 0499610012055,
0499610012056, 0499610012057, 0499610012058, 0499610012059,
0499610012060, 0499610012061, 0499610012062, 0499610012063,
0499610012064, 0499610012065, 0499610012066, 0499610012067,
0499610012068, 0499610012069, 0499610012070, 0499610012071,
0499610012072, 0499610012073, 0499610012074, 0499610012075,
0499610012076, 0499610012077, 0499610012078, 0499610012079,
0499610012080, 0499610012081, 0499610012082, 0499610012083,
0499610012084, 0499610012085, 0499610012086, 0499610012087,
0499610012088, 0499610012089, 0499610012090, 0499610012091,
0499610012092, 0499610012093, 0499610012094, 0499610012095,
0499610012096, 0499610012097, 0499610012098, 0499610012099,
0499610012100, 0499610012105, 0499610012106, 0499610012123,
0499610012124, 0499610012125, 0499610012126, 0499610012127,
0499610012128, 0499610013093, 0499610013094, 0499610013095,
0499610013096, 0499610013097, 0499610013099, 0499610013100,
0499610013101, 0499610013102, 0499610013103, 0499610013104,
0499610013105, 0499610013106, 0499610013107, 0499610013108,
0499610013109, 0499610013110, 0499610013111, 0499610013113,
0499610013114, 0499610013120, 0499610013121, 0499610013127,
0499610013131; VTD: N1: 0499609001000, 0499609001001, 0499609001002,
0499609001003, 0499609001004, 0499609001005, 0499609001006,
0499609001007, 0499609001008, 0499609001009, 0499609001010,
0499609001011, 0499609001012, 0499609001014, 0499609001015,
0499609001016, 0499609001017, 0499609001023, 0499609001024,
0499609001030, 0499609001031, 0499609001032, 0499609001033,
0499609001039, 0499609001040, 0499609001041, 0499609001042,
0499609001043, 0499609001044, 0499609001046, 0499609001047,
0499609001048, 0499609001049, 0499609001050, 0499609001051,
0499609001052, 0499609001053, 0499609001054, 0499609001055,
0499609001056, 0499609001057, 0499609002000; VTD: N3: 0499605001007,
0499605001022, 0499605001023; VTD: N5: 0499605001000, 0499605001001,
0499605001002, 0499605001003, 0499605001004, 0499605001008,
0499605001009, 0499605001010, 0499605001011, 0499605001012,
0499605001013, 0499605001014, 0499605001015, 0499605001016,
0499605001017, 0499605001018, 0499605001019, 0499605001020,
0499605001021, 0499605001024, 0499605001025, 0499605001026,
0499605001027, 0499605001031, 0499605001032, 0499605001033,

0499605002045, 0499605002046, 0499605002047, 0499605002049, 0499605002050, 0499608002000, 0499608002001, 0499608002002, 0499608002003, 0499608002004, 0499608002005, 0499608002006, 0499608002007, 0499608002008, 0499608002018, 0499608002022, 0499608002025, 0499608002026, 0499608002027, 0499608002028, 0499608002029, 0499608002030, 0499608002031, 0499608002033, 0499608002034, 0499608002035; Pamlico County.

District 4: Duplin County: VTD: ALBE, VTD: BEUL, VTD: CALY, VTD: CFRK, VTD: CHAR: Block(s) 0610907011004, 0610907011020, 0610907011021, 0610907011022, 0610907011023, 0610907011026, 0610907011027, 0610907011097, 0610907011098, 0610907012005, 0610907012006, 0610907012007, 0610907012009, 0610907012010, 0610907012011, 0610907012023, 0610907012027, 0610907012057, 0610907012059, 0610907012106; VTD: CHIN, VTD: CYRK, VTD: FAIS: Block(s) 0610902001009, 0610902001010, 0610902001011, 0610902001012, 0610902001013, 0610902001014, 0610902001015, 0610902001016, 0610902001017, 0610902001018, 0610902001019, 0610902001020, 0610902001021, 0610902001022, 0610902001023, 0610902001025, 0610902001026, 0610902001027, 0610902001029, 0610902001030, 0610902001031, 0610902001033, 0610902001034, 0610902001035, 0610902001036, 0610902001037, 0610902001038, 0610902001040, 0610902001041, 0610902001042, 0610902001043, 0610902001044, 0610902001045, 0610902001046, 0610902001047, 0610902001048, 0610902001049, 0610902001050, 0610902001051, 0610902001052, 0610902001053, 0610902001054, 0610902001055, 0610902001056, 0610902001057, 0610902001058, 0610902001059, 0610902001060, 0610902001061, 0610902001062, 0610902001063, 0610902001064, 0610902001065, 0610902001066, 0610902001067, 0610902001068, 0610902001077, 0610902001082, 0610902002043, 0610902003000, 0610902003001, 0610902003002, 0610902003003, 0610902003004, 0610902003005, 0610902003006, 0610902003007, 0610902003008, 0610902003009, 0610902003013, 0610902003014, 0610902003015, 0610902003016, 0610902003017, 0610902003018, 0610902003019, 0610902003020, 0610902003021, 0610902003029, 0610902003030, 0610902003031, 0610902003032, 0610902003033, 0610902003034, 0610902003035, 0610902003036, 0610902003037, 0610902003038, 0610902003039, 0610902003040, 0610902003041, 0610902003042, 0610902003043, 0610902003044, 0610902003045, 0610902003046, 0610902003047, 0610902003048, 0610902003049, 0610902003050, 0610902003051, 0610902003052, 0610902003053, 0610902003054,

0610902003055, 0610902003056, 0610902003057, 0610902003058, 0610902003059, 0610902003060, 0610902003061, 0610902003062, 0610902003063, 0610902003064, 0610902003065, 0610902003066, 0610902003067, 0610902003068, 0610902003069, 0610902003070, 0610902003071, 0610902003072, 0610902003073, 0610902003076, 0610902003077, 0610902003078, 0610902003079, 0610902003080, 0610902003081, 0610902003082, 0610902003083, 0610902003084, 0610902003085, 0610902003086, 0610902003087, 0610902003088, 0610902003089, 0610902003090, 0610902003091, 0610902003092, 0610902003093, 0610902003094, 0610902003097, 0610902003098, 0610902003099, 0610902003100, 0610902003101; VTD: GLIS, VTD: HALL, VTD: KENA: Block(s) 0610901002059, 0610902001078, 0610902001079, 0610904001000, 0610904001001, 0610904001002, 0610904001003, 0610904001004, 0610904001005, 0610904001006, 0610904001007, 0610904001008, 0610904001009, 0610904001010, 0610904001011, 0610904001012, 0610904001013, 0610904001014, 0610904001015, 0610904001016, 0610904001017, 0610904001018, 0610904001019, 0610904001020, 0610904001021, 0610904001022, 0610904001023, 0610904001024, 0610904001025, 0610904001026, 0610904001027, 0610904001028, 0610904001029, 0610904001030, 0610904001031, 0610904001032, 0610904001033, 0610904001034, 0610904001035, 0610904001036, 0610904001037, 0610904001038, 0610904001039, 0610904001040, 0610904001041, 0610904001042, 0610904001043, 0610904001044, 0610904001045, 0610904001046, 0610904001047, 0610904001048, 0610904001049, 0610904001050, 0610904001051, 0610904001052, 0610904001053, 0610904001054, 0610904001055, 0610904001056, 0610904001057, 0610904001058, 0610904001059, 0610904001060, 0610904001061, 0610904001062, 0610904001063, 0610904001064, 0610904001065, 0610904002000, 0610904002001, 0610904002002, 0610904002003, 0610904002004, 0610904002005, 0610904002006, 0610904002007, 0610904002008, 0610904002009, 0610904002010, 0610904002011, 0610904002015, 0610904002016, 0610904002017, 0610904002018, 0610904002019, 0610904002020, 0610904002021, 0610904002022, 0610904002023, 0610904002024, 0610904002025, 0610904002026, 0610904002027, 0610904002028, 0610904002029, 0610904002030, 0610904002031, 0610904002049, 0610904002051, 0610904002053, 0610904002054, 0610904002059, 0610904002060, 0610904002066, 0610904002067, 0610904002068, 0610904002069, 0610904002070, 0610904002071, 0610904002072, 0610904002073, 0610904002074, 0610904002075, 0610904002076, 0610904004000, 0610904004001, 0610904004002, 0610904004003,

0610904004004, 0610904004005, 0610904004006, 0610904004007,
0610904004008, 0610904004009, 0610904004010, 0610904004011,
0610904004012, 0610904004013, 0610904004014, 0610904004015,
0610904004016, 0610904004017, 0610904004018, 0610904004019,
0610904004020, 0610904004022, 0610904004023, 0610904004025,
0610904004026, 0610904004027, 0610904004030, 0610904004031,
0610904004033, 0610904004034, 0610904004037, 0610904004038,
0610904004039, 0610904004040, 0610904004062, 0610904004063,
0610904004064, 0610904004065, 0610904004066, 0610904004069,
0610904004070, 0610904004071, 0610904004072, 0610904004073,
0610904004074, 0610904004075, 0610904004076, 0610904004077,
0610904004078, 0610904004079, 0610904004081, 0610904004082,
0610904004083, 0610904004099, 0610904004100, 0610904004101,
0610904004102; VTD: LOCK, VTD: SMCA, VTD: WALL: Block(s)
0610907011058, 0610907011059, 0610907011060, 0610907011061,
0610907011062, 0610907011063, 0610907011064, 0610907011067,
0610907011068, 0610907011069, 0610907011070, 0610907011071,
0610907011076, 0610907011080, 0610907011081, 0610907011082,
0610907011083, 0610907011084, 0610907011085, 0610907012024,
0610907012025, 0610907012026, 0610907012030, 0610907012044,
0610907012045, 0610907012046, 0610907012047, 0610907012048,
0610907012049, 0610907012050, 0610907012051, 0610907012052,
0610907012053, 0610907012054, 0610907012055, 0610907012056,
0610907012060, 0610907012061, 0610907012062, 0610907012063,
0610907012064, 0610907012065, 0610907012066, 0610907012067,
0610907012068, 0610907012069, 0610907012070, 0610907012071,
0610907012072, 0610907012073, 0610907012074, 0610907012075,
0610907012076, 0610907012077, 0610907012078, 0610907012079,
0610907012080, 0610907012081, 0610907012082, 0610907012083,
0610907012084, 0610907012085, 0610907012086, 0610907012087,
0610907012088, 0610907012089, 0610907012090, 0610907012091,
0610907012092, 0610907012093, 0610907012094, 0610907012095,
0610907012096, 0610907012097, 0610907012098, 0610907012099,
0610907012100, 0610907012101, 0610907012102, 0610907012103,
0610907012104, 0610907012105, 0610907012107, 0610907012108,
0610907012109, 0610907012110, 0610907012111, 0610907012112,
0610907012113, 0610907012114, 0610907012115, 0610907012116,
0610907012117, 0610907012118, 0610907012119, 0610907012120,
0610907012121, 0610907012122, 0610907012123, 0610907012124,
0610907012125, 0610907012126, 0610907012127, 0610907012128,
0610907012129, 0610907012130, 0610907012131, 0610907012132,

0610907012133, 0610907012134, 0610907012135, 0610907012136,
0610907012137, 0610907012138, 0610907012139, 0610907012140,
0610907012141, 0610907012142, 0610907012143, 0610907012144,
0610907012145, 0610907012146, 0610907012147, 0610907012148,
0610907021038, 0610907021039, 0610907021040, 0610907021041,
0610907021042, 0610907021043, 0610907021044, 0610907021045,
0610907021046, 0610907021048, 0610907021049, 0610907021050,
0610907021051, 0610907021052, 0610907021053, 0610907021054,
0610907021055, 0610907021056, 0610907021057, 0610907021058,
0610907021059, 0610907021060, 0610907021061, 0610907021062,
0610907021063, 0610907021064, 0610907021065, 0610907021070,
0610907021071, 0610907021072, 0610907021092, 0610907021093,
0610907021094, 0610907021095, 0610907021097, 0610907021098,
0610907022000, 0610907022001, 0610907022002, 0610907022003,
0610907022004, 0610907022005, 0610907022006, 0610907022007,
0610907022008, 0610907022009, 0610907022010, 0610907022011,
0610907022012, 0610907022013, 0610907022014, 0610907022015,
0610907022016, 0610907022017, 0610907022018, 0610907022019,
0610907022020, 0610907022021, 0610907022022, 0610907022023,
0610907022024, 0610907022051, 0610907022056, 0610907022060,
0610907022062, 0610907022087, 0610907022088, 0610907022089,
0610907022090, 0610907022091, 0610907022092, 0610907022093,
0610907022094, 0610907022095, 0610907022096, 0610907022097,
0610907022098, 0610907022099, 0610907022106, 0610907022108,
0610907022109, 0610907022110, 0610907022111, 0610907022112,
0610907022113, 0610907022114, 0610907022115, 0610907022117,
0610907022118, 0610907022119, 0610907022120, 0610907022121,
0610907022122, 0610907022123, 0610907022124, 0610907022125,
0610907022126, 0610907022127, 0610907022128, 0610907022129,
0610907022130, 0610907022131, 0610907022132, 0610907022133,
0610907022134, 0610907022135, 0610907022136, 0610907022137,
0610907022138, 0610907022139, 0610907022140, 0610907022141,
0610907022142, 0610907022143, 0610907022144, 0610907022145,
0610907022146, 0610907022147, 0610907022148, 0610907022149,
0610907022150, 0610907022151, 0610907022152, 0610907022153,
0610907022154, 0610907022155, 0610907022156, 0610907022157,
0610907022158, 0610907022159, 0610907022160, 0610907022161,
0610907022162, 0610907022163, 0610907022164, 0610907022165,
0610907022166, 0610907022167, 0610907022168, 0610907022169,
0610907022170, 0610907022171, 0610907022172, 0610907022173,
0610907022174, 0610907022175, 0610907022176, 0610907022177,

0610907022178, 0610907022179, 0610907022180, 0610907022182, 0610907022183, 0610907022184, 0610907022185, 0610907023000, 0610907023001, 0610907023002, 0610907023003, 0610907023004, 0610907023005, 0610907023006, 0610907023007, 0610907023008, 0610907023009, 0610907023010, 0610907023011, 0610907023012, 0610907023013, 0610907023014, 0610907023015, 0610907023016, 0610907023017, 0610907023018, 0610907023019, 0610907023020, 0610907023021, 0610907023022, 0610907023024, 0610907023025, 0610907023026, 0610907023027, 0610907023028, 0610907023029, 0610907023030, 0610907023031, 0610907023032, 0610907023033, 0610907023034, 0610907023035, 0610907023036, 0610907023037, 0610907023038, 0610907023039, 0610907023040, 0610907023041, 0610907023042, 0610907023043, 0610907023044, 0610907023045, 0610907023046, 0610907023047, 0610907023048, 0610907023049, 0610907023050, 0610907023051, 0610907023052, 0610907023053, 0610907023054, 0610907023055, 0610907023056, 0610907023057, 0610907023058, 0610907023059, 0610907023060, 0610907023061, 0610907023062, 0610907023063, 0610907023064, 0610907023065, 0610907023066, 0610907023067, 0610907023068, 0610907023069, 0610907023070, 0610907023071, 0610907023080, 0610907023081, 0610907023082, 0610907023083, 0610907023084, 0610907023085, 0610907023086, 0610907023087, 0610907023088, 0610907023089, 0610907023090, 0610907023091, 0610907023092, 0610907023093, 0610907023094, 0610907023095, 0610907023096, 0610907023097, 0610907023098, 0610907023099, 0610907023100, 0610907023101, 0610907023102, 0610907023103, 0610907023104, 0610907023105, 0610907023106, 0610907023107, 0610907023108, 0610907023109, 0610907023110, 0610907023111, 0610907023112, 0610907023113, 0610907023114, 0610907023115, 0610907023116, 0610907023117, 0610907023118, 0610907023119, 0610907023120, 0610907023121, 0610907023122, 0610907023123, 0610907023124, 0610907023125, 0610907023126, 0610907023127, 0610907023128, 0610907023129, 0610907023130, 0610907023131, 0610907023132, 0610907023133, 0610907023134, 0610907023135, 0610907023136, 0610907023137, 0610907023138, 0610907023139, 0610907023140, 0610907023141, 0610907023142, 0610907023143, 0610907023144, 0610907023145, 0610907023146, 0610907023147, 0610907023148, 0610907023149, 0610907023150, 0610907023151, 0610907023152, 0610907023153; VTD: WOLF; Wayne County: VTD: 05, VTD: 06: Block(s) 1910003021000, 1910003021002, 1910003021003, 1910003032001, 1910003032004, 1910003032006, 1910003032007, 1910003032008, 1910003032009,

1910003032010, 1910003032011, 1910003032012, 1910003032016, 1910003032017, 1910003032018, 1910003032019, 1910003032020, 1910003032025, 1910003043012, 1910013011004, 1910013011005, 1910013011006, 1910013011007, 1910013011008, 1910013011009, 1910013011010, 1910013011011, 1910013011018, 1910013011019, 1910013011020, 1910013011021, 1910013011022, 1910013011023, 1910013011024, 1910013011025, 1910013011026, 1910013011031, 1910013011032, 1910013011033; VTD: 07: 1910003021001, 1910003021005, 1910003021006, 1910003021007, 1910003021008, 1910003021010, 1910003021011, 1910003021012, 1910003021013, 1910003022000, 1910003022001, 1910003022002, 1910003022003, 1910003022004, 1910003022005, 1910003022006, 1910003022007, 1910003022008, 1910003022009, 1910003022010, 1910003022011, 1910003022012, 1910003022013, 1910003022014, 1910003022015, 1910003022016, 1910003022017, 1910003022018, 1910003022019, 1910003022020, 1910003022022, 1910003022023, 1910003022024, 1910003022025, 1910003022026, 1910003022027, 1910003022035, 1910003031000, 1910003031001, 1910003031002, 1910003031003, 1910003031004, 1910003031005, 1910003031006, 1910003031008, 1910003031009, 1910003031010, 1910003031011, 1910003031012, 1910003031013, 1910003031014, 1910003031015, 1910003031016, 1910003031017, 1910003031018, 1910003031019, 1910003031020, 1910003031021, 1910003031022, 1910003031023, 1910003031024, 1910003031025, 1910003031026, 1910003031027, 1910003031028, 1910003031029, 1910003031030, 1910003031031, 1910003031037, 1910003031040, 1910003031041, 1910003031042, 1910003031043, 1910003031044, 1910003031045, 1910003031046, 1910003031047, 1910003031048, 1910003031049, 1910003031050, 1910003031051, 1910003031052, 1910003031053, 1910003031054, 1910003031055, 1910003031056, 1910003031057; VTD: 08: 1910009011023, 1910009011024, 1910009011025, 1910009011026, 1910009011027, 1910009011028, 1910009011029, 1910009011030, 1910009011031, 1910009011032, 1910009011033, 1910009011034, 1910009011035, 1910009011036, 1910009011037, 1910009011040, 1910009011041, 1910009011042; VTD: 09: 1910011011000, 1910011011001, 1910011011002, 1910011011003, 1910011011004, 1910011011015, 1910011011016, 1910011011017, 1910011011018, 1910011011025, 1910011013003, 1910011013006, 1910011013007, 1910011013033, 1910011013034, 1910011013035, 1910011013036, 1910011013037, 1910011013038, 1910011013039, 1910011013040, 1910011013049, 1910011013052, 1910011021000, 1910011021001, 1910011021002, 1910011021003, 1910011021004, 1910011021005,

1910011021006, 1910011021007, 1910011021008, 1910011021009, 1910011021010, 1910011021011, 1910011021012, 1910011021013, 1910011021014, 1910011021015, 1910011021016, 1910011021017, 1910011021021, 1910011021022, 1910011021023, 1910011021024, 1910011021025, 1910011021026, 1910011021027, 1910011021028, 1910011021029, 1910011022000, 1910011022001, 1910011022002, 1910011022003, 1910011022004, 1910011022005, 1910011022006, 1910011022007, 1910011022008, 1910011022009, 1910011022010, 1910011022011, 1910011022012, 1910011022013, 1910011022014, 1910011022015, 1910011022016, 1910011022017, 1910011022018, 1910011022019, 1910011022020, 1910011022021, 1910011022022, 1910011022023, 1910011022024, 1910011022025, 1910011022026, 1910011022027, 1910011023000, 1910011023001, 1910011023002, 1910011023003, 1910011023004, 1910011023005, 1910011023006, 1910011023007, 1910011023008, 1910011023009, 1910011023010, 1910011023011, 1910011023012, 1910011023013, 1910011023014, 1910011023015, 1910011023016; VTD: 11: 1910012001000, 1910012001001, 1910012001002, 1910012001003, 1910012001004, 1910012001005, 1910012001006, 1910012001018, 1910012001019, 1910012001020, 1910012001021, 1910012001022, 1910012001023, 1910012001048, 1910012001049, 1910012001050, 1910012001054, 1910012001055, 1910012001056, 1910012001057, 1910012001058, 1910012001059, 1910012001060, 1910012001061, 1910012001062, 1910012001125; VTD: 12: 1910003021004, 1910003021009, 1910013011016, 1910013011017, 1910013011027, 1910013011028, 1910013011029, 1910013011030, 1910013011034, 1910013011035, 1910013011036, 1910013011037, 1910013011038, 1910013012000, 1910013012001, 1910013012002, 1910013012003, 1910013012004, 1910013012005, 1910013012006, 1910013012007, 1910013012008, 1910013012014, 1910013012015, 1910013012016, 1910013012017, 1910013012020, 1910013012024, 1910013012025, 1910013012026, 1910013012027, 1910013012028, 1910013012029, 1910013022009, 1910013022010, 1910013022011, 1910013022012, 1910013022013, 1910013022014, 1910013022015, 1910013022017, 1910013022049, 1910013022050; VTD: 14, VTD: 15, VTD: 16: Block(s) 1910009011015, 1910009011016, 1910009011017, 1910009011020, 1910009012000, 1910009012001, 1910009012002, 1910009012003, 1910009012004, 1910009012005, 1910009012006, 1910009012007, 1910009012008, 1910009012009, 1910009012010, 1910009012011, 1910009013006, 1910009013026, 1910009013027, 1910009013028, 1910009013029, 1910009013030, 1910009013031, 1910009013032, 1910009013033, 1910009013034, 1910009013035,

1910009013036, 1910009021006, 1910009021007, 1910009021008, 1910009021009, 1910009023017, 1910009023034, 1910009023035, 1910009023036, 1910009023037, 1910009023038, 1910009023039, 1910009023040, 1910009023041, 1910009023042, 1910009023043; VTD: 17: 1910005001028, 1910005001042, 1910005001045, 1910005001046, 1910005001047, 1910005001049, 1910005001050, 1910005001051, 1910005001052, 1910005001053, 1910005001054, 1910005001055, 1910005001056, 1910005001057, 1910005001058, 1910005001059, 1910005001060, 1910005001061, 1910005001063, 1910005001064, 1910005001065, 1910005001066, 1910005001067, 1910005001068, 1910005001069, 1910005001070, 1910005001075, 1910005001076, 1910005001085, 1910005001087, 1910005001088, 1910005001089, 1910005001090, 1910005001091, 1910005001092, 1910005001093, 1910005001094, 1910005001095, 1910005001097, 1910005001098, 1910015002032, 1910015002033; VTD: 23: 1910004021025, 1910004021026, 1910004021027, 1910004021028, 1910004021029, 1910004021030, 1910004021031, 1910004021032, 1910004021033, 1910004021034, 1910004021035, 1910004021036, 1910004021039, 1910004022013, 1910004022014, 1910004022015, 1910004022016, 1910004022017, 1910004022018, 1910004022019, 1910004022020, 1910004022021, 1910004022022, 1910004022023, 1910004022024, 1910004022025, 1910004022026, 1910004022027, 1910004022028, 1910004022029, 1910004022030, 1910004022031, 1910004022032, 1910004022033, 1910004022034, 1910004022035, 1910004022036, 1910004022037, 1910004022038, 1910004022039, 1910004022040, 1910004022041, 1910004022042, 1910004022043, 1910004022044, 1910004022045, 1910004022046, 1910004022047, 1910004022048, 1910004022049, 1910004022050, 1910004022052, 1910005001081, 1910005001082, 1910005001083, 1910005001084, 1910005001086, 1910005001096, 1910005002000, 1910005002001, 1910005002002, 1910005002003, 1910005002004, 1910005002005, 1910005002006, 1910005002008, 1910005002009, 1910005002010, 1910005002011, 1910005002012, 1910005002013, 1910005002014, 1910005002015, 1910005002016, 1910005002017, 1910005002018, 1910005002019, 1910005002020, 1910005002021, 1910005002022, 1910005002023, 1910005002024, 1910005002025, 1910005002027, 1910005002028, 1910005002029, 1910005002030, 1910005002031, 1910005002032, 1910005002033, 1910005002034, 1910005002035, 1910005002036, 1910005002037, 1910005002038, 1910013021039, 1910013021040, 1910013021041, 1910013021042, 1910013021043, 1910013021044, 1910013021045, 1910013021046; VTD: 24: 1910009021014, 1910010001005, 1910010001006,

1910010001007, 1910010001008, 1910010001009, 1910010001010, 1910010001011, 1910010001012, 1910010001013, 1910010001014, 1910010001015, 1910010001016, 1910010001017, 1910010001018, 1910010001019, 1910010001020, 1910010001021, 1910010001022, 1910010001023, 1910010001024, 1910010001025, 1910010001026, 1910010001027, 1910010001028, 1910010001029, 1910010002000, 1910010002001, 1910010002015, 1910010002016, 1910010002017, 1910010002018, 1910010002019, 1910010002020, 1910010002021, 1910010002030, 1910010002031, 1910010002032, 1910010002033, 1910010002034, 1910010002035, 1910010002036, 1910010002037, 1910010002040; VTD: 25: 1910008001001, 1910008001002, 1910008001022, 1910008001023, 1910008001024, 1910008001047, 1910008001048, 1910008001055, 1910008001073, 1910008002003, 1910008002004, 1910008002005, 1910008002024, 1910008002032, 1910008002033, 1910008002034, 1910008002035, 1910008002036, 1910008002037, 1910008002038, 1910008002039, 1910008002041, 1910008002051, 1910008002052, 1910008002053, 1910008002054, 1910008002055, 1910008002056, 1910008002057, 1910008002058, 1910008002059, 1910008002060, 1910008002081, 1910009021010, 1910009021011, 1910009021012, 1910009021013, 1910009021015, 1910009021016, 1910009021017, 1910009021018, 1910009021019, 1910009021020, 1910009021021, 1910009021022, 1910009021023, 1910009021024, 1910009021025, 1910009021026, 1910009021036, 1910009021037, 1910009021038, 1910009021039, 1910009021040, 1910009021041, 1910009021044, 1910009021051, 1910009021052, 1910009021053, 1910009021054, 1910009021055, 1910009021076, 1910009021077, 1910009021078, 1910009021079, 1910009021080, 1910009021081, 1910009021082, 1910009021085, 1910009021086, 1910009021087, 1910009021088, 1910009021089, 1910009021090, 1910009021091, 1910009023048; VTD: 26: 1910009021005, 1910009021027, 1910009021028, 1910009021029, 1910009021030, 1910009021031, 1910009021032, 1910009021042, 1910009021043, 1910009021045, 1910009021046, 1910009021047, 1910009021056, 1910009022053, 1910009023018, 1910009023019, 1910009023020, 1910009023021, 1910009023022, 1910009023024, 1910009023033, 1910009023044, 1910009023045; VTD: 28: 1910004023016, 1910004023020, 1910004023021, 1910004023022, 1910004023023, 1910004023024, 1910004023026, 1910004023027, 1910004023028, 1910004023029, 1910004023030, 1910006021016, 1910006021017, 1910006021018, 1910006021019, 1910006021020, 1910006021024, 1910006021036, 1910006021037, 1910006021041, 1910006021042, 1910006021043, 1910006021044, 1910006021045,

1910006022000, 1910006022001, 1910006022002, 1910006022005, 1910006022006, 1910006022007, 1910006022008, 1910006022009, 1910006022010, 1910006022011, 1910006022012, 1910006022013, 1910006022014, 1910006022015, 1910006022016, 1910006022017, 1910006022018, 1910006022019, 1910006022020, 1910006022021, 1910006022022, 1910006022023, 1910006022024, 1910006022025, 1910006022026, 1910006022027, 1910006022028, 1910006022037, 1910006023000, 1910006023001, 1910006023002, 1910006023004, 1910006023005, 1910006023007, 1910006023008, 1910006023009, 1910006023010, 1910006023019, 1910006025004, 1910006025012, 1910006025013, 1910006025014, 1910006025022, 1910006025024, 1910006025025, 1910006025026, 1910006025027, 1910006025028, 1910006025029, 1910006025030.

District 5: Bertie County, Gates County, Hertford County, Pasquotank County: VTD: 1-A: Block(s) 1399601002003, 1399601002004, 1399601002005, 1399601002006, 1399601002007, 1399601002008, 1399601002009, 1399601002010, 1399601002011, 1399601002012, 1399601002015, 1399601002016, 1399601002017, 1399601002018, 1399601002019, 1399601002020, 1399601002021, 1399601002022, 1399601002023, 1399601002025, 1399601002026, 1399601002027, 1399601002028, 1399601002029, 1399601002030, 1399601002031, 1399601002032, 1399601002033, 1399601002035, 1399601002036, 1399601002037, 1399601002038, 1399601002040, 1399601002041, 1399601002042, 1399601002043, 1399601002044, 1399601002045, 1399601002046, 1399601002047, 1399601002048, 1399601002049, 1399601002050, 1399604003000, 1399604003001, 1399604003002, 1399604003003, 1399604003004, 1399604003005, 1399604003006, 1399604003007, 1399604003008, 1399604003009, 1399604003010, 1399604003011, 1399604003012, 1399604003013, 1399604003014, 1399604003015, 1399604003016, 1399604003017, 1399604003018, 1399604003019, 1399604003020, 1399604003021, 1399604003022, 1399604003023, 1399604003024, 1399604003025, 1399604003026, 1399604003027, 1399604003028, 1399604003029, 1399604003030, 1399604003031, 1399604003032, 1399604003033, 1399604003034, 1399604003035, 1399604003036, 1399604003037, 1399604003038, 1399604003039, 1399604004000, 1399604004001, 1399604004002, 1399604004003, 1399604004004, 1399604004005, 1399604004006, 1399604004007, 1399604004008, 1399604004009, 1399604004010, 1399604004011, 1399604004012, 1399604004013, 1399604004014, 1399604004015, 1399604004016, 1399604004017, 1399604004018, 1399604004019,

1399604004020, 1399604004021, 1399604004022, 1399604004024,
1399604004025, 1399604005024, 1399604005025, 1399604005032,
1399604005033, 1399604005034, 1399604005035, 1399604005043,
1399604005044; VTD: 1-B: 1399602001012, 1399602001013, 1399602001014,
1399602001015, 1399602001016, 1399602001025, 1399602001026,
1399602001027, 1399602001028, 1399602001030, 1399602001031,
1399602001032, 1399602001033, 1399602001034, 1399602001035,
1399602001036, 1399602001037, 1399602001038, 1399602001039,
1399602001040, 1399602001041, 1399602003003, 1399602003005,
1399602003006, 1399602003008, 1399607012002, 1399607012012,
1399607012013, 1399607012014, 1399607012042, 1399607012043,
1399607012044, 1399607012045, 1399607012046, 1399607012047,
1399607012048, 1399607012049, 1399607012050, 1399607012052,
1399607012053, 1399607012054, 1399607012058, 1399607012060,
1399607012088, 1399607012089; VTD: 2-A: 1399601001001, 1399601001003,
1399601001004, 1399601001005, 1399601001006, 1399601001007,
1399601001008, 1399601001009, 1399601001010, 1399601001011,
1399601001012, 1399601001013, 1399601001014, 1399601001015,
1399601001016, 1399601001020, 1399601001022, 1399601001023,
1399601001024, 1399601001025, 1399601001026, 1399601001027,
1399601001028, 1399601001029, 1399601001030, 1399601001031,
1399601001032, 1399601001033, 1399601001034, 1399601001035,
1399601001036, 1399601001037, 1399601001038, 1399601001039; VTD: 2-B,
VTD: 3-A, VTD: 3-B, VTD: 4-A: Block(s) 1399602002000, 1399602002001,
1399602002002, 1399602002003, 1399602002004, 1399602002005,
1399602002006, 1399602002007, 1399602002008, 1399602002009,
1399602002010, 1399602002011, 1399602002012, 1399602002013,
1399602002014, 1399602002015, 1399602002016, 1399602002017,
1399602002018, 1399602002019, 1399602002020, 1399602002021,
1399602002022, 1399602002023, 1399602002024, 1399602002025,
1399602002026, 1399602002027, 1399602002028, 1399602002029,
1399602002030, 1399602002031, 1399602002032, 1399602002033,
1399602002034, 1399602002035, 1399602002036, 1399602002037,
1399602002038, 1399602002039, 1399602002040, 1399602002041,
1399602002042, 1399603002035, 1399607011000, 1399607011001,
1399607011002, 1399607011003, 1399607011004, 1399607011005,
1399607011006, 1399607011008, 1399607011009, 1399607011010,
1399607011011, 1399607011012, 1399607011013, 1399607011014,
1399607011015, 1399607011016, 1399607011030, 1399607011031,
1399607011032, 1399607011050; VTD: 4-B, VTD: MH, VTD: NEW: Block(s)
1399605011002, 1399605011014, 1399605031013, 1399605031021,

1399605031022, 1399605031023, 1399605031028, 1399605031030, 1399605031031, 1399605031034, 1399605031035, 1399605031036, 1399605031037, 1399605031038, 1399605031039, 1399605031040, 1399605031042, 1399605031043, 1399605031044, 1399605031045, 1399605031046, 1399605031047, 1399605031048, 1399605031049, 1399605031050, 1399605031051, 1399605031052, 1399605031057, 1399605031074, 1399605031075, 1399605031076, 1399605031080, 1399605031084, 1399605031085, 1399605031086, 1399605031087, 1399605031088, 1399605031090, 1399605031091, 1399605031092; VTD: PRO: 1399604005019, 1399604005020, 1399604005021, 1399604005022, 1399604005026, 1399604005027, 1399604005028, 1399605011016, 1399605011017, 1399605022000, 1399605022001, 1399605022002, 1399605022003, 1399605022004, 1399605022005, 1399605022006, 1399605022008, 1399605022009, 1399605022011, 1399605022012, 1399605022013, 1399605022018, 1399605022032, 1399605022033, 1399605022036, 1399605022037, 1399605022038, 1399605031053, 1399605031054, 1399605031055, 1399605031056, 1399605031058, 1399605031059, 1399605031060, 1399605031061, 1399605031062, 1399605031063, 1399605031064, 1399605031065, 1399605031066, 1399605031067, 1399605031068, 1399605031069, 1399605031070, 1399605031071, 1399605031072, 1399605031073, 1399605031077, 1399605031078, 1399605031079, 1399605031081, 1399605031082, 1399605031083, 1399606001010, 1399606001011, 1399606001026.

District 6: Beaufort County: VTD: BEADM, VTD: BELHV, VTD: GILEA, VTD: HB, VTD: NCRK, VTD: OLDF, VTD: PANTE, VTD: PINET, VTD: RVRD, VTD: SURBA, VTD: TCRK, VTD: WASH1: Block(s) 0139305022012, 0139305022014, 0139305022015, 0139305022016, 0139305022017, 0139305022018, 0139305022019, 0139305022021, 0139305022029, 0139305022030, 0139305022031, 0139305022033; VTD: WASH4: 0139304002000, 0139304002001, 0139304002002, 0139304002003, 0139304002004, 0139304002005, 0139304002006, 0139304002007, 0139304002008, 0139304002009, 0139304002010, 0139304002011, 0139304002012, 0139304002013, 0139304002014, 0139304002015, 0139304002016, 0139304002017, 0139304002018, 0139304002019, 0139304002020, 0139304002021, 0139304002022, 0139304002023, 0139304002024, 0139304002025, 0139304002026, 0139304002027, 0139304002028, 0139304002029, 0139304002030, 0139304002031, 0139304002032, 0139304002033, 0139304002034, 0139304002035, 0139304002036, 0139304002037, 0139304002038, 0139304002039, 0139304002040, 0139304002041, 0139304002042, 0139304002043,

0139304002044, 0139304002045, 0139304002046, 0139304002047, 0139304002048, 0139304002049, 0139304002050, 0139304002051, 0139304002052, 0139304002053, 0139304002054, 0139304002055, 0139304002056, 0139304002057, 0139304002058, 0139304002059, 0139304002060, 0139304002061, 0139304003034, 0139304003040, 0139305021023, 0139305021066, 0139305021067, 0139305021068, 0139305021080, 0139305021081, 0139305021082, 0139305021083, 0139305021084, 0139305021094; VTD: WASHP, VTD: WDPD; Dare County, Hyde County, Washington County.

District 7: Franklin County: VTD: 01, VTD: 02, VTD: 03: Block(s) 0690604011000, 0690604011001, 0690604011002, 0690604011003, 0690604011004, 0690604011005, 0690604011006, 0690604011008, 0690604011009, 0690604011010, 0690604011011, 0690604011012, 0690604011013, 0690604011014, 0690604011015, 0690604011016, 0690604011017, 0690604011020, 0690604011026, 0690604011027, 0690604011028, 0690604011029, 0690604011030, 0690604011035, 0690604011036, 0690604021016, 0690604021022, 0690604021037, 0690604021038, 0690604021039, 0690604021040, 0690604021041, 0690604021042, 0690604021043, 0690604021044, 0690604021050, 0690604021051, 0690604021052, 0690604021053, 0690604021054, 0690604021055, 0690604021057, 0690604021058, 0690604021059, 0690604021060, 0690604021061, 0690604021063, 0690604021064, 0690604021065, 0690604021066, 0690604021067, 0690604021068, 0690604021069, 0690604021070, 0690604021071, 0690604021072, 0690604021073, 0690604021074, 0690604021075, 0690604021076, 0690604021077, 0690604021078, 0690604021079, 0690604021080, 0690604021081, 0690604021082, 0690604021083, 0690604021084, 0690604021085, 0690604021086, 0690604021087, 0690604021088, 0690604021089, 0690604021090, 0690604021091, 0690604021092, 0690604021093, 0690604021094, 0690604021095, 0690604021096, 0690604021097, 0690604021098, 0690604021099, 0690604021101, 0690604021102, 0690604021104, 0690604023007, 0690604023008, 0690604023009, 0690604023010, 0690604023011, 0690604023012, 0690604023013, 0690604023014, 0690604023016, 0690604023017, 0690604023019, 0690604023022, 0690604023029, 0690604023037, 0690604023038, 0690604023039, 0690604023040, 0690604023041, 0690604023042, 0690604023043, 0690604023044, 0690604023045, 0690604023046, 0690604023047, 0690604023048, 0690604023051, 0690604023052, 0690604023053, 0690604023054, 0690604023055, 0690604023056, 0690604023058, 0690604023059, 0690604023074,

0690604023078, 0690604023079, 0690604023082, 0690604023083, 0690604023084, 0690604023085, 0690604023087, 0690604023088, 0690604023089, 0690604023091, 0690604023096; VTD: 08: 0690603013032, 0690603013033, 0690603013034, 0690607002018, 0690607002019, 0690607002020, 0690607002021, 0690607002022, 0690607002023, 0690607002024, 0690607002025, 0690607002026, 0690607002027, 0690607002034, 0690607002036, 0690607002037, 0690607002038, 0690607003009, 0690607003010; VTD: 09: 0690602002079, 0690602002084, 0690603013031, 0690607001008, 0690607001009, 0690607001010, 0690607001011, 0690607002000, 0690607002001, 0690607002002, 0690607002003, 0690607002004, 0690607002005, 0690607002006, 0690607002010, 0690607002011, 0690607002014, 0690607002015, 0690607002016, 0690607002017; VTD: 10: 0690601003011, 0690602001000, 0690602001003, 0690602001024, 0690602002000, 0690602002001, 0690602002002, 0690602002003, 0690602002004, 0690602002005, 0690602002007, 0690602002008, 0690602002009, 0690602002010, 0690602002012, 0690602002014, 0690602002015, 0690602002016, 0690602002018, 0690602002019, 0690602002020, 0690602002021, 0690602002022, 0690602002023, 0690602002024, 0690602002025, 0690602002026, 0690602002027, 0690602002028, 0690602002030, 0690602002031; VTD: 11: 0690601001030, 0690601001031, 0690601002000, 0690601002001, 0690601002002, 0690601002007, 0690601002008, 0690601002009, 0690601002027, 0690601002028, 0690601002029, 0690601002031, 0690601002036, 0690601002037, 0690601002043, 0690601002045, 0690601002046, 0690601003000, 0690601003001, 0690601003002, 0690601003003, 0690601003004, 0690601003005, 0690601003006, 0690601003007, 0690601003008, 0690601003009, 0690601003010, 0690601004000, 0690601004001, 0690601004002, 0690601004003, 0690601004004, 0690601004005, 0690601004006, 0690601004007, 0690601004008, 0690601004009, 0690601004010, 0690601004011, 0690601004012, 0690601004013, 0690601004014, 0690601004015, 0690601004016, 0690601004017, 0690601004018, 0690601004019, 0690601004020, 0690601004021, 0690601004022, 0690601004023, 0690601004027, 0690601004028, 0690602001001, 0690602001002, 0690602001005, 0690602001007, 0690602001020, 0690602001021, 0690602001022, 0690602001023, 0690602001032, 0690602001033, 0690602001034, 0690602001035, 0690602001036, 0690602001037, 0690602001048, 0690603012000, 0690603012001, 0690603012002, 0690603012007, 0690603012008, 0690603012009, 0690603012010, 0690603012011, 0690603012077, 0690603012078; VTD: 12, VTD: 15: Block(s) 0690601001012, 0690601001013, 0690601001014,

0690601001015, 0690601001024, 0690601001025, 0690601001026,
0690601001033, 0690601001034, 0690601001035, 0690603021000,
0690603021004, 0690604021000, 0690604021001, 0690604021002,
0690604021003, 0690604021004, 0690604021005, 0690604021006,
0690604021007, 0690604021008, 0690604021009, 0690604021010,
0690604021011, 0690604021012, 0690604021013, 0690604021014,
0690604021015, 0690604021017, 0690604021018, 0690604021019,
0690604021020, 0690604021021, 0690604021023, 0690604021024,
0690604021025, 0690604021026, 0690604021027, 0690604021028,
0690604021029, 0690604021030, 0690604021031, 0690604021032,
0690604021033, 0690604021034, 0690604021035, 0690604021036,
0690604021045, 0690604021046, 0690604021047, 0690604021048,
0690604021049, 0690604021056, 0690604021062, 0690604021100,
0690604021103, 0690604022000, 0690604022001, 0690604022002,
0690604022003, 0690604022004, 0690604022005, 0690604022006,
0690604022007, 0690604022008, 0690604022009, 0690604022010,
0690604022011, 0690604022012, 0690604022013, 0690604022014,
0690604022016, 0690604023000, 0690604023001, 0690604023002,
0690604023003, 0690604023004, 0690604023005, 0690604023006,
0690604023015, 0690604023018, 0690604023020, 0690604023021,
0690604023023, 0690604023024, 0690604023025, 0690604023026,
0690604023027, 0690604023028, 0690604023030, 0690604023031,
0690604023032, 0690604023033, 0690604023034, 0690604023035,
0690604023036, 0690604023049, 0690604023050, 0690604023057,
0690604023060, 0690604023061, 0690604023062, 0690604023063,
0690604023064, 0690604023065, 0690604023066, 0690604023067,
0690604023068, 0690604023069, 0690604023070, 0690604023071,
0690604023072, 0690604023073, 0690604023075, 0690604023076,
0690604023077, 0690604023080, 0690604023081, 0690604023086,
0690604023090, 0690604023092, 0690604023093, 0690604023094,
0690604023095, 0690604023099, 0690604023100, 0690604023101,
0690604023102, 0690604023103, 0690604023104, 0690604023105,
0690605021000, 0690605021003, 0690605021007; VTD: 16: 0690601002044,
0690601002049, 0690601002050, 0690601004025, 0690601004026,
0690601004029, 0690601004030, 0690602001055, 0690602002068,
0690602002075, 0690602002076, 0690602002077, 0690602002078,
0690603012003, 0690603012004, 0690603012005, 0690603012006,
0690603012012, 0690603012013, 0690603012014, 0690603012015,
0690603012016, 0690603012017, 0690603012018, 0690603012019,
0690603012020, 0690603012021, 0690603012022, 0690603012024,
0690603012025, 0690603012026, 0690603012028, 0690603012029,

0690603012030, 0690603012031, 0690603012032, 0690603012034, 0690603012035, 0690603012036, 0690603012037, 0690603012038, 0690603012039, 0690603012040, 0690603012041, 0690603012042, 0690603012043, 0690603012045, 0690603012049, 0690603012052, 0690603012053, 0690603012056, 0690603012057, 0690603012058, 0690603012060, 0690603012061, 0690603012065, 0690603012072, 0690603012073, 0690603012075, 0690603012076, 0690603013000, 0690603013001, 0690603013002, 0690603013003, 0690603013004, 0690603013005, 0690603013006, 0690603013007, 0690603013008, 0690603013009, 0690603013010, 0690603013011, 0690603013012, 0690603013013, 0690603013014, 0690603013015, 0690603013016, 0690603013017, 0690603013026, 0690603013027, 0690603013028, 0690603013029, 0690603013030, 0690603013035, 0690603013036, 0690607002007, 0690607002008, 0690607002009, 0690607002012; Nash County: VTD: 0002: Block(s) 1270106023007, 1270106023008, 1270106023009, 1270106023010, 1270106023034, 1270106023035, 1270106023036, 1270107002026, 1270107002027, 1270107002028, 1270107002029, 1270107002030, 1270107002031, 1270107002032, 1270107002033, 1270107002034, 1270107002035, 1270107002036, 1270107002037, 1270107002038, 1270107002039, 1270107002044, 1270107002045, 1270107002046, 1270107002047, 1270107002048, 1270107002049, 1270107002050, 1270107002051, 1270107002052, 1270107002053, 1270107002054, 1270107002055, 1270107002056, 1270107002057, 1270107002058, 1270107002059, 1270107002060, 1270107002061, 1270107002062, 1270107002063, 1270107002064, 1270107002065, 1270107002066, 1270107002067, 1270107002068, 1270107002069, 1270107002070, 1270107002071, 1270107002072, 1270107002073, 1270107002074, 1270107002075, 1270107002076, 1270107002077, 1270107002078, 1270107002079, 1270107002080, 1270107002081, 1270107002082, 1270107002083, 1270107002084, 1270107002085, 1270107002086, 1270107002087, 1270107002088, 1270107002089, 1270107002090, 1270107002091, 1270107002092, 1270107002093, 1270107002094, 1270107002095, 1270107002096, 1270107002097, 1270107002098, 1270107002099, 1270107002100, 1270107002101, 1270107003000, 1270107003001, 1270107003002, 1270107003003, 1270107003004, 1270107003005, 1270107003006, 1270107003007, 1270107003008, 1270107003009, 1270107003010, 1270107003011, 1270107003012, 1270107003013, 1270107003014, 1270107003015, 1270107003016, 1270107003017, 1270107003018, 1270107003019, 1270107003020, 1270107003021, 1270107003024, 1270107003062, 1270107003063, 1270107003065, 1270107003066,

1270107003067, 1270107003068, 1270107003069, 1270107003070, 1270107003071, 1270107003072, 1270107003076, 1270107003077, 1270107003078, 1270107003079, 1270107003080, 1270107003081, 1270107003083, 1270107003084, 1270107003085, 1270107003090, 1270107003095, 1270107003096, 1270107003097, 1270107003098, 1270107003099, 1270107003100, 1270107003101, 1270107003102, 1270108002001, 1270108002024, 1270108002033, 1270108002034, 1270108002035, 1270108002036, 1270108002037, 1270108002038, 1270108002056, 1270108002062; VTD: 0003: 1270109002007, 1270109002008, 1270109002009, 1270109002010, 1270109002012, 1270109002013, 1270109002016, 1270109002017, 1270109002018, 1270109002021, 1270109002022, 1270109002023, 1270109002024, 1270109002025, 1270109002026, 1270109002027, 1270109002028, 1270109002029, 1270109002030, 1270109002031, 1270109002032, 1270109002033, 1270109002034, 1270109002035, 1270109002037, 1270109002038, 1270109002039, 1270109002040, 1270109002041, 1270109002042, 1270109002047, 1270109004019, 1270109004020, 1270109004021, 1270109004022, 1270109004023, 1270109004024; VTD: 0004: 1270112004033, 1270112004034, 1270112004044, 1270113001032, 1270113001037, 1270113001038; VTD: 0007: 1270108001057, 1270109001000, 1270109001001, 1270109001002, 1270109001003, 1270109001004, 1270109001005, 1270109001006, 1270109001007, 1270109001008, 1270109001009, 1270109001010, 1270109001011, 1270109001012, 1270109001013, 1270109001014, 1270109001015, 1270109001021, 1270109001025, 1270109001026, 1270109001027, 1270109001028, 1270109001029, 1270109001030, 1270109001031, 1270109001032, 1270109001033, 1270109001034, 1270109001035, 1270109001036, 1270109001037, 1270109001038, 1270109001039, 1270109001040, 1270109001041, 1270109001042, 1270109001043, 1270109001044, 1270109001045, 1270109001046, 1270109001047, 1270109001048, 1270109001049, 1270109001050, 1270109001051, 1270109001052, 1270109001053, 1270109001054, 1270109001055, 1270109001056, 1270109002019, 1270109002020, 1270109003000, 1270109003001, 1270109003002, 1270109003003, 1270109004000, 1270109004001, 1270109004002, 1270109004003, 1270109004004, 1270109004005, 1270109004006, 1270109004007, 1270109004008, 1270109004009, 1270109004010, 1270109004011, 1270109004012, 1270109004013, 1270109004014, 1270109004015, 1270109004016, 1270109004017, 1270109004018, 1270109004025, 1270109004026, 1270109004027, 1270109004028, 1270109004029, 1270109004030, 1270109004031, 1270109004032, 1270109004033, 1270109004034,

1270109004035, 1270109004036, 1270109004037, 1270109004038, 1270109004039, 1270109004040, 1270109004041, 1270109004042, 1270109004043, 1270109004044, 1270109004045, 1270109004046, 1270109004047, 1270109004048, 1270109004052; VTD: 0008: 1270112004042, 1270112004043, 1270112004046, 1270113002000, 1270113002002, 1270113002003, 1270113002007, 1270113002016, 1270113002017, 1270113002018, 1270113002019, 1270113002020, 1270113002023, 1270113003000, 1270113003002, 1270113003003, 1270113003007, 1270113003013, 1270113003014; VTD: 0011: 1270109003021, 1270109003030, 1270109003051, 1270110001004, 1270110001008, 1270110001009, 1270110001010, 1270110001012, 1270110001013, 1270110001022, 1270110001069, 1270110001072, 1270110001073, 1270110001074, 1270110002000, 1270110002001, 1270110002002, 1270110002003, 1270110002004, 1270110002005, 1270110002006, 1270110002007, 1270110002008, 1270110002009, 1270110002010, 1270110002011, 1270110002012, 1270110002013, 1270110002014, 1270110002015, 1270110002016, 1270110002017, 1270110002018, 1270110002019, 1270110002021, 1270110002022, 1270110002028, 1270110002029, 1270110002030, 1270110002031, 1270110002032, 1270110002033, 1270110002034, 1270110002035, 1270110002036, 1270110002037, 1270110002038, 1270110002039, 1270110002040, 1270110003009, 1270110003010, 1270110003011, 1270110003012, 1270110003029, 1270110003030, 1270110003031, 1270110003032, 1270110003033, 1270110003034, 1270110003035, 1270110003037, 1270110003038, 1270110003046, 1270110003047, 1270110003048, 1270110003049, 1270110003050, 1270110003051, 1270110003052, 1270110003053, 1270110003055, 1270110003067, 1270110003068, 1270110003069, 1270110003070, 1270110003071, 1270110003072, 1270110003073, 1270110003074, 1270110003075, 1270110003081, 1270113001031; VTD: 0012: 1270109003033, 1270110003000, 1270110003001, 1270110003002, 1270110003003, 1270110003005, 1270110003006, 1270110003007, 1270110003008, 1270110003014, 1270110003015, 1270110003026, 1270110003027, 1270110003028, 1270110003056, 1270110003057, 1270110003059, 1270110003066, 1270111022009; VTD: 0015: 1270108003012, 1270108003014, 1270108003032, 1270108003033, 1270108003034, 1270108003035, 1270109003041, 1270109003042, 1270109003043, 1270109003044, 1270109003047, 1270109003048, 1270109003049, 1270109004049, 1270109004050, 1270109004051, 1270111012022, 1270111012023, 1270111012024, 1270111012025, 1270111012026, 1270111012032, 1270111012035, 1270111012036, 1270111012037,

1270111012038, 1270111012040, 1270111012041, 1270111012042, 1270111012043, 1270111012044, 1270111012045, 1270111012046, 1270111012047, 1270111012048, 1270111012080, 1270111021000, 1270111021001, 1270111021002, 1270111022001, 1270111022002, 1270111022006, 1270111022007, 1270111022008, 1270111022010, 1270111022011, 1270111022012, 1270111022013, 1270111022015, 1270111022016, 1270111022018, 1270111022019, 1270111022020, 1270111022021, 1270111022024, 1270111022025, 1270111022026, 1270111022027, 1270111022028, 1270111022029, 1270111022030, 1270111022031, 1270111022032, 1270111022033, 1270111022034, 1270111022035, 1270111022047, 1270111022048, 1270111022049, 1270111022052, 1270111023000, 1270111023002, 1270111023003, 1270111023004, 1270111023005, 1270111023006, 1270111023007, 1270111023008, 1270111023013, 1270111023014, 1270111023015, 1270111023016, 1270111023017, 1270111023018, 1270111023021, 1270111023022, 1270111023023, 1270111023024, 1270111023025, 1270111023026, 1270111023027, 1270111023034, 1270111023035, 1270111023036, 1270111023037, 1270111023038, 1270111023039, 1270111023040, 1270111023041, 1270111023043, 1270111023044, 1270111023045, 1270111023046, 1270111023047, 1270111024006, 1270111024007, 1270111024009, 1270111024010, 1270111024012, 1270111024013, 1270111024017, 1270111024018, 1270111024019, 1270111024020, 1270111024025, 1270111024026, 1270111024027, 1270111024028, 1270111024029, 1270111024030, 1270111024031, 1270111024032, 1270111024033, 1270111024034, 1270111024035, 1270111024036, 1270111024037, 1270111024038, 1270111024039, 1270111024040, 1270111024041, 1270111024042, 1270111024043, 1270111024044, 1270111024045, 1270111024046, 1270111024047, 1270111024049, 1270111024050, 1270111025007, 1270111025008, 1270111025009, 1270111025010, 1270111025011, 1270111025012, 1270111025013, 1270111025014, 1270111025015, 1270111025016, 1270111025017, 1270111025037, 1270111025038, 1270111025040, 1270111025049, 1270111025054; VTD: 0021, VTD: 0022, VTD: 0025: Block(s) 1270103006032, 1270103006033, 1270103006034, 1270103006035, 1270103006037, 1270103006038, 1270103006039, 1270103006040, 1270103006041, 1270103006042, 1270103006045, 1270105043015, 1270105043016, 1270105043017, 1270105043020, 1270105043021, 1270105043022, 1270105043023, 1270105043024, 1270105043025, 1270105043026, 1270105043027, 1270105043028, 1270105043029, 1270105043030, 1270105043031, 1270105043032, 1270105043034, 1270105043035, 1270105043036, 1270105043037, 1270105043042,

1270105043044, 1270111011000, 1270111011001, 1270111011002, 1270111011003, 1270111011004, 1270111011005, 1270111011023, 1270111011024, 1270111011025, 1270111011026, 1270111011027, 1270111011028, 1270111011029, 1270111011030, 1270111011031, 1270111011043, 1270111011044, 1270111011045, 1270111011046; VTD: 0031, VTD: 0032, VTD: 0033, VTD: 0034: Block(s) 1270102002006, 1270102002007, 1270102002008, 1270102002009, 1270102002010, 1270102002011, 1270102002012, 1270102002013, 1270102002014, 1270102002015, 1270102002016, 1270102002017, 1270102002019, 1270102002020, 1270102002021, 1270102002022, 1270102002023, 1270102002024, 1270102002025, 1270102002026, 1270102002027, 1270102002028, 1270102002029, 1270102002030, 1270102003000, 1270102003001, 1270102003002, 1270102003003, 1270102003004, 1270102003005, 1270102003006, 1270102003007, 1270102003008, 1270102003009, 1270102003010, 1270102003011, 1270102003012, 1270102003013, 1270102003014, 1270102003015, 1270102003016, 1270102003017, 1270102003018, 1270102003019, 1270102003020, 1270102003021, 1270102003022, 1270102004000, 1270102004001, 1270102004002, 1270102004003, 1270102004004, 1270102004005, 1270102004006, 1270102004007, 1270102004008, 1270102004009, 1270102004010, 1270102004011, 1270102004012, 1270102004013, 1270102004014, 1270102004015, 1270102004016, 1270102004017, 1270102004018, 1270102005000, 1270102005001, 1270102005002, 1270102005003, 1270102005004, 1270102005005, 1270102005008, 1270102005026, 1270102005027, 1270102005028, 1270102005029, 1270102005030, 1270102005052, 1270103004000, 1270103004001, 1270103004002, 1270103004003, 1270103004004, 1270103004005, 1270103004006, 1270103004007, 1270103004008, 1270103004009, 1270103004010, 1270103004011, 1270103004012, 1270103004013, 1270103004014, 1270103004015, 1270103004016, 1270103004017, 1270103004018, 1270103004019, 1270103004020, 1270103004021, 1270103004022, 1270103004023, 1270103004024, 1270103004025, 1270103004026, 1270103004027, 1270103006010, 1270103006013, 1270103006043, 1270103006048, 1270103006049, 1270103006050, 1270103006055, 1270103006056, 1270103006057; VTD: 0035: 1270102005006, 1270102005007, 1270102005009, 1270102005010, 1270102005011, 1270102005017, 1270102005018, 1270102005019, 1270102005020, 1270102005021, 1270102005022, 1270102005023, 1270102005024, 1270102005025, 1270102005031, 1270102005032, 1270102005033, 1270102005034, 1270102005035, 1270102005036, 1270102005037, 1270102005038, 1270102005039, 1270102005040,

1270102005041, 1270102005042, 1270102005043, 1270102005044, 1270102005045, 1270102005046, 1270102005047, 1270102005048, 1270102005049, 1270102005050, 1270112002000, 1270112002001, 1270112002009, 1270112002010, 1270112002012, 1270112002013, 1270112002017, 1270112002019, 1270112002020, 1270112002021, 1270112002022, 1270112002023, 1270112002024, 1270112002025, 1270112002026, 1270112002027, 1270112002028, 1270112002029, 1270112002030, 1270112002031, 1270112002032, 1270112002033, 1270112002034, 1270112002035, 1270112002036, 1270112002037, 1270112002039, 1270112002040, 1270112002041, 1270112002042, 1270112002043, 1270112002044, 1270112002045, 1270112002046, 1270112002047, 1270112002048, 1270112002049, 1270112002050, 1270112002051, 1270112002052, 1270112002053, 1270112002054, 1270112002055, 1270112002056, 1270112002060, 1270112002061, 1270112002062, 1270112002063, 1270112002067, 1270112002069; VTD: 0036, VTD: 0037: Block(s) 1270105023004, 1270105023005, 1270105023008, 1270105023009, 1270105023010, 1270105023011, 1270105023012, 1270105023017, 1270105024009, 1270105024010, 1270105024011, 1270105024012, 1270105024013, 1270105024014, 1270105024024, 1270105024025, 1270105024026, 1270105024027, 1270105024028, 1270105024029, 1270105024043, 1270105024044, 1270105024045, 1270105024046, 1270105024047, 1270105025006, 1270105025007, 1270105025008, 1270105032004, 1270105032005, 1270105032006, 1270105032007, 1270105032008, 1270105032009, 1270105032010, 1270105032011, 1270105032032, 1270105042007, 1270105042008, 1270105042009, 1270105043000, 1270105043001, 1270105043002, 1270105043003, 1270105043004, 1270105043005, 1270105043006, 1270105043007, 1270105043008, 1270105043009, 1270105043010, 1270105043011, 1270105043012, 1270105043013, 1270105043014, 1270105043018, 1270105043019, 1270105043033; VTD: 0038: 1270105021004, 1270105021005, 1270105021006, 1270105021007, 1270105021008, 1270105021009, 1270105021010, 1270105021011, 1270105021012, 1270105021013, 1270105021014, 1270105021015, 1270105021016, 1270105021017, 1270105021018, 1270105021019, 1270105021020, 1270105021021, 1270105021022, 1270105021023, 1270105021024, 1270105021025, 1270105021026, 1270105021027, 1270105021028, 1270105021034, 1270105021035, 1270105021036, 1270105021037, 1270105021038, 1270105021039, 1270105021040, 1270105021041, 1270105021042, 1270105021043, 1270105021044, 1270105021045, 1270105021046, 1270105021047, 1270105021048, 1270105021049, 1270105021050, 1270105021051, 1270105022010,

1270105022011, 1270105022012, 1270105022013, 1270105022014, 1270105022015, 1270105022016, 1270105022017, 1270105022022, 1270105022023, 1270105022057, 1270105031018, 1270105031019, 1270105031021, 1270105031022, 1270105031023, 1270105031024; VTD: 0039: 1270105025009, 1270105025027, 1270105044000, 1270105044001, 1270105044002, 1270105044003, 1270105044004, 1270105044005, 1270105044006, 1270105044007, 1270105044008, 1270105044009, 1270105044010, 1270105044011, 1270105044012, 1270105044013, 1270105044014, 1270105044015, 1270105044016, 1270105044017, 1270105044018, 1270105044020, 1270105044021; VTD: 0040, VTD: 0041: Block(s) 1270105021000, 1270105021001, 1270105021002, 1270105021003, 1270105031002, 1270105031003, 1270105031004, 1270105031020, 1270105031034, 1270106011000, 1270106011004, 1270106011014, 1270106011035, 1270106023013, 1270106023032, 1270106023033, 1270107003022, 1270107003023, 1270107003025, 1270107003026, 1270107003027, 1270107003028, 1270107003029, 1270107003030, 1270107003031, 1270107003032, 1270107003033, 1270107003038, 1270107003039, 1270107003040, 1270107003041, 1270107003042, 1270107003043, 1270107003044, 1270107003045, 1270107003046, 1270107003047, 1270107003048, 1270107003049, 1270107003050, 1270107003051, 1270107003052, 1270107003053, 1270107003054, 1270107003055, 1270107003056, 1270107003057, 1270107003058, 1270107003059, 1270107003060, 1270107003061, 1270108002054, 1270108002055.

District 8: Pitt County: VTD: 0101, VTD: 0200A, VTD: 0200B, VTD: 0800A, VTD: 0800B, VTD: 0901: Block(s) 1470019001032, 1470019001033, 1470019001034, 1470019001035, 1470019001036, 1470019001037, 1470019001042; VTD: 1403A: 1470006032029, 1470006032037, 1470013011000, 1470013011001, 1470013011002, 1470013011003, 1470013011004, 1470013011005, 1470013011006, 1470013011007, 1470013011008, 1470013011009, 1470013011010, 1470013011011, 1470013011012, 1470013011013, 1470013011014, 1470013011015, 1470013011016, 1470013011017, 1470013011018, 1470013011019, 1470013011020, 1470013011021, 1470013011022, 1470013011023, 1470013011024, 1470013011025, 1470013011026, 1470013011027, 1470013011028, 1470013011029, 1470013011030, 1470013011031, 1470013011032, 1470013011033, 1470013011034, 1470013011035, 1470013011036, 1470013011037, 1470013011038, 1470013011039, 1470013011040, 1470013011041, 1470013011042, 1470013011043, 1470013011044, 1470013011045, 1470013011046, 1470013011047,

1470013011048, 1470013011049, 1470013011050, 1470013011051, 1470013011052, 1470013011053, 1470013011054, 1470013011055, 1470013011056, 1470013011057, 1470013011058, 1470013011059, 1470013011060, 1470013011061, 1470013011062, 1470013011063, 1470013011064, 1470013011065, 1470013011066, 1470013011069, 1470013011070, 1470013011071, 1470013011072, 1470013011073, 1470013011074, 1470013011075, 1470013011076, 1470013011077, 1470013011078, 1470013011079, 1470013011080, 1470013011081, 1470013011082, 1470013012000, 1470013012001, 1470013012002, 1470013012003, 1470013012004, 1470013012005, 1470013012006, 1470013012007, 1470013012008, 1470013012009, 1470013012010, 1470013012011, 1470013012012, 1470013012013, 1470013012014, 1470013012015, 1470013012016, 1470013012017, 1470013012018, 1470013012019, 1470013012020, 1470013012021, 1470013012022, 1470013012023, 1470013012024, 1470013012025, 1470013012026, 1470013012027, 1470013012028, 1470013012029, 1470013012030, 1470013012031, 1470013012032, 1470013012033, 1470013012034, 1470013012035, 1470013012036, 1470013012037, 1470013021005, 1470013021006, 1470013021007, 1470013021008, 1470013021009, 1470013021010, 1470013021011, 1470013021013, 1470013021014, 1470013021015, 1470013021029, 1470013021033, 1470013021034, 1470013021035, 1470013021036, 1470013021042, 1470013021044, 1470013021045, 1470013021046, 1470013021047, 1470013021048, 1470013021049, 1470013021050, 1470014011000, 1470014011001, 1470014011002, 1470014011003, 1470014011067, 1470014011068, 1470014022002, 1470014022003, 1470014022004, 1470014022005, 1470014022006, 1470014022007, 1470016003019, 1470016003020, 1470016003021, 1470016003027, 1470016003028, 1470016003029, 1470016003030, 1470016003031, 1470016003032, 1470016003033, 1470016003034, 1470016003035, 1470016003036, 1470016003037, 1470016003042, 1470016003047, 1470016003048, 1470016003049, 1470016003050, 1470016003051, 1470016003052, 1470016003053, 1470016003054, 1470016004000, 1470016004001, 1470016004002, 1470016004003, 1470016004004, 1470016004006, 1470016004007, 1470016004008; VTD: 1403B: 1470013022001, 1470013022002, 1470013022003, 1470013022004, 1470013022005, 1470013022006, 1470013022007, 1470013022010, 1470013022011, 1470013022012, 1470013022013, 1470013022014, 1470013022015, 1470013022016, 1470013022017, 1470013022018, 1470013022019, 1470013022020, 1470013022021, 1470013022022, 1470013022023, 1470013022024, 1470013022025, 1470013022026, 1470013022027, 1470013022028,

1470013022029, 1470013022030, 1470013022031, 1470013022032, 1470013022033, 1470013022034, 1470013022035, 1470013022036, 1470013022037, 1470013022038, 1470013022039, 1470013022040, 1470013022041, 1470013022042, 1470013022043, 1470013022044, 1470013022045, 1470013022046, 1470013022047, 1470013022048, 1470013022049, 1470013022050, 1470013022051, 1470013022052, 1470013022053, 1470013022054, 1470013022055, 1470013022056, 1470013022057, 1470013022058, 1470013022059, 1470013022060, 1470013022061, 1470013022062, 1470013022063, 1470013022064, 1470013022065, 1470013022066, 1470013022067, 1470013022068, 1470013022069; VTD: 1512A: 1470006031007, 1470006031013, 1470006031014, 1470006031015, 1470006031016, 1470006031017, 1470006031018, 1470006031019, 1470006031020, 1470006031021, 1470006031022, 1470006031023, 1470006031024, 1470006031025, 1470006031026, 1470006031027, 1470006031028, 1470006031029, 1470006031030, 1470006031031, 1470006031032, 1470006031033, 1470006031034, 1470006031035, 1470006031036, 1470006031037, 1470006031038, 1470006031039, 1470006031040, 1470006031041, 1470006031042, 1470006031047, 1470006031048, 1470006031049, 1470006031050, 1470006031051, 1470006031052, 1470006032009, 1470006032010, 1470006032011, 1470006032012, 1470006032013, 1470006032014, 1470006032015, 1470006032016, 1470006032017, 1470006032018, 1470006032019, 1470006032020, 1470006032021, 1470006032022, 1470006032030, 1470006032031, 1470006032032, 1470006032033, 1470006032034, 1470006032035, 1470006032036, 1470016003008, 1470016003009, 1470016003010, 1470016003011, 1470016003012, 1470016003023, 1470016003024, 1470016003043, 1470016003044, 1470016003045, 1470016003046; VTD: 1512B: 1470006033000, 1470006033001, 1470006033002, 1470006033003, 1470006033004, 1470006033005, 1470006033006, 1470006033007, 1470006033008, 1470006033009, 1470006033010, 1470006033011, 1470006033012, 1470006033013, 1470006033014, 1470006033015, 1470006033016, 1470006033017, 1470006033018, 1470006033019, 1470006033020, 1470006033021, 1470006033022, 1470006033023, 1470006033024, 1470006033025, 1470006033026, 1470006033027, 1470006033028, 1470006033029, 1470006033030, 1470006033031, 1470006033032, 1470006033033, 1470006033034, 1470006033035, 1470006033036, 1470006033037, 1470006033038, 1470006033039, 1470006034003, 1470006034004, 1470006034005, 1470006034006, 1470006034007; Wilson County: VTD: PRBL, VTD: PRCR, VTD: PROL, VTD: PRSA: Block(s) 1950011001015, 1950011001016, 1950011001019,

1950011001020, 1950011001021, 1950011001022, 1950011001023, 1950011001032, 1950011001044, 1950011001045, 1950011001046, 1950011001047, 1950011001049, 1950011002008, 1950011002009, 1950011002019, 1950011002020, 1950011002021, 1950011002025, 1950011002026, 1950011002028, 1950011002029, 1950011002030, 1950011002031, 1950011002032, 1950011002033, 1950011002034, 1950011002035; VTD: PRSP, VTD: PRST, VTD: PRTA, VTD: PRTO, VTD: PRWD: Block(s) 1950005011002, 1950005011003, 1950005011004, 1950005011005, 1950005011006, 1950005011007, 1950005011008, 1950005011009, 1950005011010, 1950005011011, 1950005011012, 1950005011013, 1950005011014, 1950005011015, 1950005011016, 1950005011017, 1950005011018, 1950005011019, 1950005011020, 1950005011021, 1950005011022, 1950005011023, 1950005011024, 1950005011025, 1950005011026, 1950005011027, 1950005011028, 1950005011029, 1950005011030, 1950005011031, 1950005011032, 1950005011033, 1950005011034, 1950005011035, 1950005011036, 1950005011037, 1950005011038, 1950005011039, 1950005011040, 1950005011041, 1950005011042, 1950005011043, 1950005011044, 1950005011045, 1950005011046, 1950005011047, 1950005011048, 1950005011049, 1950005011050, 1950005011051, 1950005011052, 1950005011053, 1950005011054, 1950005011055, 1950005011056, 1950005011057, 1950005011058, 1950005011059, 1950005011060, 1950005011061, 1950005011062; VTD: PRWJ: 1950004002014, 1950004002015, 1950004002016, 1950004002017, 1950004002018, 1950004002019, 1950004002020, 1950004002021, 1950004002022, 1950004002023, 1950004002024, 1950004002025, 1950004002026, 1950004002027, 1950004002028, 1950004002029, 1950004002030, 1950004002031, 1950004002032, 1950004002033, 1950004002034, 1950004004000, 1950004004001, 1950004004002, 1950004004003, 1950004004004, 1950004004005, 1950004004006, 1950004004007, 1950004004008, 1950004004009, 1950004004010, 1950004004012, 1950004004013, 1950004004014, 1950004004015, 1950004004016, 1950004004017, 1950004004018, 1950004004019, 1950004004020, 1950004004021, 1950004004022, 1950004004023, 1950004004024, 1950004004025, 1950004004026, 1950004004027, 1950004004028, 1950004004029, 1950004004030, 1950004004031, 1950004004032, 1950004004033, 1950004004034, 1950004004035, 1950004004036, 1950004004037, 1950004004038, 1950004004044, 1950004004045, 1950004004048, 1950004004049, 1950004004093, 1950004004099, 1950004004100, 1950004004102; VTD: PRWK, VTD: PRWL, VTD: PRWM: Block(s) 1950006001001, 1950006001003, 1950006001004, 1950006001008,

1950006001009, 1950006001010, 1950006001011, 1950006001017, 1950006005000, 1950006005001, 1950006005002, 1950006005003, 1950006005004, 1950006005005, 1950006005006, 1950006005007, 1950006005008, 1950006005009, 1950006005010, 1950006005011, 1950006005012, 1950006005013, 1950006005014, 1950006005015, 1950006005016, 1950006005017, 1950006005018, 1950006005024, 1950006005025, 1950006005027, 1950006005028, 1950006005029, 1950006005030, 1950006005031, 1950006005032, 1950006005033, 1950006005034, 1950006005035, 1950006005036, 1950006005037, 1950006005038, 1950006005039, 1950006005040, 1950006005041, 1950006005042, 1950006005043, 1950006005044, 1950006005045, 1950006005046, 1950006005047, 1950006005048, 1950006005049, 1950006005050, 1950006005051, 1950006005052, 1950006005053, 1950006005054, 1950006005055, 1950006005056, 1950006005057, 1950006005058, 1950006005059, 1950006005060, 1950006005061, 1950006005062, 1950006005063, 1950006005064, 1950006005065, 1950006005066, 1950006005067, 1950006005068, 1950006005069, 1950006005070, 1950006005071, 1950006005072, 1950006005073, 1950006005074, 1950006005076; VTD: PRWP.

District 9: Pitt County: VTD: 0401: Block(s) 1470020021011, 1470020021020, 1470020021038, 1470020021039, 1470020021040, 1470020022002, 1470020022047, 1470020022048, 1470020022049, 1470020022051, 1470020022052; VTD: 0501: 1470009001000, 1470009001001, 1470009001002, 1470009001003, 1470009001004, 1470009001005, 1470009001006, 1470009001007, 1470009001008, 1470009001009, 1470009001010, 1470009001011, 1470009001012, 1470009001013, 1470009001014, 1470009001015, 1470009001016, 1470009001017, 1470009001058, 1470009003000, 1470009003001, 1470009003002, 1470009003003, 1470009003004, 1470009003006, 1470009003009, 1470009003010, 1470009003011, 1470009003012, 1470009003017, 1470009003018, 1470009003019, 1470009003066, 1470009003067, 1470020021000, 1470020021001, 1470020021002, 1470020021003, 1470020021004, 1470020021005, 1470020021006, 1470020021007, 1470020021008, 1470020021009, 1470020021010, 1470020021016, 1470020021017, 1470020021018, 1470020021019, 1470020021023, 1470020021024, 1470020021025, 1470020021026, 1470020021027, 1470020021028, 1470020021029, 1470020021030, 1470020021031, 1470020021035, 1470020021036, 1470020021037, 1470020021041, 1470020021042, 1470020021043, 1470020021044, 1470020021046, 1470020021047, 1470020021048, 1470020021049, 1470020021050,

1470020021051, 1470020021052, 1470020021053, 1470020021054, 1470020021055, 1470020021056, 1470020021057, 1470020021058, 1470020021059, 1470020021060, 1470020021061, 1470020021062, 1470020021063, 1470020021064, 1470020022000, 1470020022001, 1470020022050, 1470020022057, 1470020022058, 1470020022059; VTD: 0601, VTD: 1001, VTD: 1101, VTD: 1102A, VTD: 1102B, VTD: 1201: Block(s) 1470008002000, 1470008002001, 1470009001018, 1470009001019, 1470009001020, 1470009001021, 1470009001022, 1470009001023, 1470009001024, 1470009001025, 1470009001026, 1470009001027, 1470009001028, 1470009001029, 1470009001030, 1470009001031, 1470009001032, 1470009001033, 1470009001034, 1470009001035, 1470009001036, 1470009001037, 1470009001038, 1470009001039, 1470009001040, 1470009001041, 1470009001042, 1470009001043, 1470009001044, 1470009001045, 1470009001046, 1470009001047, 1470009001048, 1470009001049, 1470009001050, 1470009001051, 1470009001052, 1470009001053, 1470009001054, 1470009001055, 1470009001056, 1470009001057, 1470009002000, 1470009002001, 1470009002002, 1470009002003, 1470009002004, 1470009002005, 1470009002006, 1470009002007, 1470009002008, 1470009002009, 1470009002010, 1470009002011, 1470009002012, 1470009002013, 1470009002014, 1470009002031, 1470009002032, 1470009002033, 1470009002034, 1470009002035, 1470009002036, 1470009002037, 1470009002038, 1470009002039, 1470009002040, 1470009002041, 1470009002045, 1470009002046, 1470009002047, 1470009002048, 1470009002049, 1470009002050, 1470009002051, 1470009002052, 1470009002053, 1470009002054, 1470009002055, 1470009002056, 1470009002057, 1470009002058, 1470009002073, 1470009002076, 1470009002077, 1470009002078, 1470009002079, 1470009002080, 1470009002081, 1470009002082, 1470009002083, 1470009002084, 1470009002085, 1470009002086, 1470009002087, 1470009002088, 1470009002089, 1470009002090, 1470009002091, 1470009002092, 1470009002093, 1470009002094, 1470009002095, 1470009002096, 1470009002097, 1470009002098, 1470009002099, 1470009002100, 1470009002107, 1470009002108, 1470009003005, 1470009003007, 1470009003008, 1470009003013, 1470009003014, 1470009003015, 1470009003016, 1470009003020, 1470009003021, 1470009003022, 1470009003023, 1470009003024, 1470009003025, 1470009003026, 1470009003027, 1470009003028, 1470009003029, 1470009003030, 1470009003031, 1470009003032, 1470009003033, 1470009003034, 1470009003035, 1470009003036, 1470009003037, 1470009003038, 1470009003039, 1470009003040, 1470009003041, 1470009003042,

1470009003049, 1470009003052, 1470009003053, 1470009003054, 1470009003055, 1470009003056, 1470009003057, 1470009003058, 1470009003059, 1470009003060, 1470009003061, 1470009003062, 1470009003063, 1470009003064, 1470009003065, 1470009003068, 1470009003069, 1470009003070, 1470009003071, 1470009003072; VTD: 1301, VTD: 1402A, VTD: 1402B, VTD: 1403A: Block(s) 1470012001047, 1470013021000, 1470013021001, 1470013021002, 1470013021003, 1470013021004, 1470013021012, 1470013021016, 1470013021017, 1470013021018, 1470013021019, 1470013021020, 1470013021021, 1470013021022, 1470013021023, 1470013021024, 1470013021025, 1470013021026, 1470013021027, 1470013021028, 1470013021030, 1470013021031, 1470013021032, 1470013021037, 1470013021038, 1470013021039, 1470013021040, 1470013021041, 1470013021043, 1470013021051, 1470013021052, 1470013021053, 1470013021054, 1470013031044, 1470013031048, 1470013031049, 1470013031050, 1470013031051, 1470013031052, 1470013031055, 1470014022000, 1470014022001, 1470014022024, 1470014022026; VTD: 1403B: 1470013022000, 1470013022008, 1470013022009, 1470013031000, 1470013031001, 1470013031002, 1470013031003, 1470013031004, 1470013031005, 1470013031006, 1470013031007, 1470013031008, 1470013031009, 1470013031010, 1470013031011, 1470013031012, 1470013031013, 1470013031014, 1470013031015, 1470013031016, 1470013031017, 1470013031019, 1470013031020, 1470013031021, 1470013031022, 1470013031023, 1470013031024, 1470013031025, 1470013031026, 1470013031027, 1470013031028, 1470013031029, 1470013031030, 1470013031031, 1470013031032, 1470013031040, 1470013031041, 1470013031042, 1470013031045, 1470013031053, 1470013031054, 1470013031056, 1470013031057; VTD: 1507, VTD: 1507B, VTD: 1508A: Block(s) 1470001001003, 1470001001004, 1470001001005, 1470001001006, 1470001001007, 1470001001008, 1470001001009, 1470001001010, 1470001001011, 1470001001012, 1470001001013, 1470001001014, 1470001001015, 1470001001016, 1470001001017, 1470001001018, 1470001001019, 1470001001020, 1470001001021, 1470001001022, 1470001001023, 1470001001024, 1470001001025, 1470001002000, 1470001002001, 1470001002002, 1470001002003, 1470001002004, 1470001002005, 1470001002006, 1470001002007, 1470001002008, 1470001002009, 1470001002010, 1470001002011, 1470001002012, 1470001002013, 1470001002014, 1470001002015, 1470001002016, 1470001002017, 1470001002018, 1470001002019, 1470001002020, 1470001002021, 1470001002022, 1470001002023, 1470001002024, 1470001002025, 1470001002026, 1470001002027,

1470001003036, 1470001003038, 1470002012002, 1470002012015, 1470002012016, 1470002012017, 1470002014006, 1470002014007, 1470002014008; VTD: 1508B, VTD: 1509: Block(s) 1470001005024, 1470002021024, 1470002021025, 1470002021026, 1470003021000, 1470003021001, 1470003021002, 1470003021003, 1470003021004, 1470003021005, 1470003021006, 1470003021007, 1470003021008, 1470003021009, 1470003021010, 1470003021011, 1470003021012, 1470003021013, 1470003021014, 1470003021015, 1470003021016, 1470003022000, 1470003022001, 1470003022002, 1470003022003, 1470003022004, 1470003022005, 1470003022006, 1470003022007, 1470003022008, 1470003022009, 1470003022010, 1470003022011, 1470003022012, 1470003022013, 1470003022014, 1470003022015, 1470003022016, 1470003022017, 1470003022018, 1470003022019, 1470003022020, 1470003022021, 1470003023000, 1470003023001, 1470003023002, 1470003023003, 1470003023004, 1470003023005, 1470003023006, 1470003023007, 1470003023008, 1470003023009, 1470003023010, 1470003023013, 1470003023014, 1470003023025, 1470003023026, 1470004003005, 1470004003010, 1470004003011, 1470004003012, 1470004003013, 1470004003014, 1470004003015, 1470004003016, 1470004003017, 1470004003018, 1470004003019, 1470004003020, 1470004003021, 1470004003022, 1470004003023, 1470004003024, 1470004003025, 1470004003026, 1470004003027, 1470004003028, 1470004003029, 1470004003030, 1470004003031, 1470004004003, 1470004004004, 1470004004005, 1470010011033, 1470010011034, 1470010011035, 1470010011036, 1470010011037, 1470010011038, 1470010011039, 1470010011040, 1470010011041, 1470010011042, 1470010011043, 1470010011044, 1470010011045, 1470010011046, 1470010011047, 1470010011048, 1470010011049, 1470010011050; VTD: 1510A, VTD: 1510B, VTD: 1511A, VTD: 1511B.

District 10: Craven County: VTD: 03: Block(s) 0499604023040, 0499604023041, 0499604031009, 0499604031013, 0499604031014, 0499604031016, 0499604031017, 0499604031018, 0499604031019, 0499604031020, 0499604031021, 0499604031022, 0499604031023, 0499604031024, 0499604031025, 0499604032000, 0499604032001, 0499604032002, 0499604032003, 0499604032004, 0499604032005, 0499604032006, 0499604032007, 0499604032008, 0499604032009, 0499604032011, 0499604032012, 0499604032014, 0499604032015, 0499604032016, 0499604032017, 0499604032018, 0499604032019, 0499604032020, 0499604032021, 0499604032022, 0499604032023, 0499604032024, 0499604032025, 0499604032026, 0499604032027,

0499604032028, 0499604032029, 0499604032030, 0499604032031,
0499604032032, 0499604033000, 0499604033001, 0499604033002,
0499604033003, 0499604033004, 0499604033006, 0499604033007,
0499604033008, 0499604033009, 0499604033010, 0499604033011,
0499604033012, 0499604033013, 0499604033014, 0499604033015,
0499604033016, 0499604033021, 0499604033022, 0499604033027,
0499604033028, 0499604033032, 0499604033033, 0499604033034,
0499604033035, 0499604033040, 0499604033041, 0499604033042,
0499604042002, 0499604042007; VTD: 04: 0499604012005, 0499604012011,
0499604012014, 0499604012015, 0499604012052, 0499604012053,
0499604023023, 0499604023024, 0499604023025, 0499604023028,
0499604023034, 0499604023035, 0499604023036, 0499604033037,
0499604033038, 0499604033039, 0499604042001, 0499604042004,
0499604042012, 0499604042013; VTD: 05: 0499604041000, 0499604041001,
0499604041002, 0499604041003, 0499604041004, 0499604041005,
0499604041006, 0499604041007, 0499604041008, 0499604041009,
0499604041010, 0499604041012, 0499604041013, 0499604041016,
0499604041017, 0499604041018, 0499604041019, 0499604041020,
0499604041021, 0499604041027, 0499604041028, 0499604042014,
0499604042015, 0499604042016, 0499604042017, 0499604042022,
0499604042024, 0499604042025, 0499604042026, 0499604042027,
0499604042028, 0499604042033, 0499604042034, 0499604042035,
0499604042036, 0499604042038, 0499604042039, 0499604042040; VTD: 06:
0499603001045, 0499603001048, 0499603001049, 0499603001050,
0499603001051, 0499603001052, 0499605002000, 0499605002001,
0499605002002, 0499605002003, 0499605002004, 0499605002005,
0499605002006, 0499605002008, 0499605002009, 0499605002010,
0499605002011, 0499605002012, 0499605002013, 0499605002014,
0499605002015, 0499605002016, 0499605002017, 0499605002018,
0499605002019, 0499605002020, 0499605002037, 0499605002041,
0499605002042, 0499605002043, 0499605002048, 0499605002052,
0499605003037, 0499605003038; VTD: 07: 0499603001000, 0499603001001,
0499603001002, 0499603001003, 0499603001004, 0499603001005,
0499603001006, 0499603001007, 0499603001008, 0499603001009,
0499603001010, 0499603001011, 0499603001012, 0499603001013,
0499603001022, 0499603001023, 0499603001024, 0499603001025,
0499603001026, 0499603001028, 0499603001029, 0499603001030,
0499603001031, 0499603001032, 0499603001033, 0499603001034,
0499603001035, 0499603001036, 0499603001037, 0499603001041,
0499603001042, 0499603001043, 0499603001044, 0499603001046,
0499603001047, 0499603001053, 0499603002000, 0499603002001,

0499603002002, 0499603002004; VTD: 08: 0499603004004, 0499603004005, 0499603004007, 0499603004011, 0499603004027; VTD: 09: 0499603004012, 0499603004013, 0499603004014, 0499603004021, 0499603004022, 0499603004023, 0499603005014, 0499603005015; VTD: 10: 0499603004000, 0499603004001, 0499603004002, 0499603004028, 0499603004029, 0499603004030, 0499603004031, 0499603004032, 0499603004044, 0499603005000, 0499603005001, 0499603005003, 0499603005004, 0499603005005, 0499603005006, 0499603005007, 0499603005008, 0499603005013, 0499603005016, 0499603005017, 0499603005018, 0499603005024, 0499603005027, 0499603005032, 0499603005033; VTD: 14: 0499602004027, 0499602004028, 0499602004029, 0499602004030, 0499602004032, 0499602004033, 0499602004034, 0499602004035, 0499602004036, 0499602004037, 0499602004042, 0499602004043, 0499602004044, 0499602004045, 0499602004051, 0499602005044, 0499602005047, 0499602005058; VTD: 15: 0499602002033, 0499602002034, 0499602002035, 0499602002036, 0499602002037, 0499602002038, 0499602002039, 0499602002040, 0499602002041, 0499602002043, 0499602002044, 0499602002045, 0499602002046, 0499602002047, 0499602002048, 0499602004000, 0499602004001, 0499602004002, 0499602004003, 0499602004004, 0499602004005, 0499602004006, 0499602004007, 0499602004008, 0499602004009, 0499602004014, 0499602004016, 0499602004017, 0499602004018, 0499602004019, 0499602004023, 0499602004024, 0499602004025, 0499602004031; VTD: N2: 0499604021019, 0499604021020, 0499607002001, 0499607002003, 0499607002010, 0499607002011, 0499607002012, 0499607002013, 0499607002014, 0499607002017, 0499607002018, 0499607002019, 0499607002020, 0499607002021, 0499607002022, 0499607002023, 0499607002024, 0499607002025, 0499607002026, 0499607002027, 0499607002028, 0499607002029, 0499607002030, 0499607002031, 0499607002032, 0499607002033; VTD: N3: 0499605001005, 0499605001006, 0499605001028, 0499605001029, 0499605001030, 0499606002004, 0499606002007, 0499606002008, 0499606002009, 0499606002010, 0499606003004, 0499606003005, 0499606003008, 0499606003009, 0499606003010, 0499606003011, 0499606003012, 0499606003013, 0499606003014, 0499606003019, 0499606003020, 0499606004009, 0499606004014, 0499606004015, 0499606004016, 0499606004021, 0499606004022, 0499606004023, 0499606004024, 0499606004025, 0499606004026, 0499606004027, 0499606004028, 0499607001006, 0499607001007, 0499607001008, 0499607001009, 0499607001010, 0499607001011, 0499607001012, 0499607001013, 0499607001014, 0499607001015, 0499607001016, 0499607001017, 0499607001018,

0499607001019, 0499607001020, 0499607001021, 0499607001022,
0499607001023, 0499607001024, 0499607001025, 0499607001026,
0499607001027, 0499607001028, 0499607001029, 0499607001030,
0499607001031, 0499607001032, 0499607001033, 0499607001034,
0499607001035, 0499607001036, 0499607001037, 0499607001046,
0499607001047, 0499607001048, 0499607001049, 0499607002004,
0499607002005, 0499607002006, 0499607002007, 0499607002008,
0499607002009, 0499607002015, 0499607002016; VTD: N4: 0499605002021,
0499605002022, 0499605002023, 0499605002024, 0499605002025,
0499605002026, 0499605002027, 0499605002028, 0499605002029,
0499605002030, 0499605002031, 0499605002032, 0499605002033,
0499605002034, 0499605002035, 0499605002036, 0499605002044,
0499605002051, 0499605003045, 0499605003046, 0499605003047,
0499605003048, 0499605003051, 0499605003052, 0499605003053,
0499605003054, 0499605003055, 0499605003057, 0499605003074,
0499605003075, 0499606001000, 0499606001001, 0499606001002,
0499606001003, 0499606001004, 0499606001005, 0499606001006,
0499606001007, 0499606001008, 0499606001009, 0499606001010,
0499606001011, 0499606001013, 0499606001014, 0499606001015,
0499606001016, 0499606001017, 0499606001018, 0499606001019,
0499606001020; VTD: N6: 0499604011000, 0499604011001, 0499604011002,
0499604011003, 0499604011004, 0499604011005, 0499604011006,
0499604011007, 0499604011008, 0499604011009, 0499604011010,
0499604011011, 0499604011012, 0499604011013, 0499604011014,
0499604011015, 0499604011016, 0499604011017, 0499604011018,
0499604011019, 0499604011020, 0499604011021, 0499604011022,
0499604011023, 0499604011024, 0499604011025, 0499604011026,
0499604011027, 0499604011028, 0499604011029, 0499604011030,
0499604011031, 0499604011032, 0499604011033, 0499604011034,
0499604011035, 0499604011036, 0499604011037, 0499604011038,
0499604012000, 0499604012001, 0499604012002, 0499604012003,
0499604012054, 0499604012055, 0499604012056, 0499604012057,
0499604012058, 0499604012059, 0499604012060, 0499604012067,
0499604012068, 0499604012069, 0499604012070, 0499604012077,
0499604012079, 0499604022000, 0499604022001, 0499604022010,
0499604022011, 0499604022012, 0499604022013, 0499604022014,
0499604022015, 0499604023000, 0499604023001, 0499604023002,
0499604023003, 0499604023004, 0499604023005, 0499604023006,
0499604023007, 0499604023008, 0499604023009, 0499604023010,
0499604023011, 0499604023012, 0499604023013, 0499604023014,
0499604023015, 0499604023016, 0499604023017, 0499604023018,

0499604023019, 0499604023020, 0499604023021, 0499604023022, 0499604023026, 0499604023027, 0499604023031, 0499604023032, 0499604023033, 0499604023037, 0499604023038, 0499604023039, 0499604023042, 0499604031015, 0499604031033, 0499604032010, 0499604032013, 0499604033005, 0499604033029, 0499604033030, 0499604042000, 0499604042005, 0499604042006, 0499605003039, 0499605003040, 0499605003058, 0499606001012, 0499606002000, 0499606002001, 0499606002002, 0499606002003, 0499606002005, 0499606002006, 0499606002011, 0499606002012, 0499606002013, 0499606002014, 0499606002015, 0499607001038, 0499607001039, 0499607001040, 0499607001041, 0499607001042, 0499607001043, 0499607001044, 0499607001045, 0499607001050, 0499607001051; Greene County: VTD: BULL: Block(s) 0799502001000, 0799502001001, 0799502001002, 0799502001003, 0799502001005, 0799502001006, 0799502001007, 0799502001010, 0799502001011, 0799502001012, 0799502001019, 0799502001020, 0799502001028, 0799502001037, 0799502001038, 0799502001039, 0799502001041, 0799502001042, 0799502002026; VTD: CAST: 0799501011016, 0799501011017, 0799501011018, 0799501011019, 0799501011020, 0799501011021, 0799501011022, 0799501011023, 0799501011024, 0799501011025, 0799501011026, 0799501011030, 0799501011048, 0799501011049, 0799501011050, 0799501011051, 0799501011052, 0799501011053, 0799501011054, 0799501011061, 0799501011062, 0799501011085, 0799501011086, 0799501011087, 0799501011088, 0799501011092, 0799501013000, 0799501013001, 0799501013002, 0799501013003, 0799501013004, 0799501013007, 0799501013009, 0799501013010, 0799501013011, 0799501013012, 0799501022000, 0799501022001, 0799501022002, 0799501022003, 0799501022004, 0799501022005, 0799501022006, 0799501022007, 0799501022008, 0799501022009, 0799501022013; VTD: MAUR: 0799501022010, 0799501022014, 0799501022015, 0799501022053, 0799501022066, 0799501023000, 0799501023001, 0799501023002, 0799501023003, 0799501023004, 0799501023005, 0799501023006, 0799501023007, 0799501023008, 0799501023009, 0799501023010, 0799501023011, 0799501023012, 0799501023013, 0799501023014, 0799501023015, 0799501023016, 0799501023017, 0799501023018, 0799501023019, 0799501023020, 0799501023023, 0799501023024, 0799501023025, 0799501023026, 0799501023027, 0799501023028; VTD: SHIN: 0799502002012, 0799502002013, 0799502002014, 0799502002015, 0799502002021, 0799502002022, 0799502002023, 0799502002024, 0799502002025, 0799502002027, 0799502002028, 0799502002029, 0799502002030,

0799502002031, 0799502002032, 0799502002033, 0799502002034, 0799502002035, 0799502002036, 0799502002037, 0799502002038, 0799502003001, 0799502003002, 0799502003003, 0799502003004, 0799502003005, 0799502003006, 0799502003007, 0799502003008, 0799502003009, 0799502003010, 0799502003024, 0799502003025, 0799502003043, 0799502003044, 0799502003045, 0799502003046, 0799502003047, 0799502003048, 0799502003049, 0799502003050, 0799502003051, 0799502003052, 0799502003057, 0799502003058, 0799502003061, 0799502003062, 0799502003063, 0799502003064, 0799502003065; VTD: WALS: 0799501011000, 0799501011001, 0799501011002, 0799501011003, 0799501011004, 0799501011005, 0799501011006, 0799501011007, 0799501011008, 0799501011009, 0799501011010, 0799501011011, 0799501011012, 0799501011013, 0799501011014, 0799501011015, 0799501011027, 0799501011028, 0799501011029, 0799501011031, 0799501011032, 0799501011033, 0799501011034, 0799501011035, 0799501011036, 0799501011037, 0799501011038, 0799501011039, 0799501011040, 0799501011041, 0799501011042, 0799501011043, 0799501011044, 0799501011045, 0799501011046, 0799501011047, 0799501011055, 0799501011056, 0799501011057, 0799501011058, 0799501011059, 0799501011060, 0799501011063, 0799501011064, 0799501011065, 0799501011066, 0799501011067, 0799501011068, 0799501011069, 0799501011070, 0799501011071, 0799501011072, 0799501011073, 0799501011074, 0799501011075, 0799501011076, 0799501011077, 0799501011078, 0799501011079, 0799501011080, 0799501011081, 0799501011082, 0799501011083, 0799501011084, 0799501011089, 0799501011090, 0799501011091, 0799501011093, 0799501011094, 0799501012000, 0799501012001, 0799501012002, 0799501012003, 0799501012004, 0799501012005, 0799501012006, 0799501012007, 0799501012008, 0799501012009, 0799501012010, 0799501012011, 0799501012012, 0799501012013, 0799501012014, 0799501012015, 0799501012016, 0799501012017, 0799501012019, 0799501012021, 0799501013005, 0799501013006; Lenoir County: VTD: C: Block(s) 1070101001000, 1070101001001, 1070101001002, 1070101001003, 1070101001004, 1070101001005, 1070101001006, 1070101001007, 1070101001008, 1070101001009, 1070101001010, 1070101001011, 1070101001012, 1070101001013, 1070101001014, 1070101001015, 1070101001016, 1070101001019, 1070101001020, 1070101001021, 1070101001022, 1070101001023, 1070101001030, 1070101001032, 1070101001033, 1070101001037, 1070101001040, 1070101001046, 1070101002000, 1070101002001, 1070101002002, 1070101002003, 1070101002004,

1070101002011, 1070101002012, 1070101002013, 1070101002014,
1070101002016, 1070101002017, 1070101002021, 1070101002022,
1070101002023, 1070101002024, 1070101002025, 1070101002026,
1070101002027, 1070101002028, 1070101002029, 1070101002030,
1070101002031, 1070101002032, 1070101002033, 1070101002034,
1070101002035, 1070101002036, 1070101002037, 1070101002038,
1070101002039, 1070101002043, 1070101002044, 1070101002045,
1070101002046, 1070101002047, 1070101002048; VTD: FC, VTD: I: Block(s)
1070110022009, 1070110022010, 1070110022011, 1070110022012,
1070110022014, 1070110022015, 1070110022016, 1070110022019,
1070110022020, 1070110022021; VTD: K4: 1070106001002, 1070106001003,
1070106001004, 1070106001005, 1070106001006, 1070106001007,
1070106001008, 1070106001009, 1070106001010, 1070106001011,
1070106001012, 1070106001013, 1070106001014, 1070106001015,
1070106001016, 1070106001017, 1070106001018, 1070106001019,
1070106001020, 1070106001021, 1070106001022, 1070106001023,
1070106001024, 1070106001025, 1070106001026, 1070106001027,
1070106001028, 1070106001029, 1070106001030, 1070106001031,
1070106001032, 1070106001033, 1070106001034, 1070106001035,
1070108001019, 1070108001022, 1070108001023, 1070108001024,
1070108001026, 1070108001028, 1070108001030, 1070108001031,
1070108001032, 1070108001033, 1070108002026, 1070108002027,
1070108002028, 1070108002029, 1070108002030, 1070108002031,
1070108002032, 1070108002033, 1070108003008, 1070108003009,
1070108003010, 1070108003011, 1070108003012, 1070108003019,
1070108003020, 1070108003021, 1070108003022, 1070108003034,
1070108003035, 1070108003036, 1070108003037, 1070108003038,
1070108003039; VTD: K5: 1070106002012, 1070106002031, 1070106002032,
1070106002039; VTD: MH: 1070110012061, 1070110012063, 1070110021006,
1070110021007, 1070111001000, 1070111001001, 1070111001002,
1070111001003, 1070111001004, 1070111001005, 1070111001006,
1070111001007, 1070111001008, 1070111001009, 1070111001010,
1070111001011, 1070111001012, 1070111001017, 1070111001018,
1070111002000, 1070111002001, 1070111002002, 1070111002003,
1070111002004, 1070111002042, 1070111002046, 1070111002047,
1070111002048, 1070111003000, 1070111003001, 1070111003034,
1070111003035, 1070111003036, 1070111003044, 1070111003047,
1070111003048, 1070111003049, 1070111003050, 1070111003051,
1070111003052, 1070111003053, 1070111003054, 1070111003055,
1070111003056, 1070111003057, 1070111003058, 1070111003059,
1070111003060, 1070111003061, 1070111003062, 1070111003063,

1070111003064, 1070111004000, 1070111004001, 1070111004004, 1070111004005, 1070111004006, 1070111004007, 1070111004008, 1070111004009, 1070111004010, 1070111004011, 1070111004012, 1070111004013, 1070111004014, 1070111004015, 1070111004017, 1070111004018, 1070111004019, 1070111004020, 1070111004021, 1070111004022, 1070111004023, 1070111004024, 1070111004025, 1070111004026, 1070111004027, 1070111004028, 1070111004029, 1070111004030, 1070111004031, 1070111004032, 1070111004033, 1070111004034, 1070111004035, 1070111004036, 1070111004037, 1070111004038, 1070111004039, 1070111004040, 1070111004041, 1070111004042, 1070111004043, 1070111004044, 1070111004045, 1070111004071, 1070111004076, 1070111004077, 1070111004078; VTD: N: 1070112003002, 1070113001003, 1070113001005, 1070113001015, 1070113001016, 1070113001017, 1070113001018, 1070113001019, 1070113001020, 1070113001021, 1070113001022, 1070113001026, 1070113001027, 1070113001028, 1070113001029, 1070113001030, 1070113001031, 1070113001032, 1070113001033, 1070113001034, 1070113001035, 1070113001036, 1070113001037, 1070113001038, 1070113001039, 1070113001040, 1070113001041, 1070113001042, 1070113001043, 1070113001045, 1070113001046, 1070113001047, 1070113001048, 1070113001049, 1070113001050, 1070113001051, 1070113001052, 1070113001053, 1070113001054, 1070113001055, 1070113001056, 1070113001057, 1070113002005, 1070113002022, 1070113002023, 1070113002024, 1070113002034, 1070113002035, 1070113002036, 1070113002037, 1070113002042, 1070113002043, 1070113002044, 1070113002045, 1070113002048, 1070113002049, 1070113002050, 1070113002052, 1070113002053, 1070113002054, 1070113002055, 1070113002056, 1070113002057, 1070113002058, 1070113002059, 1070113002060, 1070113002061, 1070113002062, 1070113002063, 1070113002064, 1070113002065, 1070113002066, 1070113002067, 1070113002068, 1070113002069, 1070113002070, 1070113002071, 1070113002072, 1070113002073, 1070113002074, 1070113002075, 1070113002079, 1070113002080, 1070113003000, 1070113003001, 1070113003002, 1070113003003, 1070113003004, 1070113003005, 1070113003006, 1070113003007, 1070113003008, 1070113003009, 1070113003010, 1070113003011, 1070113003012, 1070113003013, 1070113003014, 1070113003015, 1070113003016, 1070113003017, 1070113003018, 1070113003019, 1070113003020, 1070113003021, 1070113003022, 1070113003023, 1070113003024, 1070113003025, 1070113003026, 1070113003027, 1070113003028, 1070113003029, 1070113003030, 1070113003031, 1070113003032,

1070113003033, 1070113003034, 1070113003035, 1070113003036, 1070113003037, 1070113003038, 1070113003039, 1070113003040, 1070113003041, 1070113003042, 1070113003043, 1070113003044, 1070113003045, 1070113004004, 1070113004005, 1070113004006, 1070113004007, 1070113004008, 1070113004009, 1070113004023, 1070113004024, 1070113004025, 1070113004026, 1070113004027, 1070113004028, 1070113004042; VTD: PH1, VTD: PH2, VTD: SH: Block(s) 1070114001013, 1070114001022, 1070114001024, 1070114001025; VTD: SW, VTD: T1, VTD: T2, VTD: W; Wayne County: VTD: 01, VTD: 02, VTD: 03, VTD: 04, VTD: 07: Block(s) 1910003031007, 1910003031032, 1910003031033, 1910003031034, 1910003031035, 1910003031036, 1910003031038, 1910003031039; VTD: 08: 1910009011038, 1910009011039, 1910009011043, 1910009011044, 1910009011045, 1910009011046, 1910009011047, 1910009011048, 1910011011005, 1910011011006, 1910011011007, 1910011011008, 1910011011009, 1910011011010, 1910011011011, 1910011011012, 1910011011013, 1910011011014, 1910011012000, 1910011012001, 1910011012002, 1910011012003, 1910011012004, 1910011012005, 1910011012006, 1910011012007, 1910011012008, 1910011012009, 1910011012010, 1910011012020, 1910011012021, 1910011012022, 1910011012023, 1910011012024, 1910011012025, 1910011012026, 1910011012027, 1910011012029, 1910011012030, 1910011012031, 1910011012032, 1910011012033, 1910011012034, 1910011012035, 1910011012036, 1910011012037, 1910011012038, 1910011012039, 1910011012040, 1910011012041, 1910011013028, 1910011013029, 1910011013030, 1910011013031, 1910011013047, 1910011013048, 1910011014005, 1910011014006, 1910011014007, 1910011014008, 1910011014009, 1910011014010, 1910011014011, 1910011014012, 1910011014013, 1910011014017, 1910011014018; VTD: 24: 1910010001000, 1910010001001, 1910010001002, 1910010001003, 1910010001004, 1910010002002, 1910010002003, 1910010002004, 1910010002005, 1910010002006, 1910010002007, 1910010002008, 1910010002009, 1910010002010, 1910010002011, 1910010002012, 1910010002013, 1910010002014, 1910010002022, 1910010002023, 1910010002024, 1910010002025, 1910010002026, 1910010002027, 1910010002028, 1910010002029, 1910010002042, 1910010003000, 1910010003001, 1910010003002, 1910010003003, 1910010003004, 1910010003005, 1910010003006, 1910010003007, 1910010003008, 1910010003009, 1910010003010, 1910010003011, 1910010003012, 1910010003013, 1910010003014, 1910010003015, 1910010003016, 1910010003017, 1910010003018, 1910010003019, 1910010003020,

1910010003021, 1910010003022, 1910010003023, 1910010003024, 1910010003025.

District 11: Wake County: VTD: 01-31: Block(s) 1830511012001, 1830511012002, 1830511012003, 1830511012009, 1830511012010, 1830511012014, 1830511012015, 1830511012016, 1830511012017, 1830511012018, 1830524011074, 1830524011075, 1830524011085, 1830524012007, 1830524012012, 1830524012016, 1830524012017, 1830524071000, 1830524071001, 1830524071002, 1830524071003, 1830524071004, 1830524071005, 1830524071006, 1830524071007, 1830524071008, 1830524071009, 1830524071010, 1830524071011, 1830524071012, 1830524071013, 1830524071014, 1830524071015, 1830524071021, 1830524071022, 1830524072000, 1830524072001, 1830524072002, 1830524081003, 1830524081004, 1830524081005, 1830524081006, 1830524081007, 1830524081008, 1830524081014, 1830524081015, 1830524081016, 1830524082001, 1830524082002, 1830524082003, 1830524082004, 1830524082005, 1830524082006, 1830524082007, 1830524082008, 1830524082009, 1830524082010, 1830524082011, 1830524082012, 1830524091000, 1830524091001, 1830524093003, 1830524093004, 1830524093005, 1830524093006, 1830524093007, 1830524093008, 1830524093009, 1830524093010; VTD: 01-32, VTD: 01-41, VTD: 01-48, VTD: 01-49, VTD: 04-01, VTD: 04-02, VTD: 04-03, VTD: 04-04, VTD: 04-05: Block(s) 1830524011005, 1830524011014, 1830524011018, 1830524011019, 1830524011020, 1830524011021, 1830524011038, 1830524011039, 1830524011040, 1830535122000, 1830535122009, 1830535122010, 1830535202000, 1830535202001, 1830535202002, 1830535202003, 1830535202004, 1830535202005, 1830535203011, 1830535203012, 1830535203013, 1830535203014, 1830535211008, 1830535211009, 1830535211010, 1830535211011, 1830535211012, 1830535211013, 1830535211014, 1830535211015, 1830535211016, 1830535211017, 1830535211018, 1830535211019, 1830535211020, 1830535211021, 1830535211022, 1830535211023, 1830535211024, 1830535211025, 1830535211026, 1830535211027, 1830535211028, 1830535211029, 1830535211030, 1830535211031, 1830535211032, 1830535211033, 1830535211034, 1830535211035, 1830535211036, 1830535211037, 1830535211038, 1830535211039, 1830535211040, 1830535211041, 1830535211042, 1830535211043, 1830535211044, 1830535211045, 1830535211046, 1830535211047, 1830535211048, 1830535211049, 1830535211050, 1830535211051, 1830535211052, 1830535211053, 1830535211054, 1830535211055, 1830535211056, 1830535211057, 1830535211058, 1830535211059,

1830535211062, 1830535211063, 1830535211064, 1830535211065, 1830535211066, 1830535211067, 1830535211068, 1830535211069, 1830535211070, 1830535211074, 1830535211075, 1830535211076, 1830535211077, 1830535211078, 1830535211079, 1830535212000, 1830535212001, 1830535212002, 1830535212003, 1830535212004, 1830535212005, 1830535212006, 1830535212007, 1830535212008, 1830535212009, 1830535212010, 1830535212011, 1830535212012, 1830535212013, 1830535212014, 1830535212015, 1830535212016, 1830535212017, 1830535212018, 1830535212019, 1830535212020, 1830535212021, 1830535212022, 1830535212023, 1830535212024, 1830535212025, 1830535212026, 1830535212027, 1830535212028, 1830535212029, 1830535212030, 1830535212031, 1830535212032, 1830535212033, 1830535212034, 1830535212035, 1830535212036, 1830535212037, 1830535212038, 1830535212039, 1830535212040, 1830535212041, 1830535212042, 1830535212043, 1830535212044, 1830535212045, 1830535212046, 1830535212047, 1830535212048, 1830535212049, 1830535212050; VTD: 04-08: 1830535131000, 1830535131001, 1830535131002, 1830535131003, 1830535131004, 1830535131005, 1830535131006, 1830535131007, 1830535131008, 1830535131009, 1830535131010, 1830535131011, 1830535131012, 1830535131013, 1830535131014, 1830535131015, 1830535131016, 1830535131017, 1830535221000, 1830535221001, 1830535221002, 1830535221003, 1830535221004, 1830535221005, 1830535221006, 1830535221007, 1830535221024, 1830535221025, 1830535221026, 1830535221027, 1830535221028, 1830535221029, 1830535221030, 1830535221032, 1830535221033, 1830535221034, 1830535221035; VTD: 04-11, VTD: 04-15, VTD: 04-16: Block(s) 1830535192003; VTD: 04-17, VTD: 04-18: Block(s) 1830535121000, 1830535121001, 1830535121005, 1830535121007, 1830535122011, 1830535122012, 1830535122013, 1830535122014, 1830535122017, 1830535122020, 1830535122021, 1830535122022, 1830535122026, 1830535122027, 1830535122028, 1830535122029, 1830535122030, 1830535122031, 1830535122032, 1830535122033, 1830535122034, 1830535122035, 1830535122036, 1830535122037, 1830535122038, 1830535122039; VTD: 04-20, VTD: 04-21, VTD: 11-01: Block(s) 1830524011010, 1830524011015, 1830524011016, 1830524011017, 1830524011022, 1830524011024, 1830524011025, 1830524011026, 1830524011027, 1830524011028, 1830524011029, 1830524011030, 1830524011031, 1830524011034, 1830524011035, 1830524011036, 1830524011037, 1830524011041, 1830524011042, 1830524011043, 1830524011044, 1830524011045, 1830524011046, 1830524011047, 1830524011048, 1830524011049, 1830524011050,

1830524011051, 1830524011052, 1830524011053, 1830524011054, 1830524011055, 1830524011056, 1830524011057, 1830524011058, 1830524011059, 1830524011060, 1830524011061, 1830524011062, 1830524011063, 1830524011064, 1830524011065, 1830524011066, 1830524011067, 1830524011068, 1830524011069, 1830524011070, 1830524011071, 1830524011072, 1830524011073, 1830524011076, 1830524011077, 1830524011079, 1830524011080, 1830524011081, 1830524011083, 1830524011084, 1830524011086, 1830524011087, 1830524011088, 1830524011089, 1830524011092, 1830524011093, 1830524011094, 1830524011095, 1830524011096, 1830524011097, 1830524011098, 1830524011099; VTD: 18-01: 1830523012005, 1830523013002, 1830523013003, 1830523013004, 1830523013005, 1830523013006, 1830523013007, 1830523013008, 1830523013009, 1830523013010, 1830523013011, 1830523013012, 1830523013013, 1830523013014, 1830523013017, 1830523013018, 1830523013024, 1830523013025, 1830523013026, 1830523013027, 1830523013028, 1830523013029, 1830523013030, 1830523013031, 1830523013032, 1830523013033, 1830523021025, 1830523022010, 1830523022011, 1830523022012, 1830523022013, 1830523022014, 1830523022015, 1830523022016, 1830523022017, 1830523023000, 1830523023001, 1830523023002, 1830523023003, 1830523023004, 1830523023005, 1830523023006, 1830523023007, 1830523023008, 1830523023009, 1830523023010, 1830523023011, 1830523023012, 1830523023013, 1830523023014, 1830523023015, 1830523023016, 1830523023017, 1830523023018, 1830523023019, 1830523023020, 1830523023021, 1830523023022, 1830523023023, 1830523023024, 1830523023025, 1830523023026, 1830523023027, 1830523023028, 1830523023029, 1830523023030, 1830523023031, 1830523023032, 1830523023033, 1830523023034, 1830523023035, 1830523023036, 1830523023037, 1830523023038; VTD: 18-04: 1830530082013, 1830530082014, 1830530083000, 1830530083001, 1830530083002, 1830530083003, 1830530083004, 1830530091024, 1830530091025, 1830530091026, 1830530091027, 1830530091028, 1830530091029, 1830530094000, 1830530094001, 1830530094002, 1830530094003, 1830530094004, 1830530094005, 1830530094010; VTD: 18-06, VTD: 18-08: Block(s) 1830530031012, 1830530031013, 1830530031014, 1830530031015, 1830530031016, 1830530031017, 1830530031018, 1830530031019, 1830530031020, 1830530031021, 1830530031022, 1830530031023, 1830530031024, 1830530031025, 1830530031026, 1830530031027, 1830530031028, 1830530031029, 1830530031030, 1830530031031, 1830530031032, 1830530031033, 1830530031034, 1830530031035,

1830530031036, 1830530031037, 1830530031038, 1830530031039, 1830530031040, 1830530031041, 1830530031042, 1830530031043, 1830530031044, 1830530031045, 1830530031046, 1830530031047, 1830530031048, 1830530031049, 1830530031050, 1830530031051, 1830530031052, 1830530031053, 1830530031054, 1830530031055, 1830530031056, 1830530031057, 1830530031067, 1830530031074, 1830530031080.

District 12: Craven County: VTD: 03: Block(s) 0499604031000, 0499604031001, 0499604031002, 0499604031003, 0499604031004, 0499604031005, 0499604031006, 0499604031007, 0499604031008, 0499604031010, 0499604031011, 0499604031012, 0499604031026, 0499604031027, 0499604031028, 0499604031029, 0499604031030, 0499604031031, 0499604031032, 0499604031034, 0499604033017, 0499604033019, 0499604033020, 0499604033023, 0499604033024, 0499604033025, 0499604033026, 0499604033031, 0499604033036; VTD: 04: 0499604012004, 0499604012007, 0499604012013, 0499604012017, 0499604012023, 0499604012024, 0499604012025, 0499604012026, 0499604012027, 0499604012028, 0499604012034, 0499604012035, 0499604012036, 0499604012039, 0499604012041, 0499604012042, 0499604012043, 0499604012044, 0499604012045, 0499604012046, 0499604012048, 0499604012049, 0499604012050, 0499604012051, 0499604012061, 0499604012062, 0499604012063, 0499604012064, 0499604012065, 0499604012066, 0499604012071, 0499604023029, 0499604023030, 0499604033018, 0499604042003, 0499604042008, 0499604042009, 0499604042030, 0499604042031, 0499604042041, 0499604042044, 0499604042045, 0499604042046, 0499604042047, 0499605003073; VTD: 05: 0499604012037, 0499604012038, 0499604012040, 0499604012047, 0499604012072, 0499604041011, 0499604041014, 0499604041015, 0499604041022, 0499604041023, 0499604041024, 0499604041025, 0499604041026, 0499604041029, 0499604041030, 0499604041031, 0499604041032, 0499604041033, 0499604042010, 0499604042011, 0499604042018, 0499604042019, 0499604042020, 0499604042021, 0499604042023, 0499604042029, 0499604042032, 0499604042037, 0499604042042, 0499604042043, 0499604042048, 0499604042049; VTD: 06: 0499604012018, 0499604012019, 0499604012020, 0499604012021, 0499604012022, 0499604012029, 0499604012030, 0499604012031, 0499604012032, 0499604012033, 0499605003000, 0499605003001, 0499605003002, 0499605003003, 0499605003004, 0499605003005, 0499605003006, 0499605003007, 0499605003008, 0499605003009, 0499605003010, 0499605003011, 0499605003012,

0499605003013, 0499605003014, 0499605003015, 0499605003016, 0499605003017, 0499605003018, 0499605003026, 0499605003027, 0499605003028, 0499605003029, 0499605003030, 0499605003031, 0499605003032, 0499605003033, 0499605003034, 0499605003035, 0499605003036, 0499605003042, 0499605003049, 0499605003056, 0499605003059, 0499605003060, 0499605003065, 0499605003072; VTD: 07: 0499603001014, 0499603001015, 0499603001016, 0499603001017, 0499603001018, 0499603001019, 0499603001020, 0499603001021, 0499603001027, 0499603001038, 0499603001039, 0499603001040, 0499603002003, 0499603002005, 0499603002006, 0499603002007, 0499603002008, 0499603002009, 0499603002010, 0499603002011, 0499603002012, 0499603002013, 0499603002014, 0499603002015, 0499603002016, 0499603002017, 0499603002018, 0499603002019, 0499603002020, 0499603002025, 0499603002026, 0499603002027, 0499603002028, 0499603002029, 0499603002030, 0499603002031, 0499603002032, 0499603002033, 0499603002034, 0499603002035, 0499603002036, 0499603002037, 0499603002040, 0499603002041, 0499603002042, 0499603002043, 0499603002044, 0499603002045, 0499603002052, 0499603002053, 0499603002054, 0499603002055, 0499603002056, 0499603002057, 0499603002058, 0499603002059, 0499603002060, 0499603002061, 0499603002062, 0499603002063, 0499603002064, 0499603002065, 0499603002066, 0499603002067, 0499603002068, 0499603002069, 0499603002070, 0499603002071, 0499603002072, 0499603002073, 0499603002074, 0499603002075, 0499603002076, 0499603002077, 0499603002078, 0499603002079, 0499603002080, 0499603002081, 0499603002082, 0499603002083, 0499603002084, 0499603002085, 0499603002086, 0499603002087, 0499603002088, 0499603003000, 0499603003069, 0499603003070, 0499603004041; VTD: 08: 0499603002021, 0499603002022, 0499603002023, 0499603002024, 0499603002038, 0499603002039, 0499603002046, 0499603002047, 0499603002048, 0499603002049, 0499603002050, 0499603002051, 0499603002089, 0499603003001, 0499603003002, 0499603003003, 0499603003004, 0499603003005, 0499603003006, 0499603003007, 0499603003008, 0499603003009, 0499603003010, 0499603003011, 0499603003012, 0499603003013, 0499603003014, 0499603003017, 0499603003044, 0499603003045, 0499603003046, 0499603003047, 0499603003048, 0499603003049, 0499603003050, 0499603003052, 0499603003053, 0499603003054, 0499603003055, 0499603003056, 0499603003057, 0499603003058, 0499603003059, 0499603003060, 0499603003061, 0499603003062, 0499603003063, 0499603003064, 0499603003065, 0499603003066, 0499603003067,

0499603003068, 0499603003071, 0499603003072, 0499603003073, 0499603003074, 0499603003075, 0499603003076, 0499603003077, 0499603003078, 0499603003079, 0499603003080, 0499603004003, 0499603004006, 0499603004008, 0499603004009, 0499603004010, 0499603004024, 0499603004025, 0499603004026, 0499603004033, 0499603004034, 0499603004035, 0499603004036, 0499603004037, 0499603004038, 0499603004039, 0499603004040, 0499603004042, 0499603004043; VTD: 09: 0499603003015, 0499603003016, 0499603003018, 0499603003019, 0499603003020, 0499603003021, 0499603003022, 0499603003023, 0499603003024, 0499603003025, 0499603003026, 0499603003027, 0499603003028, 0499603003029, 0499603003030, 0499603003031, 0499603003032, 0499603003033, 0499603003034, 0499603003035, 0499603003036, 0499603003037, 0499603003038, 0499603003039, 0499603003040, 0499603003041, 0499603003042, 0499603003043, 0499603003051, 0499603004015, 0499603004016, 0499603004017, 0499603004018, 0499603004019, 0499603004020, 0499603004045, 0499603004046, 0499603004047, 0499603004048, 0499603004049, 0499603004050, 0499603004051, 0499603004052, 0499603004053, 0499603004054, 0499603004055, 0499603004056, 0499603004057, 0499603004058, 0499603004059, 0499603004060; VTD: 10: 0499603004061, 0499603004062, 0499603005002, 0499603005009, 0499603005010, 0499603005011, 0499603005012, 0499603005019, 0499603005020, 0499603005021, 0499603005022, 0499603005023, 0499603005025, 0499603005026, 0499603005028, 0499603005029, 0499603005030, 0499603005031, 0499603005034; VTD: 15: 0499602004010, 0499602004011, 0499602004012, 0499602004013, 0499602004015, 0499602004022; VTD: 16: 0499610024006, 0499610024009, 0499610024010, 0499610024011, 0499610024012, 0499610024013, 0499610024014, 0499610024015, 0499610024016, 0499610024017, 0499610024019, 0499610024020, 0499610024021, 0499610024022, 0499610024023, 0499610024024, 0499610024025, 0499610024026, 0499610024027, 0499610024029, 0499610024030, 0499610024032, 0499610024033, 0499610024034, 0499610024035, 0499610024036, 0499610024038, 0499610024039, 0499610024040, 0499610024041, 0499610024042, 0499610024043, 0499610024044, 0499610024045, 0499610024046, 0499610024047, 0499610024048, 0499610024049, 0499610024050, 0499610024051, 0499610024052, 0499610024053, 0499610024054, 0499610024055, 0499610024056, 0499610024058, 0499610024060; VTD: 17: 0499610013070, 0499610013071, 0499610013072, 0499610013077, 0499610013078, 0499610013079, 0499610013080, 0499610013081, 0499610013082, 0499610013083, 0499610013084, 0499610013085,

0499610013089, 0499610013091, 0499610013092, 0499610013098, 0499610013115, 0499610013116, 0499610013117, 0499610013119, 0499610013128, 0499610013132, 0499610013133, 0499610013134, 0499610013135, 0499610013136, 0499610013137, 0499610013140, 0499610013141, 0499610013142, 0499611002004, 0499611002006, 0499611002007, 0499611002008, 0499611002009, 0499611002010, 0499611002011, 0499611002012, 0499611002014, 0499611002015, 0499611002016, 0499611002017, 0499611002018, 0499611002044, 0499611002055, 0499611002056, 0499611002062, 0499611002067, 0499611002068, 0499611002148; VTD: 18: 0499613011015, 0499613011016, 0499613011017, 0499613011019, 0499613011020, 0499613011021, 0499613011026, 0499613011027, 0499613011028, 0499613012042, 0499613012043, 0499613012044, 0499613012045, 0499613012046, 0499613012047, 0499613012048, 0499613012049, 0499613012050, 0499613021005, 0499613021006, 0499613021007, 0499613021008, 0499613021009, 0499613021010, 0499613021011, 0499613021012, 0499613021013, 0499613021014, 0499613021015, 0499613021016, 0499613021017, 0499613021018, 0499613021019, 0499613021020, 0499613021021, 0499613021022, 0499613021023, 0499613021026, 0499613021027, 0499613021028, 0499613021029, 0499613021030, 0499613021031, 0499613021032, 0499613022000, 0499613022002, 0499613022009, 0499613022010, 0499613022011, 0499613022015, 0499613022016, 0499613023000, 0499613023001, 0499613023003, 0499613023020, 0499613023021, 0499613023022, 0499613023023, 0499613023024, 0499613024000, 0499613024001, 0499613024002, 0499613024003, 0499613024004, 0499613024005, 0499613024006, 0499613024007; VTD: 19: 0499613021000, 0499613021001, 0499613021002, 0499613021003, 0499613021004, 0499613021024, 0499613021025, 0499613031007, 0499613031008, 0499613031009, 0499613031010, 0499613031011, 0499613031012, 0499613031013, 0499613031014, 0499613031015, 0499613031016, 0499613031017, 0499613031018, 0499613031021, 0499613031022, 0499613031023, 0499613031024, 0499613031025, 0499613031026, 0499613031027, 0499613031028, 0499613031043, 0499613031044, 0499613031046, 0499613031048, 0499613031049, 0499613031050, 0499613031051, 0499613031052, 0499613031053, 0499613031054, 0499613031055, 0499613032014, 0499613032015, 0499613032016, 0499613032017, 0499613032018, 0499613032019, 0499613032020, 0499613032025, 0499613032037, 0499613032038, 0499613032039, 0499613032040, 0499613032041, 0499613032042, 0499613032043, 0499613032044, 0499613032045, 0499613032046, 0499613032047, 0499613032048, 0499613032049,

0499613032050, 0499613032051, 0499613032052, 0499613032053, 0499613032054, 0499613032055, 0499613032056, 0499613032057, 0499613032058, 0499613032059, 0499613032060, 0499613032061, 0499613032062, 0499613032063, 0499613032064, 0499613032065, 0499613032066, 0499613032067, 0499613032068, 0499613032069, 0499613032070, 0499613032071, 0499613032072, 0499613032073, 0499613032074, 0499613032075, 0499613032076, 0499613032077, 0499613032078, 0499613032079, 0499613032080, 0499613032081, 0499613032082, 0499613032083, 0499613032086, 0499613032087, 0499613032088, 0499613032089, 0499613032090, 0499613032091, 0499613032092, 0499613032093, 0499613032094, 0499613032098, 0499613032099, 0499613032100, 0499613032101, 0499613032102, 0499613032103, 0499613032104, 0499613032105, 0499613032106, 0499613032107, 0499613032108, 0499613032109; VTD: 21: 0499610013016, 0499610013017, 0499610013018, 0499610013019, 0499610013020, 0499610013021, 0499610013022, 0499610013023, 0499610013024, 0499610013026, 0499610013030, 0499610013032, 0499610013033, 0499610013049, 0499610013054, 0499610013055, 0499610013056, 0499610013065, 0499610013066, 0499610013067, 0499610013068, 0499610013069, 0499610013073, 0499610013074, 0499610013086, 0499610013087, 0499610013088, 0499610013090; VTD: 22: 0499611002013, 0499611002033, 0499611002034, 0499611002035, 0499611002036, 0499611002037, 0499611002038, 0499611002039, 0499611002040, 0499611002041, 0499611002042, 0499611002043, 0499611002045, 0499611002046, 0499611002047, 0499611002048, 0499611002049, 0499611002050, 0499611002051, 0499611002052, 0499611002053, 0499611002054, 0499611002057, 0499611002058, 0499611002059, 0499611002060, 0499611002061, 0499611002063, 0499611002064, 0499611002065, 0499611002066, 0499611002069, 0499611002070, 0499611002071, 0499611002072, 0499611002073, 0499611002074, 0499611002075, 0499611002085, 0499611002086, 0499611002132, 0499611002133, 0499611002135, 0499611002136, 0499611002137, 0499611002143, 0499611002144, 0499611002146, 0499611002147, 0499611002149, 0499611002150, 0499611002151, 0499611002152, 0499611002153, 0499611002154, 0499612022091, 0499612022092, 0499612022097, 0499612022098, 0499612022101, 0499612022105, 0499613032095, 0499613032096, 0499613032097, 0499613032110; VTD: 23: 0499610011000, 0499610011001, 0499610011002, 0499610011003, 0499610011013, 0499610011014, 0499610011015, 0499610011016, 0499610011017, 0499610011018, 0499610011019, 0499610011020, 0499610011021, 0499610011022, 0499610011023, 0499610011024,

0499610011026, 0499610011027, 0499610011028, 0499610011029,
0499610011030, 0499610011031, 0499610011032, 0499610011033,
0499610011034, 0499610011035, 0499610011036, 0499610011037,
0499610011038, 0499610011039, 0499610011040, 0499610011041,
0499610011042, 0499610011043, 0499610011044, 0499610012010,
0499610012011; VTD: N1: 0499604021000, 0499604021001, 0499604021002,
0499604021003, 0499604021008, 0499604021010, 0499604021012,
0499604021014, 0499604021015, 0499604021017, 0499604021018,
0499604021043, 0499604021044, 0499604021045, 0499604021046,
0499604021047, 0499604021048, 0499604021049, 0499604021050,
0499604021051, 0499604021052, 0499604021053, 0499604021054,
0499607001000, 0499608003041, 0499608003042, 0499608003043,
0499608003044, 0499608003045, 0499608004001, 0499608004003,
0499608004004, 0499608004005, 0499608004006, 0499608004007,
0499608004008, 0499608004009, 0499608004010, 0499608004011,
0499608004012, 0499608004013, 0499608004014, 0499608004024,
0499608004025, 0499608004033, 0499608004034, 0499608004035,
0499608004036, 0499608004037, 0499609001013, 0499609001018,
0499609001019, 0499609001020, 0499609001021, 0499609001022,
0499609001025, 0499609001026, 0499609001027, 0499609001028,
0499609001029, 0499609001034, 0499609001035, 0499609001036,
0499609001037, 0499609001038, 0499609001045, 0499609002001,
0499609002002, 0499609002003, 0499609002004, 0499609002005,
0499609002006, 0499609002007, 0499609002010, 0499609002011,
0499609002012, 0499609002013, 0499609002014, 0499609002015,
0499609002016, 0499609002017, 0499609002018, 0499609002019,
0499609002020, 0499609002021, 0499609002022, 0499609002023,
0499609002024, 0499609002025, 0499609002026, 0499609002027,
0499609002028, 0499609002029; VTD: N2: 0499604021004, 0499604021005,
0499604021006, 0499604021007, 0499604021009, 0499604021011,
0499604021013, 0499604021016, 0499604021021, 0499604021022,
0499604021023, 0499604021024, 0499604021025, 0499604021026,
0499604021027, 0499604021028, 0499604021029, 0499604021030,
0499604021031, 0499604021032, 0499604021033, 0499604021034,
0499604021035, 0499604021036, 0499604021037, 0499604021038,
0499604021039, 0499604021040, 0499604021041, 0499604021042,
0499604021055, 0499604021056, 0499604021057, 0499604021058,
0499604021059, 0499604021060, 0499604021061, 0499604021062,
0499604021063, 0499604021064, 0499604021065, 0499604021066,
0499604021067, 0499604021068, 0499604021069, 0499604021070,
0499604021071, 0499604021072, 0499604022007, 0499604022008,

0499604022009, 0499606004003, 0499606004031, 0499606004032, 0499606004033, 0499606004034, 0499606004035, 0499607001001, 0499607001002, 0499607001003, 0499607001004, 0499607001005, 0499607002000, 0499607002002, 0499608001000, 0499608001001, 0499608001002, 0499608001003, 0499608001004, 0499608001005, 0499608001006, 0499608001007, 0499608003020, 0499608003021, 0499608003022, 0499608003031, 0499608003032, 0499608003037, 0499608003038, 0499608004015, 0499608004016, 0499608004017, 0499608004018, 0499608004019, 0499608004020, 0499608004021, 0499608004022, 0499608004023, 0499608004026, 0499608004027, 0499608004028, 0499608004029, 0499608004030, 0499608004031, 0499608004032, 0499609002008, 0499609002009; VTD: N3: 0499606003006, 0499606003007, 0499606003015, 0499606003021, 0499606003022, 0499606003023, 0499606003027, 0499606003034, 0499606004004, 0499606004008, 0499606004010, 0499606004012, 0499606004013, 0499606004017, 0499606004020, 0499606004029, 0499606004030; VTD: N4: 0499605002007, 0499605002038, 0499605002039, 0499605002040, 0499605003019, 0499605003020, 0499605003021, 0499605003022, 0499605003023, 0499605003024, 0499605003025, 0499605003041, 0499605003043, 0499605003044, 0499605003050, 0499605003061, 0499605003062, 0499605003063, 0499605003064, 0499605003066, 0499605003067, 0499605003068, 0499605003069, 0499605003070, 0499605003071, 0499605004000, 0499605004001, 0499605004002, 0499605004003, 0499605004004, 0499605004005, 0499605004006, 0499605004007, 0499605004008, 0499605004009, 0499605004010, 0499605004011, 0499605004012, 0499605004013; VTD: N5: 0499606003000, 0499606003001, 0499606003002, 0499606003003, 0499606003016, 0499606003017, 0499606003018, 0499606003024, 0499606003025, 0499606003026, 0499606003028, 0499606003029, 0499606003030, 0499606003031, 0499606003032, 0499606003033, 0499606004000, 0499606004001, 0499606004002, 0499606004005, 0499606004006, 0499606004007, 0499606004011, 0499606004018, 0499606004019, 0499608002009, 0499608002010, 0499608002011, 0499608002012, 0499608002013, 0499608002014, 0499608002015, 0499608002016, 0499608002017, 0499608002019, 0499608002020, 0499608002021, 0499608002023, 0499608002024, 0499608002032, 0499608002036, 0499608002037, 0499608002038, 0499608003000, 0499608003001, 0499608003002, 0499608003003, 0499608003004, 0499608003005, 0499608003006, 0499608003007, 0499608003008, 0499608003009, 0499608003010, 0499608003011, 0499608003012, 0499608003013, 0499608003014, 0499608003015, 0499608003016, 0499608003017,

0499608003018, 0499608003019, 0499608003023, 0499608003024, 0499608003025, 0499608003026, 0499608003027, 0499608003028, 0499608003029, 0499608003030, 0499608003033, 0499608003034, 0499608003035, 0499608003036, 0499608003039, 0499608003040, 0499608004000, 0499608004002; VTD: N6: 0499604012006, 0499604012008, 0499604012009, 0499604012010, 0499604012012, 0499604012016, 0499604012073, 0499604012074, 0499604012075, 0499604012076, 0499604012078, 0499604022002, 0499604022003, 0499604022004, 0499604022005, 0499604022006; Greene County: VTD: ARBA, VTD: BEAR, VTD: BULL: Block(s) 0799502001004, 0799502001008, 0799502001009, 0799502001013, 0799502001014, 0799502001015, 0799502001016, 0799502001017, 0799502001018, 0799502001021, 0799502001022, 0799502001023, 0799502001024, 0799502001025, 0799502001026, 0799502001027, 0799502001029, 0799502001030, 0799502001031, 0799502001032, 0799502001033, 0799502001034, 0799502001035, 0799502001036, 0799502001040, 0799502002001, 0799502002002, 0799502002003, 0799502002004, 0799502002005, 0799502002006, 0799502002007, 0799502002008, 0799502002017, 0799502002018, 0799502002019, 0799502002020; VTD: CAST: 0799501012018, 0799501012026, 0799501012027, 0799501012032, 0799501013008, 0799501013013, 0799501013014, 0799501013015, 0799501013016, 0799501013017, 0799501013019, 0799501013020, 0799501013021, 0799501013022; VTD: HOOK, VTD: MAUR: Block(s) 0799501021000, 0799501022011, 0799501022012, 0799501022016, 0799501022017, 0799501022018, 0799501022019, 0799501022020, 0799501022021, 0799501022022, 0799501022023, 0799501022024, 0799501022025, 0799501022026, 0799501022027, 0799501022028, 0799501022029, 0799501022030, 0799501022031, 0799501022032, 0799501022033, 0799501022034, 0799501022035, 0799501022036, 0799501022037, 0799501022038, 0799501022039, 0799501022040, 0799501022041, 0799501022042, 0799501022043, 0799501022044, 0799501022045, 0799501022049, 0799501022050, 0799501022051, 0799501022052, 0799501022054, 0799501022055, 0799501022056, 0799501022057, 0799501022058, 0799501022059, 0799501022060, 0799501022061, 0799501022062, 0799501022063, 0799501022064, 0799501022065, 0799501022067, 0799501022068, 0799501023021, 0799501023022, 0799501023029, 0799501023030, 0799501023031, 0799501023032; VTD: SH1, VTD: SHIN: Block(s) 0799502002000, 0799502002009, 0799502002010, 0799502002011, 0799502002016, 0799502003000, 0799502003011, 0799502003012, 0799502003013, 0799502003014, 0799502003015, 0799502003018, 0799502003019, 0799502003020, 0799502003021,

0799502003022, 0799502003023, 0799502003026, 0799502003027, 0799502003028, 0799502003029, 0799502003030, 0799502003031, 0799502003032, 0799502003039, 0799502003040, 0799502003041, 0799502003042, 0799502003056, 0799503002043, 0799503002044; VTD: SUGG, VTD: WALS: Block(s) 0799501012020, 0799501012022, 0799501012023, 0799501012024, 0799501012025, 0799501012028, 0799501012029, 0799501012030, 0799501012040, 0799501012041; Lenoir County: VTD: C: Block(s) 1070101001017, 1070101001018, 1070101001024, 1070101001025, 1070101001026, 1070101001027, 1070101001028, 1070101001029, 1070101001031, 1070101001034, 1070101001035, 1070101001036, 1070101001038, 1070101001039, 1070101001041, 1070101001042, 1070101001043, 1070101001044, 1070101001045, 1070101001047, 1070101001048, 1070101001049, 1070101001050, 1070101001051, 1070101001052, 1070101001053, 1070101001054, 1070101001055, 1070101001056, 1070101001057, 1070101001058, 1070101001059, 1070101001060, 1070101001061, 1070101001062, 1070101001063, 1070101001064, 1070101001065, 1070101001066, 1070101001067, 1070101001068, 1070101001069, 1070101001070, 1070101001071, 1070101002005, 1070101002006, 1070101002007, 1070101002008, 1070101002009, 1070101002010, 1070101002015, 1070101002018, 1070101002019, 1070101002020, 1070101002040, 1070101002041, 1070101002042, 1070101002049, 1070101003000, 1070101003001, 1070101003002, 1070101003003, 1070101003004, 1070101003005, 1070101003006, 1070101003007, 1070101003008, 1070101003009, 1070101003010, 1070101003011, 1070101003012, 1070101003013, 1070101003014, 1070101003015, 1070101003016, 1070101003017, 1070101003018, 1070101003019, 1070101003020, 1070101003021, 1070101003022, 1070101003023, 1070101003024, 1070101003025, 1070101003026, 1070101003027, 1070101003028, 1070101003029, 1070101003030, 1070101003031; VTD: I: 1070110021000, 1070110021001, 1070110021002, 1070110021003, 1070110021004, 1070110021005, 1070110021008, 1070110021009, 1070110021010, 1070110021011, 1070110021012, 1070110021013, 1070110021014, 1070110021015, 1070110021016, 1070110021017, 1070110021018, 1070110021019, 1070110021020, 1070110021021, 1070110021022, 1070110021023, 1070110021024, 1070110021025, 1070110021026, 1070110021027, 1070110021028, 1070110021029, 1070110021030, 1070110021033, 1070110021034, 1070110021035, 1070110021036, 1070110021037, 1070110021038, 1070110021039, 1070110021040, 1070110021041, 1070110021042, 1070110021043, 1070110021044, 1070110021045, 1070110021046, 1070110021047, 1070110021048,

1070110021049, 1070110021050, 1070110021051, 1070110021052, 1070110021053, 1070110021054, 1070110021055, 1070110021056, 1070110021057, 1070110022008, 1070111002013, 1070111002014, 1070111002015; VTD: K1, VTD: K2, VTD: K3, VTD: K4: Block(s) 1070106001000, 1070106001001, 1070108001018, 1070108001020, 1070108001021, 1070108001025, 1070108001027, 1070108001029, 1070108003018, 1070108003023, 1070108003024, 1070108003048, 1070108003049; VTD: K5: 1070106002000, 1070106002001, 1070106002002, 1070106002003, 1070106002004, 1070106002005, 1070106002006, 1070106002007, 1070106002008, 1070106002009, 1070106002010, 1070106002011, 1070106002013, 1070106002014, 1070106002015, 1070106002016, 1070106002017, 1070106002018, 1070106002019, 1070106002020, 1070106002021, 1070106002022, 1070106002023, 1070106002024, 1070106002025, 1070106002026, 1070106002027, 1070106002028, 1070106002029, 1070106002030, 1070106002033, 1070106002034, 1070106002035, 1070106002036, 1070106002040, 1070106002041, 1070106002042, 1070106002043, 1070106002044, 1070106003009, 1070106003010, 1070106003011, 1070106003012, 1070106003013, 1070106003014, 1070106003015, 1070106003016, 1070106003017, 1070106003018, 1070106003019, 1070106003020, 1070106003021, 1070106003022, 1070106003023, 1070106003024, 1070106003025, 1070106003026, 1070106003027, 1070106003028, 1070106003029; VTD: K6, VTD: K7, VTD: K8, VTD: K9, VTD: MH: Block(s) 1070111001013, 1070111001014, 1070111001015, 1070111001016, 1070111001019, 1070111001020, 1070111001021, 1070111001022, 1070111001023, 1070111001024, 1070111001025, 1070111001026, 1070111001027, 1070111001028, 1070111001029, 1070111001030, 1070111001031, 1070111001032, 1070111001033, 1070111001034, 1070111001035, 1070111001036, 1070111001037, 1070111001038, 1070111001039, 1070111001040, 1070111001041, 1070111001042, 1070111001043, 1070111001044, 1070111001045, 1070111001046, 1070111001047, 1070111001048, 1070111001049, 1070111001050, 1070111001051, 1070111001052, 1070111001053, 1070111001054, 1070111001055, 1070111001056, 1070111001057, 1070111001058, 1070111001059, 1070111001060, 1070111001061, 1070111001062, 1070111001063, 1070111001064, 1070111001065, 1070111001066, 1070111001067, 1070111001068, 1070111002005, 1070111002006, 1070111002007, 1070111002008, 1070111002009, 1070111002010, 1070111002011, 1070111002012, 1070111002016, 1070111002017, 1070111002018, 1070111002019, 1070111002020, 1070111002021, 1070111002022, 1070111002023, 1070111002024, 1070111002025,

1070111002026, 1070111002027, 1070111002028, 1070111002029, 1070111002030, 1070111002031, 1070111002032, 1070111002033, 1070111002034, 1070111002035, 1070111002036, 1070111002037, 1070111002038, 1070111002039, 1070111002040, 1070111002041, 1070111002043, 1070111002044, 1070111002045, 1070111003002, 1070111003003, 1070111003004, 1070111003005, 1070111003006, 1070111003007, 1070111003008, 1070111003009, 1070111003010, 1070111003011, 1070111003012, 1070111003013, 1070111003014, 1070111003015, 1070111003016, 1070111003017, 1070111003018, 1070111003019, 1070111003020, 1070111003021, 1070111003022, 1070111003023, 1070111003024, 1070111003025, 1070111003026, 1070111003027, 1070111003028, 1070111003029, 1070111003030, 1070111003031, 1070111003032, 1070111003033, 1070111003037, 1070111003038, 1070111003039, 1070111003040, 1070111003041, 1070111003042, 1070111003043, 1070111003045, 1070111003046, 1070111003065, 1070111004002, 1070111004003, 1070111004016, 1070111004046, 1070111004047, 1070111004048, 1070111004049, 1070111004050, 1070111004051, 1070111004052, 1070111004053, 1070111004054, 1070111004055, 1070111004056, 1070111004057, 1070111004058, 1070111004059, 1070111004060, 1070111004061, 1070111004062, 1070111004063, 1070111004064, 1070111004065, 1070111004066, 1070111004067, 1070111004068, 1070111004069, 1070111004070, 1070111004072, 1070111004073, 1070111004074, 1070111004075; VTD: N: 1070103001010, 1070103001011, 1070103001022, 1070103001023, 1070107001042, 1070107002054, 1070107002055, 1070107002056, 1070107002057, 1070113001000, 1070113001001, 1070113001002, 1070113001004, 1070113001006, 1070113001007, 1070113001008, 1070113001009, 1070113001010, 1070113001011, 1070113001012, 1070113001013, 1070113001014, 1070113001023, 1070113001024, 1070113001025, 1070113001044, 1070113002000, 1070113002001, 1070113002002, 1070113002003, 1070113002004, 1070113002006, 1070113002007, 1070113002008, 1070113002009, 1070113002010, 1070113002011, 1070113002012, 1070113002013, 1070113002014, 1070113002015, 1070113002016, 1070113002017, 1070113002018, 1070113002019, 1070113002020, 1070113002021, 1070113002025, 1070113002026, 1070113002027, 1070113002028, 1070113002029, 1070113002030, 1070113002031, 1070113002032, 1070113002033, 1070113002038, 1070113002039, 1070113002040, 1070113002041, 1070113002046, 1070113002047, 1070113002051, 1070113002076, 1070113002077, 1070113002078, 1070113004000, 1070113004001, 1070113004002, 1070113004003, 1070113004010,

1070113004011, 1070113004012, 1070113004013, 1070113004014, 1070113004015, 1070113004016, 1070113004017, 1070113004018, 1070113004019, 1070113004020, 1070113004021, 1070113004022, 1070113004029, 1070113004030, 1070113004031, 1070113004032, 1070113004033, 1070113004034, 1070113004035, 1070113004036, 1070113004037, 1070113004038, 1070113004041, 1070114002008, 1070114002009, 1070114002010, 1070114002011, 1070114002012, 1070114002013, 1070114002014, 1070114002088; VTD: SH: 1070114001000, 1070114001001, 1070114001002, 1070114001003, 1070114001004, 1070114001005, 1070114001006, 1070114001007, 1070114001008, 1070114001009, 1070114001010, 1070114001011, 1070114001012, 1070114001014, 1070114001015, 1070114001016, 1070114001017, 1070114001018, 1070114001019, 1070114001020, 1070114001021, 1070114001023, 1070114001026, 1070114001027; VTD: V.

District 13: Carteret County, Jones County.

District 14: Onslow County: VTD: BC21, VTD: BM08, VTD: EN03, VTD: GB12: Block(s) 1330002021006, 1330002021007, 1330002021008, 1330002021014, 1330002021016, 1330002021017, 1330012001007, 1330012001008, 1330012001009, 1330012001010, 1330012001011, 1330012001012, 1330012001013, 1330012001014, 1330012001035; VTD: HM05: 1330001031016, 1330001031061, 1330002021012, 1330002021013, 1330012001001, 1330012001002, 1330012001003, 1330012001004, 1330012001005, 1330012001006, 1330012001017, 1330012001018, 1330012001019, 1330012001020, 1330012001021, 1330012001022, 1330012001023, 1330012001024, 1330012001025, 1330012001026, 1330012001027, 1330012001028, 1330012001029, 1330012001030, 1330012001031, 1330012001032, 1330012001033, 1330012001034, 1330012002000, 1330012002001, 1330012002002, 1330012002003, 1330012002004, 1330012002005, 1330012002006, 1330012002007, 1330012002008, 1330012002009, 1330012002010, 1330012002011, 1330012002012, 1330012002013, 1330012002014, 1330012002015, 1330012002016, 1330012002017, 1330012002018, 1330012002019, 1330012002020, 1330012002021, 1330012002022, 1330012002023, 1330012002024, 1330012002025, 1330012002026, 1330012002027, 1330012002028, 1330012002029, 1330012002030, 1330012002031, 1330012003001, 1330012005000, 1330012005001, 1330012005003, 1330012005004, 1330012005005; VTD: HU20, VTD: ML23, VTD: MT24, VTD: NE22, VTD: SW19.

District 15: Onslow County: VTD: CR07, VTD: FS16, VTD: HM05: Block(s) 1330012003002, 1330012003003, 1330012003005, 1330012003006, 1330012003007, 1330012003008, 1330012003009, 1330012003011, 1330012003012, 1330012003013, 1330012003014, 1330012003016, 1330012004000, 1330012004001, 1330012004002, 1330012004003, 1330012004004, 1330012004005, 1330012004006, 1330012004007, 1330012004008, 1330012004009, 1330012004010, 1330012004011, 1330012004012, 1330012004013, 1330012004014, 1330012004015, 1330012005002, 1330012005006; VTD: HR17, VTD: JA01, VTD: NR02, VTD: SF18, VTD: TL06, VTD: VR15, VTD: WN04.

District 16: Onslow County: VTD: CL10, VTD: GB12: Block(s) 1330001031007, 1330001031008, 1330001031009, 1330001031010, 1330001031011, 1330001031017, 1330001031018, 1330001031049, 1330001031050, 1330001031051, 1330001031052, 1330002012041, 1330002012042, 1330002012043, 1330002012044, 1330002012045, 1330002012046, 1330002012047, 1330002012048, 1330002012050, 1330002012051, 1330002012053, 1330002012054, 1330002012055, 1330002012056, 1330002012057, 1330002012058, 1330002012059, 1330002012061, 1330002012062, 1330002012063, 1330002012064, 1330002021000, 1330002021001, 1330002021002, 1330002021003, 1330002021004, 1330002021005, 1330002021009, 1330002021010, 1330002021011, 1330002021015, 1330002021018, 1330002021019, 1330002021020, 1330002021021, 1330002021022, 1330002021023, 1330002021024, 1330002021025, 1330002021026, 1330002021027, 1330002022000, 1330002022001, 1330002022002, 1330002022003, 1330002022004, 1330002022005, 1330002022006, 1330002022007, 1330002022008, 1330002023000, 1330002023001, 1330002023002, 1330002024000, 1330002024001, 1330002024013, 1330002024019, 1330012001000, 1330012001015, 1330012001016; VTD: HN14, VTD: NM13, VTD: RL09; Pender County.

District 17: Brunswick County: VTD: 04: Block(s) 0190202021024, 0190202021026, 0190202021027, 0190202021028, 0190202021029, 0190202021030, 0190202021031, 0190202021032, 0190202021033, 0190202021034, 0190202021035, 0190202021036, 0190202021037, 0190202021038, 0190202021039, 0190202021040, 0190202021041, 0190202021042, 0190202021043, 0190202021044, 0190202021045, 0190202021046, 0190202021047, 0190202021048, 0190202021049, 0190202021050, 0190202021051, 0190202021052, 0190202021053, 0190202021054, 0190202021055, 0190202021056, 0190202021057,

0190202021058, 0190202021059, 0190202021060, 0190202021061, 0190202021062, 0190202021063, 0190202021064, 0190202021065, 0190202021066, 0190202021067, 0190202021068, 0190202021069, 0190202021070, 0190202021071, 0190202021072, 0190202021073, 0190202021074, 0190202021075, 0190202021076, 0190202021077, 0190202021078, 0190202021079, 0190202021080, 0190202021081, 0190202021082, 0190202021083, 0190202021084, 0190202021085, 0190202021086, 0190202021087, 0190202021088, 0190202021089, 0190202021090, 0190202021091, 0190202021092, 0190202021093, 0190202021094, 0190202021095, 0190202021096, 0190202021097, 0190202021098, 0190202021099, 0190202021100, 0190202021101, 0190202021102, 0190202021103, 0190202021104, 0190202021105, 0190202021106, 0190202021108, 0190202021109, 0190202021110, 0190202021113, 0190202021114, 0190202021117, 0190202021120, 0190202021121, 0190202022000, 0190202022001, 0190202022002, 0190202022003, 0190202022004, 0190202022005, 0190202022006, 0190202022007, 0190202022008, 0190202022009, 0190202022010, 0190202022011, 0190202022012, 0190202022013, 0190202022014, 0190202022015, 0190202022016, 0190202022017, 0190202022018, 0190202022019, 0190202022030, 0190202022037, 0190202022047, 0190202022048, 0190202022054, 0190202022055, 0190202022056, 0190202022057, 0190202022058, 0190202022059, 0190202022087, 0190202022088, 0190202022089, 0190202022090, 0190202022091, 0190202022092, 0190202022248, 0190202022249; VTD: 07, VTD: 08, VTD: 09, VTD: 10, VTD: 11, VTD: 12, VTD: 13, VTD: 14, VTD: 15, VTD: 16, VTD: 17, VTD: 18, VTD: 19, VTD: 20, VTD: 21, VTD: 22, VTD: 23.

District 18: Brunswick County: VTD: 01, VTD: 02, VTD: 03, VTD: 04: Block(s) 0190201031016, 0190201031017, 0190201031029, 0190201031030, 0190201031031, 0190201031032, 0190201031033, 0190201031034, 0190201031035, 0190201031036, 0190201031037, 0190201031038, 0190201031039, 0190201031040, 0190201031041, 0190201031042, 0190201031043, 0190201031044, 0190201031045, 0190201031046, 0190201031047, 0190201031048, 0190201031049, 0190201031050, 0190201031051, 0190201031052, 0190201031055, 0190201031058, 0190201031059, 0190201031060, 0190201031061, 0190201031062, 0190201031063, 0190201031064, 0190201032002, 0190201032003, 0190201032004, 0190201032007, 0190201032008, 0190201032009, 0190201032010, 0190201032011, 0190201032012, 0190201032013, 0190201032014, 0190201032015, 0190201032016, 0190201032017, 0190201032018, 0190201032019, 0190201032020, 0190201032021,

0190201032022, 0190201032023, 0190201032024, 0190201032025,
0190201032026, 0190201032027, 0190201032028, 0190201032029,
0190201032030, 0190201032031, 0190201032032, 0190201032033,
0190201032034, 0190201032035, 0190201032036, 0190201032037,
0190201032038, 0190201032039, 0190201032040, 0190201032041,
0190201032042, 0190201032043, 0190201032044, 0190201032045,
0190201032046, 0190201032047, 0190201032048, 0190201032049,
0190201032050, 0190201032051, 0190201032052, 0190201033000,
0190201033001, 0190201033002, 0190201033003, 0190201033004,
0190201033005, 0190201033006, 0190201033007, 0190201033008,
0190201033009, 0190201033010, 0190201033011, 0190201033012,
0190201033013, 0190201033014, 0190201033015, 0190201033016,
0190201033017, 0190201033018, 0190201033019, 0190201033020,
0190201033021, 0190201033022, 0190201033023, 0190201033024,
0190201033025, 0190201033026, 0190201033027, 0190201033028,
0190201033029, 0190201033030, 0190201033031, 0190201033032,
0190201033033, 0190201033034, 0190201033035, 0190201033036,
0190201033037, 0190201033038, 0190201043024, 0190201043025,
0190201043026, 0190201043027, 0190201043028, 0190201043029,
0190201043030, 0190201043031, 0190201043032, 0190201043033,
0190201043034, 0190201043036, 0190201043038, 0190201043039,
0190201043040, 0190201043041, 0190202011000, 0190202011001,
0190202011002, 0190202011003, 0190202011004, 0190202011005,
0190202011006, 0190202011007, 0190202011008, 0190202011009,
0190202011010, 0190202011011, 0190202011012, 0190202011013,
0190202011014, 0190202011015, 0190202011016, 0190202011017,
0190202011018, 0190202011019, 0190202011020, 0190202011021,
0190202011022, 0190202011023, 0190202012000, 0190202012001,
0190202012002, 0190202012003, 0190202012004, 0190202012005,
0190202012006, 0190202012007, 0190202012008, 0190202012009,
0190202012010, 0190202012011, 0190202012012, 0190202012013,
0190202012014, 0190202012015, 0190202012016, 0190202012017,
0190202012018, 0190202012019, 0190202012020, 0190202012021,
0190202012022, 0190202012023, 0190202012024, 0190202012025,
0190202012026, 0190202012027, 0190202012028, 0190202012029,
0190202012030, 0190202012031, 0190202012032, 0190202012033,
0190202012034, 0190202012035, 0190202021000, 0190202021001,
0190202021002, 0190202021003, 0190202021004, 0190202021005,
0190202021006, 0190202021007, 0190202021008, 0190202021009,
0190202021010, 0190202021011, 0190202021012, 0190202021013,
0190202021014, 0190202021015, 0190202021016, 0190202021017,

0190202021018, 0190202021019, 0190202021020, 0190202021021, 0190202021022, 0190202021023, 0190202021025, 0190202021107, 0190202021115, 0190202021116, 0190202021118, 0190202021119; VTD: 05, VTD: 06; New Hanover County: VTD: CF01, VTD: CF03: Block(s) 1290103001000, 1290103001007, 1290103004000, 1290103004003, 1290103004004, 1290114002013, 1290114002014, 1290115004046, 1290115004047, 1290115004048, 1290115004049, 1290115004050, 1290115004054, 1290115004055, 1290116034012, 1290116034014, 1290116034015, 1290116034016, 1290116034017, 1290116034018, 1290116034019, 1290116034020, 1290116034021, 1290116035020, 1290116035021, 1290116035022, 1299801001000, 1299801001001, 1299801001002, 1299801001003, 1299801001004, 1299801001005, 1299801001006, 1299801001007, 1299801001008, 1299801001009, 1299801001010; VTD: W03, VTD: W08, VTD: W12, VTD: W13, VTD: W15, VTD: W24: Block(s) 1290119021000, 1290119021001, 1290119021002, 1290119021003, 1290119021004, 1290119021005, 1290119021006, 1290119021007, 1290119021008, 1290119021009, 1290119021010, 1290119021011, 1290119021012, 1290119021013, 1290119021014, 1290119021015, 1290119021016, 1290119021017, 1290119021018, 1290119021019, 1290119021020, 1290119021021, 1290119021022, 1290119021025, 1290119021026, 1290119021027, 1290119021028, 1290119021029, 1290119021042, 1290119022003, 1290119022004, 1290119022005, 1290119032000, 1290119032001, 1290119032002, 1290119032003, 1290119032004, 1290119032005, 1290119032006, 1290119032007, 1290119032008, 1290119032009, 1290119032010, 1290119032011, 1290119032012, 1290119032013, 1290119032014, 1290119032020, 1290119034003, 1290119034010, 1290119034011, 1290119034012, 1290119034013, 1290119034014, 1290119034015, 1290119034016, 1290119034017, 1290119034018, 1290119034019, 1290119034020, 1290119034021, 1290119034022; VTD: W25, VTD: W27, VTD: W28, VTD: W29.

District 19: New Hanover County: VTD: FP01, VTD: FP02, VTD: FP03, VTD: FP04, VTD: FP05, VTD: H03, VTD: M02, VTD: M03, VTD: M04, VTD: M05, VTD: W21, VTD: W26, VTD: W30, VTD: WB: Block(s) 1290118001001, 1290118001002, 1290118001003, 1290118001004, 1290118001005, 1290118001006, 1290118001007, 1290118001008, 1290118001009, 1290118001010, 1290118001011, 1290118001012, 1290118001013, 1290118001014, 1290118001015, 1290118001016, 1290118001024, 1290118001025, 1290118001026, 1290118001027, 1290118001028, 1290118001029, 1290118001030, 1290118001031, 1290118001032,

1290118001033, 1290118001034, 1290118001035, 1290118001036, 1290118001037, 1290118001038, 1290118001039, 1290118001040, 1290118001041, 1290118001042, 1290118001043, 1290118001044, 1290118001045, 1290118001046, 1290118001047, 1290118001048, 1290118001071, 1290118001072, 1290118001073, 1290118001074, 1290118001075, 1290118001080, 1290118001081, 1290118001082, 1290118001083, 1290118001092, 1290118002000, 1290118002001, 1290118002002, 1290118002003, 1290118002004, 1290118002006, 1290118002007, 1290118002008, 1290118002009, 1290118002010, 1290118002011, 1290118002012, 1290118002013, 1290118002014, 1290118002015, 1290118002016, 1290118002017, 1290118002018, 1290118002019, 1290118002020, 1290118002021, 1290118002022, 1290118002023, 1290118002024, 1290118002025, 1290118002026, 1290118002027, 1290118002028, 1290118002029, 1290118003000, 1290118003001, 1290118003003, 1290118003004, 1290118003005, 1290118003006, 1290118003007, 1290118003008, 1290118003009, 1290118003010, 1290118003011, 1290118003012, 1290118003013, 1290118003014, 1290118003016, 1290118003017, 1290118003018, 1290118003019, 1290118003020, 1290118003021, 1290118003022, 1290118003023, 1290118003024, 1290118003025, 1290118003026, 1290118003027, 1290123001071, 1299901000005, 1299901000006, 1299901000007, 1299901000009, 1299901000010, 1299901000011, 1299901000012, 1299901000013, 1299901000014.

District 20: New Hanover County: VTD: CF02, VTD: CF03: Block(s) 1290116032004, 1290116032005, 1290116032006, 1290116032007, 1290116032008, 1290116032009, 1290116032010, 1290116032011, 1290116032012, 1290116032013, 1290116032014, 1290116032015, 1290116032016, 1290116032017, 1290116032018, 1290116032019, 1290116032020, 1290116032021, 1290116032022, 1290116032023, 1290116032024, 1290116033000, 1290116033001, 1290116033002, 1290116033003, 1290116033004, 1290116033005, 1290116033006, 1290116033007, 1290116033008, 1290116033009, 1290116033010, 1290116033011, 1290116033012, 1290116033013, 1290116033014, 1290116033015, 1290116033016, 1290116033017, 1290116033018, 1290116033019, 1290116033020, 1290116033021, 1290116033022, 1290116033023, 1290116033024, 1290116033025, 1290116033026, 1290116033027, 1290116033028, 1290116033029, 1290116033030, 1290116034000, 1290116034001, 1290116034002, 1290116034003, 1290116034004, 1290116034005, 1290116034006, 1290116034007, 1290116034008, 1290116034009, 1290116034010, 1290116034011,

1290116034013, 1290116034022, 1290116034023, 1290116034024,
1290116035000, 1290116035001, 1290116035002, 1290116035003,
1290116035004, 1290116035005, 1290116035006, 1290116035007,
1290116035008, 1290116035009, 1290116035010, 1290116035011,
1290116035012, 1290116035013, 1290116035014, 1290116035015,
1290116035016, 1290116035017, 1290116035018, 1290116035019,
1290116035023, 1290116035024, 1290116035025, 1290116035026,
1290116051025, 1290116071008, 1290116073011, 1290116081000,
1290116081001, 1290116081002, 1290116081003, 1290116081004,
1290116081005, 1290116081006, 1290116081007, 1290116081008,
1290116081009, 1290116081010, 1290116081011, 1290116081012,
1290116081013, 1290116081014, 1290116081015, 1290116081016,
1290116081017, 1290116081018, 1290116081019, 1290116081020,
1290116081043, 1290116081044, 1290116081045, 1290116081047,
1290116081048, 1290116082025, 1290116082034, 1290116082035,
1290116082054, 1290116082055, 1290116082056, 1290116082057,
1290116082059, 1290116082061, 1290116082076, 1290116082077,
1290116082078, 1290116082080, 1290116082089, 1290116082091,
1290116083000, 1290116083003, 1290116083004, 1290116083005,
1290116083006, 1290116083007, 1290116083008, 1290116083009,
1290116083011, 1290116083012, 1290116083013, 1290116083014,
1290116083015, 1290116083016, 1290116083017, 1290116083018,
1290116083019, 1290116083020, 1290116083021, 1290116083022,
1290116083023, 1290116083024, 1290116083025, 1290116083026,
1290116083027, 1290116083028; VTD: H01, VTD: H02, VTD: H04, VTD: H05,
VTD: H06, VTD: H07, VTD: H08, VTD: H09, VTD: W16, VTD: W17, VTD: W18,
VTD: W24: Block(s) 1290119031026, 1290119032015, 1290119032016,
1290119032017, 1290119032018, 1290119032019, 1290119034000,
1290119034001, 1290119034002, 1290119034004, 1290119034005,
1290119034006, 1290119034007, 1290119034008, 1290119034009,
1290119034023; VTD: W31, VTD: WB: Block(s) 1290117053027,
1299901000008.

District 21: Duplin County: VTD: CHAR: Block(s) 0610907011000,
0610907011001, 0610907011002, 0610907011003, 0610907011005,
0610907011006, 0610907011007, 0610907011008, 0610907011009,
0610907011010, 0610907011011, 0610907011012, 0610907011013,
0610907011014, 0610907011015, 0610907011016, 0610907011017,
0610907011018, 0610907011019, 0610907011028, 0610907011029,
0610907011030, 0610907011031, 0610907011032, 0610907011033,
0610907011034, 0610907011035, 0610907011036, 0610907011037,

0610907011038, 0610907011039, 0610907011040, 0610907011041, 0610907011042, 0610907011043, 0610907011044, 0610907011045, 0610907011046, 0610907011047, 0610907011048, 0610907011049, 0610907011050, 0610907011072, 0610907011073, 0610907011074, 0610907011075, 0610907011077, 0610907011078, 0610907011079, 0610907011086, 0610907011087, 0610907011088, 0610907011089, 0610907011090, 0610907011091, 0610907011092, 0610907011093, 0610907011094, 0610907012012, 0610907012013, 0610907012014, 0610907012020, 0610907012021, 0610907012022, 0610907012029, 0610907012031, 0610908021000, 0610908021066, 0610908021067, 0610908021068, 0610908021069, 0610908021070, 0610908021071, 0610908021094, 0610908021095, 0610908021096, 0610908021097, 0610908021098, 0610908021099, 0610908021100, 0610908021101, 0610908021102, 0610908021103, 0610908021104, 0610908021105, 0610908021107, 0610908021108, 0610908021109, 0610908021110, 0610908021113; VTD: FAIS: 0610902001024, 0610902001028, 0610902001032, 0610902001069, 0610902001070, 0610902001071, 0610902001072, 0610902001073, 0610902001074, 0610902001075, 0610902001076, 0610902003010, 0610902003011, 0610902003012, 0610902003022, 0610902003023, 0610902003024, 0610902003025, 0610902003026, 0610902003027, 0610902003028, 0610902003074, 0610902003075, 0610902003095, 0610902003096, 0610902003102, 0610903002000, 0610903002001, 0610903002002, 0610903002003, 0610903002009, 0610903002010; VTD: KENA: 0610904002012, 0610904002013, 0610904002014, 0610904002032, 0610904002033, 0610904002034, 0610904002035, 0610904002036, 0610904002037, 0610904002038, 0610904002039, 0610904002040, 0610904002041, 0610904002042, 0610904002043, 0610904002044, 0610904002045, 0610904002046, 0610904002047, 0610904002048, 0610904002050, 0610904002052, 0610904002055, 0610904002056, 0610904002057, 0610904002058, 0610904002061, 0610904002062, 0610904002063, 0610904002064, 0610904002065, 0610904002077, 0610904002078, 0610904003000, 0610904003001, 0610904003002, 0610904003003, 0610904003008, 0610904003009, 0610904003010, 0610904003011, 0610904003012, 0610904003013, 0610904003014, 0610904003015, 0610904003016, 0610904003017, 0610904003018, 0610904003019, 0610904003020, 0610904003021, 0610904003022, 0610904003023, 0610904003024, 0610904003025, 0610904003026, 0610904003027, 0610904003028, 0610904003029, 0610904003030, 0610904003031, 0610904003035, 0610904003036, 0610904003038, 0610904003051, 0610904003052, 0610904003053, 0610904003054, 0610904003055,

0610904003056, 0610904003057, 0610904003058, 0610904003059,
0610904003060, 0610904003061, 0610904003062, 0610904003063,
0610904003064, 0610904003065, 0610904003066, 0610904003067,
0610904003068, 0610904003069, 0610904003070, 0610904003071,
0610904003072, 0610904003073, 0610904003074, 0610904003083,
0610904003089, 0610904003090, 0610904003093, 0610904003094,
0610904003095, 0610904003096, 0610904003097, 0610904003098,
0610904003099, 0610904003100, 0610904003101, 0610904003102,
0610904003103, 0610904003104, 0610904003105, 0610904003106,
0610904003107, 0610904003108, 0610904003109, 0610904003110,
0610904003111, 0610904003112, 0610904003113, 0610904003114,
0610904003115, 0610904003116, 0610904003117, 0610904003118,
0610904003119, 0610904003120, 0610904003121, 0610904003122,
0610904003123, 0610904003124, 0610904003125, 0610904003126,
0610904003127, 0610904003131, 0610904004021, 0610904004024,
0610904004028, 0610904004029, 0610904004032, 0610904004035,
0610904004036, 0610904004041, 0610904004042, 0610904004043,
0610904004044, 0610904004045, 0610904004046, 0610904004047,
0610904004048, 0610904004049, 0610904004050, 0610904004051,
0610904004052, 0610904004053, 0610904004054, 0610904004055,
0610904004056, 0610904004057, 0610904004058, 0610904004059,
0610904004060, 0610904004061, 0610904004067, 0610904004068,
0610904004094, 0610904004095; VTD: MAGN, VTD: ROCK, VTD: ROSE,
VTD: WALL: Block(s) 0610907011051, 0610907011052, 0610907011053,
0610907011054, 0610907011055, 0610907011056, 0610907011057,
0610907011065, 0610907011066, 0610907021000, 0610907021001,
0610907021002, 0610907021003, 0610907021004, 0610907021005,
0610907021006, 0610907021007, 0610907021008, 0610907021009,
0610907021010, 0610907021011, 0610907021012, 0610907021013,
0610907021014, 0610907021015, 0610907021016, 0610907021017,
0610907021018, 0610907021019, 0610907021020, 0610907021021,
0610907021022, 0610907021023, 0610907021024, 0610907021025,
0610907021026, 0610907021027, 0610907021028, 0610907021029,
0610907021030, 0610907021031, 0610907021032, 0610907021033,
0610907021034, 0610907021035, 0610907021036, 0610907021037,
0610907021047, 0610907021066, 0610907021067, 0610907021068,
0610907021069, 0610907021073, 0610907021074, 0610907021075,
0610907021076, 0610907021077, 0610907021078, 0610907021079,
0610907021080, 0610907021081, 0610907021082, 0610907021083,
0610907021084, 0610907021085, 0610907021086, 0610907021087,
0610907021088, 0610907021089, 0610907021090, 0610907021091,

0610907021096, 0610907022025, 0610907022026, 0610907022027, 0610907022028, 0610907022029, 0610907022030, 0610907022031, 0610907022032, 0610907022033, 0610907022034, 0610907022035, 0610907022036, 0610907022037, 0610907022038, 0610907022039, 0610907022040, 0610907022041, 0610907022042, 0610907022043, 0610907022044, 0610907022045, 0610907022046, 0610907022047, 0610907022048, 0610907022049, 0610907022050, 0610907022052, 0610907022053, 0610907022054, 0610907022055, 0610907022057, 0610907022058, 0610907022059, 0610907022061, 0610907022063, 0610907022064, 0610907022065, 0610907022066, 0610907022067, 0610907022068, 0610907022069, 0610907022070, 0610907022071, 0610907022072, 0610907022073, 0610907022074, 0610907022075, 0610907022076, 0610907022077, 0610907022078, 0610907022079, 0610907022080, 0610907022081, 0610907022082, 0610907022083, 0610907022084, 0610907022085, 0610907022086, 0610907022100, 0610907022101, 0610907022102, 0610907022103, 0610907022104, 0610907022105, 0610907022107, 0610907022116, 0610907022181, 0610907023023, 0610907023072, 0610907023073, 0610907023074, 0610907023075, 0610907023076, 0610907023077, 0610907023078; VTD: WARS; Sampson County: VTD: CLCE: Block(s) 1639706002019, 1639706002020, 1639706002021, 1639706003000, 1639706003001, 1639706003002, 1639706003003, 1639706003004, 1639706003005, 1639706003006, 1639706003007, 1639706003008, 1639706003009, 1639706003010, 1639706003011, 1639706003012, 1639706003013, 1639706003014, 1639706003015, 1639706003016, 1639706003017, 1639706003018, 1639706003019, 1639706003020, 1639706003021, 1639706003022, 1639706003023, 1639706003024, 1639706003025, 1639706003026, 1639706003030, 1639706003031, 1639706003032, 1639706003034, 1639706004001, 1639706004002, 1639706004003, 1639706004004, 1639706004005, 1639706004006, 1639706004007, 1639706004008, 1639706004009, 1639706004010, 1639706004011, 1639706004012, 1639706004013, 1639706004014, 1639706004028, 1639706004029, 1639706004030, 1639706004031, 1639706004033, 1639706004034, 1639707004010, 1639707004011, 1639707004014, 1639707004015, 1639707004016, 1639708001021, 1639708001022, 1639708001023, 1639708001024, 1639708002008, 1639708002026, 1639708002027; VTD: CLEA: 1639707001002, 1639707001007, 1639707001008, 1639707001016, 1639707001018, 1639707001019, 1639707001020, 1639707001021, 1639707001023, 1639707001024, 1639707001025, 1639707001026, 1639707001027, 1639707001031, 1639707001032, 1639707001033, 1639707001034, 1639707001035,

1639707001040, 1639707001041, 1639707002030, 1639707004000, 1639707004001, 1639707004002, 1639707004005, 1639707004006, 1639707004012, 1639707004013, 1639707004017, 1639707004018, 1639707004019, 1639707004020, 1639707004021, 1639707004022, 1639707004023, 1639707004024, 1639707004025, 1639707004026, 1639707004027, 1639707005004, 1639707005005, 1639707005006, 1639707005007, 1639707005008, 1639707005009, 1639707005010, 1639707005011, 1639707005013, 1639707005014, 1639707005015, 1639707005016, 1639707005017, 1639707005018, 1639707005019, 1639707005020, 1639707005021, 1639707005022, 1639707005024, 1639707005025, 1639707005026, 1639707005027, 1639707005028, 1639707005029, 1639707005030, 1639707005031, 1639707005033, 1639707005034, 1639707005035, 1639707005036, 1639707005037, 1639707005038, 1639707005039, 1639707005040, 1639707005041, 1639707005042, 1639707005043, 1639707005044, 1639707005045, 1639707005046, 1639707005047, 1639707005048, 1639708001028, 1639708001029, 1639708001030, 1639708001031, 1639708001032, 1639708001033, 1639708001034, 1639708001035, 1639708001036, 1639708001037, 1639708001038, 1639708001039, 1639708002000, 1639708002001, 1639708002002, 1639708002003, 1639708002004, 1639708002005, 1639708002011; VTD: CLNE: 1639707001017, 1639707001028, 1639707001029, 1639707001030, 1639707001036, 1639707001037, 1639707001038, 1639707001039, 1639707004003, 1639707004007, 1639707004008, 1639707004009; VTD: CLSW: 1639706003033, 1639706003035, 1639708001008, 1639708001009, 1639708001010, 1639708001011, 1639708001012, 1639708001015, 1639708001017, 1639708001025, 1639708001026, 1639708002006, 1639708002007; VTD: CLWE: 1639706002022, 1639706002023, 1639706002024, 1639706002025, 1639706002026, 1639706002027, 1639706002033, 1639706002034, 1639706002035, 1639706002036, 1639706002037, 1639708002010, 1639708002031, 1639708002032, 1639708002033, 1639708003027; VTD: GIDD: 1639701003000, 1639701003001, 1639701003002, 1639701003010, 1639701003011, 1639701003012, 1639701003013, 1639701003014, 1639701003015, 1639701003016, 1639701003017, 1639701003018, 1639701003019, 1639701003020, 1639701003021, 1639701003030, 1639701003031, 1639701003039, 1639701003040, 1639701004000, 1639701004016, 1639701004017, 1639701004018, 1639701004019, 1639701004032, 1639701004033, 1639701004034, 1639701004035, 1639701004036, 1639701004043, 1639701004044, 1639701004045; VTD: HARR, VTD: INGO: Block(s) 1639710001018, 1639710001019, 1639710001021, 1639710001022,

1639710001023, 1639710001024, 1639710001030, 1639710001031, 1639710001032, 1639710001033, 1639710001034, 1639710001035, 1639710001036, 1639710001039, 1639710001040, 1639710001041, 1639710001042, 1639710001043, 1639710001044, 1639710001046, 1639710001051, 1639710001052, 1639710001055, 1639710001056, 1639710001057, 1639710001058, 1639710003023; VTD: ROWA: 1639710001000, 1639710001001, 1639710001002, 1639710001003, 1639710001020; VTD: TURK: 1639701001000, 1639701001001, 1639701001002, 1639701001003, 1639701001004, 1639701001005, 1639701001006, 1639701001007, 1639701001010, 1639701001011, 1639701001012, 1639701001013, 1639701001014, 1639701001015, 1639701001016, 1639701001017, 1639701001018, 1639701001019, 1639701001020, 1639701001021, 1639701001022, 1639701001023, 1639701001024, 1639701001025, 1639701001026, 1639701001027, 1639701001028, 1639701001029, 1639701001030, 1639701001031, 1639701001032, 1639701001033, 1639701001034, 1639701001035, 1639701001036, 1639701001037, 1639701001038, 1639701001039, 1639701001040, 1639701001041, 1639701001042, 1639701001043, 1639701001044, 1639701001049, 1639701001050, 1639701001051, 1639701001052, 1639701001053, 1639701001054, 1639701001055, 1639701001056, 1639701001057, 1639701001058, 1639701001059, 1639701001060, 1639701001061, 1639701001062, 1639701001064, 1639701001065, 1639701001066, 1639701001067, 1639701001068, 1639701001069, 1639701002000, 1639701002001, 1639701002002, 1639701002003, 1639701002004, 1639701002005, 1639701002006, 1639701002007, 1639701002010, 1639701002011, 1639701002012, 1639701002013, 1639701002014, 1639701002015, 1639701002016, 1639701002017, 1639701002018, 1639701002019, 1639701002020, 1639701002021, 1639701002022, 1639701002023, 1639701002024; Wayne County: VTD: 06: Block(s) 1910003032021, 1910003032022, 1910003032023, 1910003032024, 1910013011000, 1910013011001, 1910013011002, 1910013011003, 1910013011012, 1910013011013, 1910013011014, 1910013011015; VTD: 07: 1910003021029, 1910003021030, 1910003021031; VTD: 09: 1910011011019, 1910011011020, 1910011011021, 1910011011022, 1910011011023, 1910011011024, 1910011021018, 1910011021019, 1910011021020, 1910011021030, 1910011021031, 1910011021032, 1910011021033, 1910011021034, 1910011021035, 1910011021036, 1910011021037, 1910011021038, 1910011021039; VTD: 10, VTD: 11: Block(s) 1910012001033, 1910012001034, 1910012001035, 1910012001036, 1910012001037, 1910012001038, 1910012001039, 1910012001040, 1910012001041, 1910012001042, 1910012001043, 1910012001044,

1910012001045, 1910012001046, 1910012001047, 1910012001051, 1910012001052, 1910012001053, 1910012001063, 1910012001064, 1910012001065, 1910012001066, 1910012001067, 1910012001068, 1910012001069, 1910012001070, 1910012001071, 1910012001072, 1910012001073, 1910012001074, 1910012001075, 1910012001076, 1910012001077, 1910012001078, 1910012001079, 1910012001080, 1910012001081, 1910012001090, 1910012001098, 1910012001099, 1910012001104, 1910012001105, 1910012001106, 1910012001107, 1910012001108, 1910012001109, 1910012001110, 1910012001111, 1910012001112, 1910012001113, 1910012001114, 1910012001115, 1910012001116, 1910012001117, 1910012001118, 1910012001119, 1910012001126, 1910012001127, 1910018002000, 1910018002001, 1910018002002, 1910018002003, 1910018002006, 1910019001001, 1910019001002, 1910019001003, 1910019001004, 1910019001005, 1910019001006, 1910019001007, 1910019001008, 1910019001009, 1910019001010, 1910019001011, 1910019001012, 1910019001013, 1910019001014, 1910019001015, 1910019001016, 1910019001023, 1910019001024, 1910019001025, 1910019001026, 1910019001027, 1910019001029, 1910019001031, 1910019001032, 1910019001033, 1910019001035, 1910019001041, 1910019001042, 1910019001046; VTD: 12: 1910013012009, 1910013012010, 1910013012011, 1910013012012, 1910013012013, 1910013012018, 1910013012019, 1910013012021, 1910013012022, 1910013012023, 1910013012030, 1910013012031, 1910013012032, 1910013012033, 1910013012034, 1910013012035, 1910013012036, 1910013013000, 1910013013001, 1910013013002, 1910013013003, 1910013013004, 1910013013005, 1910013013006, 1910013013007, 1910013013008, 1910013013009, 1910013013010, 1910013013011, 1910013013012, 1910013013013, 1910013013014, 1910013013015, 1910013013016, 1910013013017, 1910013021001, 1910013022000, 1910013022001, 1910013022002, 1910013022003, 1910013022004, 1910013022005, 1910013022006, 1910013022007, 1910013022008, 1910013022016, 1910013022036, 1910013022037, 1910013022038, 1910019001000; VTD: 13, VTD: 16: Block(s) 1910009011000, 1910009011001, 1910009011002, 1910009011003, 1910009011004, 1910009011005, 1910009011006, 1910009011007, 1910009011008, 1910009011009, 1910009011010, 1910009011011, 1910009011012, 1910009011013, 1910009011014, 1910009011018, 1910009011019, 1910009011021, 1910009011022, 1910009011049, 1910009011050, 1910009013000, 1910009013001, 1910009013002, 1910009013003, 1910009013004, 1910009013005, 1910009013007, 1910009013008, 1910009013009, 1910009013010, 1910009013011, 1910009013012,

1910009013013, 1910009013014, 1910009013015, 1910009013016, 1910009013017, 1910009013018, 1910009013019, 1910009013020, 1910009013021, 1910009013022, 1910009013023, 1910009013024, 1910009013025, 1910009013037, 1910009013038, 1910009013039, 1910009013040, 1910009013041, 1910009013042, 1910009022003, 1910009022004, 1910009022005, 1910009022006, 1910009023000, 1910009023001, 1910009023002, 1910009023003, 1910009023004, 1910009023005, 1910009023006, 1910009023007, 1910009023008, 1910009023009, 1910009023010, 1910009023011, 1910009023012, 1910009023013, 1910009023014, 1910009023015, 1910009023016; VTD: 17: 1910005001062, 1910005001071, 1910005001072, 1910005001077, 1910014005005, 1910014005006, 1910014005007, 1910014005008, 1910014005009, 1910014005010, 1910014005011, 1910014005012, 1910014005013, 1910015002011, 1910015002012, 1910015002013, 1910015002014, 1910015002017, 1910015002018, 1910015002020, 1910015002024, 1910015002025, 1910015002026, 1910015002027, 1910015002028, 1910015002030, 1910015002031, 1910015002034, 1910015002035, 1910015002036, 1910015002037, 1910020001000, 1910020001001, 1910020001002, 1910020001003, 1910020001004, 1910020001005, 1910020001006, 1910020001007, 1910020001008, 1910020001009, 1910020001010, 1910020001011, 1910020001012, 1910020001013, 1910020001014, 1910020001015, 1910020001016, 1910020001017, 1910020001018, 1910020001019, 1910020001020, 1910020001021, 1910020001022, 1910020001023, 1910020001024, 1910020001025, 1910020001026, 1910020001027, 1910020001028, 1910020001029, 1910020001030, 1910020001031, 1910020001032, 1910020001033, 1910020001034, 1910020001035, 1910020001036, 1910020001037, 1910020001038, 1910020001039, 1910020001040, 1910020001041, 1910020001042, 1910020001043, 1910020001044, 1910020001045, 1910020001046, 1910020001047, 1910020001048, 1910020001049, 1910020001050, 1910020001051, 1910020001052, 1910020001053, 1910020001054, 1910020001055, 1910020001056, 1910020001057, 1910020001058, 1910020001059, 1910020001060, 1910020001061, 1910020001062, 1910020001063, 1910020001064, 1910020001065, 1910020001066, 1910020001067, 1910020001068, 1910020001069, 1910020001070, 1910020001071, 1910020001072, 1910020001073, 1910020001074, 1910020001075, 1910020001076, 1910020001077, 1910020001078, 1910020001079, 1910020001080, 1910020001081, 1910020001082, 1910020001083, 1910020001084, 1910020001085, 1910020001086, 1910020001087, 1910020001088, 1910020001089, 1910020001090, 1910020001091, 1910020001092,

1910020001093, 1910020001094, 1910020001095, 1910020001096,
1910020001097, 1910020001098, 1910020001099, 1910020001100,
1910020001101, 1910020001102, 1910020001103, 1910020001104,
1910020001105, 1910020001106, 1910020001107, 1910020001108,
1910020001109, 1910020001110, 1910020001111, 1910020001112,
1910020001113, 1910020001114, 1910020001115, 1910020001116,
1910020001117, 1910020002003, 1910020002004, 1910020002005,
1910020002006, 1910020002007, 1910020002008, 1910020002012,
1910020002013, 1910020002014, 1910020002020, 1910020002021,
1910020002022, 1910020002023, 1910020002024, 1910020002025,
1910020002033, 1910020002034; VTD: 18, VTD: 19, VTD: 20, VTD: 21, VTD:
22, VTD: 23: Block(s) 1910004021013, 1910004021014, 1910004021015,
1910004021016, 1910004021017, 1910004021018, 1910004021019,
1910004021020, 1910004021021, 1910004021022, 1910004021023,
1910004021024, 1910004021037, 1910004021038; VTD: 24: 1910010002038,
1910010002039, 1910010002041, 1910010002043, 1910010002044; VTD: 25:
1910008001000, 1910008001003, 1910008001004, 1910008001005,
1910008001006, 1910008001007, 1910008001008, 1910008001009,
1910008001010, 1910008001011, 1910008001012, 1910008001013,
1910008001014, 1910008001015, 1910008001016, 1910008001017,
1910008001018, 1910008001019, 1910008001020, 1910008001021,
1910008001026, 1910008001027, 1910008001028, 1910008001029,
1910008001030, 1910008001031, 1910008001032, 1910008001033,
1910008001034, 1910008001035, 1910008001036, 1910008001037,
1910008001038, 1910008001039, 1910008001040, 1910008001041,
1910008001042, 1910008001071, 1910008001072, 1910008002000,
1910008002001, 1910008002002, 1910008002006, 1910008002007,
1910008002008, 1910008002011, 1910008002012, 1910008002013,
1910008002014, 1910008002015, 1910008002016, 1910008002017,
1910008002018, 1910008002019, 1910008002020, 1910008002021,
1910008002022, 1910008002023, 1910008002025, 1910008002026,
1910008002027, 1910008002028, 1910008002029, 1910008002030,
1910008002031, 1910008002040, 1910008002042, 1910008002043,
1910008002044, 1910008002045, 1910008002046, 1910008002047,
1910008002048, 1910008002049, 1910008002050, 1910008002061,
1910008002062, 1910008002063, 1910008002064, 1910008002065,
1910008002066, 1910008002067, 1910008002068, 1910008002069,
1910008002070, 1910008002071, 1910008002072, 1910008002073,
1910008002074, 1910008002075, 1910008002076, 1910008002077,
1910008002078, 1910008002079, 1910008002080, 1910009021066,
1910009021067, 1910009021068, 1910009021069, 1910009021070,

1910009021071, 1910009021072, 1910009021073, 1910009021074, 1910009021075; VTD: 26: 1910006013006, 1910006013007, 1910006013008, 1910006013009, 1910006013010, 1910006013011, 1910006013012, 1910006013013, 1910006013014, 1910006021000, 1910006021001, 1910006021002, 1910006021003, 1910006021004, 1910006021005, 1910006021006, 1910006021007, 1910006021008, 1910006021009, 1910006021011, 1910006021012, 1910006021013, 1910006021015, 1910006021029, 1910006021030, 1910009021000, 1910009021001, 1910009021002, 1910009021003, 1910009021004, 1910009021033, 1910009021034, 1910009021035, 1910009021048, 1910009021049, 1910009021050, 1910009021057, 1910009021058, 1910009021059, 1910009021060, 1910009021061, 1910009021062, 1910009021063, 1910009021064, 1910009021065, 1910009021083, 1910009021084, 1910009021092, 1910009021093, 1910009021094, 1910009021095, 1910009022007, 1910009022008, 1910009022009, 1910009022010, 1910009022022, 1910009022023, 1910009022024, 1910009022025, 1910009022028, 1910009022029, 1910009022030, 1910009022031, 1910009022032, 1910009022033, 1910009022034, 1910009022035, 1910009022036, 1910009022037, 1910009022038, 1910009022039, 1910009022040, 1910009022041, 1910009022042, 1910009022043, 1910009022044, 1910009022045, 1910009022046, 1910009022047, 1910009022048, 1910009022049, 1910009022050, 1910009022051, 1910009022052, 1910009022054, 1910009022056, 1910009023023, 1910009023025, 1910009023026, 1910009023027, 1910009023028, 1910009023029, 1910009023030, 1910009023031, 1910009023032, 1910009023046, 1910009023047; VTD: 27, VTD: 28: Block(s) 1910006011018, 1910006011019, 1910006011020, 1910006011021, 1910006011022, 1910006011023, 1910006011024, 1910006011025, 1910006011026, 1910006011027, 1910006011028, 1910006011029, 1910006011030, 1910006011031, 1910006011032, 1910006011033, 1910006021010, 1910006021014, 1910006021021, 1910006021022, 1910006021023, 1910006021025, 1910006021026, 1910006021027, 1910006021028, 1910006021031, 1910006021032, 1910006021033, 1910006021034, 1910006021035, 1910006021038, 1910006021039, 1910006021040, 1910006022029, 1910006022030, 1910006022031, 1910006022032, 1910006022033, 1910006022034, 1910006022035, 1910006022036, 1910006023011, 1910006023012, 1910006023013, 1910006023014, 1910006023015, 1910006023016, 1910006023017, 1910006023018, 1910006023020, 1910007003000, 1910007003001, 1910007003002, 1910007003003, 1910007003004, 1910007003005, 1910007003006, 1910007003007, 1910007003008, 1910007003009, 1910007003010,

1910007003011, 1910007003012, 1910007003014, 1910007003015, 1910007003020, 1910007003021, 1910007003022, 1910007003023, 1910007003024, 1910007003025, 1910007003028, 1910007003029, 1910007003040, 1910007003041, 1910007003054, 1910007003055; VTD: 29, VTD: 30.

District 22: Bladen County: VTD: P10, VTD: P15, VTD: P201: Block(s) 0179505005020, 0179505005021, 0179505005022, 0179505005023, 0179505005024, 0179505005025, 0179505005031, 0179505005032, 0179505005033, 0179505005034, 0179505005035, 0179505005036, 0179505005051; VTD: P25, VTD: P30, VTD: P35, VTD: P40, VTD: P45, VTD: P501, VTD: P502, VTD: P55, VTD: P60, VTD: P65, VTD: P70, VTD: P75, VTD: P80; Johnston County: VTD: PR17: Block(s) 1010413002007, 1010413002008, 1010413002009, 1010413002010, 1010413002012, 1010413002013, 1010413002014, 1010413002017, 1010413002040, 1010413002041, 1010413002042, 1010413002043, 1010413002045, 1010413002047, 1010413002048, 1010413002049, 1010413002050, 1010413002051, 1010413002052, 1010413002053, 1010413002054, 1010413002055, 1010413002056, 1010413002057, 1010413003060, 1010413003061, 1010413003062, 1010413003063; VTD: PR18; Sampson County: VTD: AUTR, VTD: CLCE: Block(s) 1639706004015, 1639706004023, 1639706004024, 1639706004025, 1639706004032; VTD: CLEA: 1639701006008, 1639701006011, 1639701006012, 1639707001000, 1639707001001, 1639707001003, 1639707001004, 1639707001005, 1639707001006, 1639707001009, 1639707001010, 1639707001011, 1639707001022, 1639707005000, 1639707005001, 1639707005002, 1639707005003, 1639707005012, 1639707005023, 1639707005032, 1639708005000, 1639708005019, 1639708005020; VTD: CLEM, VTD: CLNE: Block(s) 1639706001013, 1639706001016, 1639706001017, 1639706001018, 1639706001019, 1639706001020, 1639706001021, 1639706001032, 1639706001033, 1639706001034, 1639706001035, 1639706001036, 1639706001037, 1639706001038, 1639706001039, 1639706001040, 1639706001041, 1639706001044, 1639706001045, 1639706001046, 1639706001047, 1639706001048, 1639706001049, 1639706001050, 1639706004000, 1639706004016, 1639706004017, 1639706004018, 1639706004019, 1639706004020, 1639706004021, 1639706004022, 1639706004026, 1639706004027, 1639707001015, 1639707002000, 1639707002001, 1639707002002, 1639707002003, 1639707002004, 1639707002005, 1639707002006, 1639707002007, 1639707002008, 1639707002009, 1639707002010, 1639707002011, 1639707002012, 1639707002013, 1639707002014, 1639707002015, 1639707002016,

1639707002017, 1639707002018, 1639707002019, 1639707002020, 1639707002021, 1639707002022, 1639707002023, 1639707002024, 1639707002025, 1639707002026, 1639707002027, 1639707002028, 1639707002029, 1639707002031, 1639707003000, 1639707003001, 1639707003002, 1639707003003, 1639707003004, 1639707003005, 1639707003006, 1639707003007, 1639707003008, 1639707003009, 1639707003010, 1639707003011, 1639707003012, 1639707003013, 1639707003014, 1639707003015, 1639707003016, 1639707003017, 1639707003018, 1639707003019, 1639707003020, 1639707003021, 1639707003022, 1639707003023, 1639707004004; VTD: CLSW: 1639706003027, 1639706003028, 1639706003029, 1639708001000, 1639708001001, 1639708001002, 1639708001003, 1639708001004, 1639708001005, 1639708001006, 1639708001007, 1639708001013, 1639708001014, 1639708001016, 1639708001018, 1639708001019, 1639708001020, 1639708001027, 1639708002012, 1639708002013, 1639708002014, 1639708002015, 1639708002016, 1639708002017, 1639708002018, 1639708002019, 1639708002020, 1639708002021, 1639708002022, 1639708002023, 1639708002024, 1639708002025, 1639708002028, 1639708002029, 1639708002030, 1639708002034, 1639708002035, 1639708002036, 1639708002037, 1639708002038, 1639708002039, 1639708002040, 1639708003014, 1639708003015, 1639708003016, 1639708003017, 1639708003018, 1639708003022, 1639708003023, 1639708003024, 1639708003025, 1639708003026, 1639708003028, 1639708003029, 1639708003030, 1639708003031, 1639708003032, 1639708003033, 1639708003036, 1639708003037, 1639708004014, 1639708004015, 1639708004016, 1639708004017, 1639708004018, 1639708004019, 1639708004020; VTD: CLWE: 1639705001025, 1639705001026, 1639705001027, 1639705001028, 1639705001029, 1639705001030, 1639705001032, 1639705001033, 1639705001034, 1639705001035, 1639705001036, 1639705001048, 1639705001050, 1639705001051, 1639705001057, 1639705004000, 1639705004001, 1639705004002, 1639705004003, 1639705004004, 1639705004005, 1639705004006, 1639705004008, 1639705004017, 1639705004018, 1639705004019, 1639705004020, 1639705004021, 1639705004022, 1639705004023, 1639705004026, 1639705004027, 1639705004030, 1639705004031, 1639706001022, 1639706001023, 1639706001024, 1639706001027, 1639706001042, 1639706001043, 1639706002004, 1639706002006, 1639706002007, 1639706002008, 1639706002009, 1639706002010, 1639706002011, 1639706002012, 1639706002013, 1639706002014, 1639706002015, 1639706002016, 1639706002017, 1639706002018, 1639706002028, 1639706002029,

1639706002030, 1639706002031, 1639706002032, 1639706002038, 1639706002039, 1639706002040, 1639706002041, 1639706002042, 1639706002043, 1639706002044, 1639708002009, 1639708002041, 1639708003000, 1639708003001, 1639708003002, 1639708003003, 1639708003004, 1639708003005, 1639708003006, 1639708003007, 1639708003008, 1639708003009, 1639708003010, 1639708003011, 1639708003012, 1639708003019, 1639708003020, 1639708003021, 1639708003034, 1639709001000, 1639709001006, 1639709001007, 1639709001027; VTD: GARL, VTD: GIDD: Block(s) 1639701003003, 1639701003004, 1639701003007, 1639701003008, 1639701003009, 1639701003022, 1639701003023, 1639701003024, 1639701003025, 1639701003026, 1639701003027, 1639701003028, 1639701003029, 1639701003032, 1639701003033, 1639701003034, 1639701003035, 1639701003036, 1639701003037, 1639701003038, 1639701004001, 1639701004002, 1639701004003, 1639701004004, 1639701004005, 1639701004006, 1639701004007, 1639701004008, 1639701004015, 1639701004020, 1639701004021, 1639701004028, 1639701004029, 1639701004030, 1639701004031, 1639701004037, 1639701004038, 1639701004039, 1639701004040, 1639701004041, 1639701004042, 1639701005000, 1639701005002, 1639701005003, 1639701005004, 1639701005005, 1639701005006, 1639701005007, 1639701005013, 1639702003029, 1639702003033, 1639702003034, 1639702003035, 1639702003036; VTD: HERR, VTD: INGO: Block(s) 1639708003013, 1639708003035, 1639708004011, 1639708004021, 1639708004022, 1639708004023, 1639708004024, 1639708004025, 1639708004026, 1639709001028, 1639709001029, 1639709001031, 1639709001032, 1639709001033, 1639709001036, 1639709001037, 1639709003014, 1639709003018, 1639709003042, 1639709003043, 1639710001028, 1639710001029, 1639710001037, 1639710001038, 1639710001045, 1639710001053, 1639710001054, 1639710002008, 1639710002009, 1639710002010, 1639710002011, 1639710002013, 1639710002016, 1639710002017, 1639710002018, 1639710002019, 1639710002020, 1639710002021, 1639710002022, 1639710002023, 1639710002024, 1639710002025, 1639710002026, 1639710002027, 1639710002028, 1639710002029, 1639710002030, 1639710002031, 1639710002032, 1639710002033, 1639710002034, 1639710002035, 1639710002036, 1639710002037, 1639710002038, 1639710002039, 1639710002040, 1639710002041, 1639710002042, 1639710002043, 1639710002044, 1639710002045, 1639710002046, 1639710002047, 1639710002048, 1639710002049, 1639710002050, 1639710002051, 1639710002052, 1639710002053, 1639710002054, 1639710002055, 1639710002056,

1639710002057, 1639710002058, 1639710002059, 1639710002060, 1639710002061, 1639710002062, 1639710002063, 1639710002064, 1639710002065, 1639710002066, 1639710002067, 1639710002068, 1639710002069, 1639710002070, 1639710002071, 1639710002072, 1639710003021, 1639710003022; VTD: KEEN, VTD: KFRK, VTD: LAKE, VTD: MING, VTD: NGRV, VTD: PLVW, VTD: ROSE, VTD: ROWA: Block(s) 1639708004000, 1639708004001, 1639708004002, 1639708004003, 1639708004004, 1639708004005, 1639708004006, 1639708004007, 1639708004008, 1639708004009, 1639708004010, 1639708004012, 1639708004013, 1639708004027, 1639708005001, 1639708005002, 1639708005003, 1639708005004, 1639708005005, 1639708005006, 1639708005007, 1639708005008, 1639708005009, 1639708005010, 1639708005011, 1639708005012, 1639708005013, 1639708005014, 1639708005015, 1639708005016, 1639708005017, 1639708005018, 1639708005021, 1639708005022, 1639708005023, 1639708005024, 1639708005025, 1639708005026, 1639710001004, 1639710001005, 1639710001006, 1639710001007, 1639710001008, 1639710001009, 1639710001010, 1639710001011, 1639710001012, 1639710001013, 1639710001014, 1639710001015, 1639710001016, 1639710001017, 1639710001025, 1639710001026, 1639710001027, 1639710001059, 1639710002000, 1639710002001, 1639710002002, 1639710002003, 1639710002004, 1639710002005, 1639710002006, 1639710002007, 1639710002012, 1639710002014, 1639710002015, 1639710002073, 1639710002074; VTD: SBRG, VTD: TURK: Block(s) 1639701001008, 1639701001009, 1639701001045, 1639701001046, 1639701001047, 1639701001048, 1639701001063, 1639701002008, 1639701002009; VTD: WBRK.

District 23: Edgecombe County, Martin County.

District 24: Pitt County: VTD: 0301, VTD: 0401: Block(s) 1470020021012, 1470020021013, 1470020021014, 1470020021015, 1470020021021, 1470020021022, 1470020021032, 1470020021033, 1470020021034, 1470020022003, 1470020022004, 1470020022005, 1470020022006, 1470020022007, 1470020022008, 1470020022009, 1470020022010, 1470020022011, 1470020022012, 1470020022013, 1470020022014, 1470020022015, 1470020022016, 1470020022017, 1470020022018, 1470020022019, 1470020022020, 1470020022021, 1470020022022, 1470020022023, 1470020022024, 1470020022025, 1470020022026, 1470020022027, 1470020022028, 1470020022029, 1470020022030, 1470020022031, 1470020022032, 1470020022033, 1470020022034,

1470020022035, 1470020022036, 1470020022037, 1470020022038, 1470020022039, 1470020022040, 1470020022041, 1470020022042, 1470020022043, 1470020022044, 1470020022045, 1470020022046, 1470020022053, 1470020022054, 1470020022055, 1470020022056, 1470020022060, 1470020022061, 1470020023000, 1470020023001, 1470020023002, 1470020023003, 1470020023004, 1470020023005, 1470020023006, 1470020023007, 1470020023008, 1470020023009, 1470020023010, 1470020023011, 1470020023012, 1470020023013, 1470020023014, 1470020023015, 1470020023016, 1470020023017, 1470020023018, 1470020023019, 1470020023020, 1470020023021, 1470020023022, 1470020023023, 1470020023024, 1470020023025, 1470020023026, 1470020023027, 1470020023028, 1470020023029, 1470020023030, 1470020023031, 1470020023032, 1470020023033, 1470020023034, 1470020023035, 1470020023036, 1470020023037, 1470020023038, 1470020023039, 1470020023040, 1470020023041, 1470020023042, 1470020023043, 1470020023044, 1470020023045, 1470020023046, 1470020023047, 1470020023048, 1470020023049, 1470020023050, 1470020023051, 1470020023052, 1470020023053, 1470020023054, 1470020023055, 1470020023056, 1470020024000, 1470020024001, 1470020024002, 1470020024003, 1470020024004, 1470020024005, 1470020024006, 1470020024007, 1470020024008, 1470020024009, 1470020024010, 1470020024011, 1470020024012, 1470020024013, 1470020024014, 1470020024015, 1470020024016, 1470020024017, 1470020024018, 1470020024019, 1470020024020, 1470020024021, 1470020024022, 1470020024023, 1470020024024, 1470020025000, 1470020025001, 1470020025002, 1470020025003, 1470020025004, 1470020025006, 1470020025007, 1470020025008, 1470020025009, 1470020025010, 1470020025011, 1470020025012, 1470020025015, 1470020025016, 1470020025017, 1470020025018, 1470020025019, 1470020025020, 1470020025023, 1470020025024, 1470020025025, 1470020025036, 1470020025039, 1470020025040, 1470020025041, 1470020025063, 1470020025064, 1470020025065, 1470020025066, 1470020025067, 1470020025068, 1470020025069, 1470020025074, 1470020025075, 1470020025076, 1470020025077, 1470020025078, 1470020025094, 1470020025095; VTD: 0501: 1470020021045, 1470020021065, 1470020021066, 1470020021067, 1470020025056, 1470020025057, 1470020025058, 1470020025062, 1470020025070, 1470020025072, 1470020025073, 1470020025081, 1470020025082, 1470020025083, 1470020025084, 1470020025085, 1470020025086, 1470020025096; VTD: 0701, VTD: 0901: Block(s) 1470018003000, 1470018003006, 1470019001000, 1470019001001,

1470019001002, 1470019001003, 1470019001004, 1470019001005, 1470019001006, 1470019001007, 1470019001008, 1470019001009, 1470019001010, 1470019001011, 1470019001012, 1470019001013, 1470019001014, 1470019001015, 1470019001016, 1470019001017, 1470019001018, 1470019001019, 1470019001020, 1470019001021, 1470019001022, 1470019001023, 1470019001024, 1470019001025, 1470019001026, 1470019001027, 1470019001028, 1470019001029, 1470019001030, 1470019001031, 1470019001039, 1470019001040, 1470019001055, 1470019002000, 1470019002001, 1470019002002, 1470019002003, 1470019002004, 1470019002005, 1470019002007, 1470019002008, 1470019002009, 1470019002010, 1470019002011, 1470019002012, 1470019002013, 1470019002014, 1470019002015, 1470019002016, 1470019002017, 1470019002018, 1470019002019, 1470019002020, 1470019002021, 1470019002022, 1470019002023, 1470019002024, 1470019002025, 1470019002026, 1470019002027, 1470019002028, 1470019002029, 1470019002030, 1470019002031, 1470019002032, 1470019002033, 1470019002034, 1470019002035, 1470019002036, 1470019002037, 1470019002038, 1470019002039, 1470019002045, 1470019002046, 1470019002047, 1470019002049, 1470019003007, 1470019003008, 1470019003014, 1470019003019, 1470019003020, 1470019003021, 1470019003047; VTD: 1201: 1470008002011, 1470008002018, 1470008002019, 1470008002020, 1470008002021, 1470008002022, 1470008002023, 1470008002024, 1470008002025, 1470008002026, 1470008002027, 1470008002028, 1470008002029, 1470008002030, 1470008002031, 1470008002032, 1470008002033, 1470008002034, 1470008002035, 1470008002036, 1470008002037, 1470008002038, 1470008002039, 1470008002040, 1470008002041, 1470008002042, 1470008002050, 1470008002051, 1470008002052, 1470008002053, 1470008002054, 1470008002055, 1470008002056, 1470008002057, 1470008002060, 1470008002061, 1470008002062, 1470008002063, 1470008002065, 1470008002066, 1470008002067, 1470008002068, 1470008002134, 1470008002135, 1470008002136, 1470008002137, 1470008002138, 1470008002139, 1470008002140, 1470008002141, 1470008002142, 1470008002143, 1470008002144, 1470008002145, 1470008002146, 1470008002147, 1470008002148, 1470009002015, 1470009002016, 1470009002017, 1470009002018, 1470009002019, 1470009002020, 1470009002021, 1470009002022, 1470009002023, 1470009002024, 1470009002025, 1470009002026, 1470009002027, 1470009002042, 1470009002044, 1470009002101, 1470009003043, 1470009003044, 1470009003045, 1470009003046, 1470009003047, 1470009003048, 1470009003050,

1470009003051; VTD: 1501, VTD: 1503, VTD: 1504, VTD: 1505A, VTD: 1505B, VTD: 1506, VTD: 1508A: Block(s) 1470001003000, 1470001003003, 1470001003004, 1470001003005, 1470001003006, 1470001003007, 1470001003008, 1470001003009, 1470001003010, 1470001003011, 1470001003017, 1470001003018, 1470001003019, 1470001003020, 1470001003021, 1470001003022, 1470001003023, 1470001003024, 1470001003025, 1470001003026, 1470001003034, 1470001003035, 1470001003037; VTD: 1509: 1470009002028, 1470009002029, 1470009002030, 1470009002043, 1470009002059, 1470009002060, 1470009002061, 1470009002062, 1470009002063, 1470009002064, 1470009002065, 1470009002066, 1470009002067, 1470009002068, 1470009002069, 1470009002070, 1470009002071, 1470009002072, 1470009002074, 1470009002075, 1470009002102, 1470009002103, 1470009002104, 1470009002105, 1470009002106; VTD: 1512A: 1470006031000, 1470006031001, 1470006031002, 1470006031003, 1470006031004, 1470006031005, 1470006031006, 1470006031008, 1470006031009, 1470006031010, 1470006031011, 1470006031012, 1470006031043, 1470006031044, 1470006031045, 1470006031046, 1470006032000, 1470006032001, 1470006032002, 1470006032003, 1470006032004, 1470006032005, 1470006032006, 1470006032007, 1470006032008, 1470006032023, 1470006032024, 1470006032025, 1470006032026, 1470006032027, 1470006032028; VTD: 1512B: 1470006034000, 1470006034001, 1470006034002, 1470006034008; Wilson County: VTD: PRGA, VTD: PRSA: Block(s) 1950011001000, 1950011001001, 1950011001002, 1950011001003, 1950011001004, 1950011001005, 1950011001006, 1950011001007, 1950011001008, 1950011001009, 1950011001010, 1950011001011, 1950011001012, 1950011001013, 1950011001014, 1950011001017, 1950011001018, 1950011001024, 1950011001025, 1950011001026, 1950011001027, 1950011001028, 1950011001029, 1950011001030, 1950011001031, 1950011001033, 1950011001034, 1950011001035, 1950011001036, 1950011001037, 1950011001038, 1950011001039, 1950011001040, 1950011001041, 1950011001042, 1950011001043, 1950011001048, 1950011001050, 1950011002000, 1950011002001, 1950011002002, 1950011002003, 1950011002004, 1950011002005, 1950011002006, 1950011002007, 1950011002010, 1950011002011, 1950011002012, 1950011002013, 1950011002014, 1950011002015, 1950011002016, 1950011002017, 1950011002018, 1950011002022, 1950011002023, 1950011002024, 1950011002027; VTD: PRWA, VTD: PRWB, VTD: PRWC, VTD: PRWD: Block(s) 1950006001019, 1950006001020, 1950006001021, 1950006001022, 1950006001023, 1950006001024, 1950006001025, 1950006001026; VTD:

PRWE, VTD: PRWH, VTD: PRWI, VTD: PRWJ: Block(s) 1950004001000, 1950004001001, 1950004001002, 1950004001003, 1950004001004, 1950004001005, 1950004001006, 1950004001007, 1950004001008, 1950004001009, 1950004001010, 1950004001011, 1950004004011, 1950004004039, 1950004004040, 1950004004041, 1950004004042, 1950004004043, 1950004004046, 1950004004047, 1950004004050, 1950004004051, 1950004004052, 1950004004054, 1950004004055, 1950004004056, 1950004004057, 1950004004058, 1950004004059, 1950004004074, 1950004004076, 1950004004103; VTD: PRWM: 1950006001000, 1950006001002, 1950006001005, 1950006001006, 1950006001007, 1950006001012, 1950006001013, 1950006001014, 1950006001015, 1950006001016, 1950006001018, 1950006002002, 1950006002003, 1950006004000, 1950006004001, 1950006004002, 1950006004003, 1950006005026; VTD: PRWN, VTD: PRWQ, VTD: PRWR.

District 25: Franklin County: VTD: 03: Block(s) 0690604011007, 0690604011018, 0690604011019, 0690604011021, 0690604011022, 0690604011023, 0690604011024, 0690604011025, 0690604011031, 0690604011032, 0690604011033, 0690604011034, 0690605011000, 0690605011001, 0690605011002, 0690605011003, 0690605011004, 0690605011005, 0690605011006, 0690605011014, 0690605011015, 0690605011017, 0690605011018, 0690605011019; VTD: 05, VTD: 06, VTD: 07, VTD: 08: Block(s) 0690607001028, 0690607001029, 0690607001030, 0690607001031, 0690607001032, 0690607001039, 0690607001040, 0690607001041, 0690607001042, 0690607001044, 0690607001045, 0690607001046, 0690607001047, 0690607001048, 0690607001049, 0690607001050, 0690607001051, 0690607001052, 0690607001053, 0690607001054, 0690607001055, 0690607001056, 0690607001057, 0690607001058, 0690607001059, 0690607001060, 0690607001061, 0690607001062, 0690607001063, 0690607001064, 0690607001065, 0690607001066, 0690607001067, 0690607001068, 0690607001069, 0690607001070, 0690607001071, 0690607001072, 0690607001073, 0690607001074, 0690607001075, 0690607001076, 0690607001077, 0690607001078, 0690607001079, 0690607001080, 0690607001081, 0690607001082, 0690607001083, 0690607001084, 0690607001085, 0690607001086, 0690607001087, 0690607001088, 0690607001089, 0690607001090, 0690607001091, 0690607001092, 0690607001093, 0690607001094, 0690607001095, 0690607001096, 0690607001097, 0690607001098, 0690607001099, 0690607001100, 0690607001101, 0690607001102, 0690607001103, 0690607001104, 0690607001105, 0690607001106, 0690607001107, 0690607001108, 0690607001109,

0690607001110, 0690607001111, 0690607001112, 0690607001113, 0690607001114, 0690607001115, 0690607001116, 0690607001117, 0690607001118, 0690607001119, 0690607001120, 0690607001121, 0690607001122, 0690607002035, 0690607002039, 0690607002042, 0690607002043, 0690607002044, 0690607002045, 0690607002046, 0690607003000, 0690607003001, 0690607003002, 0690607003003, 0690607003004, 0690607003005, 0690607003006, 0690607003007, 0690607003008, 0690607003011, 0690607003012, 0690607003013, 0690607003014, 0690607003015, 0690607003016, 0690607003017, 0690607003018, 0690607003019, 0690607003020, 0690607003021, 0690607003022, 0690607003023, 0690607003024, 0690607003025, 0690607003026, 0690607003027, 0690607003028, 0690607003029, 0690607003030, 0690607003031, 0690607003032, 0690607003033, 0690607003034, 0690607003035, 0690607003036, 0690607003037, 0690607003038, 0690607003039, 0690607003040, 0690607003041, 0690607003042, 0690607003043, 0690607003044, 0690607003045, 0690607003046, 0690607003047, 0690607003048, 0690607003049, 0690607003050, 0690607003051, 0690607003052, 0690607003053, 0690607003054, 0690607003055, 0690607003056, 0690607003057, 0690607003058, 0690607003059, 0690607003060, 0690607003061, 0690607003062, 0690607003063, 0690607003064, 0690607003065, 0690607003066, 0690607003067, 0690607003068, 0690607003069, 0690607003070, 0690607003071, 0690607003072, 0690607003073, 0690607003074, 0690607003075, 0690607003076, 0690607003077, 0690607003078, 0690607003079, 0690607003080, 0690607003081, 0690607003082, 0690607003083, 0690607003084, 0690607003085, 0690607003086, 0690607003087, 0690607003088; VTD: 09: 0690602001050, 0690602001057, 0690602001058, 0690602001059, 0690602001060, 0690602001061, 0690602001062, 0690602001065, 0690602001066, 0690602001067, 0690602001068, 0690602001069, 0690602001076, 0690602001077, 0690602001078, 0690602001079, 0690602001087, 0690602001091, 0690602001092, 0690602001095, 0690602002036, 0690602002037, 0690602002038, 0690602002039, 0690602002040, 0690602002041, 0690602002042, 0690602002043, 0690602002044, 0690602002045, 0690602002046, 0690602002047, 0690602002048, 0690602002049, 0690602002050, 0690602002051, 0690602002052, 0690602002053, 0690602002054, 0690602002055, 0690602002056, 0690602002057, 0690602002058, 0690602002059, 0690602002060, 0690602002061, 0690602002062, 0690602002063, 0690602002064, 0690602002065, 0690602002069, 0690602002070, 0690602002071, 0690602002072, 0690602002073, 0690602002080, 0690602002081,

0690602002082, 0690602002083, 0690602002086, 0690602002087, 0690607001000, 0690607001001, 0690607001002, 0690607001003, 0690607001004, 0690607001005, 0690607001006, 0690607001007, 0690607001012, 0690607001013, 0690607001014, 0690607001015, 0690607001016, 0690607001017, 0690607001018, 0690607001019, 0690607001020, 0690607001021, 0690607001022, 0690607001023, 0690607001024, 0690607001025, 0690607001026, 0690607001027, 0690607001033, 0690607001034, 0690607001035, 0690607001036, 0690607001037, 0690607001038, 0690607001043, 0690607002013, 0690607002028, 0690607002029, 0690607002030, 0690607002031, 0690607002032, 0690607002033, 0690607002040, 0690607002041; VTD: 10: 0690602001004, 0690602001006, 0690602001008, 0690602001009, 0690602001010, 0690602001011, 0690602001012, 0690602001013, 0690602001014, 0690602001015, 0690602001016, 0690602001017, 0690602001018, 0690602001019, 0690602001025, 0690602001026, 0690602001027, 0690602001028, 0690602001029, 0690602001030, 0690602001031, 0690602001038, 0690602001039, 0690602001040, 0690602001041, 0690602001042, 0690602001043, 0690602001044, 0690602001045, 0690602001051, 0690602001052, 0690602001053, 0690602001063, 0690602001070, 0690602001071, 0690602001072, 0690602001073, 0690602001074, 0690602001075, 0690602001080, 0690602001081, 0690602001082, 0690602001083, 0690602001084, 0690602001085, 0690602001086, 0690602001088, 0690602001089, 0690602001090, 0690602001093, 0690602001094, 0690602002006, 0690602002011, 0690602002013, 0690602002017, 0690602002029, 0690602002032, 0690602002033, 0690602002034, 0690602002035, 0690602002085, 0690602002088; VTD: 11: 0690601004024, 0690602001046, 0690602001047, 0690602001049, 0690602001054, 0690602001064; VTD: 13, VTD: 14, VTD: 15: Block(s) 0690603021015, 0690603021016, 0690603021017, 0690603021018, 0690604022015, 0690604022017, 0690604022018, 0690604022019, 0690604022020, 0690605021004, 0690605021005, 0690605021006, 0690605022001, 0690605022002, 0690605022003, 0690605022004, 0690605022005, 0690605022008, 0690605022028; VTD: 16: 0690602001056, 0690602002066, 0690602002067, 0690602002074; VTD: 17, VTD: 18, VTD: 19; Nash County: VTD: 0001, VTD: 0002: Block(s) 1270108002000, 1270108002002, 1270108002006, 1270108002008, 1270108002009, 1270108002010, 1270108002011, 1270108002015, 1270108002016, 1270108002021, 1270108002022, 1270108002023, 1270108002025, 1270108002039, 1270108002040, 1270108002041, 1270108002042, 1270108002043, 1270108002047, 1270108002057, 1270108002058, 1270108002063; VTD: 0003: 1270109001017,

1270109001018, 1270109001022, 1270109001023, 1270109002000, 1270109002001, 1270109002002, 1270109002003, 1270109002004, 1270109002005, 1270109002006, 1270109002011, 1270109002014, 1270109002015, 1270109002036, 1270109002043, 1270109002044, 1270109002045, 1270109002046, 1270109003004, 1270109003005, 1270109003006, 1270109003007, 1270109003008, 1270109003009, 1270109003010, 1270109003011, 1270109003012, 1270109003013, 1270109003017, 1270109003023, 1270109003024, 1270109003025, 1270109003026, 1270109003027, 1270109003028, 1270109003029, 1270109003045, 1270109003052; VTD: 0004: 1270110003079, 1270111011058, 1270111011059, 1270112001007, 1270112001008, 1270112001009, 1270112001010, 1270112001011, 1270112001012, 1270112001022, 1270112001023, 1270112001024, 1270112001025, 1270112003009, 1270112003023, 1270112003029, 1270112003030, 1270112004000, 1270112004001, 1270112004002, 1270112004003, 1270112004004, 1270112004005, 1270112004006, 1270112004007, 1270112004008, 1270112004009, 1270112004010, 1270112004011, 1270112004012, 1270112004013, 1270112004014, 1270112004015, 1270112004016, 1270112004017, 1270112004018, 1270112004019, 1270112004020, 1270112004021, 1270112004022, 1270112004023, 1270112004024, 1270112004025, 1270112004026, 1270112004027, 1270112004028, 1270112004029, 1270112004030, 1270112004031, 1270112004032, 1270113001000, 1270113001001, 1270113001002, 1270113001003, 1270113001004, 1270113001005, 1270113001006, 1270113001007, 1270113001008, 1270113001009, 1270113001010, 1270113001011, 1270113001012, 1270113001013, 1270113001014, 1270113001015, 1270113001016, 1270113001019, 1270113001020, 1270113001021, 1270113001022, 1270113001023, 1270113001024, 1270113001025, 1270113001026, 1270113001027, 1270113001028, 1270113001029, 1270113001030, 1270113001033, 1270113001034, 1270113001035, 1270113001036; VTD: 0005, VTD: 0006, VTD: 0007: Block(s) 1270109001016, 1270109001019, 1270109001020, 1270109001024; VTD: 0008: 1270112004035, 1270112004036, 1270112004047, 1270112004048, 1270112004049, 1270112004050, 1270112004051, 1270112004052, 1270113002001, 1270113002004, 1270113002005, 1270113002006, 1270113002008, 1270113002009, 1270113002010, 1270113002011, 1270113002012, 1270113002013, 1270113002014, 1270113002015, 1270113002021, 1270113002022, 1270113002024, 1270113002025, 1270113002026, 1270113002027, 1270113002028, 1270113002029, 1270113002030, 1270113002031, 1270113002032, 1270113002033, 1270113002034, 1270113002035, 1270113003001, 1270113003004,

1270113003005, 1270113003006, 1270113003008, 1270113003009, 1270113003010, 1270113003011, 1270113003012, 1270113003015, 1270113003016, 1270113003017, 1270113003018, 1270113003019, 1270113003020, 1270113003021, 1270113003022, 1270113003023, 1270113003024, 1270113003025, 1270113003026, 1270113003027, 1270113003028, 1270113003029, 1270113003030, 1270113003031, 1270113003032, 1270113003035, 1270113003036, 1270113003037, 1270115002002, 1270115002003, 1270115002015, 1270115002025, 1270115002026, 1270115002027, 1270115002028; VTD: 0011: 1270109003015, 1270109003016, 1270109003018, 1270109003019, 1270109003020, 1270109003022, 1270109003031, 1270109003032, 1270109003046, 1270109003050, 1270110001000, 1270110001001, 1270110001002, 1270110001003, 1270110001005, 1270110001006, 1270110001007, 1270110001011, 1270110001014, 1270110001015, 1270110001016, 1270110001017, 1270110001018, 1270110001019, 1270110001020, 1270110001021, 1270110001023, 1270110001024, 1270110001025, 1270110001026, 1270110001027, 1270110001028, 1270110001029, 1270110001030, 1270110001031, 1270110001032, 1270110001033, 1270110001034, 1270110001035, 1270110001036, 1270110001037, 1270110001038, 1270110001039, 1270110001040, 1270110001041, 1270110001042, 1270110001043, 1270110001044, 1270110001045, 1270110001046, 1270110001047, 1270110001048, 1270110001049, 1270110001050, 1270110001051, 1270110001052, 1270110001053, 1270110001054, 1270110001055, 1270110001056, 1270110001057, 1270110001058, 1270110001059, 1270110001060, 1270110001061, 1270110001062, 1270110001063, 1270110001064, 1270110001065, 1270110001066, 1270110001067, 1270110001068, 1270110001070, 1270110001071, 1270110001075, 1270110001076, 1270110002020, 1270110002023, 1270110002024, 1270110002025, 1270110002026, 1270110002027, 1270110002041, 1270110002042, 1270110002043, 1270110002044, 1270110002045, 1270110002046, 1270110002047, 1270110002048, 1270110002049, 1270110002050, 1270110002051, 1270110002052, 1270110002053, 1270110002054, 1270110002055, 1270110002056, 1270110003036, 1270110003039, 1270110003040, 1270110003041, 1270110003042, 1270110003043, 1270110003044, 1270110003045, 1270110003076, 1270110003077, 1270110003078, 1270110003080, 1270113001017, 1270113001018; VTD: 0012: 1270109003034, 1270110003004, 1270110003013, 1270110003016, 1270110003017, 1270110003018, 1270110003019, 1270110003020, 1270110003021, 1270110003022, 1270110003023, 1270110003024, 1270110003025, 1270110003054, 1270110003058, 1270110003060,

1270110003061, 1270110003062, 1270110003063, 1270110003064, 1270110003065, 1270111021003, 1270111021004, 1270111021005, 1270111021006, 1270111021007, 1270111021008, 1270111021009, 1270111021016, 1270111021017, 1270111021018, 1270111021019, 1270111021020, 1270111021021, 1270111021022, 1270111021023, 1270111021024, 1270111021025, 1270111021026, 1270111021027, 1270111021028, 1270111021029, 1270111021039, 1270111022022, 1270111022023, 1270111022040, 1270111022041, 1270111022042, 1270111022043, 1270111022044, 1270111022045, 1270111022050, 1270111022051; VTD: 0015: 1270108003011, 1270108003031, 1270108003036, 1270108003037, 1270108003038, 1270108003039, 1270108003040, 1270108003049, 1270108003050, 1270108003051, 1270108003052, 1270109003014, 1270109003035, 1270109003036, 1270109003037, 1270109003038, 1270109003039, 1270109003040, 1270111012006, 1270111012007, 1270111012008, 1270111012009, 1270111012010, 1270111012012, 1270111012013, 1270111012014, 1270111012015, 1270111012016, 1270111012017, 1270111012018, 1270111012019, 1270111012020, 1270111012021, 1270111012027, 1270111012028, 1270111012029, 1270111012030, 1270111012031, 1270111012033, 1270111012034, 1270111012039, 1270111012049, 1270111012050, 1270111012078, 1270111012079, 1270111021010, 1270111021011, 1270111021012, 1270111021013, 1270111021014, 1270111021015, 1270111021030, 1270111021031, 1270111021032, 1270111021033, 1270111021034, 1270111021035, 1270111021036, 1270111021037, 1270111021038, 1270111021040, 1270111021041, 1270111021042, 1270111022000, 1270111022003, 1270111022004, 1270111022005, 1270111022014, 1270111022017, 1270111022036, 1270111022037, 1270111022038, 1270111022039, 1270111022046, 1270111023001, 1270111023009, 1270111023010, 1270111023011, 1270111023012, 1270111023019, 1270111023020, 1270111023028, 1270111023029, 1270111023030, 1270111023031, 1270111023032, 1270111023033, 1270111023042, 1270111024001, 1270111024002, 1270111024003, 1270111024004, 1270111024005, 1270111024008, 1270111024011, 1270111024014, 1270111024015, 1270111024016, 1270111024021, 1270111024022, 1270111024023, 1270111024024, 1270111024048, 1270111024051, 1270111024052, 1270111025002, 1270111025003, 1270111025004, 1270111025005, 1270111025006, 1270111025018, 1270111025019, 1270111025020, 1270111025021, 1270111025022, 1270111025023, 1270111025024, 1270111025025, 1270111025026, 1270111025027, 1270111025028, 1270111025029, 1270111025030, 1270111025031, 1270111025032, 1270111025033,

1270111025034, 1270111025035, 1270111025036, 1270111025039, 1270111025041, 1270111025042, 1270111025043, 1270111025044, 1270111025045, 1270111025046, 1270111025047, 1270111025048, 1270111025050, 1270111025051, 1270111025052, 1270111025053, 1270111025055, 1270111025056, 1270111025057; VTD: 0025: 1270103005004, 1270103005005, 1270103005006, 1270103005007, 1270103005008, 1270103005009, 1270103005017, 1270103005018, 1270103005019, 1270105043038, 1270105043039, 1270105043040, 1270105043041, 1270105043043, 1270108002146, 1270111011006, 1270111011007, 1270111011008, 1270111011009, 1270111011010, 1270111011011, 1270111011012, 1270111011013, 1270111011014, 1270111011015, 1270111011016, 1270111011017, 1270111011018, 1270111011019, 1270111011020, 1270111011021, 1270111011022, 1270111011032, 1270111011033, 1270111011034, 1270111011035, 1270111011036, 1270111011037, 1270111011038, 1270111011039, 1270111011040, 1270111011041, 1270111011042, 1270111011047, 1270111011048, 1270111011049, 1270111011050, 1270111011051, 1270111011052, 1270111011053, 1270111011054, 1270111011055, 1270111011056, 1270111011057, 1270111012000, 1270111012001, 1270111012002, 1270111012003, 1270111012004, 1270111012005, 1270111012011, 1270111012051, 1270111012052, 1270111012053, 1270111012054, 1270111012055, 1270111012056, 1270111012057, 1270111012058, 1270111012059, 1270111012060, 1270111012061, 1270111012062, 1270111012063, 1270111012064, 1270111012065, 1270111012066, 1270111012067, 1270111012068, 1270111012069, 1270111012070, 1270111012071, 1270111012072, 1270111012073, 1270111012074, 1270111012075, 1270111012076, 1270111012077, 1270111012081, 1270111024000, 1270111025000, 1270111025001, 1270112001000, 1270112001001, 1270112001002, 1270112001003, 1270112001004, 1270112001005, 1270112001006, 1270112001013, 1270112001014, 1270112001015, 1270112001016, 1270112001017, 1270112001018, 1270112001019, 1270112001020, 1270112001021, 1270112001026, 1270112001027, 1270112001028; VTD: 0026, VTD: 0034: Block(s) 1270103005000, 1270103005001, 1270103005002, 1270103005003, 1270103005016, 1270103006011, 1270103006051, 1270103006052, 1270103006053, 1270103006054; VTD: 0035: 1270102005012, 1270102005013, 1270102005014, 1270102005015, 1270102005016, 1270102005051, 1270103005010, 1270103005011, 1270103005012, 1270103005013, 1270103005014, 1270103005015, 1270103005020, 1270103005021, 1270103005022, 1270103005023, 1270103005024, 1270103005025, 1270103005026, 1270103005027, 1270103005028,

1270103005029, 1270103005030, 1270112002002, 1270112002003,
1270112002004, 1270112002005, 1270112002006, 1270112002007,
1270112002008, 1270112002011, 1270112002014, 1270112002015,
1270112002016, 1270112002018, 1270112002038, 1270112002057,
1270112002058, 1270112002059, 1270112002064, 1270112002065,
1270112002066, 1270112002068, 1270112002070, 1270112003000,
1270112003001, 1270112003002, 1270112003003, 1270112003004,
1270112003005, 1270112003006, 1270112003007, 1270112003008,
1270112003010, 1270112003011, 1270112003012, 1270112003013,
1270112003014, 1270112003015, 1270112003016, 1270112003017,
1270112003018, 1270112003019, 1270112003020, 1270112003021,
1270112003022, 1270112003024, 1270112003025, 1270112003026,
1270112003027, 1270112003028, 1270112003031, 1270112004037,
1270112004038, 1270112004039, 1270112004040, 1270112004041,
1270112004045; VTD: 0037: 1270105032000, 1270105032001,
1270105032002, 1270105032003, 1270105032012, 1270105032013,
1270105032014, 1270105032015, 1270105032016, 1270105032017,
1270105032019, 1270105032020, 1270105032021, 1270105032022,
1270105032023, 1270105032024, 1270105032025, 1270105032026,
1270105032027, 1270105032028, 1270105032029, 1270105032030,
1270105032031, 1270105032033, 1270105032034, 1270105032035,
1270105032036, 1270105032037, 1270105032038, 1270105032039,
1270105042000, 1270105042001, 1270105042002, 1270105042003,
1270105042004, 1270105042005, 1270105042006, 1270105042010,
1270105042011, 1270105042012, 1270105042013, 1270105042014,
1270105042015, 1270105042016, 1270105042017, 1270105042018,
1270105042019, 1270105042020, 1270105042021, 1270105042022,
1270105042023; VTD: 0038: 1270105031008, 1270105031016,
1270105031017, 1270105031025, 1270105031026, 1270105031027,
1270105031028, 1270105031029, 1270105031030, 1270105031031,
1270105031032, 1270105031033, 1270105031035, 1270105031036; VTD:
0039: 1270105041000, 1270105041001, 1270105041002, 1270105041003,
1270105041004, 1270105041005, 1270105041006, 1270105041007,
1270105041008, 1270105041009, 1270105041010, 1270105041011,
1270105041012, 1270105041013, 1270105041014, 1270105041015,
1270105041016, 1270105041017, 1270105041018, 1270105041019,
1270105041022, 1270105041023, 1270105041024, 1270105044019,
1270105044022; VTD: 0041: 1270105031000, 1270105031001,
1270105031005, 1270105031006, 1270105031007, 1270105031009,
1270105031010, 1270105031011, 1270105031012, 1270105031013,
1270105031014, 1270105031015, 1270107003034, 1270107003035,

1270107003036, 1270107003037, 1270108002050, 1270108002051,
1270108002052, 1270108002053, 1270108002059, 1270108002060,
1270108002061, 1270108002064, 1270108002065, 1270108002066,
1270108002067, 1270108002068, 1270108002069, 1270108002070,
1270108002071, 1270108002072, 1270108002077, 1270108002078,
1270108002079, 1270108002080, 1270108002082, 1270108002092,
1270108002093, 1270108002096, 1270108002097, 1270108002098,
1270108002099, 1270108002100, 1270108002101, 1270108002102,
1270108002103, 1270108002104, 1270108002105, 1270108002106,
1270108002107, 1270108002109, 1270108002110, 1270108002111,
1270108002129, 1270108002130, 1270108002134, 1270108002135,
1270108002136, 1270108002137, 1270108002138, 1270108002139,
1270108002150, 1270108002152.

District 26: Johnston County: VTD: PR09, VTD: PR10, VTD: PR11A, VTD: PR11B, VTD: PR12, VTD: PR20, VTD: PR27, VTD: PR28, VTD: PR29A, VTD: PR29B, VTD: PR30, VTD: PR31B: Block(s) 1010411021005, 1010411021011, 1010411021012, 1010411021013, 1010411021014, 1010411021015, 1010411021016, 1010411021017, 1010411021032, 1010411021033, 1010411021034, 1010411021035, 1010411021062; VTD: PR32, VTD: PR34.

District 27: Halifax County, Northampton County.

District 28: Johnston County: VTD: PR01, VTD: PR02, VTD: PR03, VTD: PR04, VTD: PR05, VTD: PR06, VTD: PR07, VTD: PR08, VTD: PR13, VTD: PR14, VTD: PR15, VTD: PR16, VTD: PR17: Block(s) 1010412023053, 1010412023072, 1010412023073, 1010413002004, 1010413002005, 1010413002006, 1010413002011, 1010413003000, 1010413003001, 1010413003002, 1010413003003, 1010413003004, 1010413003007, 1010413003012, 1010413003013, 1010413003014, 1010413003015, 1010413003016, 1010413003017, 1010413003018, 1010413003019, 1010413003020, 1010413003021, 1010413003025, 1010413003028, 1010413003029, 1010413003030, 1010413003031, 1010413003032, 1010413003033, 1010413003034, 1010413003035, 1010413003036, 1010413003037, 1010413003038, 1010413003039, 1010413003044; VTD: PR19, VTD: PR21, VTD: PR22, VTD: PR23, VTD: PR24, VTD: PR25, VTD: PR26, VTD: PR31A, VTD: PR31B: Block(s) 1010411021010, 1010411021018, 1010411021019, 1010411021020, 1010411021021, 1010411021022, 1010411021023, 1010411021024, 1010411021025, 1010411021026, 1010411021027, 1010411021028, 1010411021029, 1010411021030, 1010411021031, 1010411021036, 1010411021037, 1010411021038,

1010411021039, 1010411021040, 1010411021041, 1010411021042,
1010411021043, 1010411021044, 1010411021045, 1010411021046,
1010411021047, 1010411021048, 1010411021049, 1010411021050,
1010411021051, 1010411021052, 1010411021053, 1010411021054,
1010411021055, 1010411021056, 1010411021057, 1010411021058,
1010411021059, 1010411021060, 1010411032000, 1010411032001,
1010411032002, 1010411032003, 1010411032004, 1010411032005,
1010411032006, 1010411032007, 1010411032008, 1010411032009,
1010411032010, 1010411032013, 1010411032014, 1010411032015,
1010411032016, 1010411032019, 1010411032020, 1010411032021,
1010411032022, 1010411032023, 1010411032024, 1010411032025,
1010411032026, 1010411032027, 1010411032031, 1010411032032,
1010411032033; VTD: PR33.

District 29: Durham County: VTD: 02: Block(s) 0630015031000,
0630015031001; VTD: 06: 0630005003006, 0630005003007, 0630005003008,
0630005003009, 0630006002000, 0630006002001, 0630006002003,
0630006002004, 0630006003002; VTD: 07: 0630005001009, 0630005001010,
0630005001011, 0630005001012, 0630005001023, 0630005001024,
0630005001025, 0630005001026, 0630005002000, 0630005002001,
0630005002002, 0630005002003, 0630005002004, 0630005002005,
0630005002006, 0630005002007, 0630005002008, 0630005002009,
0630005002010, 0630005002011, 0630005002012, 0630007001000,
0630007001001, 0630007001002, 0630007001003, 0630007001004,
0630007001008, 0630007001011, 0630007001012, 0630007001013,
0630007001014, 0630022001026, 0630022001027, 0630022001028,
0630022001029, 0630022001032, 0630022001033, 0630022001034,
0630022001035, 0630022001036, 0630022001037, 0630022001038,
0630022001039, 0630022001060; VTD: 08, VTD: 09, VTD: 10, VTD: 12, VTD:
13, VTD: 14: Block(s) 0630010012007, 0630010012008, 0630010012009,
0630010012010, 0630010012011, 0630010012013, 0630010012014,
0630010012015, 0630010012016, 0630010013000, 0630010013001,
0630010013002, 0630010013003, 0630010013004, 0630010013005,
0630010013006, 0630010013007, 0630010013008, 0630010013009,
0630010013010, 0630010013011, 0630010013012, 0630010013013,
0630010013014, 0630010013015, 0630010013016, 0630010013017,
0630010013018, 0630010013019, 0630010013020, 0630010013021,
0630010013022, 0630010013023, 0630010013024, 0630010013025,
0630010013026, 0630010013027, 0630010013028, 0630010013029,
0630010013030, 0630010013031, 0630010013032, 0630010013035,
0630010013041, 0630010013042, 0630010013044, 0630010022013,

0630010022014, 0630010022015, 0630010022016, 0630010022017, 0630011001038, 0630011001039, 0630011001042, 0630011001043, 0630011002000, 0630011002001, 0630011002002, 0630011002003, 0630011002033, 0630011002034, 0630011002035, 0630011002036, 0630011002037, 0630011002038, 0630011002039, 0630018024002, 0630018024003, 0630018024004, 0630018024007, 0630018024008; VTD: 15, VTD: 16, VTD: 17, VTD: 18: Block(s) 0630009001001, 0630009001002, 0630009001003, 0630009001004, 0630009001005, 0630009001006, 0630009001007, 0630009001009, 0630009001010, 0630009001011, 0630009001012, 0630009001013, 0630010011002, 0630010011003; VTD: 33: 0630018091039, 0630018091040, 0630018091047, 0630018091048, 0630018091049, 0630018091050, 0630018091051, 0630018091052, 0630018091053, 0630018091054, 0630018091055, 0630018091056, 0630018091057, 0630018091058, 0630018091059, 0630018091060, 0630018091061, 0630018091068, 0630018091069, 0630018091070, 0630018091075, 0630018091076, 0630018091078, 0630020253000, 0630020271026, 0630020271027, 0630020271028, 0630020271030, 0630020271031, 0630020271032, 0630020271033, 0630020271034, 0630020271035, 0630020271036, 0630020271037, 0630020271038, 0630020271039, 0630020271040, 0630020271041, 0630020271042, 0630020271043, 0630020271044, 0630020271045, 0630020271046, 0630020271047, 0630020271048, 0630020271049, 0630020271051, 0630020271052, 0630020271053, 0630020271069, 0630020281018, 0630020281019, 0630020281020, 0630020281021, 0639801001000, 0639801001001, 0639801001002, 0639801001003, 0639801001004, 0639801001005, 0639801001006, 0639801001007, 0639801001008, 0639801001009, 0639801001010, 0639801001011, 0639801001014, 0639801001015, 0639801001017, 0639801001018, 0639801001116, 0639801001121, 0639801001122, 0639801001123, 0639801001128; VTD: 34: 0630020251000, 0630020251001, 0630020251002, 0630020251003, 0630020251004, 0630020251005, 0630020251006, 0630020251007, 0630020251008, 0630020251009, 0630020251010, 0630020251011, 0630020251012, 0630020251013, 0630020251014, 0630020251015, 0630020251016, 0630020251017, 0630020251018, 0630020251019, 0630020251020, 0630020252000, 0630020252001, 0630020252002, 0630020252003, 0630020252004, 0630020252005, 0630020252006, 0630020252007, 0630020252008, 0630020252009, 0630020252010, 0630020252011, 0630020252012, 0630020253001, 0630020253002, 0630020253003, 0630020253004, 0630020253005, 0630020253006, 0630020253007, 0630020253008, 0630020253009, 0630020253010, 0630020261000, 0630020261001, 0630020261002, 0630020261003,

0630020261004, 0630020261005, 0630020261006, 0630020261007,
0630020262009, 0630020262010, 0630020262015, 0630020262017,
0630020262024, 0630020262026, 0630020262027, 0630020262028,
0630020262029, 0630020262030, 0630020262031, 0630020262032,
0630020262033, 0630020262034, 0630020262035; VTD: 35: 0630020131005,
0630020131007, 0630020131008, 0630020131009, 0630020131010,
0630020131014, 0630020202000, 0630020202001, 0630020202003,
0630020202007, 0630020202037, 0630020202055, 0630020202056,
0630020202057, 0630020211021, 0630020211022, 0630020211023,
0630020211024, 0630020211049, 0630020211050, 0630020212002,
0630020212003, 0630020212004, 0630020212005, 0630020212006,
0630020212007, 0630020212008, 0630020212009, 0630020212010,
0630020212011, 0630020212013, 0630020212014, 0630020212015,
0630020212016, 0630020212017, 0630020212018, 0630020212019,
0630020212020, 0630020212021; VTD: 36, VTD: 38: Block(s) 0630020161000,
0630020161001, 0630020161002, 0630020161003, 0630020161004,
0630020161005, 0630020161006, 0630020161007, 0630020161008,
0630020161010, 0630020162001, 0630020162002, 0630020162003,
0630020162004, 0630020162005, 0630020162006, 0630020162007,
0630020162008, 0630020162009, 0630020162010, 0630020162012,
0630020162013, 0630020162014, 0630020162015, 0630020162016,
0630020162017, 0630020162018, 0630020162019, 0630020162020,
0630020162021, 0630020162022, 0630020162023, 0630020162024,
0630020162025; VTD: 39: 0630020073000, 0630020073001, 0630020073002,
0630020073003, 0630020073004, 0630020073005, 0630020073006,
0630020073007, 0630020073008, 0630020073009, 0630020073010,
0630020073011, 0630020073012, 0630020081000, 0630020081003; VTD: 40,
VTD: 41, VTD: 42, VTD: 47: Block(s) 0630013031020, 0630013031021,
0630013031024, 0630014001009, 0630014001010, 0630014001011,
0630014001012, 0630020091000, 0630020091001, 0630020091002,
0630020091003, 0630020091004, 0630020091005, 0630020091006,
0630020091007, 0630020091008, 0630020091009, 0630020091010,
0630020091011, 0630020091012, 0630020091013, 0630020091014,
0630020091015, 0630020091016, 0630020091017, 0630020091018,
0630020091019, 0630020091020, 0630020091021, 0630020091022,
0630020091023; VTD: 48: 0630020072000, 0630020072001, 0630020072002,
0630020072003, 0630020072004, 0630020072008, 0630020072009,
0630020072010; VTD: 51: 0630020241001, 0630020241015, 0630020241016,
0630020241017, 0630020241018, 0630020241019, 0630020241020,
0630020241021, 0630020241022, 0630020241023, 0630020241024,
0630020241025, 0630020241026, 0630020241027, 0630020241037,

0630020241038, 0630020242000, 0630020242001, 0630020242002,
0630020242003, 0630020242004, 0630020242005, 0630020242006,
0630020242007, 0630020242008, 0630020242009, 0630020242010,
0630020242011, 0630020242012, 0630020242013, 0630020242014,
0630020242015, 0630020242016, 0630020242017, 0630020243000,
0630020243001, 0630020243002, 0630020243003, 0630020243004,
0630020243005, 0630020243006, 0630020243007, 0630020243008,
0630020243009, 0630020243010, 0630020243011, 0630020243012,
0630020243013, 0630020243014, 0630020243015, 0630020243016,
0630020243017, 0630020243018, 0630020243019, 0630020243020,
0630020243021, 0630020243022; VTD: 53-1: 0630020211000,
0630020211001, 0630020211002, 0630020211003, 0630020211004,
0630020211005, 0630020211006, 0630020211007, 0630020211008,
0630020211009, 0630020211010, 0630020211011, 0630020211012,
0630020211013, 0630020211014, 0630020211015, 0630020211016,
0630020211017, 0630020211018, 0630020211019, 0630020211020,
0630020211025, 0630020211039, 0630020212012; VTD: 54, VTD: 55.

District 30: Durham County: VTD: 03, VTD: 04, VTD: 05, VTD: 06: Block(s)
0630006002002, 0630006002005, 0630006002006, 0630006002007,
0630006002008, 0630006002009, 0630006002010, 0630006002011,
0630006002012, 0630006002013, 0630006002014, 0630006002015,
0630006002016, 0630006002017, 0630006002018, 0630006002019,
0630006002020, 0630006002021, 0630006002022, 0630006002023,
0630006002024, 0630006003003, 0630006003005, 0630006003006,
0630006003007, 0630006003008, 0630006003009, 0630006003010,
0630006003011, 0630006003012, 0630006003013, 0630006003014,
0630006003015, 0630006003016, 0630006003017, 0630006003018,
0630006003019, 0630006003020; VTD: 24: 0630017052000, 0630017052001,
0630017052002, 0630017052003, 0630017052004, 0630017052005,
0630017052006, 0630017052007, 0630017052009, 0630017052010,
0630017052011, 0630017052012, 0630017052015, 0630017052016,
0630017052017, 0630017052018, 0630017052020, 0630017052021,
0630017052022, 0630017052023, 0630017052024, 0630017052025,
0630017052026, 0630017052027, 0630017052028, 0630017052029,
0630017052031, 0630017075010, 0630017075011, 0630017075012,
0630017075013, 0630017075014, 0630017075015, 0630017075016,
0630017075017; VTD: 27, VTD: 30-1: Block(s) 0630018071000,
0630018071015, 0630018071016, 0630018071017, 0630018071018,
0630018071019, 0630018071020, 0630018071021, 0630018071036,
0630018071039, 0630018071040, 0630018071043, 0630018081029,

0630018081030, 0630018081045, 0630018081046, 0630018082008,
0630018082009, 0630018082010, 0630018082025, 0630018082026,
0630018082027, 0630018082028, 0630018082029, 0630018082030,
0630018082031, 0630018082032, 0630018082033, 0630018082034,
0630018082035, 0630018082036, 0630018082037, 0630018082038,
0630018082039, 0630018082040, 0630018082041, 0630018082042,
0630018082043, 0630018082044, 0630018082045, 0630018082046,
0630018082047, 0630018082048, 0630018082049, 0630018082050,
0630018082051, 0630018082052, 0630018082053, 0630018082054,
0630018082055, 0630018082056, 0630018082057, 0630018082058,
0630018082059, 0630018082060, 0630018082061, 0630018082062,
0630018082063, 0630018082064, 0630018082065, 0630018082066,
0630018082067, 0630018082068, 0630018082069, 0630018082070,
0630018082071, 0630018082072, 0630018082073, 0630018082074,
0630018082075, 0630018082076, 0630018082077, 0630018082078,
0630018082079, 0630018082080, 0630018082081, 0630018082082,
0630018082083, 0630018082084, 0630018082085, 0630018082086,
0630018082087, 0630018082088, 0630018082089, 0630018082090,
0630018082091, 0630018082092, 0630018082093, 0630018082094,
0630018082095, 0630018082096, 0630018082097, 0630018082098,
0630018082101, 0630018082102; VTD: 31: 0630018071037, 0630018071038,
0630018091000, 0630018091001, 0630018091002, 0630018091007,
0630018091008, 0630018091009, 0630018091010, 0630018091011,
0630018091012, 0630018091013, 0630018091014, 0630018091015,
0630018091016, 0630018091017, 0630018091018, 0630018091019,
0630018091020, 0630018091021, 0630018091022, 0630018091023,
0630018091024, 0630018091025, 0630018091026, 0630018091027,
0630018091038, 0630018091041, 0630018091042, 0630018091043,
0630018091044, 0630018091071, 0630018091077, 0630018092000,
0630018092001, 0630018092002, 0630018092003, 0630018092004,
0630018092005, 0630018092006, 0630018092007, 0630018092008,
0630018092009, 0630018092010, 0630018092011, 0630018092012,
0630018092013, 0630018092014, 0630018092015, 0630018092016,
0630018092017, 0630018092018, 0630018092019, 0630018092020,
0630018092021, 0630018092022, 0630018092023, 0630018092024,
0630018092027, 0630018092028, 0630018092029, 0630018092030,
0630018092031, 0630018092032, 0630018092033; VTD: 33: 0630020271050,
0630020271056, 0630020271057, 0630020271058, 0630020271059,
0630020271060, 0630020271061, 0630020271062, 0630020271066,
0630020271068, 0630020272023, 0630020272033, 0630020272034,
0630020272042, 0630020272043, 0630020272044, 0630020272046,

0630020272047, 0630020272048, 0630020272049, 0630020272050,
0630020272053, 0630020272054, 0630020272055, 0630020272056,
0630020272057, 0630020272058, 0630020272059, 0630020272060,
0630020272061, 0630020272062, 0630020272063, 0630020272064,
0630020272065, 0630020272066, 0630020272067, 0630020272068,
0630020272069, 0630020272076, 0630020272077, 0630020272078,
0630020272079, 0630020272080, 0630020272081, 0630020272082,
0630020272083, 0630020272084, 0630020272085, 0630020272087,
0630020281000, 0630020281001, 0630020281002, 0630020281003,
0630020281004, 0630020281005, 0630020281006, 0630020281007,
0630020281008, 0630020281009, 0630020281010, 0630020281011,
0630020281012, 0630020281013, 0630020281014, 0630020281015,
0630020281016, 0630020281017, 0630020281022, 0630020281023,
0630020281024, 0630020281025, 0630020281026, 0630020281027,
0630020281028, 0630020281029, 0630020281030, 0630020281031,
0630020281032, 0630020281033, 0630020281034, 0630020281035,
0630020281036, 0630020281037, 0630020281038, 0630020281039,
0630020281040, 0630020281041, 0630020281042, 0630020281043,
0630020281044, 0630020281045, 0630020281046, 0630020281047,
0630020281048, 0630020281049, 0630020281050, 0630020281051,
0630020281052, 0630020281053, 0630020281054, 0630020281055,
0630020281056, 0630020281057, 0630020281058, 0630020281059,
0630020281060, 0630020281061, 0630020281062, 0630020281063,
0630020281064, 0630020282000, 0630020282001, 0630020282002,
0630020282003, 0630020282004, 0630020282005, 0630020282006,
0630020282007, 0630020282008, 0630020282009, 0630020282010,
0630020282011, 0630020282012, 0630020282013, 0630020282014,
0630020282015, 0630020282016, 0630020282017, 0630020282018,
0630020282019, 0630020282020, 0630020282021, 0630020282022,
0630020283000, 0630020283001, 0630020283002, 0630020283003,
0630020283004, 0630020283005, 0630020283006, 0630020283007,
0630020283008, 0630020283009, 0630020283010, 0630020283011,
0630020283012, 0630020283013, 0630020283014, 0630020283015,
0630020283016, 0630020283017, 0630020283018, 0630020283019,
0630020283020, 0630020283021, 0630020283022, 0630020283023,
0630020283024, 0630020283025, 0630020283026, 0630020283027,
0630020283028, 0630020283029, 0630020283030, 0630020283031,
0630020283032, 0630020283033, 0630020283034, 0630020283035,
0630020283036, 0630020283037, 0630020283038, 0630020283039,
0630020283040, 0630020283041, 0630020283042, 0630020283043,
0630020283044, 0630020283045, 0630020283046, 0630020283047,

0630020283048, 0630020283049, 0630020283050, 0630020283051, 0630020283052, 0630020283053, 0630020283054, 0630020283055, 0630020283056, 0630020283057, 0630020283058, 0630020283059, 0630020283060, 0630020283061, 0630020283062, 0630020283063, 0630020283064, 0630020283065, 0630020283066, 0630020283067, 0630020283068, 0630020283069, 0630020283070, 0630020283071, 0630020283072, 0630020283073, 0630020283074, 0630020283075, 0630020283076, 0630020283077, 0630020283078, 0630020283079, 0630020283080, 0630020283081, 0630020283082, 0630020283083, 0630020283084, 0630020283085, 0630020283086, 0630020283087, 0630020283088, 0630020283089, 0630020283090, 0630020283091, 0630020283092, 0630020283093, 0630020283094, 0630020283095, 0630020283096, 0639801001016, 0639801001019, 0639801001020, 0639801001021, 0639801001022, 0639801001023, 0639801001024, 0639801001025, 0639801001026, 0639801001027, 0639801001028, 0639801001029, 0639801001030, 0639801001031, 0639801001032, 0639801001033, 0639801001034, 0639801001035, 0639801001036, 0639801001037, 0639801001038, 0639801001039, 0639801001040, 0639801001041, 0639801001042, 0639801001043, 0639801001044, 0639801001045, 0639801001046, 0639801001047, 0639801001048, 0639801001049, 0639801001050, 0639801001051, 0639801001052, 0639801001053, 0639801001054, 0639801001055, 0639801001056, 0639801001057, 0639801001058, 0639801001059, 0639801001060, 0639801001061, 0639801001062, 0639801001063, 0639801001064, 0639801001065, 0639801001066, 0639801001067, 0639801001068, 0639801001069, 0639801001070, 0639801001071, 0639801001072, 0639801001073, 0639801001074, 0639801001075, 0639801001076, 0639801001077, 0639801001078, 0639801001079, 0639801001080, 0639801001081, 0639801001082, 0639801001083, 0639801001084, 0639801001085, 0639801001086, 0639801001087, 0639801001088, 0639801001089, 0639801001090, 0639801001091, 0639801001092, 0639801001093, 0639801001094, 0639801001095, 0639801001096, 0639801001097, 0639801001098, 0639801001099, 0639801001100, 0639801001101, 0639801001102, 0639801001103, 0639801001104, 0639801001105, 0639801001106, 0639801001107, 0639801001108, 0639801001109, 0639801001110, 0639801001111, 0639801001112, 0639801001113, 0639801001114, 0639801001115, 0639801001117, 0639801001118, 0639801001119, 0639801001120, 0639801001124, 0639801001125, 0639801001126, 0639801001127; VTD: 35: 0630020131000, 0630020131001, 0630020131002, 0630020131003, 0630020131004, 0630020131006, 0630020131011, 0630020131012, 0630020131013,

0630020132000, 0630020132001, 0630020132002, 0630020132003, 0630020132004, 0630020132005, 0630020132006, 0630020132007, 0630020132008, 0630020132009, 0630020132010, 0630020132011, 0630020132012, 0630020132013, 0630020132014, 0630020132015, 0630020133000, 0630020133001, 0630020133002, 0630020133003, 0630020133004, 0630020133005, 0630020133006, 0630020133007, 0630020133008, 0630020133009, 0630020133010, 0630020133011, 0630020133012, 0630020133013, 0630020133014, 0630020133015, 0630020133016, 0630020133017, 0630020133018, 0630020133019, 0630020202002, 0630020202004, 0630020202005, 0630020202006, 0630020202008, 0630020202009, 0630020202010, 0630020202011, 0630020202012, 0630020202013, 0630020202014, 0630020202015, 0630020202016, 0630020202017, 0630020202018, 0630020202019, 0630020202020, 0630020202021, 0630020202022, 0630020202023, 0630020202024, 0630020202025, 0630020202026, 0630020202027, 0630020202028, 0630020202029, 0630020202030, 0630020202031, 0630020202032, 0630020202033, 0630020202034, 0630020202035, 0630020202036, 0630020202038, 0630020202039, 0630020202040, 0630020202041, 0630020202042, 0630020202043, 0630020202044, 0630020202045, 0630020202046, 0630020202047, 0630020202048, 0630020202049, 0630020202050, 0630020202051, 0630020202052, 0630020202053, 0630020202054, 0630020202058, 0630020272052, 0630020272070, 0630020272071, 0630020272072, 0630020272073, 0630020272074, 0630020272075; VTD: 37: 0630017052013, 0630017052014, 0630017071000, 0630017071001, 0630017071002, 0630017071003, 0630017071004, 0630017071005, 0630017071006, 0630017071007, 0630017071008, 0630017071009, 0630017071010, 0630017071011, 0630017071012, 0630017071013, 0630017071014, 0630017071015, 0630017071016, 0630017071017, 0630017071018, 0630017071019, 0630017071020, 0630017072000, 0630017072001, 0630017072002, 0630017072003, 0630017072004, 0630017072005, 0630017072006, 0630017072007, 0630017072008, 0630017072009, 0630017072010, 0630017072016, 0630017073000, 0630017073001, 0630017073002, 0630017073003, 0630017073004, 0630017073005, 0630017073006, 0630017073007, 0630017073008, 0630017073009, 0630017073010, 0630017074000, 0630017074001, 0630017074002, 0630017074003, 0630017074004, 0630017074005, 0630017074006, 0630017074007, 0630017074008, 0630017074009, 0630017074010, 0630017074011, 0630017074012, 0630017074013, 0630017074014, 0630017074015, 0630017074016, 0630017074017, 0630017074018, 0630017074019, 0630017074020, 0630017074021, 0630017074022, 0630017074023,

0630017074024, 0630017074025, 0630017075000, 0630017075001,
0630017075002, 0630017075003, 0630017075004, 0630017075005,
0630017075006, 0630017075007, 0630017075008, 0630017075009,
0630017075018, 0630017075019, 0630017111001, 0630017111002,
0630017111003, 0630017111004, 0630017111005, 0630017111006,
0630017111007, 0630017111011, 0630017111012; VTD: 38: 0630020161009,
0630020162011, 0630020181000, 0630020181001, 0630020181002,
0630020181051, 0630020181052, 0630020182000, 0630020182001,
0630020182002, 0630020182003, 0630020182004, 0630020182005,
0630020182006, 0630020182007, 0630020182008, 0630020182009,
0630020182010, 0630020182011, 0630020182012, 0630020182013,
0630020182014, 0630020182015, 0630020182039, 0630020183000,
0630020183001, 0630020183002, 0630020183003, 0630020183004,
0630020183005, 0630020183006, 0630020183007, 0630020183008,
0630020183009, 0630020183010, 0630020183011, 0630020183012,
0630020183013, 0630020183014, 0630020183015, 0630020183016,
0630020183017, 0630020183018, 0630020183019, 0630020183020,
0630020183021, 0630020183022, 0630020183023, 0630020183024,
0630020183025, 0630020183026, 0630020183027, 0630020183028,
0630020183029, 0630020183030, 0630020183031, 0630020183032,
0630020183033, 0630020183034, 0630020183035, 0630020183036,
0630020183037, 0630020183038, 0630020183039, 0630020183040,
0630020183041, 0630020183042, 0630020183043, 0630020183044,
0630020183045, 0630020183046, 0630020183047, 0630020183048,
0630020183049, 0630020183050, 0630020183051, 0630020183052,
0630020183053, 0630020183054, 0630020183055, 0630020183056; VTD: 39:
0630020081001, 0630020081002, 0630020081004, 0630020081005,
0630020081006, 0630020081007, 0630020081008, 0630020081009,
0630020081010, 0630020081011, 0630020081012, 0630020081013,
0630020081014, 0630020081015, 0630020081016, 0630020081017,
0630020081018, 0630020081019, 0630020081020, 0630020081021,
0630020081022, 0630020081023, 0630020081024, 0630020081025,
0630020081026, 0630020081027, 0630020081028, 0630020081029,
0630020081030, 0630020081031, 0630020082000, 0630020082001,
0630020082002, 0630020082003, 0630020082004, 0630020082005,
0630020082006, 0630020082007, 0630020082008, 0630020082009,
0630020082010, 0630020082011, 0630020082012, 0630020082013,
0630020082014, 0630020082015, 0630020082016, 0630020082017,
0630020082018, 0630020082019, 0630020082020, 0630020082021; VTD: 43,
VTD: 48: Block(s) 0630020072005, 0630020072006, 0630020072007,
0630020072011, 0630020072012, 0630020072013, 0630020072014,

0630020072015, 0630020072016, 0630020072017, 0630020072018,
0630020072019, 0630020072020, 0630020072021; VTD: 50, VTD: 51: Block(s)
0630020241000, 0630020241002, 0630020241003, 0630020241004,
0630020241005, 0630020241006, 0630020241007, 0630020241008,
0630020241009, 0630020241010, 0630020241011, 0630020241012,
0630020241013, 0630020241014, 0630020241028, 0630020241029,
0630020241030, 0630020241031, 0630020241032, 0630020241033,
0630020241034, 0630020241035, 0630020241036; VTD: 53-1:
0630020201005, 0630020201006, 0630020201007, 0630020201008,
0630020201009, 0630020201010, 0630020201011, 0630020201012,
0630020201013, 0630020201014, 0630020201015, 0630020201016,
0630020201019, 0630020201020, 0630020201021, 0630020201022,
0630020201023, 0630020201024, 0630020201025, 0630020201026,
0630020201027, 0630020201029, 0630020201031, 0630020201032,
0630020201033, 0630020211026, 0630020211027, 0630020211028,
0630020211029, 0630020211030, 0630020211031, 0630020211032,
0630020211033, 0630020211034, 0630020211035, 0630020211036,
0630020211037, 0630020211038, 0630020211040, 0630020211041,
0630020211042, 0630020211043, 0630020211044, 0630020211045,
0630020211046, 0630020211047, 0630020211048; VTD: 53-2.

Vision Books Order Form

Fax Orders:	1-980-299-5965
Phone Orders:	1-704-898-0770
E-mail Orders:	www.visionbooks.org
Mail Orders:	Vision Books, LLC P.O. Box 42406 Charlotte, NC 28215

Shipp To:
Name_____
Address_____
City_____State_____Zip_____
Phone_____Fax_____
Email_____@_____

Bill To: We can bill a third party on your behalf.
Name_____
Address_____
City_____State_____Zip_____
Phone____(   )_____Fax_____
Email_____@_____

Pamphlet Number ($15.00 Each)	Qty	Total Cost
_____	_____	_____
_____	_____	_____
_____	_____	_____
_____	_____	_____
_____	_____	_____
_____	_____	_____
_____	_____	_____
_____	_____	_____
<u>Full Volume Set 1-92</u>	<u>92 Pamphlets</u>	<u>1,380.00</u>

Free Shipping Shipping & Handling on Full Volume Orders
Add $1.00 Shipping & Handling per pamphlet $_____

Total Cost $_____

Thank you for your support. Management!

DID YOU ENJOY THIS BOOK?

Vision Books, LLC would like to hear from you! If you or someone you know has been fasely imprisoned, we would like to hear your story. If the 'North Carolina Criminal Law and Procedure' has had an effect in your life or if you have suggestions, we would like to hear from you. Send your letters to:

Vision Books, LLC
Attn: Staff Writers
P.O. Box 42406
Charlotte, NC 28215
Email: staff@visionbooks.org

Order Additional Copies:

Fax Orders:	1-980-299-5965
Phone Orders:	1-704-898-0770
E-mail Orders:	www.visionbooks.org
Mail Orders:	Vision Books, LLC P.O. Box 42406 Charlotte, NC 28215

www.ingramcontent.com/pod-product-compliance
Lightning Source LLC
Chambersburg PA
CBHW051628170526
45167CB00001B/110